Großer Lernwortschatz

SPANISCH

15 000 Wörter zu 150 Themen

Erweiterte und aktualisierte Neuausgabe

Pedro Álvarez Olañeta
Trinidad Bonachera Álvarez

Max Hueber Verlag

Für die große Hilfe und liebevolle Geduld gilt unser besonderer Dank
Frau Verena Klaar und Herrn Wolfgang Miltschitzky.

4. 3. 2. | Die letzten Ziffern
2010 09 08 07 06 | bezeichnen Zahl und Jahr des Druckes.
Alle Drucke dieser Auflage können, da unverändert,
nebeneinander benutzt werden.

Redaktion: Gaby Bauer-Negenborn, Starnberg;
Valerio Vial, César Arencibia, Ismaning
Umschlaggestaltung: Parzhuber & Partner, München
Zeichnungen: Katja Lechthaler, München
Layout: Kerstin Rieger, Ismaning
Satz: XPAGE DTP-Service, Fürstenfeldbruck; Kerstin Rieger, Ismaning
Druck und Bindung: Ludwig Auer GmbH, Donauwörth
Printed in Germany
ISBN 3-19-029493-3

Einführung

Mit dem *Großen Lernwortschatz Spanisch* steht Ihnen ein neuartiges Lern- und Nachschlagewerk zur Verfügung, das sich in Schule, Hochschule, Beruf und Alltag vielseitig nutzen lässt:

- Als thematischer „Sprachgenerator", mit dem Sie sich gezielt und systematisch auf ein bestimmtes Sachgebiet vorbereiten können (Politik, Rechtswesen, Soziales, Wirtschaft, Fremdenverkehr, Religion, Kunst, Literatur, Technik, Wissenschaft, Computer usw. – es sind 150 Themen!). Sie finden direkt verwertbares sprachliches Material für Schülerarbeiten, Sachdiskussionen, Vorträge, Mediennutzung, berufliche Aufgaben und private Interessen.
- Als spanisch-deutsches und deutsch-spanisches Wörterbuch. Über die beiden umfangreichen Register können Sie ein gesuchtes spanisches oder deutsches Wort schnell auffinden und sich über Bedeutung, Aussprache, Gebrauch und verwandte Ausdrücke informieren. Sie werden feststellen, dass dieser Wortschatz auch hochaktuelle Begriffe enthält, die in vielen Wörterbüchern fehlen (wie zum Beispiel *EU-Erweiterung, Digitalkamera, Onlinebanking, internetfähig* und *Stammzellen*).
- Als universaler Begleiter, der Ihnen über zahlreiche sprachliche und landeskundliche „Extras", Zitate und eine Kurzgrammatik wichtige Kenntnisse und mancherlei Denkanstöße vermittelt.

Wie finden Sie benötigtes Sprachmaterial?

Zugang zum thematisch geordneten Wortschatz haben Sie über das Inhaltsverzeichnis (S. 5–8), das spanische (S. 403–441) und das deutsche (S. 443–477) Register.

Angenommen, Sie suchen Wortschatz zum Thema *Politik*. Im Inhaltsverzeichnis stoßen Sie schnell auf Kapitel 6 *Orden social = Die Sozialordnung*. In den Unterkapiteln 6.1 bis 6.13 können Sie gezielt das finden, was Sie interessiert.

Was tun Sie, wenn Sie „Ihr" Thema nicht im Inhaltsverzeichnis finden? Versuchen Sie es mit dem Stichwort *política* über das spanische Register. Oder, wenn Sie den spanischen Ausdruck nicht kennen, suchen Sie im deutschen Register das gewünschte Thema bzw. ein Stichwort, das dazu gehört – zum Beispiel den Begriff *Demokratie*. Dort gibt es eine Fundstelle: Seite 128. Sie schlagen diese Seite auf und finden so die ausführliche Behandlung des Themas, die Sie suchen.

Wie prägen Sie sich neuen Wortschatz ein?

Dafür gibt es viele individuelle Methoden, unter denen die folgenden die am häufigsten angewandten sind:

- Sie lernen den spaltenweise angeordneten Wortschatz nach Möglichkeit laut, erst links – rechts und dann rechts – links.
- Sie testen sich, indem Sie zunächst die deutsche Entsprechung des spanischen Eintrags abdecken, die deutsche Übersetzung aus dem Gedächtnis sprechen und dann das Blatt nach unten schieben, um die Übersetzung für die Überprüfung Ihrer Eigenleistung „freizugeben".

- Später verfahren Sie entsprechend mit der spanischen Spalte, d.h. Sie sprechen die spanische Übersetzung, während der Eintrag in der linken Spalte abgedeckt ist, und überprüfen dann durch Herabschieben des Blattes Ihre Antwort.
- Nehmen Sie sich nie einen zu langen Abschnitt vor! Mehr als acht Einträge sollten Sie nicht auf einmal lernen.
- Begrenzen Sie Ihre Lernsitzungen. Jeden Tag eine Viertelstunde ist besser als einmal die Woche zwei Stunden üben.

Was machen Sie mit „hartnäckigen Verweigerern", d.h. Wörtern oder Wortfolgen, die Sie sich nicht merken können? Schreiben Sie sie auf Zettel im Format DIN A7 – das Spanische auf die eine Seite, das Deutsche auf die andere. Legen Sie die Zettel an auffälliger Stelle in Ihrer Wohnung aus oder tragen Sie sie bei sich, damit Sie immer wieder einmal üben oder sich testen können.

Schließlich: Wörter lernen sich am besten und nachhaltigsten in der Gesellschaft anderer Wörter. Also nicht einfach *discurso = Rede*, sondern *pronunciar un discurso* (S. 133), damit Sie die idiomatisch üblichen „Begleiter" gleich mitlernen.

Was ist das Besondere an diesem Buch?

Bei der Erstellung dieses Wortschatzes wurde ein umfassendes spanisches Textkorpus genutzt, das die Verfasser infolge ihrer täglichen Aufgaben erarbeitet haben und ständig erneuern. Außerdem wurde von den enormen durch das Internet gebotenen Recherchiermöglichkeiten Gebrauch gemacht. Aus dieser Arbeitsweise erklärt sich, dass die Wortauswahl aktuell und die gewählten Anwendungsbeispiele authentisch und wirklichkeitsnah sind.

Außerdem bietet Ihnen der *Große Lernwortschatz Spanisch* viel mehr als eine sehr große Zahl von Begriffen mit Ausspracheangabe und Übersetzung. So werden Ihnen die meisten Wörter in typischen Anwendungsbeispielen oder kleinen Phrasen vorgestellt, die Ihnen aufzeigen, mit welchen Präpositionen oder anderen Wörtern sie typischerweise zusammen gebraucht werden.

Die über 300 farblich gekennzeichneten „Extras" geben Ihnen Hinweise zu Grammatik und sprachlichen Besonderheiten, Landeskunde, Sprachniveau und Sprachgebrauch, Idiomatik, speziellen Wortfamilien, Begriffsfeldern, usw.

Abweichungen zwischen iberischem (*Esp*) und lateinamerikanischem (*LAm*) Spanisch sind im *Großen Lernwortschatz Spanisch* weitgehend berücksichtigt, sofern auf deren Vielfalt in den jeweiligen Ländern eingegangen werden konnte. Die bestehenden phonetischen Unterschiede zwischen Spanien und Lateinamerika finden Sie in der Kurzgrammatik erläutert.

Schließlich wird jedes Unterkapitel mit einem treffenden, witzigen, herausfordernden, zum Nachdenken anregenden Zitat oder Sprichwort eröffnet, das sprachlich und/oder inhaltlich mit dem Kapitelthema zusammenhängt.

Wir wünschen Ihnen viel Freude mit dem *Großen Lernwortschatz Spanisch.*

Verfasser und Verlag

Inhaltsverzeichnis

El ser humano
Der Mensch

1 Datos personales
Angaben zur Person

2 Partes del cuerpo
Körperteile

3 Apariencia
Äußere Erscheinung

4 Infancia y juventud
Kindheit und Jugend

5 Edad madura y vejez
Mittlere Jahre und Alter

6 Personalidad y comportamiento
Persönlichkeit und Verhalten

7 Sentidos y sensaciones
Sinne und Sinneseindrücke

8 Sentimientos y actitudes
Gefühle und Einstellungen

9 Moralidad e inmoralidad
Moral und Unmoral

10 Relaciones humanas
Menschliche Beziehungen

11 Sexualidad
Sexualität

12 Higiene personal
Körperpflege

13 Muerte
Tod

Datos personales
Angaben zur Person

Pues sepa Vuestra Merced, ante todas cosas, que a mí llaman Lázaro de Tormes, hijo de Tomé González y de Antonia Pérez, naturales de Tejares, aldea de Salamanca. (*Lazarillo de Tormes, anónimo, siglo XVI*)

llamarse	**heißen**
¿Cómo te llamas?	Wie heißt du?
Me llamo Sonia.	Ich heiße Sonia.

Llamar als reflexives Verb bedeutet heißen / sich nennen (*llamarse*), als nicht-reflexives Verb an- / aufrufen; / be- / ernennen.

nombre *m.* **(de pila)**	**Name; Vorname**
¿Sabes tú cuál es su nombre?	Weißt du, wie sie / er heißt?
Creo que su nombre es María.	Ich glaube, sie heißt María.
nombre de pila / de bautismo	Taufname
apellidarse	**heißen** (mit Familiennamen)
¿Cómo se apellida usted?	Wie heißen Sie mit Familiennamen?
apellidos *m.*	**Familiennamen**
¿Cuál es su segundo apellido?	Wie heißen Sie mit zweitem Familiennamen?

In Spanien werden zwei Familiennamen verwendet. Der erste stammt normalerweise vom Vater und der zweite von der Mutter. Auch die umgekehrte Reihenfolge ist möglich. An die Kinder wird jeweils der erste Familienname weitergegeben.

firma *f.* – **rúbrica** *f.*	**Unterschrift** – **Schnörkel**, mit dem die Unterschrift verziert wird
apodo *m.* / **mote** *m.* / **sobrenombre** *m.*	**Spitzname**
fecha *f.* **de nacimiento** *m.*	**Geburtsdatum**
Nació el dos de noviembre de dos mil dos (el 2 de noviembre de 2002).	Er / Sie ist am zweiten November zweitausendzwei geboren.
cumpleaños *m. sg. / pl.*	**Geburtstag**
¿Cuándo es tu cumpleaños?	Wann hast du Geburtstag?
Hoy es su cumpleaños. / Hoy está de cumpleaños.	Er / Sie hat heute Geburtstag.
Su cumpleaños es el próximo lunes. / Cumple años el próximo lunes.	Er / Sie hat nächsten Montag Geburtstag.
aniversario *m.* – **santo** *m.*	**Jahrestag** – **Namenstag**
aniversario de boda / de la muerte	Hochzeits- / Todestag
Mañana es mi santo.	Morgen habe ich Namenstag.
edad *f.*	**Alter**
¿Qué edad tiene usted? / ¿Cuántos años tiene usted?	Wie alt sind Sie?
mayor / menor de edad	Erwachsene(r) / volljährig – Minderjährige(r) / minderjährig

a la edad de	im Alter von
ser (– soy – era – fui – sido)	**sein**
¿De dónde es usted?	Wo kommen / sind Sie her?
origen *m.* – **originario**	**Abstammung** / **Herkunft** – (gebürtig) **aus**
Es de origen español.	Er / Sie ist spanischer Abstammung.
ciudad de origen	Geburtsort; Heimatstadt
lugar *m.* **de nacimiento** / **de residencia**	**Geburts-** / **Wohnort**
residencia *f.* / **domicilio** *m.*	**Wohnort** / **-sitz**
natural de – **vecino** / **-a de** / **residente en**	**geboren in** / (gebürtig) **aus** – **ansässig** / **wohnhaft in**
nacionalidad *f.*	**Nationalität; Staatsangehörigkeit**
¿Cuál es su nacionalidad? / ¿Qué nacionalidad tiene usted?	Welche Staatsangehörigkeit haben Sie?
extranjero / **-a**	**Ausländer(in); Fremde(r)**
emigrante *m.* / *f.* – **inmigrante** *m.* / *f.*	**Auswanderer** / **Auswanderin** – **Einwanderer** / **Einwanderin**
estado *m.* **civil**	**Familienstand**
¿**Casado**, **soltero** o **divorciado**?	**Verheiratet**, **ledig** oder **geschieden**?
Soy / estoy **viudo**.	Ich bin **Witwer**.
sexo *m.*: **varón** *m.* – **hembra** *f.*	**Geschlecht**: **Mann** / **männliches Geschlecht** – **Frau** / **weibliches Geschlecht**
altura *f.* / **talla** *f.* – **peso** *m.*	**Größe** – **Gewicht**
¿Qué altura tiene usted? / ¿Cuánto mide usted?	Wie groß sind Sie?
¿Cuál es su peso? / ¿Cuánto pesa usted?	Was wiegen Sie?
dar la talla	tauglich sein
religión *f.* – **confesión** *f.* **religiosa**	**Religion** – **Religionszugehörigkeit**
¿Cuál es su confesión religiosa?	Was ist Ihre Religion(szugehörigkeit)?
dirección *f.* / **señas** *f. pl.*	**Adresse; Anschrift**
Se le puede localizar en esta dirección.	Er ist unter dieser Adresse zu erreichen.
¿Cuál es tu dirección de correo electrónico?	Wie ist deine E-Mail-Adresse?
profesión *f.*	**Beruf**
¿Qué profesión ejerce / tiene? / ¿Cuál es su profesión?	Was sind Sie von Beruf?
parado / **-a** – **jubilado** / **-a**	**Arbeitslose(r)** – **Pensionär(in)**
carné *m.* / **documento** *m.* **(nacional) de identidad** (D. N. I.)	**Personalausweis**
pasaporte *m.*	**(Reise-)Pass**
Su pasaporte (no) es válido.	Ihr Pass ist (un)gültig.
renovar (o>ue) el pasaporte	den Pass erneuern
permiso *m.* **de residencia**	**Aufenthaltserlaubnis**
caducar (c>que)	**ablaufen**
Su permiso de residencia ha caducado.	Seine / Ihre Aufenthaltserlaubnis ist abgelaufen.

Partes del cuerpo
Körperteile

Creo que además de sus labios me sonrieron sus ojos ...
(*Ramón María del Valle Inclán, escritor español, 1866–1936*)

In Bezug auf Körperteile verwendet man im Spanischen – im Gegensatz zum Deutschen oder Englischen – in der Regel den bestimmten Artikel und nicht die Possessivpronomen, da die Bezugsperson aus dem Zusammenhang hervorgeht.
Genau wie im Deutschen werden die häufigsten Schmerzen durch Substantivverbindungen ausgedrückt:
dolor m. sg. *de cabeza* (= Kopfschmerzen) • *dolor de garganta* (= Halsschmerzen) • *dolor de oídos* (= Ohrenschmerzen) • *dolor de muelas* (= Zahnschmerzen) • *dolor de espalda* (= Rückenschmerzen) • *dolor de estómago / vientre / barriga* (= Bauchschmerzen)
Ansonsten verwendet man den Ausdruck: *Me duele la mano. / Me duelen los dedos.* (= Mir tut der Arm / tun die Finger weh.)

cabeza *f.*	**Kopf**
de (los) pies a (la) cabeza	von Kopf bis Fuß
cráneo *m.* – **calavera** *f.*	**Schädel** – **Totenschädel**
cerebro *m.* – **cerebral**	**Gehirn** – **Gehirn-**
Enrique murió / ha muerto de un tumor cerebral.	Enrique starb an einem Gehirntumor.
pelo *m.*	**Haar; Haare**
Me corté / he cortado el pelo.	Ich ließ mir die Haare schneiden.
cara *f.* – **rostro** *m.*	**Gesicht** – **Antlitz**
mejilla *f.*	**Wange; Backe**
frente *f.*	**Stirn**
ojo *m.*	**Auge**
a ojos cerrados	blindlings
Jorge es ciego de un ojo.	Jorge ist auf einem Auge blind.
pestaña *f.*	**(Augen-)Wimper**
ceja *f.*	**Augenbraue**
nariz *f.*	**Nase**
boca *f.*	**Mund; Maul**
boca abajo	bäuchlings
boca arriba	rücklings
diente *m.* – **muela** *f.*	**Zahn** – **Backenzahn**
Me duele(n) la(s) muela(s). / Tengo dolor de muelas.	Ich habe Zahnschmerzen.
lengua *f.*	**Zunge**
labio *m.*	**Lippe**
besar en los labios	auf die Lippen küssen
oreja *f.* – **oído** *m.*	**Ohr** (*äußeres*) – **Gehör** (*inneres*)
una otitis / infección de oído(s)	eine Mittelohrentzündung
duro de oído	schwerhörig

cuello *m.*	**Hals** (*von außen gesehen*)
garganta *f.*	**Kehle; Hals** (*von innen gesehen*)
Me duele la garganta. / Tengo dolor de garganta.	Ich habe Halsschmerzen.
nuca *f.*	**Genick**
Juan se desnucó / se partió la nuca (el cuello).	Juan brach sich das Genick (den Hals).
hombro *m.*	**Schulter**
Elena se encogió de hombros.	Elena zuckte nur mit den Achseln.
mirar a alguien por encima del hombro	jemand von oben herab ansehen
espalda *f.*	**Rücken**
cintura *f.*	**Lende; Taille**
pecho *m.*	**Brust; Busen**
dar el pecho	die Brust geben / stillen
vientre *m.* – **barriga** *f.* / **panza** *f.*	**Bauch** – **Bauch** / **Wanst**
echar barriga	Bauch ansetzen
tener barriga	einen Bauch haben
cadera *f.* – **pelvis** *f.*	**Hüfte** – **Becken**
brazo *m.*	**Arm**
Ricardo se rompió / ha roto el brazo.	Ricardo hat sich den Arm gebrochen.
ir del brazo	Arm in Arm gehen
antebrazo *m.*	**Unterarm**
codo *m.*	**Ell(en)bogen**
mano *f.*	**Hand**
Álvaro e Inés van de la mano.	Álvaro und Inés gehen Hand in Hand.
muñeca *f.*	**Handgelenk**; (Kinder-)**Puppe**
dedo *m.* (de la mano / del pie)	**Finger; Zehe**
uña *f.*	**(Finger-)Nagel**
pierna *f.*	**Bein**
Necesito / Tengo que estirar las piernas.	Ich muss mir ein bisschen die Beine vertreten.
muslo *m.*	**(Ober-)Schenkel**
pantorrilla *f.*	**Wade**
enseñar las pantorrillas	die Beine zeigen
rodilla *f.*	**Knie**
Me duele la rodilla izquierda.	Mir tut das linke Knie weh.
estar de rodillas	knien
tobillo *m.*	**(Fuß-)Knöchel**
pie *m.* – **pata** *f.*	**Fuß** – **Pfote**
estar de pie	stehen
ir a pie / *fam* a pata	zu Fuß gehen

Frases con expresiones o modismos referentes al cuerpo
(= Redewendungen mit Körperteilen)
La noticia anda de ***boca*** *en* ***boca***. (= Die Nachricht geht herum / von Mund zu Mund.)
Todo va a pedir de ***boca***. (= Alles läuft wie am Schnürchen.)
Se me hace la ***boca*** *agua*. (= Mir läuft das Wasser im Mund zusammen.)
Él no da su ***brazo*** *a torcer*. (= Er hält daran fest.)
Tienes que sentar la ***cabeza***. (= Du musst zur Vernunft kommen.)

Desde entonces no levanta ***cabeza****.* (= Seitdem kann er / sie / es sich gar nicht wieder aufrappeln.)
El niño lleva / trae a todos de ***cabeza****.* (= Das Kind macht alle um sich herum verrückt.)
José tiene más ***cara*** *que* ***espalda****. / José tiene mucha* ***cara****.* (= José ist unverschämt / unverfroren.)
Se me cae la ***cara*** *de vergüenza.* (= Ich schäme mich in Grund und Boden.)
Siempre me echas eso en ***cara****.* (= Du wirfst es mir immer vor.)
Ahora tienes que dar la ***cara****.* (= Jetzt musst du die Schwierigkeiten auf dich nehmen.)
Lo tengo entre ***ceja*** *y* ***ceja****.* (= Ich grolle ihm. / Er liegt mir im Magen.)
arquear las ***cejas*** (= die Stirn runzeln / große Augen machen / die Brauen hochziehen)
fruncir el ***ceño*** (= die Nase rümpfen)
Tu amigo habla por los ***codos****.* (= Dein Freund quatscht wie ein Buch.)
Otra vez ha vuelto a empinar el ***codo****.* (= Er / Sie hat sich schon wieder volllaufen lassen.)
Te lo digo con el ***corazón*** *en la* ***mano****.* (= Das sage ich dir ganz ehrlich.)
Hay que hacer de ***tripas corazón****.* (= Man muss aus der Not eine Tugend machen.)
Los violentos no tienen dos ***dedos*** *de* ***frente****.* (= Die Gewalttätigen sind einfältig.)
chuparse los ***dedos*** (= sich alle zehn Finger nach etw. lecken)
pillarse los ***dedos*** (= sich die Finger verbrennen)
hacer ***dedo*** (= Autostopp machen)
Me estás poniendo los ***dientes*** *largos.* (= Du machst mir den Mund wässrig.)
¡Estás en los ***huesos****!* (= Du bist ja nur noch Haut und Knochen!)
Lo tengo en la punta de la ***lengua****.* (= Es liegt mir auf der Zunge.)
Seguramente se irá de la ***lengua****.* (= Sicherlich wird er / sie den Mund nicht halten können.)
¿Puedes echarme una ***mano****?* (= Kannst du mir helfen?)
Al final llegaron a las ***manos****.* (= Am Ende wurden sie handgreiflich.)
Lo cogieron con las ***manos*** *en la masa.* (= Sie ertappten ihn auf frischer Tat.)
Estoy hasta las ***narices*** *de esperar.* (= Ich habe die Nase voll vom Warten.)
Tengo los ***nervios*** *de punta.* (= Ich bin sehr aufgeregt.)
No he pegado ***ojo*** *en toda la noche.* (= Ich habe die ganze Nacht kein Auge zugetan.)
Todo eso cuesta un ***ojo*** *de la* ***cara****.* (= All das kostet ein Heidengeld.)
Coméis con los ***ojos****.* (= Bei euch sind die Augen größer als der Magen.)
He metido bien la ***pata****.* (= Ich bin ganz schön ins Fettnäpfchen getreten.)
Ha estirado la ***pata****.* (= Er / Sie hat den Löffel abgegeben.)
¡No lo tome tan a ***pecho****!* (= Nehmen Sie es nicht so ernst!)
A lo hecho, ***pecho****.* (= Man muss für sein Tun einstehen.)
Su actitud da ***pie*** *a protestas.* (= Seine / Ihre Einstellung gibt Anlass zu Protesten.)
Casi nos dejamos la ***piel*** *en el intento.* (= Bei dem Versuch sind wir fast draufgegangen.)
¡No me tomes el ***pelo****!* (= Nimm mich nicht auf den Arm!)
Manuel no se fía ni un ***pelo****.* (= Manuel ist sehr misstrauisch.)

Esto me viene al ***pelo****.* (= Das kommt mir sehr gelegen.)
Cuesta un ***riñón****.* (= Das kostet ein Heidengeld.)
Están de ***uñas*** *conmigo.* (= Sie stehen mit mir auf Kriegsfuß.)

tórax *m.* / **pecho** *m.*	**Brustkorb**
costilla *f.*	**Rippe**
corazón *m.*	**Herz**
Desde hace años está enfermo del corazón.	Er ist seit Jahren herzkrank.
pulmón *m.*	**Lunge**
hígado *m.*	**Leber**
riñón *m.*	**Niere**
realizar / hacer un transplante de riñón	eine Nierentransplantation durchführen
estómago *m.* – **vientre** *m.*	**Magen** – **Bauch**
con el estómago vacío	auf nüchternen Magen
hacer de vientre	Stuhlgang haben
abdomen *m.* / **bajo vientre**	**Unterleib**
intestino *m.* – **tripa(s)** *f.*	**Darm** – **Darm** / **Bauch** / **Wanst**
heces *f. pl.* / **evacuación** *f.* / **excremento(s)** *m.*	**Stuhl(gang); Kot**
Tiene sangre en las heces.	Er / Sie hat Blut im Stuhl.
nalgas *f. pl.*	**Gesäß; Hintern; Hinterteil**
un cachetito / una palmadita en las nalgas / el culo	ein Klaps auf den Po
culo *m.*	**Hintern; Po; Arsch**
ano *m.*	**After; Anus**
vejiga *f.* **urinaria**	**Blase**
orinar – **orina** *f.*	**urinieren** – **Urin** / **Harn**
genitales *m. pl.*	**Genitalien; Geschlechtsteile**
los genitales femeninos / masculinos	die weiblichen / männlichen Genitalien
vagina *f.*	**Vagina; Scheide**
ovario *m.*	**Eierstock**
matriz *f.* / **útero** *m.*	**Gebärmutter; Uterus**
pene *m.*	**Penis**
testículo *m.*	**Hoden**
próstata *f.*	**Prostata; Vorsteherdrüse**

Euphemismen
Ein Euphemismus ist eine beschönigende, „verhüllende" Umschreibung für etwas, das man sich scheut direkt auszusprechen, etwa wenn man dahinscheiden (= *pasar a mejor vida, fallecer*) statt sterben (= *morir*) sagt.
Für bestimmte Körperteile, Ausscheidungen usw. werden häufig solche „indirekten" Ausdrücke gebraucht.
Beispiele: ***ano:*** *ojete* • ***pecho:*** *busto* • ***nalgas:*** *posaderas* / trasero • ***defecar*** (= Kot ausscheiden): *evacuar* / *obrar* / *hacer de cuerpo* / *de vientre* / *caca* (= Stuhlgang haben) • ***heces*** / ***excrementos:*** *evacuaciones* • ***genitales:*** *las vergüenzas* / *partes íntimas* / *nobles* / *pudendas* • ***pene:*** *miembro viril* • ***vomitar:*** *echar la pastilla* • ***orinar:*** *hacer pipí, cambiar de agua al canario*

Mit *Voy a hablar con el señor Roca* (*Roca™* = Sanitärfirma) oder *Voy a poner una conferencia con el señor Roca* kann euphemistisch ausgedrückt werden, dass man auf die Toilette gehen muss.

circulación *f.*	**Kreislauf**
La mala circulación provoca varices.	Krampfadern werden durch schlechte Durchblutung verursacht.
sangre *f.*	**Blut**
donante de sangre	Blutspender(in)
conservar / no perder la sangre fría	die Ruhe bewahren / nicht die Nerven verlieren
hacerse mala sangre	sich ärgern / Sorgen machen
venas *f.* – **arterias** *f.*	**Venen** – **Arterien**
esqueleto *m.*	**Skelett**
mover el esqueleto	tanzen
hueso *m.*	**Knochen**
Está en los huesos.	Er / Sie ist nur noch Haut und Knochen.
articulación *f.*	**Gelenk**
articulaciones doloridas / hinchadas	schmerzende / geschwollene Gelenke
piel *f.*	**Haut**
músculo *m.*	**Muskel**
glándula *f.*	**Drüse**
nervio *m.*	**Nerv**
tener nervios de acero	Nerven wie Drahtseil haben / eiserne Nerven haben
perder los nervios	die Nerven verlieren
tener los nervios de punta	sehr aufgeregt sein
Me pone de los nervios.	Er / Sie geht mir auf die Nerven.
nervioso	**nervös; Nerven-**
Es un tipo nervioso.	Er ist ein nervöser Typ.
Sufrió una depresión nerviosa.	Er / Sie erlitt einen Nervenzusammenbruch.
Estoy al borde de un ataque de nervios / nervioso.	Ich bin am Rande eines Nervenzusammenbruchs.

"Tiene unos nervios de acero, pero yo en su lugar tendría los nervios de punta."

Apariencia
Äußere Erscheinung

Todo está bien si parece bien. (*Pío Baroja, escritor español, 1872–1956*)

Las **apariencias** engañan.	Der **Schein** trügt.
salvar las apariencias	den Schein (nach außen hin) wahren
alto – **bajo** / *pey* **canijo**	**groß** – **klein** (gewachsen)
Él era alto, ella era baja.	Er war groß, sie war klein.
grande – **pequeño**	**groß** – **klein** (im übertragenen Sinn)
delgado – **gordo**	**schlank** / **dünn** – **dick**
un hombre gordo – una mujer delgada	ein dicker Mann – eine schlanke Frau
flaco / **magro** – **enjuto**	**dünn** / **dürr** – **ausgemergelt**
un chico flaco de diecisiete años	ein dünner Siebzehnjähriger
enclenque / **esmirriado**	**kümmerlich**, **mick(e)rig**
grácil / **fino**	**zierlich** / **grazil** / **feingliedrig**
nervudo	**drahtig**
la figura nervuda de un corredor de maratón	die drahtige Figur eines Marathonläufers
demacrado / **escuálido**	**abgemagert** / **ausgemergelt**
agotado / **consumido** / **extenuado**	**abgespannt** / **abgehärmt** / **ausgezehrt**
tener aspecto consumido	abgehärmt aussehen
sobrado de peso – **falto** / **bajo de peso**	**übergewichtig** – **untergewichtig**
Iñigo está falto de peso.	Iñigo hat Untergewicht.
sobrepeso *m.* / exceso de peso – peso insuficiente / falta de peso	**Übergewicht** – Untergewicht
débil / **endeble** / *pey* **flacucho**	**schwach** / **schwächlich**
un niño endeble y de salud frágil / delicada	ein schwächliches und (gesundheitlich) anfälliges Kind
fuerte / **vigoroso**	**kräftig**
un hombre vigoroso y musculoso	ein kräftiger und muskulöser Mann
regordete / **gordito** / **rechoncho**	**rundlich** / **mollig** / **pummelig**
Lolita es baja y regordeta.	Lolita ist klein und rundlich.
corpulento / **grueso** / **obeso**	**korpulent** / **beleibt** / **füllig**
una mujer corpulenta, un poco metida en carnes	eine korpulente Frau, etwas füllig
rollizo	**drall**
un hombre rollizo de mejillas coloradas	ein draller, rotbackiger Mann
ancho (de espaldas / **de hombros)**	**breit(schultrig)**
fornido / **recio**	**kräftig** (gebaut); **stämmig**; **gedrungen**
un estibador fornido, fuerte como un toro	ein stämmiger, bärenstarker Hafenarbeiter
robusto	**robust**; **rüstig**; **stramm**
buen mozo	**strammer Bursche**
garboso / **gallardo** / **apuesto**	**flott**; **schneidig**
un hombre joven y apuesto	ein flotter junger Mann
encorvado	**gebeugt**
Ese hombre está encorvado por la edad.	Dieser Mann ist vom Alter gebeugt.

***El atractivo* (= Die Attraktivität)**
bonito / LAm, Andal ***lindo:*** *¡Qué bebé más lindo / bonito!* (= Was für ein niedliches Baby!)
encantador / ***encanto*** m.: *una chica encantadora* (= ein reizendes junges Mädchen)
¡Un encanto! / ¡Encantador(a)! (= Entzückend!)
atracivo: *Es delgado y atractivo.* (= Er ist schlank und attraktiv.)
guapa / ***hermosa*** / ***bien parecida*** / LAm ***linda:*** *una mujer hermosa / bien parecida* (= eine gut aussehende Frau)
de (muy) buen ver: *una mujer de (muy) buen ver* (= eine (sehr) gut aussehende Frau)
guapo / ***apuesto*** / ***bien parecido:*** *un hombre joven y apuesto / bien parecido* (= ein gut aussehender junger Mann)
bien formado: *Tiene las / unas piernas bien formadas.* (= Er / Sie hat wohlgeformte Beine.)
esbelto: *un hombre elegante y esbelto* (= ein schicker Mann von schlankem Wuchs)
bonito (bes. v. Mädchen) / ***guapo*** / LAm ***lindo*** / Esp fam ***mono:*** *una chica guapa / bonita / mona* (= ein hübsches junges Mädchen)
precioso / ***preciosidad*** f.: *Ella es preciosa y tiene unos ojos azules preciosos.* (= Sie ist wunderschön und hat wunderschöne blaue Augen.)
Es una preciosidad. (= Sie ist ein bildhübsches / bildschönes Mädchen.)
imponente: *Es una mujer imponente.* (= Sie ist eine imposante Frau.)

***La falta de atractivo* (= Mangelnde Attraktivität)**
feo: *un hombre feo* (= ein hässlicher Mann)
poco atractivo: *Es una mujer poco atractiva.* (= Sie ist eine wenig attraktive Frau.)
desagradable: *un hombre físicamente desagradable* (= ein unangenehm wirkender Mann)

Im Gegensatz zum Ausdruck der Attraktivität fehlen im Spanischen die Nuancen für den Mangel an Attraktivität. Man ist auf mehr oder weniger beschönigende Umschreibungen angewiesen: unattraktiv (= *sin atractivo alguno / físicamente desfavorecido*); unansehnlich (= *de mal aspecto / poco agraciado*). Für besondere Hässlichkeit finden sich übertriebene Vergleiche wie: *más feo que el pecado mortal / que pegar a su padre / que Picio / que el sargento Utrera / que cagar / que un lagarto / que un susto ...* (= hässlich wie die Nacht / abgrundtief hässlich). Adjektive: *horrible / horrendo* (= entsetzlich); *horripilante* (= schrecklich); *espeluznante* (= haarsträubend); *atroz* (= scheußlich); *abominable* (= abscheulich); *terrorífico* (= greulich); *espantoso* (= grässlich); *pavoroso* (= schreckenerregend).

Modismo: tocarle a uno bailar con la más fea (= am schlimmsten davonkommen)

Para describir a una persona se utiliza **el artículo definido**: *Tiene **el** pelo castaño y **los** ojos verdes.* (= Er / Sie hat braune Haare und grüne Augen.)

cara *f.*	**Gesicht**
una cara oval / ovalada / redonda	ein ovales / rundes Gesicht
una cara hinchada	ein aufgedunsenes Gesicht

ojo *m.*	**Auge**
ojos oscuros / claros	dunkle / helle Augen
Era pálido y de ojos hundidos.	Er war bleich und hohläugig.
tez *f.*	**Gesichtsfarbe**
una tez rosada / pálida	eine rosige / bleiche Gesichtsfarbe
radiante	**strahlend; leuchtend**
Estaba radiante de alegría.	Er / Sie strahlte vor Freude.
arrugas *f.* – **arrugado**	**Falten – runzlig; faltig**
la cara arrugada de la anciana	das runzlige Gesicht der alten Frau
cana *f.*	**weißes Haar**
echar canas	graue Haare bekommen
peinar canas	alt werden / sein
echar una cana al aire	sich erfreuen / einen vergnügten Tag machen

Para describir el pelo (= Zur Beschreibung des Haares)
un peinado de moda (= eine modische Frisur)
sus resplandecientes rizos rubios (= seine / ihre / Ihre leuchtenden blonden Locken)
su hermoso / LAm lindo pelo rubio (= sein / ihr / Ihr schönes blondes Haar)
Esp morenas / LAm morochas – Esp rubias / LAm catiras / CAm güeras – pelirrojas (= Brünette – Blondinen – Rothaarige)
una mujer morena / de pelo blanco (= eine dunkelhaarige, braunhäutige / weißhaarige Frau)
Lleva coleta. (= Er / Sie trägt einen Pferdeschwanz.)
una adolescente / quinceañera con bonitas trenzas (= ein Teenager mit hübschen Zöpfen)
pelo liso, rizado y crespo (= glattes, lockiges und krauses Haar)
un corte (de pelo) al rape (= ein Bürstenschnitt)
Su pelo ralea / se hace ralo. (= Sein / Ihr Haar lichtet sich langsam.)
Lleva peluca. (= Er / Sie trägt eine Perücke.)
Tiene más de cincuenta años y encanece. (= Er / Sie ist in den Fünfzigern und wird grau.)
Se está quedando calvo. (= Er bekommt langsam eine Glatze.)
Tiene una calva. (= Er hat eine Glatze.)

ropa *f.* / *pey* **vestimenta** *f.* / *lit* **atuendo** *m.* – **vestido** *m.*	**Kleidung – Kleid / gekleidet**
vestido elegantemente / a la última	elegant / modisch gekleidet
Siempre va elegantemente vestido.	Er ist immer schick / flott gekleidet.
¡Mira qué vestimenta!	Schau dir die (geschmacklose) Kleidung an!
Llevaba una blusa y una falda.	Sie **trug** eine Bluse und einen Rock.
disfraz *m.* – **disfrazar(se)** (z>ce) *de / como*	**Verkleidung; Kostüm; Maske – (sich) verkleiden / maskieren** *als*
acicalado / aseado	**gepflegt**
desaliñado / desaseado	**ungepflegt**
desarreglado / descuidado	**vernachlässigt; ungepflegt**
su aspecto desaliñado / descuidado	seine / ihre / Ihre ungepflegte Erscheinung
sucio – mugriento	**schmutzig – schmuddelig**
andrajoso / desharrapado	**schäbig**
desastrado	**vergammelt; zerzaust**
arrugado / ajado	**zerknittert; verwuschelt; zerzaust**
Él llevaba un traje arrugado.	Er trug einen zerknitterten Anzug.

Infancia y juventud
Kindheit und Jugend

→ 2.3 Padres e hijos

Los niños son el lazo que existe entre el cielo y la tierra, y el único acaso que los hombres no pueden romper. (*J. Selgas Carrasco, escritor y periodista español, 1822–1882*)

el / la **recién nacido** / **-a** – **recién nacido**	**Neugeborenes – neugeboren**
bebé *m.*	**Baby**
bebe / **-a** *RPl, Pe*	**Baby**
nene / **-a**	**kleines Kind**
canguro *m.* / *f.*	**Babysitter(in)** (*wörtlich*: Känguruh)
cuna *f.*	**Wiege**
desde la cuna / desde la más tierna infancia	von der Wiege an
desde la cuna hasta la sepultura	von der Wiege bis zur Bahre
niñez *f.* / **infancia** *f.* – **tierna edad** *f.*	**Kindesalter – frühe Kindheit**
niño / **-a** – **niños** / **-as**	**Kind – Kinder**
ropa **infantil**	**Kinderbekleidung**
niñera *f.* / **chacha** *f.* / **tata** *f.*	**Tagesmutter; Kinderfrau; Kindermädchen**
hijo *m.* – **hija** *f.*	**Sohn / Kind – Tochter / Kind**
Ella es hija única.	Sie ist ein Einzelkind.
párvulo / **-a**	**Kleinkind** (im Vorschulalter)
cama *f.* **de niño**	**Kinderbett**
coche(cito) *m.* **de niño**	**Kinderwagen**
chupete *m.* / *LAm* **chupón** *m.*	**Schnuller**
guardería *f.* **(infantil)**	**Kinderkrippe** (für Säuglinge und Kleinkinder)
guardería *f.* / **jardín** *m.* **de infancia** / *Mex* **jardín de niños**	**Kindergarten / -tagesstätte / Spielgruppe**
parvulario *m.* / **escuela** *f.* **de párvulos**	**Vorschule**
juguete *m.* – **juguetería** *f.*	**Spielzeug – Spielwarenladen**
Todos los niños necesitan juguetes.	Jedes Kind braucht Spielzeug.
coche de juguete – tren de juguete	Spielzeugauto – Spielzeugeisenbahn

Juegos para (los) niños **(= Spiele für Kinder)**
jugar a la pelota / pelotear (= Ball spielen) • *jugar a las cartas / a los naipes* (= Karten spielen) • *jugar a policías y ladrones* (= Räuber und Gendarm spielen) • *jugar a las casitas* (= Mutter und Vater spielen) • jugar al escondite (= Versteck spielen) • *muñeca* f. (= Puppe) • *cochecito* m. (*de [la] muñeca[s]*) (= Puppenwagen) • *casa* f. *de muñeca(s)* (= Puppenhaus / – stube) • *animal* m. *de peluche / de trapo* (= Plüschtier / Stofftier) • *osito m. de peluche / de felpa* (= Teddybär) • *títere* m. / *marioneta* f. (= Handpuppe) • *caballo* m. *de madera / de columpio / de balancín / RPl de hamaca* (= Schaukelpferd) • *mecano m. / caja f.*

de construcciones (= Baukasten) • *cubos* m. *(de madera)* / *piezas* f. *de (mecano)* (= Bauklötzchen) • *canicas* f. / *pitas* f. / LAm *bolitas* f. (= Murmeln) • *tren* m. / *ferrocarril* m. *en miniatura* (= Modelleisenbahn) • *avión* m. *en miniatura* (= Modellflugzeug)
tebeos m. / *cómics* m. (= Comic-Hefte) • *historieta* f. / *tira* f. *cómica* (= Kurz-comic) • *cuento* m. (= Märchen)
libro m. *de colorear* (= Malbuch) • *caja* f. *de pinturas* (= Mal- / Tuschkasten) • *lápices* m. *de colores* (= Buntstifte) • *pinturas* f. *de cera* (= Wachsmalstifte) • *pinturas* f. (= Farben)
juego m. *de mesa* (= Brettspiel) • *acertijo* m. / *adivinanza* f. (= Rätsel) • *rompecabezas* m. sg. / pl. (= Puzzle / Puzzlespiel) • *cometa* f. / LAm *barrilete* m. (= Drache) • *cajón* m. / *piscina* f. *de arena* (= Sandkasten) • *cubito* m. / LAm *baldecito* m. y *pala* f. (= Eimerchen und Schaufel) • *subibaja* m. / *columpio* m. (= Wippe) • *columpio* m. (= Schaukel) • *patines* m. (de ruedas) (= Rollschuhe) • *patines* m. *(de hielo)* (= Schlittschuhe) • *monopatín* m. (= Skateboard) • *bicicleta* f. / *bici* f. (= Fahrrad) • *triciclo* m. (= Dreirad) • *trineo* m. (= Schlitten)

joven *m. / f.*	**jung; Jugendliche(r); junges Mädchen**
gente joven / jóvenes / juventud	junge Leute; Jugendliche; Jugend
para la gente joven / los jóvenes / la juventud	für die Jugend; für die jungen Leute
chico – chica	**klein; jung; Junge; Knabe; Kleiner – junges Mädchen; Kleine**
Es un buen chico.	Er ist ein guter Kerl.
chiquillo – chiquilla	**kleiner Junge; Knabe; Liebling – kleines Mädchen; Liebchen; Schatz**
chiquillada *f.*	**Kinderei; Kinderstreich**
chiquillería *f.*	**ein Haufen kleiner Jungen**
pollito / **poll(uel)o**	*(auch abwertend)* **junger Bursche**
pollita	*(auch abwertend)* **junges Mädchen**

Männliche Jugendliche sind *chicos, muchachos, jóvenes, chavales, tíos* (= *wörtlich:* Onkel). Weibliche Jugendliche sind *chicas, muchachas, jóvenes, chavalas, tías* (= *wörtlich:* Tanten). Lateinamerikanische Varianten sind (besonders in Mexiko) *chamacos* / *-as, batos* / *bueyes* (männlich) / *morras* (weiblich), (besonders im Andenbereich) *cabros* / *-as* und (besonders im Süden Lateinamerikas) *pibes* / *-as.*

juventud *f.*	(die) **Jugend(zeit)**

Entsprechungen für „Jugend"
Jugend = Jugendzeit:
Pasé mi infancia en Santiago. (= Ich habe meine Jugend in Santiago verbracht.)
La juventud es un período pasional de la vida. (= Die Jugend ist eine leidenschaftliche Zeit im Leben.)
La gente joven / juventud es optimista. (= Die Jugend ist optimistisch.)

La juventud actual tiene sus propios problemas. (= Die heutige Jugend hat ihre eigenen Probleme.)

pillín(a)	**Balg; Schlingel; kleiner Strick**
atrevido / -a / descarado / -a	**Flegel; Gör(e)**
mocoso / -a	**Rotznase**
edad *f.* **del pavo**	**Flegelalter / -jahre**
mimado / consentido	**verwöhnt**
Es un mimado / un consentido.	Er ist ein verwöhntes Balg.
alumno – alumna	**Schüler – Schülerin**
adolescente *m. / f.*	**Heranwachsende(r)**
la **adolescencia**	das **Erwachsenwerden**
la **pubertad**	die **Pubertät**
un(a) quinceañero / -a	**ein Teenager**
Muchos quinceañeros oyen música rock.	Viele Teenager hören Rockmusik.
una madre quinceañera / adolescente	eine Mutter im Teenageralter
menor *m. / f.* **(de edad)**	**Minderjährige(r); Jugendliche(r); Kind**
explotación de menores – maltrato de menores	Kinderarbeit – Kindesmisshandlung
tribunal de menores	Jugendgericht
establecimiento penitenciario para menores / correccional de menores	Jugendstrafanstalt
prohibición para menores	Jugendverbot
mayor *m. / f.* **(de edad)**	**Volljährige(r); Erwachsene(r)**
ser mayor de edad	volljährig / mündig sein
mayores	Erwachsene *(Kindersprache)*
llegar (g>gue) **a la mayoría** *f.* **de edad**	**volljährig werden**

Algunas cosas negativas que hacen a veces los niños y los jóvenes
(= Ein paar ungute Dinge, die Kinder und Jugendliche manchmal tun)
Hacen rabiar / Chinchan a otros niños. (= Sie schikanieren andere Kinder.)
Tiranizan / Tienen esclavizados a otros niños. (= Sie tyrannisieren andere Kinder.)
Hacen novillos. (= Sie schwänzen die Schule.)
Abandonan / Dejan la escuela. (= Sie brechen die Schule ab.)
Huyen / Se escapan de casa. (= Sie laufen von zu Hause weg.)
Provocan con su lenguaje y su comportamiento. (= Sie provozieren durch ihre Sprache und ihr Verhalten.)
Toman drogas. / Se drogan. (= Sie nehmen Drogen. / Sie dopen sich.)
Se meten en líos con la policía. (= Sie kriegen Ärger mit der Polizei.)

El lado bueno de los adolescentes
Son abiertos, idealistas, utópicos. (= Sie sind offen, idealistisch, utopisch.)
Son muy críticos. (= Sie sind sehr kritisch.)
Se comprometen con causas nobles. (= Sie engagieren sich für edle Wohltaten.)
Ponen en cuestión / Cuestionan el mundo de los adultos. (Sie stellen die Welt der Erwachsenen in Frage.)
Se indignan con / contra las injusticias. (= Sie empören sich über die Ungerechtigkeit.)

juvenil	**jugendlich; Jugend-**
club juvenil – albergue juvenil	Jugendclub – Jugendherberge
delincuente juvenil	jugendliche(r) Straftäter(in)
delincuencia juvenil	Jugendkriminalität
organización juvenil	Jugendorganisation
reformatorio *m.*	**Erziehungsanstalt**

Violencia f. **(= Gewaltanwendung)**
¿Por qué me has pegado una patada? (= Warum hast du mich getreten?)
¡Papá! ¡Pedro siempre me pega! (= Papa! Pedro haut mich immer!)
La golpeó en el estómago. (= Er / Sie schlug sie in den Magen.)
Los castigos corporales a niños son ilegales en muchos países. (= Die körperliche Züchtigung von Kindern ist in vielen Ländern rechtswidrig.)
Antes se pegaba frecuentemente a los niños. (= Die Kinder bekamen früher oft Schläge.)
No me gusta pegar a mi hijo. (= Ich schlage mein Kind nicht gern.)
Si no paras, te vas a llevar una paliza / una tunda / una zurra / unos azotes. (= Wenn du nicht aufhörst, kriegst du 'ne Tracht Prügel.)

adulto / **-a**	**erwachsen; Erwachsene(r)**
crecer (c>zc)	**erwachsen werden**
Tienen dos hijos crecidos / mayores.	Sie haben zwei erwachsene Söhne.

"¿Estás seguro de que es tu hijo?"

5 Edad madura y vejez
Mittlere Jahre und Alter

Todos deseamos llegar a viejos, y todos negamos que hemos llegado.
(*F. de Quevedo y Villegas, poeta y escritor español, 1580–1645*)

edad *f.* **madura**	**das mittlere Lebensalter** (ca. 40–65)
de edad madura / de mediana edad	mittleren Alters
en la edad madura	in reiferen Jahren; im reifen Alter
un hombre maduro / hecho	ein reifer Mensch
crisis *f. sg. / pl.* **de los cuarenta**	**Midlife-Crisis** (um die 40)
madurez *f.*	**Reife**
maduro – inmaduro	*(körperlich, geistig)* **reif – unreif**
la **adolescencia**	das **Erwachsenwerden**; die **Adoleszenz**
en la flor de su vida / **en sus mejores años**	**in der Blüte seiner / ihrer Jahre; in den besten Jahren**
la **esperanza de vida**	die **Lebenserwartung**
el **envejecimiento**	das **Altwerden**; das **Altern**
la **menopausia** / **época crítica** / **edad climatérica**	die **Wechseljahre**
el principio / comienzo de la menopausia	das Einsetzen der Wechseljahre
envejecer (c>zc) / **hacerse** (– hago – hice, hizo – hecho) **viejo**	**alt werden; altern**
La cirugía estética no evita que uno se haga viejo.	Schönheitschirurgie verhindert nicht, dass man älter wird.
encanecer (c>zc)	**ergrauen; alt werden**
irse (– voy – iba – fui – ido) **haciendo viejo**	**(langsam) älter werden**
Nos vamos haciendo viejos.	Wir werden langsam älter.
anciano / **-a** / **viejo** / **-a**	**alt; alte(r) Mann / Frau; Alte(r); Greis(in)**
asilo de ancianos	**Altersheim; Altenheim**

Wie im Deutschen sind auch im Spanischen Euphemismen (= beschönigende Umschreibungen) gebräuchlich:
persona mayor (= ältere / erwachsene Person); *de cierta edad* (= in reifem Alter); *de edad avanzada* (= in fortgeschrittenem Alter); *un hombre entrado en años* (= ein älterer / betagter Mann).
In Lateinamerika werden jedoch oft *mi viejo / vieja* und deren Verkleinerungsformen *mi viejito / -a* als Koseausdruck (= mein / -e Freund / -in) verwendet, wobei *viejos* auch eine Bezeichnung für die Eltern (= die Alten) sein kann. Diese letzte Anwendung setzt sich mittlerweile auch in Spanien in der Jugendsprache durch.
Mis viejos se han ido, así que podemos hacer una fiesta en casa. (= Meine Eltern sind weg, also können wir ein Fest bei mir machen.)

ser (– soy – era – fui – sido) **viejo** – **estar** (– estoy – estuve – estado) **viejo**	**alt sein – alt wirken / aussehen**
No es viejo, pero está viejo.	Er ist nicht alt, sieht aber so aus.
viejo *m.* **verde**	**alter Lustmolch**
mayor	**erwachsen; volljährig; ältere(r, s)**
Son mayores.	Sie sind alt / alte Leute / erwachsen / volljährig.
pobreza entre personas mayores	Armut unter älteren Menschen
los mayores	die **Vorfahren** / **Ahnen** / **Erwachsenen** / **alten Leute**
veterano *m.*	*(auch Kriegs-)***Veteran**
un diplomático / profesor veterano	ein altgedienter Diplomat / Lehrer
edad *f.* **de retiro** / **de jubilación**	**Renten-** / **Pensionsalter**
pensionista *m.* / *f.* / **jubilado** / **-a**	**Rentner(in)**
profesión: jubilado	Beruf: Rentner
jubilarse	**in den Ruhestand treten** / **in Pension gehen**
un funcionario retirado / jubilado	ein pensionierter Beamter
retiro *m.* / **jubilación** *f.*	**Ausscheiden aus dem Arbeitsleben**
cuando alcance la edad de jubilación / de retiro	wenn sie / er das Rentenalter erreicht
entrado en años / **de edad avanzada**	**in vorgerücktem Alter**
Es una persona de edad avanzada.	Er / Sie ist sehr alt.
la vejez / **la tercera edad**	**das Alter**

Wenn von *vejez* oder *gente mayor* die Rede ist, werden oft Euphemismen (= beschönigende / verhüllende Ausdrücke) verwendet: *mujeres de cierta edad* sind Frauen in mittleren Jahren, das Alter selbst wird oft als *el otoño de la vida, el ocaso de la vida, las postrimerías de la vida, sus años de retiro* umschrieben. Eine *residencia para la tercera edad* erhält solche weniger „direkt" klingenden Namen wie *residencia para mayores, residencia de ancianos* oder schlicht *residencia* oder *asilo,* wenn es nicht sogar nur angedeutet wird mit Ausdrücken wie *un lugar donde se pueden ocupar de él / ella* (= wo man sich um ihn / sie kümmern kann). Die Menschen, die man im Deutschen als Senioren bezeichnet, sind auf Spanisch *jubilados / señores de edad;* vorher ist man *de mediana edad.*

longevidad *f.*	**Langlebigkeit**
decaimiento *m.* / **deterioro** *m.*	**Verfall; Verschlechterung**
decaimiento físico	nachlassende körperliche Energie
en sus últimos años	**in seinen / ihren letzten Lebensjahren**
debilitado por la edad / **decrépito** / **caduco**	**altersschwach**
un anciano decrépito	ein schwacher alter Mann

Weitere Adjektive, die Schwäche (= *debilidad / flaqueza* / LAm *flojedad*) bzw. Gebrechlichkeit (= *fragilidad*) ausdrücken: *débil* (= schwach) • *debilitado / extenuado* (= matt / geschwächt) • *quebradizo / frágil* (= schwach /

gebrechlich / zart) • *enfermizo / achacoso* (= kränklich / siechend) • *delicado / endeble* (= schwächlich / zerbrechlich)

senilidad *f.* – **senil**	**Senilität – senil**
enfermedad *f.* **de Alzheimer**	**Alzheimersche Erkrankung**
sufrir / padecer la enfermedad de Alzheimer	an Alzheimer leiden

Unfreundliche, diskriminierende Ausdrücke, die auf ältere Menschen angewandt werden:
estar fosilizado / ser un fósil (= verknöchert / verkalkt sein) • *chocho* (= kindisch vor Alter / senil / vertrottelt / tatterig) • *volverse chocho* (= vertrotteln / trottelig werden) • *chochear* (= faseln) • *estar para el arrastre / acabado* (= es nicht mehr bringen / dem Ende nahe sein)

estar (– estoy – estuve – estado) **mal de salud**	**bei schlechter Gesundheit sein**
servicio *m.* de **comidas a domicilio (para ancianos)**	**Essen auf Rädern**
asilo *m.*	**Pflegeheim**
Ha sido admitida en un asilo.	Sie wurde in ein Pflegeheim aufgenommen.

Die sozialistische Regierung der *PSOE* (*Partido Socialista Obrero Español* = Spanische Sozialistische Arbeiterpartei) hatte in Spanien von 1982 bis 1996 eine Sozialpolitik betrieben, die den älteren Menschen bessere und würdigere Lebensumstände ermöglichte. Zahlreiche Pflegeheime wurden in diesen Jahren eröffnet und günstige Urlaubsreisen für Rentner vom damaligen *INSERSO* (*Instituto Nacional de Servicios Sociales*), heute *IMSERSO* (*Instituto de Migraciones y Servicios Sociales*), zur Verfügung gestellt. Obwohl die Regierung der *PP* (= *Partido Popular*) angekündigt hatte, diese Sozialpolitik weiter zu führen, belegt Spanien heutzutage innerhalb der EU den vorletzten Platz hinsichtlich der sozialen Leistungen pro Einwohner. Während Spanien im Jahre 2003 83% des durchschnittlichen Bruttoinlandsproduktes der EU-Staaten erreicht hatte, lagen die sozialen Leistungen pro Einwohner zu diesem Zeitpunkt bei 60% des EU-Durchschnittes.

"Los niños son el apoyo en la vejez."

Personalidad y comportamiento
Persönlichkeit und Verhalten

La personalidad: he aquí el enemigo de la eternidad.
(*E. D'Ors y Rovira, filósofo y ensayista español, 1882–1954*)

comportarse / **portarse**	**sich benehmen** / **verhalten**
Se ha comportado bien / mal.	Er / Sie hat sich gut / schlecht verhalten / aufgeführt.
personalidad *f.*	**Persönlichkeit**
Tiene una personalidad atractiva.	Er / Sie besitzt ein sympathisches Wesen.
carácter *m.* / **manera** *f.* **de ser**	**Wesen; Charakter**
Tiene un carácter tan fuerte que es incompatible con el mío.	Er / Sie hat so einen starken Charakter, dass wir nicht zusammenpassen.
temperamento *m.* / **genio** *m.*	**Temperament; Naturell**
temperamento colérico / bilioso	cholerisches / reizbares Temperament
genio vivo / alegre	munteres Temperament
temperamental	**temperamentvoll**
buen genio – **mal genio**	**Gutmütigkeit / gute Laune – schlechte Laune**
tener buen genio – tener mal genio	einen guten Charakter haben / gutmütig sein – jähzornig / leicht aufbrausend sein
estar de mal genio	schlecht gelaunt sein
humor *m.*	**Laune; Humor**
estar de buen / mal humor	gute / schlechte Laune haben
humor de perros	üble Laune
disposición *f.* (de ánimo)	**Verfassung; Stimmung**

Adjektive, die menschliche Eigenschaften ausdrücken, mit ihrem Gegenteil

Die Antonyme (= Gegensatzwörter) werden hier durch Vorsetzen von *des-*, *in-*, *im-*, *i-* oder *a-* gebildet.

contento (= zufrieden) – *descontento* (= unzufrieden)
inhibido (= gehemmt) – *desinhibido* (= ungehemmt)
interesado (= gewinnsüchtig / selbstsüchtig / eigennützig) – *desinteresado* (= uneigennützig / selbstlos)
considerado (= rücksichtsvoll) – *desconsiderado* (= rücksichtslos)
agradecido (= dankbar) – *desagradecido* (= undankbar)
cortés (= höflich) – *descortés* (= unhöflich)
honesto (= ehrlich) – *deshonesto* (= unehrlich)
leal (= loyal / treu) – *desleal* (= nicht loyal / treulos / untreu)
fiel (= treu) – *infiel* (= untreu / treulos)
maduro (= reif) – *inmaduro* (= unreif)
decente (= anständig) – *indecente* (= unanständig)
discreto (= taktvoll) – *indiscreto* (= taktlos)

capaz de (= zu etwas fähig) – *incapaz de* (= zu etwas unfähig)
experto (= erfahren) – *inexperto* (= unerfahren)
flexible (= flexibel) – *inflexible* (= unflexibel)
tolerante (= duldsam) – *intolerante* (= unduldsam)
culto (= kultiviert / gebildet) – *inculto* (= unkultiviert / ungebildet)
civilizado (= gebildet / zivilisiert) – *incivilizado* / *salvaje* (= ungebildet / unzivilisiert / wild)
justo (= fair / gerecht) – *injusto* (= unfair / ungerecht)
sensato (= vernünftig / besonnen) – *insensato* (= unvernünftig / töricht)
seguro (de sí mismo) (= sicher / selbstbewusst) – *inseguro* / *cohibido* (= unsicher / gehemmt)
paciente (= geduldig) – *impaciente* (= ungeduldig)
parcial (= parteiisch) – *imparcial* (= unparteiisch)
prudente (= vorsichtig) – *imprudente* (= unvorsichtig)
púdico (= schamhaft) – *impúdico* (= schamlos / hemmungslos)
puro (= keusch / züchtig) – *impuro* (= unkeusch / unzüchtig)
responsable (= verantwortungsbewusst) – *irresponsable* (= verantwortungslos)
respetuoso (= ehrerbietig / rücksichtsvoll / anstandsvoll) – *irrespetuoso* (= unehrerbietig / respektlos)
moral (= moralisch / sittlich) – *amoral* (= unmoralisch / unsittlich)
normal (= normal) – *anormal* (= anormal / abnormal)

Beachten Sie, dass – anders als im Deutschen – die negativen Vorsilben *des-*, *im-*, *in-*, *i-*, *a-* etc. im Spanischen nicht betont werden.
Deutsch: Er ist ja so 'unfair / 'unduldsam / 'unzufrieden.
Spanisch: *(Él) es tan in'justo / intole'rante / está tan descon'tento.*

Bei einer Gruppe von Adjektiven bevorzugt man im Spanischen beschönigend auf den Mangel einer Eigenschaft hinzuweisen, statt direkt den Gegensatz zu verwenden, auch wenn er existiert:
eficiente – *ineficiente* / *poco eficiente* (= effizient – ineffizient / wenig effizient); *cultivado* – *poco cultivado* (= kultiviert – unkultiviert / wenig kultiviert); *correcto* – *incorrecto* / *poco correcto* (= korrekt – inkorrekt / wenig korrekt); *fiable* – *poco fiable* (= zuverlässig – unzuverläsig / wenig zuverlässig); *exigente* – *poco exigente* (= anspruchsvoll / unbescheiden – anspruchslos / bescheiden); *interesante* – *poco interesante* (= interessant – uninteressant); *juicioso* – *poco juicioso* (= weise / klug – unklug); *cooperativo* – *poco cooperativo* (= entgegenkommend – wenig entgegenkommend); *comprensivo* – *poco comprensivo* / *incomprensivo* (= verständnisvoll – verständnislos); *razonable* – *poco razonable* / *irrazonable* (= vernünftig / angemessen – unvernünftig); *sentimental* – *poco sentimental* (= sentimental / gefühlvoll – unsentimental / gefühllos); *servicial* – *poco servicial* (= gefällig – ungefällig)

bueno – malo	**gut – schlecht**
bondadoso – malicioso	**gütig – boshaft**
un señor / dios / soberano bondadoso	ein gütiger Herr / Gott / Herrscher
una mirada maliciosa / un vecino malicioso	ein boshafter Blick / Nachbar

benévolo – malévolo — **wohlwollend – böswillig / übelgesinnt**

misericordioso – inmisericorde — **barmherzig – unbarmherzig**
compasivo – despiadado — **mitfühlend – mitleidlos**
Se aprovecha de los demás despiadadamente / sin piedad. — Er / Sie nützt andere erbarmungslos aus.
íntegro – corrupto — **ehrlich / rechtschaffen – korrupt**
un hombre recto e íntegro — ein aufrichtiger und ehrlicher Mann
un político corrupto — ein korrupter Politiker

Viele der hier aufgeführten Adjektive werden durch Anhängen von *-mente* an die weibliche Form des Adjektivs zu häufig gebrauchten Adverbien:
Actuó insensatamente / ineficientemente / desinteresadamente / irresponsablemente. (= Er / Sie handelte töricht / ineffizient / selbstlos / verantwortungslos.)
Se comportó discretamente / juiciosamente / valerosamente / razonablemente. (= Er / Sie verhielt sich taktvoll / klug / mutig / vernünftig.)

trabajador – perezoso / vago / *esp LAm, Andal* **flojo** — **fleißig – faul**
educado – maleducado / grosero — **höflich – unhöflich / grob**
¡No hace falta ser maleducado! — Warum denn gleich grob werden?
listo – tonto — **klug / listig – dumm**
colérico / irascible – equilibrado — **leicht erregbar – ausgeglichen**
conservador – progresista — **konservativ – progressiv**
de miras amplias – estrecho de miras — **tolerant / großzügig – engstirnig**
egocéntrico – altruista — **ichbezogen – altruistisch / selbstlos**
generoso / desprendido – avaro / tacaño / agarrado — **großzügig – geizig / knauserig**
descuidado – meticuloso — **lax; lässig – pingelig**

Das vollkommene Fehlen einer Eigenschaft kann durch *falto / -a* de oder *desprovisto / -a de* ausgedrückt werden:
Es una persona completamente falta de ambición / valor / humor / compasión / talento. (= Ihm / Ihr mangelt es vollkommen an Ehrgeiz / Mut / Humor / Mitleid / Talent.)

encantador – falto / desprovisto de encanto — **charmant – ohne Charme**
Es un hombre desprovisto de todo encanto. — Er ist ein Mann, der keinerlei Charme besitzt.
optimista *m. / f.* **– pesimista** *m. / f.* — **optimistisch; Optimist(in) – pessimistisch; Pessimist(in)**
extravertido – introvertido — **extravertiert – introvertiert**
campechano / abierto – reservado / cerrado — **kontaktfreudig – zurückhaltend / unnahbar**
alegre / de buen humor – triste — **gut gelaunt – trübsinnig / traurig**
Luis parecía estar triste de verdad. — Luis schaute recht bedrückt drein.

interesante – sin interés / aburrido	**interessant – uninteressant / langweilig**
ingenioso / gracioso – trivial / banal	**geistreich / witzig – geistlos / platt**
salado – soso	**geistreich / witzig** (*wörtlich:* salzig) – **langweilig** (*wörtlich:* fad[e] [Person])
divertido – aburrido	**unterhaltend / lustig – langweilig**

Bastante **/ *más bien* als Entsprechungen für „ziemlich"**
Bastante steht vorzugsweise bei „wünschenswerten" Eigenschaften:
es bastante atractiva, se quedó bastante tranquilo, su comportamiento era bastante civilizado.
Más bien wird bei „nicht wünschenswerten" Eigenschaften bevorzugt:
estaba más bien agresivo, hacer aquello fue algo más bien estúpido, la nueva secretaria es más bien ineficiente.

fuerte – débil	**stark – schwach**
duro – débil	(knall)hart – schwach
un tipo duro	ein knallharter Kerl
valeroso / valiente – cobarde	**mutig / tapfer – feige**
un niño valiente	ein tapferes Kind
un ataque cobarde	ein feiger Anschlag
un **gallina**	eine **feige Nuss** / ein **Feigling** (*wörtlich:* Henne)
relajado – tenso	**entspannt – angespannt**
tranquilo – agitado / excitado	**ruhig – aufgeregt**
Estaba muy tranquilo antes de la operación.	Er war vor der Operation sehr ruhig.
respetuoso – descarado / fresco	**respektvoll – frech**
No seas descarado con tus padres.	Sei nicht frech zu deinen Eltern.
humilde / modesto – presuntuoso / engreído	**demütig / bescheiden – eingebildet**

Für die Beschreibung von Menschen gibt es eine Reihe von *modismos* (= feststehende [Rede-]Wendungen), die mit *más ... que* (= mehr ... als) gebildet werden. Beispiele:
*Es **más astuto que un zorro.*** (= schlau wie ein Fuchs)
Tienes más cara que espalda. (= rotzfrech)
*Es **más fiero que un león.*** (= so wild / tapfer wie ein Löwe)
*Estaba allí **más imperturbable que una esfinge.*** (= seelenruhig)
*Es **más largo que un día sin pan.*** (= riesengroß / ellenlang)
*Es **más listo que el hambre.*** (= schlau wie ein Fuchs)
*Estás **más loco que una cabra.*** (= total verrückt)
*Es **más manso que un cordero.*** (= sanft / geduldig wie ein Lamm)
*Hay que tener **más paciencia que Job.*** (= so geduldig wie Hiob)
*Eres **más terco que una mula.*** (= störrisch wie ein Maultier / ein sturer Bock)
*Es **más tonto que hecho de / por encargo.** / Es **más tonto que el que se la pisó meando**.* (= dümmer als die Polizei erlaubt)
*Es **más trabajador que una hormiga.*** (= emsig wie eine Biene)

Sentidos y sensaciones
Sinne und Sinneseindrücke

Grande dolor es sentir mucho, y grande enfermedad no sentir nada; esto es ya de muerto, aquello aún es de vivo. (*F. de Quevedo y Villegas, poeta y escritor español, 1580 – 1645*)

sentido *m.*	**Sinn**
los cinco sentidos	die fünf Sinne
el sentido de la vista / del oído	der Seh- / Gehörsinn
el sentido del olfato / del gusto / del tacto	der Geruchs- / Geschmacks- / Tastsinn
sensación *f.*	**Empfindung; Sinneseindruck; Gefühl**
sensaciones como dolor y sed	Empfindungen wie Schmerz und Durst
percepción *f.* **sensorial** / **extrasensorial**	**sinnliche** / **außersinnliche Wahrnehmung**
percibir	**wahrnehmen; empfinden; (be)merken**
sentir (– siento – sentí, sintió – sentido)	**fühlen; empfinden; verspüren**

Beide Verben (*percibir* / *sentir*) werden in Zusammenhängen verwendet, in denen die Sinne etwas wahrnehmen. Ausnahme: *sentir* steht nicht bei den Wahrnehmungen des Auges.
sentir *un ruido / un olor / un sabor / dolor*
percibir *una imagen / un ruido / un olor / un sabor / dolor*

No sintió el dolor.	Er / Sie spürte den Schmerz nicht.
sentir frío / calor	Kälte / Wärme empfinden
ojo *m.*	**Auge**
¡ojo!	Vorsicht!; Achtung!
ojeada *f.*	(flüchtiger) **Blick**
echar / dar una ojeada (rápida) a / sobre algo	einen kurzen Blick auf etwas werfen / etwas überfliegen
Sólo le he echado una ojeada rápida al artículo.	Ich habe den Artikel nur überflogen.
ojeriza *f.*	**Groll**
ver (– veo – vi – visto)	**sehen**
Vio que nadie estaba mirando.	Er / Sie sah, dass niemand hinschaute.
Vimos un(a película de) vídeo.	Wir sahen uns ein Video an.
mirar	**ansehen; (an)schauen; nachsehen**
ver / mirar la televisión	fernsehen
¿Has mirado en la cocina?	Hast du in der Küche nachgesehen?
Mira a éste.	Schau dir doch mal dies hier an.
Estaban / Estuvieron mirando cómo comía el perro.	Sie sahen zu, wie der Hund fraß.
mirada *f.*	**Blick**

preguntar / interrogar a alguien con la mirada	jemand fragend anblicken
De una mirada lo dejó callado.	Sein / Ihr Blick brachte ihn zum Schweigen.
percibir / **notar** – **percepción** *f.*	**wahrnehmen** – **Wahrnehmung**
¿Pueden todos los animales percibir la luz?	Können alle Tiere Licht wahrnehmen?
Lo he notado. / Me he dado cuenta de ello.	Ich habe es bemerkt / wahrgenommen.
notar / **darse** (– doy – di – dado) **cuenta**	**bemerken**
Nadie se dio cuenta del robo.	Niemand bemerkte den Diebstahl.
observar	**beobachten; bemerken**
El cometa fue observado / visto en 1986.	Der Komet wurde 1986 beobachtet.
observación *f.*	**Beobachtung; Bemerkung**
Podías haberte ahorrado esa observación.	Diese Bemerkung hättest du dir sparen können.
observatorio *m.*	**Warte; Beobachtungsstation**
vista *f.*	**Sehkraft** / **Sehvermögen; Sicht** / **Aussicht**
Está perdiendo vista.	Seine / Ihre Sehkraft lässt allmählich nach.
corto de vista / miope – hipermétrope	kurzsichtig *(konkret und im übertragenen Sinne)* – weitsichtig
Fue amor a primera vista.	Es war Liebe auf den ersten Blick.
irreconocible a simple vista	mit bloßem Auge nicht erkennbar
una hermosa vista al mar	ein schöner Ausblick aufs Meer
¡Hasta la vista!	Auf Wiedersehen!
facultad *f.* **visual** / **capacidad** *f.* **visual**	**Sehkraft** / **-vermögen**
vistazo *m.*	**flüchtiger Blick**
Echó un vistazo y después se fue.	Er / Sie warf einen schnellen Blick darauf und ging dann weg.
avistar	**erblicken**
Por fin avistamos el tren.	Endlich kam der Zug in Sicht.
visible – **invisible**	**sichtbar** – **unsichtbar**
El faro era claramente visible.	Der Leuchtturm war deutlich sichtbar.
vidente *m.* / *f.* – **invidente** *m.* / *f.*	**(Hell-)Seher(in)** / **Prophet** – **Blinde(r)** / **blind**
ciego / **-a** – **tuerto** / **-a**	**blind** / **Blinde(r)** – **einäugig** / **Einäugige(r)**
En el reino de los ciegos, el tuerto es el rey.	Unter den Blinden ist der Einäugige König.
perro *m.* **lazarillo**	**Blindenhund**
visual *m.* – **vídeo** *m.* / **video** *Arg*	**visuell** / **Seh-** – **Video(-)**
medios audiovisuales	audiovisuelle Medien
vislumbrar	**kurz** / **kaum sehen**
Solamente llegamos a vislumbrarlo.	Wir bekamen ihn nur kurz zu Gesicht.

oído *m.* – **oreja** *f.*	**Gehör** / (inneres) **Ohr** – (äußeres) **Ohr**
aguzar los oídos	die Ohren spitzen
Es un poco duro de oído.	Er ist ein bisschen schwerhörig.
audífono *m.* / **aparato** *m.* **de(l) oído**	**Hörhilfe; Hörgerät**
sordo / **-a**	**taub; Taube(r)**
sordomudo / **-a**	**taubstumm; Taubstumme(r)**
escuela / lenguaje de sordomudos	Taubstummenschule / -sprache
oír (– oigo, oye – oí, oyó – oído)	**hören**
¿No has oído un ruido?	Hast du das Geräusch nicht gehört?
¡oye! / ¡oiga!	hör (mal) zu! / hören Sie (mal) zu!
¡oiga!	hallo! (am Telefon)
escuchar	**(zu)hören**
Escuché atentamente pero no pude oír nada.	Ich lauschte angestrengt, konnte aber nichts hören.
escuchar la radio	Radio hören
sentir (– siento – sentí, sintió – sentido)	**hören; vernehmen**
Se sienten pasos en el pasillo.	Man hört Schritte im Flur.
percibir	**vernehmen; hören**
Yo no percibí ningún ruido.	Ich habe kein Geräusch vernommen / gehört.
sonido *m.*	**Schall; Laut; Klang**
el sonido de un coche que se acerca	das Geräusch eines nahenden Autos
sonar (o>ue)	**klingen; klingeln**
Suena como un motor Diesel / de gasoil.	Es klingt wie ein Dieselmotor.

Span. *sonar* wird nicht wie das deutsche Verb „spielen" im Sinne von „ein Instrument spielen" verwendet. Dafür benutzt man *tocar* (= berühren).
La guitarra suena bien. (= Die Gitarre klingt gut.)
Tocas muy bien la guitarra. (= Du spielst sehr gut Gitarre.)

insonorizar (z>ce)	**schalldicht machen**
una cabina / cámara insonorizada	eine schalldichte Kabine
tono *m.*	**Ton**
No me gusta tu tono de voz.	Mir gefällt dein Ton nicht.
volumen *m.*	**Lautstärke**
subir / bajar el volumen	das Gerät lauter / leiser stellen
alto / **fuerte** – **bajo**	**laut** / **hoch** – **leise** / **tief**
¿Qué ha sido ese ruido tan fuerte?	Was war das für ein lautes Geräusch?
Tu voz es demasiado alta.	Deine Stimme ist zu hoch.
Intente hablar un poco más bajo / alto.	Versuchen Sie leiser / lauter zu sprechen.
ruidoso – **silencioso**	**geräuschvoll** / **laut** – **geräuschlos** / **leise**
El / (La instalación de) aire acondicionado es demasiado ruidoso / -a.	Die Klimaanlage ist zu laut.
perceptible / **audible** – **imperceptible** / **inaudible**	**hörbar** – **unhörbar**

un sonido casi imperceptible / inaudible	ein kaum wahrnehmbarer Laut
audio-	**Audio-; Ton-**
ruido *m.*	**Geräusch; Lärm; Krach**
¿Qué ruido ha sido ése?	Was war das für ein Geräusch?
No puedo aguantar el ruido.	Ich kann den Lärm nicht aushalten.

Entsprechungen für „ruhig"

Vivimos en un barrio ***tranquilo.*** (= Wir leben / wohnen in einer ruhigen Gegend.)
El / Los negocio(s) está(n) ***tranquilo(s)*** *actualmente.* (= Im Geschäft ist zur Zeit nicht viel los.)
Está siempre tan ***callada****, como si no tuviera nada que decir.* (= Sie ist immer so ruhig, als ob sie nichts zu sagen hätte.)
El mar estaba ***en calma****.* (= Das Meer war vollkommen ruhig.)
Le cuesta estarse sentado ***sin moverse****.* (= Es fällt ihm / ihr schwer, ruhig zu sitzen.)
Por fin una tarde ***tranquila*** *en casa.* (= Endlich ein ruhiger Abend zu Hause.)
Tuvimos un ***apacible*** *crucero.* (= Wir hatten eine ruhige Überfahrt.)
Después de la tormenta la noche estuvo ***serena****.* (= Nach dem Sturm war die Nacht ruhig.)
Se necesita una mano ***firme****.* (= Man braucht eine ruhige Hand.)
Apenas se oye la marcha ***suave*** *de la máquina.* (= Man hört den ruhigen Gang der Maschine kaum.)
Me encantan los trajes (con dibujos / motivos) ***discretos****.* (= Ich liebe Anzüge mit unauffälligen / ruhigen Mustern.)

la **nariz** – **olfato** *m.*	die **Nase** – **Geruch(ssinn)**
tener buen / mucho olfato para los negocios	eine gute Nase für die Geschäfte haben
olfatear	**wittern; beschnuppern; herumschnuppern**
husmear	**wittern; herumschnüffeln**
¿Qué andas husmeando?	Was schnüffelst du herum?
oler (huelo, olemos – olí – olido)	**riechen; wittern; duften**
¿No te huele a gas?	Riechst du nicht das Gas?
La sopa huele deliciosamente.	Die Suppe riecht köstlich.
Estas rosas huelen mucho.	Diese Rosen duften sehr intensiv.

Modismos:
Aquí ***huele*** *a chamusquina.* (= Hier herrscht dicke Luft.)
Algo me ***huele*** *mal aquí.* (= Hier ist doch irgendetwas faul.)

olor *m.* – **oloroso**	**Geruch** / **Gestank** – **wohlriechend** / **duftend**
apestar / **oler mal** / **heder** (e>ie)	**stinken**
Aquí apesta / huele fatal.	Hier stinkt's.
podrido / **putrefacto** / **pútrido**	**faul**

Podrido / putrefacto / pútrido heißen *faul* im Sinne von *verdorben: un huevo podrido / una manzana podrida* (= ein faules Ei / ein fauler Apfel). Als *manzana podrida* bezeichnet man auch jemand, der einen schlechten Einfluss auf seine Umgebung ausübt, sie verdirbt, wie im *modismo: La manzana podrida pierde a su compañía.* (= Schlechte Gesellschaft verdirbt die guten Sitten.)
Nuestra policía en su conjunto es buena, pero hay un par de manzanas podridas dentro del cuerpo. (= Unsere Polizei als Ganzes ist in Ordnung, aber es sind ein paar schwarze Schafe darunter.)
Andere Übersetzungen von *faul: un diente* ***cariado*** (= ein fauler Zahn); *aguas* ***putrefactas*** (= faules Gewässer).

fragancia *f.* – **fragante**	(Wohl-)**Geruch** / **Duft** – **wohlriechend**
la fragancia única de estas rosas	der besondere Duft dieser Rosen
perfumar – **perfume** *m.*	**parfümieren** – **Parfüm** / **Duft**
aroma *m.*	**Aroma**; **Duft**

Achtung, *falsos amigos* (= falsche Freunde)!
Span. ***aroma*** wird nur gerochen und als angenehm empfunden, ist also Duft. Dt. **Aroma** wird auch geschmeckt und als angenehm empfunden, span. = *sabor / gusto: el inconfundible aroma del café recién molido* (= der unverwechselbare Duft frisch gemahlenen Kaffees). *Estos tomates no saben a nada.* (= Diese Tomaten haben überhaupt keinen Geschmack.)

saber (– sé – supe – sabido) – **sabor** *m.*	**schmecken** – **Geschmack**
(Esto) tiene un sabor amargo.	Es hat einen bitteren Geschmack.
(Esto) sabe dulce / salado / agrio.	Es schmeckt süß / salzig / sauer.
gusto *m.*	**Geschmack(ssinn)**; **Vorliebe**
Sus gustos no son los míos.	Seine / Ihre Vorlieben sind nicht meine.
apetito *m.* – **apetitoso**	**Appetit** – **schmackhaft** / **appetitlich**
Esto me ha quitado el apetito.	Es hat mir den Appetit verdorben.
náusea *f.* – **nauseabundo**	**Übelkeit** – **Übelkeit erregend** / **ekelhaft**
tacto *m.*	**Gefühls-** / **Tastsinn**
La tela tiene un tacto muy suave.	Der Stoff fühlt sich sehr weich an.
tocar (c>que)	**berühren**
Por favor, (se ruega) no tocar.	Bitte nicht berühren.
No toquen las mercancías, por favor.	Die Waren bitte nicht berühren.
tocar un instrumento	ein Instrument spielen
asir / **agarrar** / *Esp* **coger** / **tomar**	**anfassen**

In der Südspitze Lateinamerikas und auch in anderen lateinamerikanischen Ländern, wie z.B. Mexiko, sollte man das Verb *coger* nicht in diesem Sinn benutzen, da es auf intime Beziehungen hinweist. Stattdessen kann man *tomar* bzw. *agarrar* verwenden.

Sentimientos y actitudes
Gefühle und Einstellungen

Ya no la quiero, es cierto, pero cuánto la quise. / Es tan corto el amor, y es tan largo el olvido. (*Pablo Neruda, poeta chileno, 1904–1973*)

actitud *f.*	**Einstellung; Haltung**
su actitud frente a los extranjeros / hacia los extranjeros	seine / ihre Einstellung gegenüber Ausländern
sentimiento *m.*	**Gefühl**
No quería herir tus sentimientos.	Ich wollte dich nicht verletzen.
Sus sentimientos hacia mí ya no son los mismos.	Seine / Ihre Gefühle mir gegenüber sind nicht dieselben wie früher.
Le acompaño (a Vd.) en el sentimiento.	Ich spreche Ihnen mein Beileid aus.
sentimental	**gefühlvoll; sentimental**
una persona / novela sentimental	ein sentimentaler Mensch / Roman
Eres un sentimental.	Du bist ein Gefühlsmensch.
sentir (– siento – sentí, sintió – sentido)	**fühlen; bedauern**
Se sentía cansada y deprimida.	Sie fühlte sich müde und deprimiert.
Lo siento (mucho).	Es tut mir (sehr) Leid.
Siento mucho que te tengas que ir.	Ich bedauere es sehr / Es ist (sehr) schade, dass du weggehen musst.
emocionar	**(be)rühren; bewegen; ergreifen**
Eso me emociona, me llega al corazón.	Das berührt mich, geht mir zu Herzen.
Estoy muy emocionado.	Ich bin tief gerührt.
emocionarse	gerührt sein
emoción *f.*	**Emotion**; (Gemüts-)**Bewegung**; Spannung; Aufregung
llorar de emoción	vor Rührung weinen
¡Qué emoción!	Was für eine Spannung!
vivir emociones fuertes	den Nervenkitzel suchen
emocional	**emotional; empfindsam**
Estoy emocionalmente desequilibrado.	Ich bin gefühlsmäßig aus dem Gleichgewicht.
emocionante	**aufregend; spannend; bewegend**
¡Qué emocionante!	Wie spannend / aufregend!
un momento muy emocionante	ein sehr bewegender Augenblick
humor *m.*	**Stimmung; Laune**
No estoy de humor para bromas.	Mir ist nicht nach Spaßen zumute.
estar de buen / mal humor	gute / schlechte Laune haben
humor de perros	mürrische / üble Laune
humor de mil diablos	ganz miese Laune
amor *m.* – **amoroso**	**Liebe** – **liebevoll** / **Liebes-**
Lo hace por amor.	Er / Sie tut das aus Liebe.
por amor de Dios	um Gottes willen
amor mío	Liebling; Geliebte(r)

enamorarse de	**sich verlieben in**
Se ha enamorado de ella.	Er / Sie hat sich in sie verliebt.
estar perdidamente enamorado de	unsterblich verliebt sein in
amante *m. / f.*	**Liebhaber(in); Geliebte(r)**
amar – **amarse**	**lieben** – **einander / sich lieben**

Amar klingt auf Spanisch heutzutage sehr poetisch und gewählt, normalerweise wird stattdessen *querer* bevorzugt: *Quiero mucho a mi familia.* (= Ich liebe meine Familie sehr.) Darüber hinaus wird etwas lieben mit dem Verb *adorar* (= anbeten) oder mit anderen Verben, die Begeisterung ausdrücken, übersetzt: *Adoro / Me encanta la comida vasca / la paella / Sevilla.* (= Ich liebe die baskische Küche / Paella / Sevilla.)

adorar	**anbeten; lieben; verehren**
encantar	**entzücken; begeistern**
Me encanta el flamenco.	Ich liebe Flamenco.
Me encantaría quedarme aquí.	Am liebsten würde ich hier bleiben.
estar encantado	**angetan sein**
Está encantado con ella / la casa.	Sie / Das Haus hat es ihm angetan.
Encantado / -a (de conocerlo / -a).	Es freut mich sehr, Sie kennen zu lernen.
encantador	**bezaubernd; entzückend; charmant**
querer (– quiero – quise – querido)	**lieben; mögen; gern haben** (wollen) *(bei Bitten)*
Te quiero.	Ich liebe dich.
Quisiera un café solo, por favor.	Ich hätte gern einen Espresso, bitte.
No quiero molestarte.	Ich möchte dich nicht stören.
Quiero / Quisiera decirte algo.	Ich möchte dir etwas sagen.
¿Quiere (Vd.) comer / beber algo?	Möchten Sie etwas essen? / Hätten Sie gern etwas zu trinken?
querido / **-a**	**liebe(r); Geliebte(r); Liebhaber(in)**
cariño *m.*	**Liebe; Zuneigung; Anhänglichkeit; Zärtlichkeit;** *(als Anrede)* **Liebling**
tener cariño a alguien	jemand gern haben
tomar(le) cariño a alguien	Zuneigung für jemand entwickeln
cariñoso	**liebevoll; zärtlich**
encariñarse con algo o alguien	etwas oder jemanden **lieb gewinnen**
apreciar – **aprecio** *m.*	**zu schätzen wissen / hochachten** – **Hochachtung**
Todos sus compañeros de trabajo la aprecian mucho.	Alle ihre Mitarbeiter schätzen sie sehr.
gustar	**gefallen; mögen; gern haben** (wollen) *(bei Angeboten)*; **gern tun**
Me gusta mucho este chico.	Dieser Junge gefällt mir sehr.
No me gusta el vino.	Ich mag keinen Wein.
¿Qué te gustaría hacer?	Was würdest du gern tun?
Me gustaría mucho acompañarle, me gusta caminar.	Ich würde Sie sehr gern begleiten, ich laufe gern.

Die deutsche Frage „Wie gefällt es dir?" wird nicht wörtlich ins Spanische übersetzt. Man fragt *¿Qué te parece?* oder *¿Cómo lo encuentras?* oder einfach *¿Te gusta?* (= Gefällt es dir?).

gusto *m.* – **disgusto** *m.*	**Vorliebe / Geschmack – Verdruss / Ärger**
con (mucho / sumo) gusto	(sehr) gern
tener el gusto de	das Vergnügen haben zu
¡Mucho gusto en conocerlo / -a! / ¡Tanto gusto!	Es freut mich sehr, Sie kennen zu lernen.
disfrutar / pasarlo (pasarla *Lam***) bien**	**genießen**
Disfruto estando contigo. / Lo paso muy bien contigo.	Ich bin sehr gern mit dir zusammen.
¡Disfruta tus vacaciones!	Genieße deinen Urlaub!
apetecer (c>zc)	**nach etwas zumute sein**
¿Te apetece beber algo?	Möchtest du etwas zu trinken?
Un buen Rioja siempre apetece.	Ein guter Riojawein ist immer willkommen.
apasionar / entusiasmar	**begeistern**
Me apasiona / entusiasma Latinoamérica.	Ich bin von Lateinamerika begeistert.
entusiasmarse / apasionarse	**schwärmen; sich begeistern**
Se entusiasma / apasiona con Plácido Domingo.	Er / Sie schwärmt für Plácido Domingo.

Wie man Liebe, Zuneigung, Gernhaben noch ausdrücken kann
Nos cayó bien en seguida. (= Er / Sie war uns sofort sympathisch.)
El pescado no me hace mucha gracia. (= Auf Fisch bin ich nicht so versessen.)
La idea la cautivó completamente. (= Der Gedanke hatte es ihr völlig angetan.)
Goza del afecto / cariño de todos. (= Er / Sie genießt die Sympathie aller.)
Esa tarea me atrae / seduce mucho. (= Diese Aufgabe reizt mich sehr.)
Me fascinan los libros antiguos. (= Alte Bücher faszinieren mich.)
Al verla quedó embelesado / encandilado. (= Ihr Anblick entzückte ihn.)
Él está prendado de esa chica. (= Er ist von diesem Mädchen eingenommen.)
Está loco por ella. (= Er ist verrückt nach ihr. / Er ist in sie vernarrt.)
Está chiflada / chalada por él. (= Sie ist in ihn verknallt / verschossen.)
Todos se pirran por ella. (= Sie verdreht jedem den Kopf.)
Está que se muere por ella. (= Er ist unsterblich verliebt in sie.)

desear – **deseo** *m.*	**begehren / wünschen – Wunsch / Begehren**
el deseo de paz / amor / felicidad	das Verlangen nach Frieden / Liebe / Glück
el efecto deseado	die gewünschte Wirkung
deseoso de	**begierig** nach / zu
ansiar *(stärker)* / **anhelar**	**sehnlich begehren; ersehnen**

Es mejor no ansiar tantas cosas.	Es ist besser, nicht so vieles zu ersehnen.
ansiar (volver a) ver a alguien	sich nach jemand sehnen
anhelo *m.* / *el* **ansia** *f.* → 1.13 *el* alma *f.*	**Begierde; Sehnsucht**
ansia de saber / trabajar / venganza	Wissbegierde; Arbeitswut; Rachsucht
ansioso	**begierig; heftig wünschend**
añorar / *LAm* **extrañar**	**sehnlichst verlangen; Sehnsucht empfinden; sich sehnen nach**
Añoramos / Extrañamos los viejos tiempos.	Wir sehnen uns nach den guten alten Zeiten.
Te extraño / añoro.	Ich sehne mich nach dir.
añoranza *f.* / **nostalgia** *f.* **(de)**	**Sehnsucht; Heimweh**
Siento nostalgia de mi país.	Ich habe Heimweh.
interés *m.* – **interesante**	**Interesse – interessant**
Lo leímos con gran interés.	Wir lasen es mit großem Interesse.

Verwechseln Sie nicht *interesado* (= interessiert) mit *interesante* (= interessant)!

interesarse por	**sich interessieren für**
No se interesa por nadie.	Er / Sie interessiert sich für niemand.
preferir (– prefiero – preferí, prefirió – preferido)	**bevorzugen; vorziehen**
Prefiero el cine a la televisión.	Ich ziehe das Kino dem Fernsehen vor.
Preferimos viajar en tren.	Wir reisen lieber mit dem Zug.
admirar – **admirable** – **admirador(a)**	**bewundern – bewundernswert – Verehrer(in)**

Sehr heißt in Bezug auf Verben nicht *muy,* sondern *mucho:*
Ella es ***muy*** *querida aquí.* (= Sie ist hier sehr beliebt.)
La quiere / admira ***mucho.*** (= Er / Sie liebt / bewundert sie sehr.)

soportar – **insoportable**	**ertragen / ausstehen – unausstehlich**
No lo puedo soportar.	Ich kann ihn / es nicht ertragen.
No soporta que lo critiquen.	Er verträgt es nicht, kritisiert zu werden.
aguantar – **inaguantable**	**ertragen / aushalten – unerträglich**
No lo aguanto más.	Ich halte ihn / es nicht mehr aus.
tolerar	**tolerieren; dulden; sich gefallen lassen**
No se deberían tolerar comentarios racistas.	Rassistische Bemerkungen sollte man nicht hinnehmen.
Eso no lo tolero.	Das lasse ich mir nicht gefallen / bieten.
agradar – **desagradar**	**gefallen – missfallen / nicht mögen**
Nos agrada que vengáis.	Es freut uns, dass ihr kommt.
Él le desagrada profundamente.	Er ist ihr / ihm äußerst unsympathisch.
manía *f.*	**Abneigung**

Le tengo tal manía que no lo puedo ni ver.	Ich habe solch eine Abneigung gegen ihn, dass ich ihn nicht sehen kann.
odiar – **odio** *m.*	**hassen** – **Hass**
Odio tener que darme prisa / apurarme.	Ich hasse es, wenn ich hetzen muss.
Su mirada estaba llena de odio.	Sein / Ihr Blick war voller Hass.

Weitere Verben, die starke Abneigung ausdrücken
Ella lo aborrece. (= Sie verabscheut / hasst ihn.)
No lo / la puedo ver (delante). (= Ich kann ihn / sie nicht ausstehen.)
No lo / la puedo tragar. / No lo / la trago. (= Ich kann ihn / sie nicht leiden.)
Detesto la violencia. (= Ich verabscheue Gewalttätigkeit.)

optimismo *m.* – **pesimismo** *m.*	**Optimismus** – **Pessimismus**
Estamos llenos de optimismo.	Wir sind alle voller Optimismus.
optimista *m. / f.* – **pesimista** *m. / f.*	**optimistisch** / **Optimist(in)** – **pessimistisch** / **Pessimist(in)**
esperar – **esperanza** *f.*	**hoffen** / (er)**warten** – **Hoffnung**
nuestras esperanzas y temores	unsere Hoffnungen und Befürchtungen
perder la esperanza	die Hoffnung aufgeben
el teléfono de la esperanza	das Sorgentelefon
Espero que le guste.	Ich hoffe, es gefällt ihr / ihm / Ihnen.
¿Nos ayudará? – Espero que sí.	Werden Sie / Wird er / sie uns helfen? – Ich hoffe es.
¿Está roto? – Espero que no.	Ist es kaputt? – Ich hoffe nicht.
desesperar – **desesperación** *f.*	**verzweifeln** – **Verzweiflung**
desesperado	**verzweifelt**
Lo miró desesperada.	Sie sah ihn verzweifelt an.
conmovedor / **emocionante** / **enternecedor**	**rührend**; **bewegend**; **ergreifend**
una escena enternecedora	eine ergreifende Szene
prejuicio *m.*	**Vorurteil**
prejuicios contra extranjeros	Vorurteile gegen Ausländer
lleno de prejuicios	voreingenommen; voller Vorurteile
subjetivo – **objetivo**	**subjektiv** – **objektiv**
Queremos informarle objetivamente / de una manera objetiva.	Wir möchten Sie objektiv informieren.

Adjektive, mit denen Verärgerung ausgedrückt wird
Estaba disgustada / enfadada / enojada / molesta. (= böse / ärgerlich / verärgert)
El jefe estaba furioso / rabioso / hecho un demonio. (= rasend / wütend / fuchsteufelswild)

tener (– tengo, tiene – tuve – tenido) **miedo** *m.* a / de *(vor Pronomen)*	**Angst haben** vor
¿Tienes miedo al perro?	Hast du Angst vor dem Hund?
Tenía miedo a saltar.	Er / Sie traute sich nicht zu springen.

Tiene miedo a volar.	Er / Sie fürchtet sich vor dem Fliegen.
Tiene miedo de nosotros. / Nos tiene miedo.	Er / Sie fürchtet sich vor uns.
de miedo	vor Angst; toll
miedoso	**furchtsam**; **ängstlich**
orgullo *m.* – **orgulloso**	**Stolz** – **stolz**
Estamos orgullosos del rendimiento.	Auf diese Leistung sind wir stolz.
celos *m. pl.* – **celoso**	**Eifersucht** – **eifersüchtig**
Lo hizo por celos.	Er / Sie tat es aus Eifersucht.
Se han separado por sus celos.	Sie haben sich wegen seiner / ihrer Eifersucht getrennt.
¿Tienes celos de ella? / ¿Estás celoso de ella?	Bist du eifersüchtig auf sie?
envidiar – **envidia** *f.* – **envidioso**	**beneiden** – **Neid** – **neidisch**
Lo envidio por las simpatías de que goza.	Ich beneide ihn um seine Beliebtheit.
Le envidio su inteligencia.	Ich beneide sie / ihn um ihre / seine Intelligenz.
despreciar / **menospreciar**	**verachten**; **gering schätzen**; **unterschätzen**
No te menosprecio por ello.	Ich verachte dich nicht deswegen.
despreciable	**verächtlich**
sorprender – **sorpresa** *f.*	**überraschen** – **Überraschung**
Me miró sorprendido.	Er / Sie sah mich überrascht an.
Estoy sorprendido de verte aquí.	Ich bin überrascht, dich hier zu sehen.
asombrado / **atónito** / **perplejo** / **estupefacto**	**erstaunt**; **verblüfft**; **bestürzt**
Estábamos perplejos ante el resultado.	Wir waren über das Ergebnis verblüfft.
dejar pasmado / **estupefacto** a alguien	jemand **verblüffen**
reír (– río – reí, rió – reído) – **risa** *f*	**lachen** – (das) **Lachen**
llorar de risa	Tränen lachen
hacer reír a alguien	jemand zum Lachen bringen
desternillarse (de risa)	sich vor Lachen ausschütten wollen
morirse de risa	sich vor Lachen nicht halten können
reír(se) a carcajadas	aus vollem Halse / schallend lachen
reírse de alguien	sich über jemand lustig machen
reír(se) irónicamente / sarcásticamente	grinsen
reírse entre dientes	leise vor sich hin lachen
reírse para dentro	kichern
sonreír (– sonrío – sonreí, sonrió – sonreído) – **sonrisa** *f.*	**lächeln** – (das) **Lächeln**
llorar – **llanto** *m.*	**weinen** – (das) **Weinen**
¡Escucha! El niño está llorando.	Hör doch mal! Das Baby weint.
llorar de alegría	vor Freude weinen
llorar a lágrima viva	heiße / bittere Tränen vergießen
llorar a mares	wie ein Schlosshund heulen
llorar a moco tendido	Rotz und Wasser heulen

Moralidad e inmoralidad

Moral und Unmoral

La moral no se impone a las naciones con las leyes. Se les infunde con el ejemplo. (*Leopoldo A. de Cueto, diplomático, poeta y crítico español, 1815–1901*)

moralidad *f.* – **inmoralidad** *f.*	**Moral / Sittlichkeit – Unmoral / Unsittlichkeit**
moral *f.* – **moral**	**Moral / Sittlichkeit / Stimmung – moralisch / sittlich**
faltar a la moral	gegen die Sittlichkeit verstoßen
La competencia ha minado la moral de nuestros trabajadores.	Die Konkurrenz hat die Stimmung unserer Mitarbeiter gedrückt.
principios / valores morales	moralische Prinzipien / Maßstäbe
Eso sería moralmente inaceptable.	Das wäre moralisch nicht in Ordnung.
Es una cuestión moral.	Das ist eine Frage der Moral.
inmoral – **amoral**	**unmoralisch – amoralisch**
ética *f.* – **ético**	**Ethik – ethisch / moralisch**
un comportamiento poco ético	ein unmoralisches Verhalten
(el) bien	**(das) Gute**
Nunca es tarde para hacer el bien.	Es ist nie zu spät, Gutes zu tun.
bueno (– mejor – óptimo; el / la mejor)	**gut** (– besser – beste; der / die Beste)

Bueno und *malo* verlieren den Endvokal vor männlichen Substantiven in der Einzahl:
un buen / mal chico (= ein guter / schlechter Junge).

Sé buen chico y cómete la sopa.	Sei schön brav und iss deine Suppe.
Él es mi mejor amigo.	Er ist mein bester Freund.
Tus consejos son los mejores.	Deine Ratschläge sind die besten.
Su comportamiento es óptimo.	Sein / Ihr Verhalten ist ausgezeichnet / äußerst gut.
Eres la mejor.	Du bist die Beste.
malo (– peor – pésimo; el / la peor)	**schlecht** (– schlechter – schlechteste; der / die Schlechteste)
No es mala persona.	Ein schlechter Mensch ist er / sie nicht.
Su influencia es **nefasta**.	Sein / Ihr Einfluss ist **äußerst schlecht**.
correcto / **recto**	**richtig; recht**
Tú has actuado correctamente / rectamente.	Du hast richtig / recht gehandelt.
incorrecto / **mal hecho**	**falsch; schlecht; unrecht**
Algo así es incorrecto / está mal hecho.	So etwas ist unrecht.
(el) mal – **maldad** *f.*	**(das) Böse – Bosheit**
la lucha entre el bien y el mal	der Konflikt zwischen Gut und Böse

Su maldad no conoce límites.	Seine / Ihre Bosheit kennt keine Grenzen.
malo / **malvado**	**böse**
no hacer nada malo	nichts Unrechtes tun
buenas y malas acciones	gute und böse Taten
pecar (c>que) – **pecado** *m.*	**sündigen** – **Sünde**
Para él todo es pecado.	Für ihn ist alles Sünde / sündig.
pecador / **pecaminoso**	**sündig**; **sündhaft**
un comportamiento pecaminoso	ein sündiges Verhalten
pecador(a)	**Sünder(in)**
conciencia *f.* – **concienzudo** / **a conciencia**	**Gewissen** / **Bewusstsein** – **gewissenhaft**
buena / mala conciencia	gutes / schlechtes Gewissen
Es una persona concienzuda.	Er / Sie ist ein gewissenhafter Mensch.
Hace todo concienzudamente / a conciencia.	Er macht alles gewissenhaft.
ideal *m.* – **ideal**	**Ideal** – **ideal**
Vivió según sus ideales.	Er / Sie lebte gemäß seinen / ihren Idealen.
virtud *f.* – **vicio** *m.*	**Tugend** – **Laster**
La amabilidad es su mayor virtud.	Freundlichkeit ist ihre / seine größte Tugend.
El tabaco / Fumar es su único vicio.	Das Rauchen ist ihr / sein einziges Laster.
cualidad *f.* – **defecto** *m.*	(positive) **Eigenschaft** – **negative Eigenschaft**; **Mangel**; **Fehler**
Tienen más cualidades que defectos.	Sie haben mehr positive Eigenschaften als Mängel.
generosidad *f.*	**Großzügigkeit**; **Freigiebigkeit**; **Edelmut**
generoso – **tacaño**	**großzügig** – **geizig**
sabiduría *f.* – **ignorancia** *f.*	**Weisheit** – **Unwissen**
sabio – **poco inteligente** – **ignorante**	**weise** – **wenig weise** – **unwissend**
valor *m.* / **valentía** *f.* / **bravura** *f.*	**Tapferkeit**; **Mut**

De la epístola de san Pablo a los Gálatas en la Biblia (= Aus dem Brief des Paulus an die Galater in der Bibel): *En cambio el fruto del Espíritu es amor, alegría, paz, paciencia, afabilidad, bondad, fidelidad, mansedumbre, dominio de sí.* (= Die Frucht aber des Geistes ist Liebe, Freude, Friede, Geduld, Freundlichkeit, Güte, Treue, Sanftmut und Selbstbeherrschung.)

inocencia *f.* – **inocente**	**Unschuld** – **unschuldig** / **naiv**
Han perdido su inocencia.	Sie haben ihre Unschuld verloren.
No seas inocente.	Sei doch nicht so naiv.
integridad *f.* – **íntegro**	**Integrität** / **Redlichkeit** – **integer** / **redlich**
No podemos poner en duda su integridad.	Wir dürfen seine / ihre Integrität nicht in Frage stellen.

justicia *f.* – **injusticia** *f.*	**Gerechtigkeit / Recht – Ungerechtigkeit / Unrecht**
Esto es una injusticia.	Das ist eine Ungerechtigkeit.
justo / -a – injusto	**gerecht / Gerechte(r) – ungerecht**
luchar por una causa justa	für eine gerechte Sache kämpfen
Esta ley es simplemente / sencillamente injusta.	Dieses Gesetz ist schlicht ungerecht.
ser injusto con alguien sin (tener) motivo	jemand Unrecht tun
honra *f.* / **honor** *m.* – **deshonra** *f.* / **deshonor** *m.*	**Ehre – Unehre / Ehrlosigkeit / Ehrverlust**
honrar – deshonrar	**ehren – entehren / die Ehre angreifen**
honradez *f.* – **falta** *f.* **de honradez**	**Ehrlichkeit / Redlichkeit / Ehrbarkeit – Unehrlichkeit / Unredlichkeit / Unehrbarkeit**
gente **honrada**	**ehrliche** Leute
honestidad *f.* – **deshonestidad** *f.*	**Keuschheit / Ehrlichkeit – Unkeuschheit / Unehrlichkeit**
decencia *f.* – **indecencia** *f.*	**Anständigkeit – Unanständigkeit**
decente – indecente	**anständig – unanständig / anstößig / unsittlich**
Estoy seguro de que es un tío decente.	Sicherlich ist er ein anständiger Kerl.
La sociedad decente tiene aspectos indecentes.	Die anständige Gesellschaft hat unanständige Aspekte.
(des)obedecer (c>zc)	**(nicht) gehorchen**
obediencia *f.* – **desobediencia** *f.*	**Gehorsam – Ungehorsam**
la obediencia a la ley	der Gehorsam gegenüber dem Gesetz
obediencia ciega	blinder Gehorsam
desobediencia civil	ziviler Ungehorsam
un acto de desobediencia	ungehorsames Verhalten
obediente – desobediente	**gehorsam – ungehorsam**

Die sieben Tugenden und die sieben Todsünden sind auf Spanisch weiblich.
Las siete virtudes cardinales (= die sieben Tugenden): *fe* (= Glaube), *esperanza* (= Hoffnung), *caridad* (= Liebe), *justicia* (= Gerechtigkeit), *fortaleza* (= Tapferkeit), *prudencia* (= Klugheit) *y templanza* (= Mäßigkeit).
Los siete pecados capitales (= die sieben Todsünden): *soberbia* (= Hochmut), *ira* (= Zorn), *envidia* (= Neid), *lujuria* (= Unkeuschheit), *gula* (= Unmäßigkeit), *avaricia* (= Geiz) *y pereza* (= Trägheit).

fidelidad *f.* – **infidelidad** *f.*	**Treue – Untreue / Treulosigkeit / Treuebruch**
Su infidelidad ha acabado con el matrimonio.	Seine / Ihre Untreue hat die Ehe kaputtgemacht.
fiel – infiel	**treu – untreu**
Prometió serle fiel.	Er / Sie schwor ihr / ihm, treu zu bleiben.
fidedigno / digno de confianza	**vertrauenswürdig**

recto	**aufrecht; rechtschaffen**
un carácter recto – un ciudadano honrado	ein aufrechter Charakter – ein aufrechter Bürger
codicia *f.* / **avaricia** *f.* / **avidez** *f.*	**(Hab-)Gier; Geldgier; Habsucht**
codicioso	**habgierig; geldgierig**
corrupción *f.*	**Korruption; Bestechlichkeit**
corrupto – incorruptible	**korrupt / bestechlich / verdorben – unbestechlich**
hipócrita *m.* / *f.*	**Scheinheilige(r); Heuchler(in)**
¡Qué hipócrita eres!	Was für ein(e) Heuchler(in) du bist!
decir la verdad	**die Wahrheit sagen**
Donde dije digo, digo Diego.	(etwa) Wer Grütze hat, versteht.
mentira *f.* – **mentir** (– miento – mentí, mintió – mentido)	**Lüge – (an)lügen; heucheln**
mentiroso / -a / embustero / -a	**Lügner(in)**
Es un maldito embustero.	Er ist ein verdammter Lügner.
alborotador(a) / agitador(a)	**Unruhestifter(in)**
inútil / que no vale para nada	**nichtsnutzig; wertlos**
un(a) inútil	ein(e) nichtsnutzige(r) Mann / Frau
Es uno que no vale para nada.	Er ist ein Tunichtgut / Taugenichts.
granuja *m.* / *f.* / **tunante / -a**	**Gauner(in)**
canalla *m.* / *f.*	**Schweinehund**
Me has engañado, canalla.	Du Schwein hast mich betrogen.
escrúpulo *m.*	**Skrupel**
No tuvo el menor escrúpulo para hacerlo.	Er / Sie hatte nicht den leisesten Skrupel, es zu tun.
sin escrúpulos	skrupellos
culpa *f.*	**Schuld**
Todo es culpa mía.	Es ist alles meine Schuld.
Ninguno está libre de culpa.	Keiner ist ohne Fehler.
culpabilidad *f.* – **culpable**	**Schuld; Strafbarkeit – schuldig; strafbar**
Nadie es culpable (de ello).	Niemand hat / ist daran Schuld.
arrepentimiento *m.* – **arrepentirse** *de*	**Reue – Reue empfinden** *über*; **bereuen**
No me arrepiento de nada.	Ich bereue nichts.
avergonzarse (– avergüenzo – avergoncé – avergonzado)	**sich schamen**
No hay nada de lo que tengas que avergonzarte.	Das braucht dir nicht peinlich zu sein.
avergonzado	beschämt
Deberías estar avergonzado / avergonzarte de ti mismo.	Du solltest dich schämen.
vergonzoso – desvergonzado	**beschämend / schamhaft – schamlos / unverschämt / frech**
sinvergüenza *m.* / *f.*	**unverschämte Person**
obscenidad *f.* – **obsceno**	**Obszönität / Unzüchtigkeit – obszön / unzüchtig**
palabras / imágenes obscenas	unzüchtige Worte / Bilder
libros obscenos	unzüchtige Bücher
pornografía *f.* – **pornográfico**	**Pornografie – pornografisch**
La pornografía es difícil de definir.	Pornografie ist schwer zu definieren.

Relaciones humanas
Menschliche Beziehungen

→ 2.1 Relaciones familiares

Dime con quién andas y te diré quién eres. (*Proverbio español*)

relación *f.* – **relaciones** (entre)	**Beziehung** – **Beziehungen** / **festes Verhältnis** (zwischen)
Se conocieron haciendo teatro y su relación dura ya tres años.	Sie haben sich bei der Mitwirkung in einem Theaterstück kennen gelernt und ihre Beziehung dauert schon drei Jahre.
romper las relaciones	die Beziehungen abbrechen
tener relaciones con otra persona	mit einer anderen Person ein (Liebes-) Verhältnis haben
relaciones públicas	Public Relations; Öffentlichkeitsarbeit
relaciones internacionales / intercontinentales	internationale / interkontinentale Beziehungen
establecer relaciones comerciales	eine Geschäftsverbindung herstellen
entablar relaciones diplomáticas	in diplomatische Beziehungen treten
en relación con	in Bezug auf; bezüglich; in Verbindung mit; im Verhältnis zu
términos *m. pl.*	(= *relaciones*) **Beziehungen**
estar en buenos términos con alguien	gut mit jemand stehen
tener (– tengo, tiene – tuve – tenido) **trato** con otra gente	mit anderen Menschen **Umgang haben**
llevarse bien / **mal** con alguien	mit jemand **gut** / **schlecht auskommen** / **zurechtkommen**
Últimamente no se llevan tan bien.	In der letzten Zeit kommen sie nicht so gut miteinander zurecht.
entenderse (e>ie) con alguien	**sich** mit jemand **verstehen**; mit jemand **gut auskommen**; mit jemand **ein Verhältnis haben**
Se entienden muy bien.	Sie kommen sehr gut miteinander aus.
Ella se entiende con otro hombre.	Sie hat ein Verhältnis mit einem anderen Mann.
mutuo	**gegenseitig**; **beiderseitig**
apoyo / respeto mutuo	gegenseitige Unterstützung / Achtung
multitud *f.* – **muchedumbre** *f.*	**(Menschen-)Menge**
la muchedumbre ante el edificio	die Menschenmenge vor dem Gebäude
grupo *m.*	**Gruppe**
todos los miembros del grupo	alle Mitglieder der Gruppe
clase *f.*	**Klasse**
Estábamos en la misma clase.	Wir waren in derselben Klasse.
la clase alta / media / baja	die Ober- / Mittel- / Unterschicht

una familia de clase media	eine Familie der Mittelschicht
club *m.*	**Klub; Verein; geschlossene Gesellschaft**
entrar en un club	einem Verein beitreten
club náutico	Wassersportverein
unión *f.*	**Verein; Verband; Bund; Bündnis; Union**
asociación *f.*	**Vereinigung; Genossenschaft; Gilde**
cooperativa *f.*	**Genossenschaft; Kooperative**
ateneo *m.*	**wissenschaftlicher / literarischer Verein**

Ateneos sind meist wissenschaftliche oder literarische Vereine, die im 19. Jahrhundert in wichtigen Städten wie Madrid, Barcelona oder Sevilla von Gelehrten gegründet wurden, um sich in diesem Kreis zu treffen und die Wissenschaften zu fördern. Der Madrider *Ateneo* hat immer einen starken Einfluss auf das geistige Leben in Spanien gehabt. Die *Ateneos*, die heute noch existieren, setzen ihre kulturelle Tätigkeit mit Vorträgen, Konzerten, Förderungen und literarischen Preisen fort.

casino *m.*	**Vereinshaus; Gesellschaftshaus**

Die *casinos* wurden in Spanien im 19. Jahrhundert eingeführt und ähnelten ursprünglich den englischen Clubs, bauten aber später eine deutliche Verbindung zu den politischen Parteien auf. Sie wurden zu einer erfolgreichen Institution, die den wohlhabenden Familien kulturelle und sportliche Ereignisse bot. Heute sind die *casinos* unpolitischer und auch für den Mittelstand zugänglich.

casa *f.* **del pueblo** – **casa** *f.* **regional**	*(wörtlich)* **Volkshaus** – *(wörtlich)* **regionales Haus**

Die *casas del pueblo* waren Zentren für Arbeiter, die in der Wende vom 19. zum 20. Jahrhundert im Kreis der Linken entstanden sind, um den Arbeitern politische Information und Bildung zu vermitteln. Sie wurden nach dem Bürgerkrieg aufgelöst. Mit der Demokratie sind *casas del pueblo* des *PSOE* neu entstanden.
Die *casas regionales* sind gesellschaftliche und kulturelle Zentren, die sich besonders in Städten mit starkem Zustrom von Einwanderern aus anderen Regionen herausgebildet haben, um ihre Traditionen und Folklore zu pflegen.

cofradía *f.* – **cofrade** *m.* / *f.*	**Laienbrüderschaft; Genossenschaft – Mitglied einer Laienbrüderschaft**

Manche von den *cofradías* haben eine berufliche Bedeutung, wie die *cofradías de pescadores* (= Fischereigenossenschaften). Andere haben heute mehr eine gesellschaftliche Bedeutung, wie die *cofradías* oder *hermandades*, die – vor allem in Andalusien – bekannte Prozessionen in der Karwoche veranstalten.

hermandad *f.*	**Berufsgenossenschaft** *(vor allem in der Landwirtschaft)*
banda *f.*	**Bande; Kapelle**
banda de gángsters	Gangsterbande
banda municipal	städtische Musikkapelle
pandilla *f.*	**Clique; Bande**
la pandilla de la escuela / del barrio	die Schul- / Stadtviertelclique
una pandilla de malhechores	Diebespack; Räuberbande
cuadrilla *f.*	**Freundesclique; Arbeitergruppe; Stierkämpfermannschaft**

Jemand, mit dem man zusammen ist, etwas gemeinsam hat oder tut
compañero / -a de juego (= Spielkamerad / -in) • *compañero / -a de clase* (= Schulkamerad / -in) • *compañero / -a de viaje* (= Mitreisende / -r) • *conciudadano / -a* (= Mitbürger / -in) • *contertulio / -a* (= Mitglied in einer literarischen / künstlerischen / politischen Gesellschaft; Stammgast) • *Esp amiguete* m. / *colega* m. / f. / *compañero / -a* / LAm *compadre* m. / *Mex cuate* m. / *Pe pata* m. (= Kumpel) • *colega* m. / f. (= Kollege / Kollegin) • *camarada* m. / f. (= Kamerad / -in) • *compañero / -a* (= Gefährte / Gefährtin; Kollege / Kollegin) • *rival* m. / f. / *competidor(a)* (= Konkurrent / -in) • *cómplice* m. / f. (= Komplize / Komplizin)

miembro *m. / f.*	**Mitglied**
en calidad de miembro	als Mitglied
la calidad de miembro / **la pertenencia** (a una sociedad)	**Mitgliedschaft**
sociedad *f.* – **socio** / **-a**	**Partnerschaft / Gesellschaft – Partner(in) / Mitglied-**
líder *m. / f.* – **liderazgo** *m.*	(An-)**Führer(in)** – **Führung**
partidario / **-a**	**Anhänger(in)**
los partidarios del presidente	Anhänger des Präsidenten
amigo / **-a**	**Freund(in)**
Son amigos íntimos.	Sie sind eng befreundet.
amigo / -a del alma	Busenfreund(in)
amigo de toda la vida	uralter Freund
amigo y enemigo	Freund und Feind
hacerse amigos	sich befreunden
amistad *f.* – **amistoso**	**Freundschaft** – **freundschaftlich**
una amistad íntima / estrecha	eine enge / herzliche Freundschaft
amistades *f. pl.*	Freunde
compañía *f.*	**Gesellschaft**
Ella le hace compañía.	Sie leistet ihm Gesellschaft.
Me gusta tu compañía.	Ich bin gern mit dir zusammen.
Anhela / Ansía tener compañía.	Er / Sie sehnt sich nach Gesellschaft.
compañerismo *m.*	**Kameradschaft; Kollegialität**
Su compañerismo es ejemplar.	Seine / Ihre Kameradschaft ist beispielhaft.

conocer (c>zc)	**kennen; kennen lernen**
Lo conozco de vista.	Ich kenne ihn vom Sehen.
La conocí en Mérida.	Ich habe sie in Mérida kennen gelernt.
conocer por / en la voz	an der Stimme erkennen
Nos vamos conociendo mejor.	Allmählich lernen wir uns besser kennen.
conocido / -a	**Bekannte(r)**
Es una conocida mía.	Sie ist eine Bekannte von mir.
viejos conocidos	alte Bekannte
de confianza	**vertraut**
un conocido de confianza	ein nahe stehender Bekannter
una persona de confianza	eine vertraute Person
vecino / -a – los vecinos	**Nachbar(in) – die Nachbarschaft**
todo hijo de vecino / -a	jedermann
vecindad *f.*	**Nachbarschaft; Nachbarn; Nähe**
vecindario *m.*	**Nachbar; Bürger; Dorfgemeinde**
indiferencia *f.* – **indiferente**	**Gleichgültigkeit – gleichgültig**
estrecho	**eng**
estrechas relaciones	enge Beziehungen
intimar con alguien	mit jemand **vertraut werden; (enge) Freundschaft schließen**
íntimo	**intim; vertraut; vertraulich**
simpatía *f.* – **simpático**	**Sympathie / Mitgefühl – sympathisch**
Merecen nuestra simpatía.	Sie verdienen unsere Sympathie.
gozar de general simpatía	überall beliebt sein
simpatizar (z>ce)	**sympathisieren**
apoyar – apoyo *m.*	**unterstützen – Unterstützung**
Nos ofrecieron su apoyo.	Sie boten uns ihre Unterstützung an.
cooperar – cooperación *f.*	**zusammenarbeiten – Zusammenarbeit**
solidaridad *f.* – **solidario**	**Solidarität – solidarisch**
afecto *m.*	**Zuneigung; Gemütsbewegung**
tener afecto a alguien	jemand gewogen sein / lieb haben / gern haben
afectuosidad *f.* – **afectuoso**	**Herzlichkeit / Zärtlichkeit – herzlich / lieb**
cariño *m.* – **cariñoso**	**Liebe / Zuneigung – liebevoll / zärtlich**
tener cariño a alguien	jemand gern haben
necesitado de cariño	anlehnungsbedürftig
amar – amor *m.*	**lieben – Liebe**
enamorarse de	**sich verlieben** in
Se enamoró de su profesor.	Er / Sie verliebte sich in seinen / ihren Lehrer.
acuerdo *m.* – **desacuerdo** *m.*	**Einverständnis; Einvernehmen; Abkommen; Übereinkunft; Vereinbarung – Uneinigkeit**

acuerdo unánime	Einstimmigkeit
estar de acuerdo – en desacuerdo	einverstanden / einig sein – nicht übereinstimmen
ponerse de acuerdo	sich einigen
de común acuerdo	einvernehmlich; in gegenseitigem Einvernehmen
de acuerdo con	in Einvernehmen mit
unanimidad *f.*	**Einstimmigkeit**
Hay unanimidad sobre eso.	Darüber herrscht Einstimmigkeit.
tensión *f.*	**Spannung**
tensiones dentro del grupo	Spannungen innerhalb der Gruppe
conflicto *m.*	**Konflikt**
un conflicto de intereses	ein Interessenkonflikt
enfrentamiento *m.* / **choque** *m.*	**Konfrontation; Zusammenprall**
chocar (c>que)	**aneinander geraten; zusammenstoßen**
Chocamos frecuentemente.	Wir haben oft Auseinandersetzungen.
diferencias *f. pl.*	**Meinungsverschiedenheit; Streit**
Parece que han dejado / aparcado sus diferencias.	Sie scheinen Ihren Streit beigelegt zu haben.
riña *f.* / **disputa** *f.* / **pelea** *f.*	**Streit**
reñir (– riño – reñí, riñó – reñido) / **disputar** / **pelearse**	**streiten**
Riñen / Se pelean continuamente.	Sie streiten sich oft.
animosidad *f.* (contra)	**Feindseligkeit** / **Animosität** (gegen)
antipatía *f.* – **antipático**	**Antipathie** / **Abneigung** – **unsympathisch**
desprecio *m.*	**Verachtung; Missachtung**
desdén *m.*	**Geringschätzung; Gleichgültigkeit**
indiferencia *f.* – **indiferente**	**Gleichgültigkeit** – **gleichgültig**
hostilidad *f.* – **hostil**	**Feindseligkeit** – **feindselig**
Son hostiles a / contrarios a / enemigos de los extranjeros.	Ausländern sind sie feindlich gesinnt.
enemistad *f.* – **enemigo** / **-a**	**Feindschaft** / **Feindseligkeit** – **feindlich** / **Feind(in)**
Se ha buscado un montón de enemigos allí.	Er / Sie hat sich dort viele Feinde gemacht.
adversario / **-a** / **contrincante** *m.* / *f.*	**Gegner(in)**
rival *m.* / *f.*	**Rivale** / **Rivalin; Nebenbuhler(in)**
rencor *m.* – **rencoroso**	**Groll** – **grollend** / **nachtragend**
Es por eso que me guarda rencor.	Deshalb also ist sie / er mir böse.
envidiar – **envidia** *f.* – **envidioso**	**beneiden** / **nicht gönnen** – **Neid** – **neidisch**
No te envidio el éxito.	Ich gönne dir deinen Erfolg.

Comportamiento frente a otras personas **(= Verhalten anderen Menschen gegenüber)**
educación f. / *cortesía* f. (= Höflichkeit) • *respeto* m. (= Achtung) • *amabilidad* f. (= Freundlichkeit) • *consideración* f. (= Rücksicht) • *decencia* f. (= Anständigkeit) • *tacto* m. (= Takt) • *discreción* f. (= Diskretion) *grosería* f. / *falta* f. *de*

educación / descortesía f. (= Unhöflichkeit) • *falta* f. *de respeto* (= Respektlosigkeit) • *falta* f. *de amabilidad / grosería* f. (= Unfreundlichkeit) • *desconsideración* f. / *falta* f. *de consideración* (= Rücksichtslosigkeit) • *falta* f. *de tacto* (= Taktlosigkeit) • *descaro* m. / *desvergüenza* f. (= Unverschämtheit) • *frescura* f. (= Frechheit)

contacto *m.*	**Kontakt; Verbindung**
Tenemos que mantenernos en contacto.	Wir müssen in Kontakt bleiben.
Hemos perdido el contacto.	Wir haben den Kontakt verloren.
ponerse en contacto con alguien	sich mit jemand in Verbindung setzen; mit jemand Kontakt aufnehmen
estar en contacto con alguien	mit jemand in Kontakt stehen
Tiene buenos contactos / buenas relaciones.	Er / Sie hat gute Verbindungen / Beziehungen.
tener (– tengo, tiene – tuve – tenido) **enchufe**	**Vitamin B haben** (*wörtlich*: Steckdose)
charlar / **conversar** / *LAm* **platicar** (c>que)	**(be)sprechen; sich unterhalten**
charla *f.* / **conversación** *f.* / *Mex* **plática** *f.*	**Gespräch; Unterhaltung; Unterredung**
Tenemos que charlar sobre eso.	Wir müssen uns darüber unterhalten.
He escuchado su conversación.	Ich habe sein / ihr / Ihr Gespräch mitangehört.
diálogo *m.*	**Dialog**
discusión *f.*	**Diskussion**
Hubo largas discusiones sobre eso.	Darüber gab es lange Diskussionen.

"Sí, claro que sí, nos llevamos muy bien."

Sexualidad
Sexualität

En el fondo, la inmoralidad es una cuestión de estética, porque los desnudos hermosos son decentísimos y los feos inmorales. (*Adolfo Marsillach, actor y director teatral, 1928 – 2002*)

matrimonial – extramatrimonial – prematrimonial	**ehelich – außerehelich – vorehelich**
relaciones prematrimoniales / extramatrimoniales	voreheliche / außereheliche Beziehungen
erotismo *m.* – **erótico**	**Erotik – erotisch**
sexo *m.* – **sexualidad** *f.*	**Geschlecht / Sex – Sexualität**
el sexo opuesto	das andere Geschlecht
cambio de sexo	Geschlechtsumwandlung
sexual	**sexuell; Sexual-; Geschlechts-**
educación / comportamiento sexual	Sexualerziehung / -verhalten
pareja / compañero / -a (sexual)	Sexualpartner(in)
atractivo sexual	Sexappeal; erotische Ausstrahlung
abuso / acoso sexual	sexuelle(r) Missbrauch / Belästigung
delito sexual – delincuente sexual	Sexualverbrechen – Sexualverbrecher
maniaco sexual	Triebtäter
terapia sexual – terapeuta sexual	Sexualtherapie – Sexualtherapeut(in)
sexología *f.* – **sexólogo / -a**	**Sexualkunde – Sexualkundler(in)**
sexista *m. / f.* – **sexismo** *m.*	**sexistisch; Sexist(in) – Sexismus**
sexy	**sexy**
heterosexual *m. / f.*	**heterosexuell; Heterosexuelle(r)**
homosexual *m. / f.*	**homosexuell; Homosexuelle(r)**
homosexualidad *f.*	**Homosexualität**
gay *m.* / pey **marica** *m.* / **-ón** *m.*	**schwul; Schwuler**
lesbiana *f.*	**lesbisch; Lesbierin; Lesbe**
salir del armario	**sich als Homosexueller / Lesbierin bekennen**

Ausdrücke für *relaciones sexuales* (= Geschlechtsverkehr)
hacer el amor con alguien, acostarse con alguien, irse a la cama con alguien, tener relaciones sexuales con alguien (= mit jemand sexuelle Beziehungen haben) • *tener relaciones íntimas con alguien* (= mit jemand intim sein) • *tener relaciones carnales con alguien* (= mit jemand „fleischliche" Beziehungen haben) • *el acto sexual* (= der Geschlechtsakt) • *unión* f. *sexual* (= sexuelle Vereinigung) • *coito* m. (= Koitus)

apetito *m.* **sexual / carnal**	**sexuelle / fleischliche Begierde**
caricia *f.* – **caricias – acariciar**	(das) **Streicheln – Petting – streicheln**
estimular / excitar – estimulación *f.* / **excitación** *f.*	(sexuell) **erregen – Erregung**
erección *f.* – **erecto**	**Erektion – erigiert / steif**
clímax *m.*	**Höhepunkt; Orgasmus**
orgasmo *m.*	**Orgasmus**
tener un orgasmo	einen Orgasmus haben

pene *m.* – **clítoris** *m.*	**Penis – Klitoris / Kitzler**
eyacular – **eyaculación** *f.*	**ejakulieren – Ejakulation**
semen *m.* – **sperma** *m.*	**Samen(flüssigkeit) – Sperma**
vagina *f.*	**Vagina; Scheide**

El destape (= Situation nach Ende der Frankodiktatur 1975): Die einsetzende Liberalisierung verursachte eine Reaktion gegen die strenge Moral des Frankismus und erotische bzw. pornografische Veröffentlichungen überschwemmten den Markt und beeinflussten das alltägliche Leben.

inhibido – **deshinibido**	**gehemmt – frei von Hemmungen**
inhibiciones *f.*	**Hemmungen**
frigidez *f.* – **frígido**	**Frigidität – frigide**
impotencia *f.* – **impotente**	**Impotenz – impotent**
concepción *f.* – **anticoncepción** *f.* / **contracepción** *f.*	**Empfängnis – Empfängnisverhütung**
anticonceptivo *m.*	**empfängnisverhütend; Verhütungsmittel**

Andere Ausdrücke für *anticoncepción* / *contracepción* (= Empfängnisverhütung)
el control de natalidad (= die Geburtenkontrolle) • *la planificación familiar* (= die Familienplanung) • *la paternidad deseada* (die geplante Elternschaft)

***Métodos anticonceptivos* (= Verhütungsmethoden)**
el condón / *el preservativo* (= das Kondom / das Präservativ) • *el pesario* (= das Pessar) • *el dispositivo intrauterino* (= das Intrauterinpessar) • *el diafragma* (= das Scheidendiaphragma) • *la espiral* (= die Spirale) • *supositorios vaginales* (= Vaginalzäpfchen) • *la píldora* (= die Pille) • *la píldora del día después* (= die Pille danach) • *la píldora masculina* (= die Pille für den Mann) • *la esterilización* (= die Sterilisation bei der Frau) • *la vasectomía* (= die Vasektomie / Sterilisation beim Mann) • *el método (de) Ogino(-Knaus)* (= die Knaus-Ogino-Methode) • *el método de la temperatura basal* (= die Basaltemperaturmethode) • *el coitus interruptus* (= der Coitus interruptus)

virgen *f.*	**jungfräulich; Jungfrau**
virginidad *f.*	**Jungfräulichkeit**
embarazo *m.* – **embarazada** / **encinta**	**Schwangerschaft – schwanger**
prueba del embarazo	Schwangerschaftstest / -untersuchung
quedarse embarazada / encinta	schwanger werden
Está embarazada de tres meses.	Sie ist im vierten Monat schwanger.
abortar	**eine Fehlgeburt haben; die Schwangerschaft abbrechen; abtreiben**
aborto *m.*	**Fehlgeburt; Schwangerschaftsabbruch**
aborto natural – aborto provocado	Fehlgeburt – Abtreibung
tener un aborto	eine Fehlgeburt haben; eine Abtreibung vornehmen lassen

masturbar – masturbarse	**masturbieren – onanieren / sich selbst befriedigen**
masturbación *f.*	**Masturbation; Selbstbefriedigung**
promiscuidad *f.* – **promiscuo**	**Promiskuität – promiskuitiv**
acostarse con todos / **-as**	**die Sexualpartner häufig wechseln**
SIDA m. / **Síndrome** m. **de inmunodeficiencia adquirida**	**Aids**
El Sida es un riesgo que se corre si uno es promiscuo / si uno se acuesta con todos sin tomar precauciones.	Aids ist ein Risiko, das man eingeht, wenn man mit vielen verschiedenen Partnern schläft, ohne Vorkehrungen zu treffen.
El sexo anal sin precauciones supone también un peligro de transmisión del Sida.	Analverkehr ohne Vorkehrungen erhöht die Gefahr einer Aidsübertragung.

Enfermedades venéreas **(= Geschlechtskrankheiten) /** ***enfermedades de transmisión sexual*** **(= durch Geschlechtsverkehr übertragbare Krankheiten):**
Las dos enfermedades venéreas más graves son la sífilis (= Syphilis / Lues) *y la gonorrea* (= Gonorrhöe / Tripper).

prostituto / **-a** – **prostitución** *f.*	**Prostituierte(r) – Prostitution**
prostituir(se) (– prostituyo – prostituí, prostituyó – prostituido)	**(sich) prostituieren**
puto *m.* / **chapero** *m.*	**Strichjunge; Stricher**
puta *f.* / **ramera** *f.*	**Strichmädchen; Hure**
ir de putas	(herum)huren
puterío *m.*	**Strichleben; Strichwelt**
fulana *f.* / **furcia** *f.* / **zorra** *f.*	**Nutte**
casa *f.* **de putas** / **burdel** *m.*	**Bordell; Puff**

Adulto **/** ***para adultos*** **(= erwachsen / für Erwachsene)**
„Para adultos" es a menudo un eufemismo (= beschönigende Umschreibung). *Películas / libros / revistas / cómics / librerías / locales para adultos, etc. no son deseables para niños o chicos por su contenido erótico o pornográfico.*

call-boy *m.* – **call-girl** *f.*	**Callboy – Callgirl**
pornografía *f.* – **pornográfico**	**Pornografie – pornografisch**
porno *m.* **blando** – **porno** *m.* **duro**	**Softporno – harter Porno**
pornografía *f.* **blanda** – **pornografía** *f.* **dura**	**Softpornografie – harte Pornografie**
masoquista *m.* / *f.* – **masoquismo** *m.*	**masochistisch – Masochismus**
sadomasoquista *m.* / *f.* – **sadomasoquismo** *m.*	**sadomasochistisch / Sadomasochist(in) – Sadomasochismus**
exhibicionista *m.* / *f.* – **exhibicionismo** *m.*	**Exhibitionist(in) – Exhibitionismus**
violación *f.* – **violador** *m.*	**Vergewaltigung – Vergewaltiger**

Higiene personal
Körperpflege

Vestía de oscuro, como de costumbre, y parecía recién afeitado. Sus cabellos brillaban. (*Mario Vargas Llosa, escritor peruano-español, nacido en 1936*)

higiene *f.*	**Hygiene**
aseo *m.*	**Reinlichkeit; Sauberkeit**
aseo personal	Körperpflege
limpieza *f.*	**Sauberkeit; Reinlichkeit**
abandonarse / **dejarse**	**sich vernachlässigen**
lavar(se)	**(sich) waschen**
No olvides lavarte antes de ir a la cama.	Vergiss nicht, dich vor dem Schlafengehen zu waschen.
¿Te has lavado las manos?	Hast du dir die Hände gewaschen?
¿Has lavado ya toda la ropa?	Hast du die ganze Wäsche gewaschen?
¿Te has lavado los dientes?	Hast du dir die Zähne geputzt?
ropa *f.* – **colada** *f.*	**Kleidung / Kleider / Wäsche – Wäsche**
¿Tienes ropa para lavar?	Hast du Wäsche zum Waschen?
Tengo que hacer la colada.	Ich muss Wäsche waschen.
ropa interior	Unterwäsche
jabón *m.* – **detergente** *m.*	**Seife – Waschmittel**
una pastilla de jabón	ein Stück Seife
enjabonar(se)	**(sich) einseifen**
cepillar(se) – **cepillo** *m.*	**(sich) bürsten – Bürste**
cepillo de dientes	Zahnbürste
cepillo (para el pelo) – cepillo para las / de uñas	Haarbürste – Nagelbürste
bañar(se) – **baño** *m.*	**(sich) baden – Bad**
Bañamos al niño todos los días.	Wir baden das Baby jeden Tag.
¿Ya te has bañado?	Hast du schon gebadet?
Voy a darme un baño.	Ich gehe in die Badewanne. / Ich werde ein Bad nehmen.
tomar un baño – tomar baños	baden – eine Badekur machen
bañera *f.* – el **cuarto de baño**	**Badewanne – das Badezimmer**
ducharse – **ducha** *f.*	**(sich) duschen – Dusche**
tomar una ducha / darse una ducha	(sich) duschen
Cualquier hora es buena para ducharse.	Jede Zeit ist gut / passend zum Duschen.

Auf Spanisch dienen die reflexiven Verben auch zum Ausdruck einer Handlung, die nicht vom Subjekt des reflexiven Verbs ausgeführt wird. So sagt zum Beispiel ein kleines Kind *ahora voy a bañarme,* auch wenn der Vater oder die Mutter die Personen sind, die dies eigentlich verwirklichen werden. Ebenso: *afeitarse* (= sich rasieren [lassen]), *cortarse el pelo* (= sich die Haare schneiden [lassen]), *secarse el pelo* (= sich die Haare fönen [lassen]), *lavarse el pelo* / *marcarse el pelo* (= sich die Haare waschen / legen [lassen]), *teñirse el pelo* (= sich die Haare färben [lassen]), *maquillarse* (= sich schminken [lassen]), *hacerse la manicura* (= sich die Nägel pflegen [lassen]), *limpiarse los zapatos* (= sich die Schuhe putzen [lassen]). Die Bedeutung dieser Verben wird normalerweise vom Zusammenhang bestimmt. Wenn es zu Unklarheiten kommt, wird mit Hilfe der Ergänzung *yo mismo* (= ich selber) im Fall einer reflexiven, und mit einer Erklärung im Falle einer nicht-reflexiven Bedeutung Klarheit geschaffen.

manopla *f.* – **esponja** *f.*	**Waschlappen – Schwamm**
toalla *f.*	**Handtuch**
secar(se) (c>que) (frotando con la toalla)	**sich abtrocknen / abrubbeln / mit dem Handtuch frottieren**
¿Quieres que te seque yo con la toalla?	Soll ich dich abrubbeln?

Die Konstruktion mit *de* bei Behälter- und Mengenangaben
un frasco de champú / colonia (= eine Flasche Shampoo / Kölnischwasser) • *una pastilla de jabón* (= ein Stück Seife) • *una caja de palillos / bastoncillos de algodón* (= eine Schachtel Zahnstocher / Wattestäbchen) • *un paquete de compresas / de pañuelos de papel / de klínex™* (= eine Packung Binden / Papiertaschentücher) • *un rollo de papel higiénico* (= eine Rolle Toilettenpapier) • *un tarro / bote de crema* (= eine Dose Creme) • *un tubo de pasta dentífrica* (= eine Tube Zahnpasta)

enjuague *m.* / **enjuagatorio** *m.* **bucal**	**Mundwasser**
dentífrico *m.* / **pasta** *f.* (dentífrica / de dientes)	**Zahnpasta**
seda *f.* / **hilo** *m.* **dental**	**Zahnseide**
afeitar(se)	**(sich) rasieren**
Me afeito cada dos días.	Ich rasiere mich jeden zweiten Tag.
crema *f.* **de afeitar**	**Rasiercreme**
cuchillas *f.* **de afeitar**	**Rasierklingen**
maquinilla *f.* **de afeitar** (eléctrica)	**Rasierer; Rasierapparat; Elektrorasierer**
brocha *f.* (de afeitar)	**Rasierpinsel**
loción *f.* **para después del afeitado**	**Rasierwasser** *(nach der Rasur)*
loción *f.* **capilar**	**Haarwasser**
champú *m.*	**Haarwaschmittel; Shampoo**
champú y suavizante	Shampoo und Pflegespülung
lavarse el pelo / **la cabeza**	**sich die Haare waschen**
secador *m.* (de pelo)	**Haartrockner; Föhn**
peinar – **peine** *m.*	**kämmen – Kamm**
rulo *m.* / **rizador** *m.* / **bigudí** *m.*	**Lockenwickler**
peluquero / **-a**	**Friseur(in)**
peluquería *f.*	**Friseursalon; Damensalon**
permanente *f.*	**Dauerwelle**
barbero *m.* – **barbería** *f.*	(Herren-)**Friseur – Barbierstube**
Voy a la barbería / al barbero.	Ich gehe zum Friseur.
maquillaje *m.*	**Schminke; Make-up**
maquillar(se) – **desmaquillar(se)**	**(sich) schminken – (sich) abschminken**

acicalarse	**sich schön machen / herausputzen**

Cosméticos (= Kosmetika)
crema f. (= Creme) • *crema limpiadora* (= Reinigungscreme) • *crema hidratante* (= Feuchtigkeitscreme) • *polvos* m. pl. (*para la cara*) (= Gesichtspuder) • *lápiz* m. / *barra* f. *de labios* (= Lippenstift) • *sombra* f. *de ojos* (= Lidschatten) • *lápiz* m. de *ojos* (= Kajalstift) • *lápiz* m. *para las cejas* (= Augenbrauenstift) • *rímel* m. (= Wimperntusche) • *colorete* m. (= Rouge) • *colonia* f. (= Eau de Cologne / Kölnischwasser) • *perfume* m. (= Parfüm) • *desodorante* m. (= Deodorant)

depilar(se) – **depilación** *f.*	**(sich) enthaaren – Enthaarung**
pinzas *f. pl.* (de depilar)	**Pinzette**
manicura *f.* – **pedicura** *f.*	**Maniküre – Pediküre**
esmalte *m.* **para las** / **de uñas**	**Nagellack**
quitaesmalte *m.*	**Nagellackentferner**
lima *f.* **para las** / **de uñas**	**Nagelfeile**
tijeras *f. pl.* **para las** / **de uñas**	**Nagelschere**
loción *f.*	**Lotion**

Lociones können auch als *cremas* in den nachstehenden Beispielen bezeichnet werden: *loción corporal, loción facial, loción para (las) manos, loción para después del afeitado, loción para antes del afeitado, loción solar* (= Sonnencreme), *loción para bebés. – Frótese / Fricciónese dos veces al día con esta loción.* (= Reiben Sie sich zweimal täglich mit dieser Flüssigkeit ein.)

algodón *m.* (hidrófilo)	**Watte**
bastoncillo *m.* **de algodón**	**Wattestäbchen**
pañuelo *m.* **de papel** / **klínex™** *m.*	**Papiertaschentuch; Tempo™**
sonarse (– sueno – soné – sonado) (la nariz)	**sich schneuzen / die Nase putzen**
Sé buena y suénate la nariz.	Sei schön brav und putz dir die Nase.
compresa *f.* – **tampón** *m.*	**(Damen-)Binde – Tampon**
salva-slips *m. sg. / pl.*	**Slipeinlage(n)**
papel *m.* **higiénico**	**Toilettenpapier**
servicio *m.* / *LAm* **sanitario** *m.*	**Toilette; Klo**
Jaime está en el servicio / sanitario.	Jaime ist auf dem Klo.

Weitere Ausdrücke für Toilette:
váter m. / *lavabo* m. / *baño* m. / *retrete* m. / *excusado* m.

lavandería *f.*	**Wäscherei; Waschsalon**
tintorería *f.*	**Reinigung**
Mis pantalones están todavía en la tintorería.	Meine Hose(n) ist / sind noch in der Reinigung.
sauna *f.* / *CSur m.*	**Sauna**
baño *m.* **turco**	**türkisches Bad**
masaje *m.* – **dar** (– doy – di – dado) **masajes**	**Massage – massieren**

Muerte
Tod

Morir más temprano o más tarde es cosa de poca importancia; lo que importa es morir bien o mal. Morir bien, por otra parte, es huir del peligro de vivir mal. (*Lucio A. Séneca, filósofo hispano-romano, 4 a. de C. – 65*)

muerte *f.*	**(der) Tod; Todesfall**
¿No tienes miedo a la muerte?	Hast du keine Angst vor dem Tod?
¿Hay vida después de la muerte?	Gibt es ein Leben nach dem Tode?
muerte repentina / natural / violenta	plötzlicher / natürlicher / gewaltsamer Tod
¡Peligro de muerte!	Lebensgefahr!
Ha habido / Se han producido algunas muertes.	Es ist zu einigen Todesfällen gekommen.
muerte cerebral / clínica	Hirntod; klinischer Tod
mortal	**tödlich; sterblich; Sterbliche(r)**
sus restos mortales	seine / ihre sterblichen Überreste
heridas mortales	tödliche Verletzungen
pecado mortal	Todsünde

Häufig gebrauchte Euphemismen (= verhüllende / beschönigende Ausdrücke) für „Tod"
fin m. / *final* m. (= das Ende) • *defunción* f. (= Ableben) • *fallecimiento* m. (= Dahinscheiden) • *desenlace* m. (final) (= [letzte] Auflösung) • *sueño* m. *eterno* (= ewiger Schlaf) • *eterno descanso* m. (= ewige Ruhe)

morir / *fam* **morirse** (– muero – morí, murió – muerto)	**sterben**
morir fusilado / ahorcado	Tod durch Erschießen / Erhängen
morir(se) de hambre / inanición	verhungern
Murió de cáncer / vejez / una sobredosis.	Er / Sie starb an Krebs / Altersschwäche / einer Überdosis.
El abuelo se murió hace dos años.	Der Großvater ist vor zwei Jahren gestorben
Murió de muerte natural / violenta.	Er / Sie starb eines natürlichen / gewaltsamen Todes.
defunción *f.* / **fallecimiento** *m.*	**(Da-)Hinscheiden; Ableben; Tod; Todesfall; Trauerfall**
certificado / partida de defunción	Sterbeurkunde; Totenschein
cerrado por defunción	wegen Trauerfall geschlossen

Häufige gebrauchte Euphemismen für „sterben"
fallecer / *fenecer* (= verscheiden) • *irse* (= dahingehen) • *pasar a mejor vida* • (= dahinscheiden) • *expirar* / *entregar el alma* / *dar el último suspiro* (= den Geist aufgeben) • *dormirse* / *quedarse dormido* (= entschlafen) • *dejar este mundo* (= diese Welt verlassen) • *cerrar los ojos* (= die Augen schließen)

perecer (c>zc)	**umkommen**
En las guerras perecen miles de inocentes.	Tausende von Unschuldigen kommen in den Kriegen um.

perder (e>ie) **la vida**	**ums Leben kommen**
Perdió la vida en un naufragio.	Er / Sie kam bei einem Schiffbruch ums Leben.
agonizar (z>ce) – **agonizante** *m. / f.*	**im Sterben / in Agonie liegen – mit dem Tod ringend / Sterbende(r)**
en el lecho de muerte	**auf dem Sterbebett**
extremaunción *f.*	**letzte Ölung; Krankensalbung**
muerto / **-a**	**gestorben; tot; Tote(r)**
caer muerto	tot umfallen
resucitar de entre los muertos	von den Toten auferstehen
muerto a tiros	erschossen
hacerse el muerto	sich totstellen
muerto de hambre	verhungert
difunto / **-a**	**verstorben; Verstorbene(r)**
el hijo del difunto Andrés Viqueira	der Sohn des verstorbenen Andrés Viqueira

Euphemismen für „tot"
dormido • en (la) paz (eterna) • en el cielo • en manos de Dios • junto a Dios • con Dios • con el Señor

Der / Die Verstorbene wird euphemistisch auch als *el / la finado / -a* (= der / die Vergangene), *el / la desaparecido / -a* (= der / die Verschwundene), *el / la querido / -a bzw. llorado / -a difunto / -a* (= der / die geliebte / beweinte Verstorbene) bezeichnet.

Modismos:
no tener donde caerse muerto (= bettelarm sein) • *echar el muerto a alguien* (= die Schuld auf jemand schieben) • *cargar con el muerto* (= die Sache ausbaden)

finado / **-a**	**Verstorbene(r)**
la familia del finado / difunto	die Hinterbliebenen; die Trauernden
cadáver *m.* / *arg* **fiambre** *m.*	**Leiche**
cadavérico	**leichenblass**
autopsia *f.*	**Obduktion; Leichenöffnung; Autopsie**
practicar / hacer la autopsia	die Obduktion vornehmen / durchführen
mortaja *f.*	**Leichentuch**
velatorio *m.*	**Toten- / Leichenwache**
velar a un difunto	**die Totenwache halten**
ataúd *m.* / **féretro** *m.* / **caja** *f.* (de muerto)	**Sarg**
urna *f.* **funeraria**	**Urne**
funeral *m.* / **entierro** *m.* / **sepelio** *m.*	**Begräbnis; Beerdigung; Beisetzung**
Estuve en su funeral.	Ich war auf seiner / ihrer Beerdigung.
cortejo *m.* **fúnebre**	**Trauerzug; Leichenzug**
exequias *f. pl.* / **funerales** *m. pl.* / **honras** *f. pl.* **fúnebres**	**Toten- / Trauerfeier; Trauergottesdienst**
funeraria *f.* / **empresa** *f.* **de pompas fúnebres**	**Bestattungsunternehmen**

director de funeraria	Bestattungsunternehmer
corona *f.* **fúnebre**	**Kranz** (auf dem Grab)
cementerio *m.* / **campo** *m.* **santo**	**Friedhof**
enterrar (e>ie) / **sepultar**	**begraben**
¿Dónde está enterrado?	Wo liegt er begraben?
Está enterrado en este cementerio.	Er ist auf diesem Friedhof begraben.
inhumar – **exhumar** / **desenterrar** (e>ie)	**begraben** / **bestatten** – **ausgraben** / **exhumieren**
incinerar – **incineración** *f.*	**einäschern** – **Einäscherung**
cremación *f.* – **crematorio** *m.*	**Einäscherung** – **Krematorium**
tumba *f.* / **sepulcro** *m.*	**Grab(mal); Gruft; Grabstätte**
Depositó una corona en la tumba al / del soldado desconocido.	Er legte am Grabmal des unbekannten Soldaten einen Kranz nieder.

Modismos:
cavarse su propia tumba (= sich sein eigenes Grab schaufeln) • *lanzarse a tumba abierta* (= sich blindlings in etwas stürzen) • *ir / correr a tumba abierta* (= wie ein Henker fahren) • *ser una tumba* (= verschwiegen wie ein Grab sein)

sepultura *f.* – **sepulturero** / **-a**	**Grabstätte** / **Grab(mal)** / **Gruft** – **Totengräber(in)**
panteón *m.* – **nicho** *m.*	**Familiengruft** – **Nischengrab**
lápida *f.* – **epitafio** *m.*	**Grabstein** – **Grab(in)schrift** / **Epitaph**
RIP / **descanse en paz**	*(auf Grabsteinen)* **Ruhe in Frieden**
Descanse en paz.	Er / Sie ruhe in Frieden.
misa *f.* **de difuntos** / **de réquiem**	**Totenmesse; Trauergottesdienst**
el **alma** *f.*	die **Seele**
¿Es el alma inmortal?	Ist die Seele unsterblich?

Das Wort *alma* gehört zu der Gruppe weiblicher Substantive, die mit einem betonten *a* anfangen und im Singular einen männlichen Artikel aus Gründen des Klangs bekommen. Diese Wörter bleiben aber weiblich: ***el*** *alma perdid****a*** (= die verirrte Seele), *tod****as*** ***las*** *almas* (= alle Seelen).

luto *m.* / **duelo** *m.* – **estar** (– estoy – estuve – estado) **de luto** / **de duelo**	**Trauer** – **(be)trauern** / **in Trauer sein**
de luto / duelo	leidtragend
Está de luto por la muerte de su abuela.	Er / Sie betrauert den Tod seiner / ihrer Großmutter.
Todavía está de luto.	Er / Sie ist immer noch in Trauer.
llevar luto / ponerse de luto / vestirse de luto	Trauer tragen / Trauer anlegen / trauern
traje de luto – vestido de luto	Traueranzug – Trauerkleid / -kleidung
luto nacional	Staatstrauer
pésame *m.*	**Beileidsbezeugung**
dar el pésame	sein Beileid bezeugen
Reciba usted mi más sentido pésame.	Nehmen Sie mein innigstes Beileid entgegen.
esquela *f.*	**Todesanzeige; Traueranzeige**

necrología *f.* – **necrológico**	(als Zeitungsrubrik) **Nachruf** – **Todes- / Nachruf-**
artículo necrológico	(als Artikel) Nachruf
(último) adiós *m.*	**(am Grab) Nachruf**
sección *f.* **necrológica** / **obituario** *m.*	**Totenregister; Totenliste**
recordatorio *m.*	*cat* **Totenzettel**
ahogarse (g>gue)	**ertrinken; sich ertränken**
morir ahogado	ertrinken; Tod durch Ertrinken

Modismos:
ahogarse en un vaso de agua (= sich wegen jeder Lappalie aufregen; sich nicht zu helfen wissen) • *estar / verse ahogado* (= sich in schwieriger finanzieller Lage befinden)

asfixiar(se) – **asfixia** *f.*	**ersticken** – **Ersticken**
muerte por asfixia	Tod durch Ersticken
terminal	**unheilbar; End-**
enfermo terminal	der unheilbar Kranke
cáncer terminal	unheilbarer Krebs
enfermedad en fase terminal	Krankheit im letzten Stadium

In *esquelas* (= Todesanzeigen) und *artículos necrológicos* (= Nachrufen) deutet die verhüllende Umschreibung *después de una larga enfermedad* meistens auf *cáncer* (= Krebs) hin.

eutanasia *f.*	**Euthanasie; Sterbehilfe**
suicidarse	**Selbstmord begehen**
suicidio *m.* – **suicida** *m. / f.*	**Selbstmord; Selbsttötung; Freitod** – **Selbstmörder(in)**
matar / **asesinar a alguien**	**jemand töten** / **umbringen**
matar a palos	totprügeln
matar a puñaladas	erstechen / durch Messerstiche töten

Modismos:
matar el hambre (= den Hunger stillen) • *matar el tiempo* (= die Zeit totschlagen)

deshacerse (– deshago – deshice, deshizo – deshecho) **de alguien**	**jemand umbringen**
Se han deshecho de los testigos.	Sie haben die Zeugen umgebracht.
cargarse (g>gue) **a alguien**	**jemand umlegen** / **kaltmachen**
Se lo cargó la banda.	Er wurde von der Bande kaltgemacht.

Mit zahllosen *Slang*-Ausdrücken wird *matar* und *asesinar* drastisch ausgedrückt. Beispiele:
hacer morder el polvo (= in den Staub beißen lassen) • *hacer desaparecer* (= verschwinden lassen) • *mandar / enviar al otro barrio* (= jemand ins andere Viertel schicken) • *liquidar a alguien* (= jemand fertigmachen) • *quitar a alguien de en medio* (= jemand wegräumen) • *acabar / terminar con*

alguien (= jemand fertigmachen) • *ocuparse de alguien* (= sich um jemand kümmern) • *encargarse de alguien* (= jemand auf sich nehmen) • *despachar a alguien* (= jemand bedienen) • *dejar a alguien seco* (= jemand getrocknet lassen) • *dejar a alguien frío* (= jemand kaltmachen) • *dejar a alguien tieso* (= jemand starr liegenlassen).

matón *m.*	**Schläger; Raufbold; Rausschmeißer; Killer**
asesinato *m.* – **asesino** / **-a**	**Mord – Mörder(in)**
liquidar a alguien	**jemand erledigen / liquidieren**
linchar a alguien – **linchamiento** *m.*	**jemand lynchen – Lynchjustiz**
La muchedumbre intentó lincharlo.	Die Menge versuchte, ihn zu lynchen.
envenenar a alguien	**jemand vergiften**
Ha muerto envenenado.	Er ist an einer Vergiftung gestorben.

Die männliche Endung *-cidio* bedeutet „Mord / Tötung"
infanticidio (= Kindesmord) • *matricidio* (= Muttermord) • *parricidio* (= Vatermord) • *fratricidio* (= Geschwistermord) • *regicidio* (= Königsmord) • *magnicidio* (= Mord an einer hochgestellten Persönlichkeit) • *suicidio* (= Selbstmord) • *genocidio* (= Völkermord)
Die entsprechenden Mörder(innen) sind:
infanticida • *matricida* • *parricida* • *fratricida* • *regicida* • *magnicida* • *suicida* • *genocida*

ejecutar – **ejecución** *f.*	**hinrichten – Hinrichtung / Erschießung**

***Métodos de aplicación de la pena de muerte* (= Hinrichtungsmethoden)**
la horca – ahorcar (= Galgen – erhängen) • *la silla eléctrica* (= elektrischer Stuhl) • *la cámara de gas* (= Gaskammer) • *el pelotón de fusilamiento – fusilar – el fusilamiento* (= Erschießungskommando – standrechtlich erschießen – Erschießen) • *la inyección letal* (= Todesspritze) • *la decapitación – decapitar* (= Köpfen – köpfen) • *la guillotina* (= Guillotine / Fallbeil) • *la crucifixión* (= Kreuzigung) • *la lapidación – lapidar* (= Steinigung – steinigen) • *la hoguera* (= Scheiterhaufen)

la última voluntad	**letzter Wille; Testament**
verdugo *m.*	**Henker**
víctima *f.* **(mortal)**	**(Todes-)Opfer**
cámara *f.* **de ejecución**	**Todeszelle**
campo *m.* **de exterminio**	**Vernichtungslager**
testamento *m.*	**Testament**
hacer (el) testamento	sein Testament machen
testamento abierto / cerrado	öffentliches / ge-/verschlossenes Testament
testar	ein Testament machen / errichten; testieren

La familia
Die Familie

Relaciones familiares
Verwandtschaftliche Beziehungen

Con el dinero se puede fundar una casa espléndida, pero no una familia dichosa. (*Manuel Tamayo y Baus, dramaturgo español, 1839–1898*)

pariente / **-a**	**Verwandte(r)**; *ugs* **Ehemann** / **Ehefrau**
pariente cercano / lejano	naher / entfernter Verwandter
No tiene ningún pariente.	Er / Sie hat keine Verwandten.
Ha venido sin su parienta.	Er ist ohne seine Ehefrau gekommen.
No es pariente mío.	Er ist nicht mit mir verwandt.
emparentar (con)	**sich verschwägern** (mit)
Estamos emparentados.	Wir sind miteinander verschwägert.
familiar *m.* / *f.*	**Verwandte(r); Familienangehörige(r)**
¿Tiene usted familiares / parientes en este país?	Haben Sie in diesem Land Verwandte?
antepasado *m.*	**Vorfahre**
Sus antepasados vinieron de Galicia.	Seine / Ihre Vorfahren kamen aus Galicien.
descendencia *f.*	**Abstammung; Nachkommen(schaft)**
Murió sin descendencia.	(*etwa*) Er / Sie starb, ohne Nachkommen zu haben.
descendiente *m.* / *f.*	**Nachkomme; Nachfahre**
origen *m.*	**Abstammung; Herkunft**
americanos de origen europeo	Amerikaner europäischer Herkunft
familia *f.*	**Familie**
familia numerosa	kinderreiche Familie
Nuestra familia vive aquí desde hace generaciones.	Unsere Familie lebt seit Generationen hier.
Mi familia está desperdigada por todo el mundo.	Meine Familie ist über die ganze Welt verstreut.
Estamos pensando en tener familia.	Wir wollen jetzt Kinder haben.
árbol *m.* **genealógico**	**Stammbaum**
padre – **madre**	**Vater** – **Mutter**
los padres *m.*	**die Eltern; die Väter**

Die Pluralformen von Familienmitgliedern mit unterschiedlichem Geschlecht aber gleichem Verwandtschaftsgrad werden mit der männlichen Form wiedergegeben: *los padres* (= die Eltern) • *los hijos* (= die Kinder) • *los hermanos* (= die Geschwister) • *los tíos* (die Onkel und Tanten) • *los sobrinos* (= die Neffen und Nichten) • *los abuelos* (= die Großeltern) • *los nietos* (= die Enkelkinder) • *los primos* (= die Cousins und Cousinen) usw.

Zusammensetzungen mit *-astro*
padrastro (= Stiefvater) • *madrastra* (= Stiefmutter) • *padrastros* (= Stiefeltern) • *hijastro* (= Stiefsohn) • *hijastra* (= Stieftochter) • *hijastros* (= Stiefkinder) • *hermanastro* (= Stiefbruder) • *hermanastra* (= Stiefschwester)

hijo – hija	**Sohn – Tochter**
hermano – hermana	**Bruder – Schwester**
medio hermano / hermana	Halbbruder / -schwester
hermano / -a uterino / -a / de madre	Halbbruder / -schwester (mütterlicherseits)
hermano / -a consanguíneo / -a / de padre	Halbbruder / -schwester (väterlicherseits)
manito *Mex* (Abk. von hermanito)	**Freund; Bruder** *(als Anrede)*

parientes políticos** / **familia política **(= angeheiratete Verwandte)**
suegro / padre político (= Schwiegervater) • *suegra / madre política* (= Schwiegermutter) • *suegros / padres políticos* (= Schwiegereltern) • *yerno / hijo político* (= Schwiegersohn) • *nuera / hija política* (= Schwiegertochter) • *cuñado / hermano político* (= Schwager) • *cuñada / hermana política* (= Schwägerin)
Mis suegros / padres políticos vienen a visitarnos la próxima semana.
(= Meine Schwiegereltern kommen uns nächstes Wochenende besuchen.)

tío – tía	**Onkel – Tante**
sobrino – sobrina	**Neffe – Nichte**
primo – prima	**Cousin / Vetter – Cousine**
Silvia es una prima mía.	Silvia ist eine Cousine von mir.
abuelo – abuela	**Großvater – Großmutter**
nieto – nieta	**Enkel – Enkelin**
tía abuela – tía segunda	**Großtante – Tante 2. Grades**
tío abuelo – tío segundo	**Großonkel – Onkel 2. Grades**
sobrino nieto – sobrino segundo	**Großneffe – Neffe 2. Grades**
sobrina nieta – sobrina segunda	**Großnichte – Nichte 2. Grades**
bisabuelo – bisabuela	**Urgroßvater – Urgroßmutter**
bisnieto / biznieto	**Urenkel**
bisnieta / biznieta	**Urenkelin**
tatarabuelo – tatarabuela	**Ururgroßvater – Ururgroßmutter**
tataranieto – tataranieta	**Ururenkel – Ururenkelin**

"Mi suegra viene a vernos la semana que viene."

2 Matrimonio y divorcio
Ehe und Ehescheidung

Quien en casarse acierta en nada yerra. (*Refrán castellano*)

matrimonio *m.* – **matrimonial**	**Ehe / Heirat / Eheschließung / Ehepaar – Ehe-**
Tiene una hija de un matrimonio anterior.	Er / Sie hat eine Tochter aus einer früheren Ehe.
Fui hasta Madrid con un matrimonio.	Ich bin bis Madrid mit einem Ehepaar gefahren.
partida / acta de matrimonio	Trauschein; Heiratsurkunde
consejero / -a matrimonial	Eheberater(in)
pedir en matrimonio	anhalten (um die Hand von jemandem)
contraer matrimonio	heiraten
tomar en matrimonio	heiraten
anular el matrimonio	die Ehe aufheben / annulieren
una proposición matrimonial	ein Heiratsantrag
matrimonio civil – canónico (*cat*) / eclesiástico *(prot)*	Zivilehe – kirchliche Eheschließung
matrimonio de conveniencia	Vernunftehe
matrimonio consumado	vollzogene Ehe
matrimonio homosexual	Homo-Ehe
casarse	**heiraten / getraut werden**
¿Quieres casarte conmigo?	Willst du mich heiraten?
Los casó / ha casado el obispo.	Sie wurden vom Bischof getraut.
Está casada con un artista.	Sie ist mit einem Künstler verheiratet.
Se casaron en 1992.	Sie haben 1992 geheiratet.
casarse por la Iglesia / por lo civil	sich kirchlich / standesamtlich trauen lassen
Quiere casarse por la Iglesia.	Er / Sie möchte sich kirchlich trauen lassen.
casarse de penalty / a la fuerza	heiraten müssen
casarse en segundas nupcias	sich zum zweitenmal verheiraten

Modismo:
no casarse con nadie (= sich von niemandem beeinflussen lassen)
En trece y martes, ni te cases ni te embarques. (= Dienstag der Dreizehnte ist ein Unglückstag.)

casado / **-a**	**verheiratet; verheiratete(r) Mann / Frau**
soltero / **-a**	**ledig; unverheiratete(r) Mann / Frau; Junggeselle**
Permaneció soltero toda su vida.	Er blieb sein Leben lang Junggeselle.
solterón – **solterona**	**alter Junggeselle – alte Jungfer**
unión *f.* **consensual**	**eheähnliche Lebensgemeinschaft; Ehe ohne Trauschein; „wilde Ehe"**
pedir (– pido – pedí, pidió – pedido)	(jemand) **einen Heiratsantrag**

la mano (de alguien) — **machen**
Le pidió su mano. — Er machte ihr einen Heiratsantrag.
petición *f.* **de mano** / **pedida** *f.* — **(Heirats-)Antrag**
prometerse – **prometido** / **-a** — **sich verloben** – **verlobt** / **Verlobte(r)**
Se han prometido hoy. — Sie haben sich heute verlobt.
compromiso *m.* **matrimonial** — **Verlobung**
novio / **-a** – **los novios** — (der) **Verlobte; Bräutigam** / (die) **Verlobte; Braut** – **das Brautpaar**
vestido de novia — Hochzeits- / Brautkleid
¡Vivan los novios! — Ein Hoch auf die Brautleute.
boda *f.* / **nupcias** *f. pl.* — **Heirat; Trauung; Hochzeit**
traje de boda — Hochzeits- / Brautkleid
regalo de boda — Hochzeitsgeschenk
banquete de bodas / nupcial — Hochzeitsmahl
aniversario de (la) boda — Hochzeitstag
boda civil — standesamtliche Trauung
bodas de plata / oro — silberne / goldene Hochzeit
Celebramos nuestras bodas de plata el año pasado. — Wir haben voriges Jahr unsere Silberhochzeit gefeiert.
casamiento *m.* — **Heirat; Ehe**
boda / casamiento a la fuerza — Mussheirat
alianza *f.* — **Ehe-** / **Trauring**
registro *m.* **civil** — **Standesamt**
las amonestaciones / **las proclamas** — **das kirchliche** / **standesamtliche Aufgebot**
dama *f.* / **doncella** *f.* **de honor** — **Brautjungfer**
padrino *m.* (de boda) – **madrina** *f.* (de boda) — **Brautführer** / **Trauzeuge** – **Trauzeugin**
la luna de miel — **Flitterwochen; Hochzeitsreise**
Los recién casados pasaron su luna de miel en Cuba. — Ihre Flitterwochen verbrachten die Neuvermählten in Kuba.
marido – **mujer** — (Ehe-)**Mann** – (Ehe-)**Frau**
Saludos a su **señora**. — Grüßen Sie Ihre **Frau**.
su **exmarido** / **exmujer** — ihr **Exmann** / seine **Exfrau**
esposo / **-a** *esp LAm* — (Ehe-)**Gatte** – **Gattin**
compañero / **-a** — **Lebensgefährte** / **Lebensgefährtin**
pareja *f.* — (Ehe-)**Partner(in)**
"llevar los pantalones" — **„die Hosen anhaben"**
Es ella quien lleva los pantalones. — Sie ist diejenige, die die Hosen anhat.
legítimo – **ilegítimo** — **ehelich** – **nichtehelich**
hijos legítimos e ilegítimos — eheliche und nichteheliche Kinder
fiel – **infiel** — **treu** – **untreu**
No te he sido nunca infiel. — Ich bin dir nie untreu geworden.
infidelidad *f.* — **Untreue** *(in Ehe bzw. Partnerschaft)*
adulterio *m.* – **adúltero** / **-a** — **Ehebruch** – **Ehebrecher(in); ehebrecherisch**
cometer adulterio — Ehebruch begehen
aventura *f.* **(amorosa)** / **lío** *m.* — (außereheliches) **Verhältnis; Affäre**
una aventura / un lío extramatrimonial — ein außereheliches (Liebes-)Verhältnis
¿Habrá tenido una aventura / un lío con ella? — Hatte er wohl ein Verhältnis mit ihr?

amante *m.* / *f.* / **querido** / **-a**	**Liebhaber(in); Geliebte(r) / Mätresse**
Su mujer tiene un amante.	Seine Frau hat einen Liebhaber.
donjuán / **mujeriego**	**Schürzenjäger; Frauenheld**
Está hecho un donjuán / un tenorio / un mujeriego.	Er ist ein Schürzenjäger geworden.
Es un mujeriego / donjuán.	Er ist ein Frauenheld.
separarse	**sich trennen**
Sus padres viven separados.	Seine / Ihre Eltern leben getrennt.
Se han separado después de diez años de matrimonio.	Sie haben sich nach zehn Jahren Ehe getrennt.
separación *f.*	**Trennung**
fracasar	**scheitern**
Su matrimonio ha fracasado.	Ihre Ehe ist gescheitert / kaputt.
divorciarse – **divorcio** *m.*	**sich scheiden lassen** – (Ehe-) **Scheidung**
Esther ha pedido el divorcio.	Esther hat die Scheidung eingereicht.
Felipe quiere divorciarse.	Felipe will sich scheiden lassen.
divorcio de mutuo acuerdo	einvernehmliche Scheidung
Quiere divorciarse de él.	Sie will sich von ihm scheiden lassen.
Se divorciaron / han divorciado.	Sie ließen sich scheiden.
manutención *f.*	**Unterhalt** *(nach der Scheidung)*
Tiene que pagarle a su exmujer la manutención.	Er muss seiner früheren Frau Unterhalt zahlen.
custodia *f.*	**elterliche(s) Sorge(recht)**
enviudar	**Witwe(r) werden; verwitwen**
viudo / **-a**	**Witwe(r)**
bigamia *f.* – **bígamo** / **-a**	**Bigamie** – **Bigamist(in)**
poligamia *f.* – **polígamo** / **-a**	**Polygamie** – **Polygamist(in)**

"¿Quieres casarte conmigo?"

Padres e hijos
Eltern und Kinder

→ 1.4 Infancia y juventud

Los hijos, señor, son pedazos de las entrañas de sus padres,
y así se han de querer o buenos o malos que sean.
(*Miguel de Cervantes Saavedra, escritor español, 1547–1616*)

maternidad *f.* – **paternidad** *f.*	**Mutterschaft – Vaterschaft**
materno / **maternal** – **paterno** / **paternal**	**mütterlich – väterlich**
amor maternal / paternal	Mutter- / Vaterliebe
filial	**Kindes-; kindlich**
amor filial	Kindesliebe
embarazo *m.* / *fam* **preñez** *f.*	**Schwangerschaft**
náuseas *f. pl.* **(del embarazo)**	**morgendliche Übelkeit**
antojo *m.*	**Gelüste** (in der Schwangerschaft)

Dass eine Frau schwanger (= *embarazada* / fam *preñada*) ist, kann auf unterschiedliche Weise ausgedrückt werden:
Va a tener un niño. • *Va a tener familia.* • *Está esperando un niño.* • *Está esperando familia.* • *Está encinta.* • *Está en estado (de buena esperanza).*
Una mujer encinta ist eine werdende Mutter.

contracciones *f. pl.* / **dolores** *m. pl.* **de(l) parto**	(Geburts-)**Wehen**
el comienzo de las contracciones	das Einsetzen der Wehen
romper (– rompo – rompí – roto) **aguas**	**die Fruchtblase platzen**
matrona *f.* / **comadrona** *f.* / **partera** *f.*	**Hebamme**
parto *m.* / **alumbramiento** *m.*	**Entbindung**
nacimiento *m.* / **parto** *m.*	**Geburt**
partida de nacimiento	Geburtsurkunde
prenatal – **postnatal**	**vor / nach der Geburt**
dar (– doy – di – dado) **a luz**	**zur Welt bringen**
(operación) cesárea *f.*	**Kaiserschnitt**
aborto *m.*	**Fehlgeburt; Schwangerschaftsabbruch**
prematuro	**vorzeitig**
Tuvo un hijo (prematuro) que nació con diez semanas de antelación.	Ihr Baby kam zehn Wochen zu früh auf die Welt.
gemelo(s) / **-a(s)**	**eineiige(r) Zwilling(e)**
mellizo(s) / **-a(s)**	**zweieiige(r) Zwilling(e)**
bautismo *m.* *(Sacramento)* / **bautizo** *m.* *(Acto)*	**Taufe**
ahijado / **ahijada**	**Patenkind**
padrino – **madrina**	**Patenonkel** / (Tauf-)**Pate** – **Patentante** / (Tauf-)**Patin**

Kosewörter *(= nombres cariñosos)*
Für *padre: papá, papi, papito, papaíto, padrecito,* LAm *papacito.*
Für *madre: mamá, mami, mamita, mamaíta, madrecita,* LAm *mamacita.*
Für *niño / -a: el / la pequeño / -a, pequeñín / -a, pequeñito / -a; el / la chiquillo / -a, chiquito / -a, chiquitín / -a, chiquirritín / -a; el / la chaval / -a, chavalín / -a; la criatura; el / la crío / -a; nuestro cielo* m. / *cielito* m.; *nuestro angelito* m.; *nuestro / -a rey / reina; pocholo / -a; tesoro* m.; *diablillo / -a; Andes el / la cabro / -a;* CAm, Mex *el / la chamaco / -a, chamaquito / -a, escuincle / -a;* CSur *pibe / -a*

dar (– doy – di – dado) **el pecho** / **el biberón**	**die Brust / die Flasche geben**
criar al pecho / al biberón	stillen – mit der Flasche aufziehen
pañal *m.*	**Windel**
cambiar los pañales al niño	das Baby wickeln
toallita *f.* (húmeda)	**Feuchttuch**
orinal *m.* / *LAm, Andal* **escupidera** *f.* / *Chi* **pava** *f.* / *Cu* **tibor** *m.* / *Mex* **cotorra** *f.*	**Nachttopf / Töpfchen**
¿Has hecho pipí en el orinal?	Hast du Pipi ins Töpfchen gemacht?
bañar al niño	**das Baby baden**
nana *f.* / **canción** *f.* **de cuna**	**Wiegenlied; Schlaflied**
cuento *m.* (para dormir)	**Gute-Nacht-Geschichte**

Familia wird wie im Deutschen oft in der Bedeutung *niños* verwendet:
La pareja no quiere de momento tener familia todavía. (= Das Paar will zunächst noch keine Kinder.)

hijo / **-a único** / **-a**	**Einzelkind**
custodia *f.*	**Sorgerecht**
Le concedieron a ella la custodia de los niños.	Die Kinder wurden ihr zugesprochen.
cuidado *m.*	**Obhut; Pflege**
Una tía tomó al niño a su cuidado.	Eine Tante nahm das Kind in Pflege.
padres acogentes / **hijos acogidos**	**Pflegeeltern / -kinder**
padres / **hijos adoptivos**	**Adoptiveltern / -kinder**
adoptar – **adopción** *f.*	**adoptieren – Adoption**
un hijo adoptado	ein adoptiertes Kind / Adoptivkind
dar en adopción	zur Adoption freigeben
tutor(a) – **tutela** *f.*	**Vormund – Vormundschaft**
huérfano / **-a**	**Waise(nkind)**
orfanato *m.* / **orfelinato** *m.*	**Waisenhaus**
criar / **educar** (c>que)	**ein Kind großziehen**
Fue educada estrictamente.	Sie wurde streng erzogen.
educación *f.* / **crianza** *f.*	**Erziehung; Aufziehen**
malcriar – **malcriado** / **-a**	**schlecht erziehen – ungezogen**
Eres un niño malcriado.	Du bist ein ungezogenes Kind.
madre trabajadora	**berufstätige Mutter**
salir (-g-) / **parecerse** (c>zc) **a alguien**	**jemand nachschlagen / ähnlich sein**

Ha salido a su madre.	Er / Sie kommt nach seiner / ihrer Mutter.
educar (c>que)	**erziehen**
La educaron en casa.	Sie wurde zu Hause unterrichtet.
instrucción *f.* / **educación** *f.*	**Erziehung; Bildung**
niños *m.* **superdotados**	**besonders begabte Kinder**
niño / **-a prodigio**	**Wunderkind**
promoción *f.* **de los niños mejor** / **más capacitados**	**Begabtenförderung**
retrasado / **-a (mental)**	**(geistig) zurückgeblieben**
paga *f.* / **dinero** *m.* **para gastos**	**Taschengeld**
Le hemos subido la paga.	Wir haben sein / ihr Taschengeld erhöht.
quehaceres *m. pl.* **domésticos**	**häusliche Pflichten**
realizar quehaceres domésticos	Arbeiten im Hause verrichten
mayor *m.* / *f.*	*(Kindersprache)* **Erwachsene(r)**
¡No se lo digas a los mayores!	Sag das nicht den Erwachsenen!
reñir (– riño – reñí, riñó – reñido)	**jemand ausschimpfen; streiten**
Ana riñó a Juan por haber pegado a Sara.	Ana schimpfte Juan, weil er Sara geschlagen hatte.
Siempre riñen el uno con el otro.	Sie streiten immer miteinander.
regañar / **reprender a un niño**	**ein Kind ausschimpfen / schelten**
pegar (g>gue) **a un niño**	**ein Kind schlagen**
mimar a un niño	**ein Kind verziehen / verwöhnen**
mimado / **-a**	**verwöhnt; verwöhntes Kind**
mimoso	**verschmust; verhätschelt**
desatender (e>ie) / **descuidar a un niño**	**ein Kind vernachlässigen**
abandonar a un niño	**ein Kind aussetzen**
maltratar a un niño	**ein Kind misshandeln**
maltrato *m.* **a niños**	**Kindesmisshandlung**
corrupción *f.* **de menores**	**Kindesmissbrauch**

"Mi hucha reivindica un aumento de paga."

Comida, bebida, ropa
Essen, Trinken, Kleidung

Alimentos
Nahrungsmittel

→ 15.1 Animales, 15.2 Plantas

Es lunes y en el mercado de la plaza, en medio de un guirigay artesano, se vende y se regatea y se compra el chorizo de Candelario, y el queso de la sierra, y la nívea harina, y la aromática yerba del país al lado de la especia de Ultramar, y el pimentón de la Vera, y el vino de Toro, y el cordero, y la trucha ... (*Camilo José Cela, escritor español, premio Nobel, 1916 – 2002*)

comida f. (= Nahrung / Essen / Kost / Futter) • *comida dietética / de régimen* (= Diät- / Reformkost) • *comida basura* (= minderwertige Kost) • *comida rápida* (= Schnellgerichte) • *comida precocinada* (= Fertiggerichte) • *comida baja en calorías* (= kalorienarme Kost)

leche f. (= Milch) • *leche entera* (= Vollmilch) • *leche desnatada* (= fettarme Milch) • *leche condensada* (= Kondensmilch)

mantequilla f. (= Butter) • *nata* f. / LAm *crema* f. (= Sahne) • *nata batida / montada* (= Schlagsahne) • *helado* m. *(de nata) / (helado) mantecado* m. (= Speiseeis) • *yogur* m. (= Joghurt) • *cuajada* f. (= Quark)

queso m. (= Käse) • *queso de cabra* (= Ziegenkäse) • *queso de oveja* (= Schafskäse) • *queso manchego* (= frischer, weicher, halbfester oder harter Schafskäse aus La Mancha) • *queso de bola* (= Kugelkäse, ähnlich wie Edamer) • *queso fresco / blanco* (= Frischkäse) • *requesón* m. (= Hüttenkäse) • *queso azul* (= Blauschimmelkäse) • *queso de Burgos* (= kastilischer Frischkäse aus Schafsmilch) • *queso de Mahón* (= milder Käse von den Balearen, hauptsächlich aus Kuhmilch) • *Idiazábal* m. (= baskischer Schafkäse mit Rauchgeschmack) • *Cabrales* m. (= scharfer asturischer Blauschimmelkäse, der dem Roquefort ähnelt) • *San Simón* m. (= geräucherter Weichkäse aus Galicien) • (queso de) *tetilla* m. (= galicischer milder Käse aus Kuhmilch)

huevo m. (= Ei) • *huevo cocido / duro* (= hart gekochtes Ei) • *huevo pasado por agua* / LAm *huevo tibio* / CSur *huevo a la copa* (= weich gekochtes Ei) • *huevos fritos / estrellados* (= Spiegeleier) • *huevos al plato* (= in Öl oder Butter langsam zum Gerinnen gebrachte und im Kochtopf servierte Eier) • *huevos revueltos* (= Rühreier) • *huevos escalfados* (= pochierte Eier)

pan m. (= Brot) • *pan blanco* (= Weißbrot) • *pan negro / moreno* (= Schwarz- / Graubrot) • *pan integral* (= Vollkornbrot) • *pan de centeno* (= Roggenbrot) • *pan candeal / de trigo* (= Weizenbrot) • *pan de maíz* (= Maisbrot) • *pan de mezcla* (= Mischbrot) • *barra* f. *(de pan)* (= Baguette) • *hogaza* f. *(de pan)* (= Laib Brot) • *panecillo* m. / *bollo* m. *(de pan) / pan de Viena* (= Brötchen) • *bollo* m. (= süßes Brötchen / Milch- / Eierbrot) • *pan rallado* (= Paniermehl / Semmelbrösel) • bes LAm, Andal *emparedado* m. / *sándwich* m. (= Sandwich) • *bocadillo* m. / fam *bocata* m. (= belegtes Brot) • *emparedado / sándwich doble* (= „Doppeldecker"-Sandwich) • *pan (untado) con mantequilla* (= Butterbrot) • *tostada* f. (= Toast)

Modismos:
Con su pan se lo coma. (= Das ist sein / ihr Bier. / Das geht mich nichts an.) • *¡No está el horno para bollos!* (= Jetzt ist nicht der richtige Augenblick dafür!) • *llamar al pan, pan, y al vino, vino* (= die Dinge beim [rechten] Namen nennen) • *ser más bueno / -a que el pan* (= ein herzensguter Mensch sein) • *pop estar más bueno / -a que el pan / ser un bollo* (= sehr gut aussehen / schön sein) • *ser pan comido* (= leicht zu machen / bewerkstelligen) • *Es el pan (nuestro) de cada día.* (= Das ist unser tägliches Brot.)

bollería f. / ***pastelería*** f. (= Feinbäckerei / Konditorei) • *bollo* m. (= süßes Brötchen / Krapfen) • *pastel(illo)* m. / LAm *queque* m. (= kleiner Kuchen / Törtchen) • *tarta* f. (= Torte / großer Kuchen) • *tarta* f. / *torta* f. *de frutas* (= Obsttorte / -kuchen) • *brazo* m. *de gitano* (= mit Creme gefüllte Biskuitrolle) • *pastas* f. pl. (= [Zucker-]Gebäck / Plätzchen) • *pastel* m. *de huevo* / LAm *panqueque* m. (= Eierkuchen) • *coca* f. (= katalanischer flacher Zuckerkuchen) • *rosquilla* f. (= Kringel / Kranzkuchen) • *barquillo* m. (= Waffel) • *mantecado* / *-a* (= Sandgebäck aus Mehl, Eiern, Zucker und Schweineschmalz) • *galleta* f. / LAm *bizcocho* m. / EEUU *magdalena* f. (= Keks / Kleingebäck / [Schiffs-]Zwieback) • Esp *ma(g)dalena* f. (= rundes Biskuitgebäck, besonders zum Frühstück) • *galleta* f. *salada* (= ungesüßter Keks) • *cabello* m. *de ángel* (= Kürbiskonfitüre, die als Gebäckfüllung verwendet wird)

Spanische Gebäckspezialitäten sind für den deutschen Geschmack oft sehr süß und können manchmal aufgrund des historischen Einflusses Ähnlichkeit mit arabischem Gebäck haben. Besonders bekannt sind *buñuelos* m. pl. (= spanischer Spritzkuchen; kleine in Öl ausgebackene Krapfen mit oder ohne Füllung), *churros* m. (= eine Art lange Kringel aus Mehl und Wasser, die in heißem Öl gebacken und normalerweise mit heißer Schokolade gegessen werden), *polvorones* m. pl. (= Staubgebäck aus Mehl, Zucker und Schmalz) • *ensaimada* f. (= spiralförmiges Blätterteiggebäck mit Schweineschmalz aus Mallorca) • *almendrados* m. pl. (= Mandelgebäck / Makronen) • *turrón* m. (= süße Weihnachtsspezialität; die zwei häufigsten Sorten – der harte *turrón de Alicante* und der weichere *turrón de Jijona* – bestehen aus Mandeln, Honig, Eiweiß und Zucker)

Modismos:
mandar a freír churros / buñuelos (= jemand zum Teufel schicken / jagen) • *pillar a alguien con las manos en la masa* (Teig) / *el pastel* (= jemand auf frischer Tat ertappen) • *ser un merengue* (Meringe) (= ein Zimperling sein)

cereales m. pl. / ***grano*** m. (= Getreide) • *centeno* m. (= Roggen) • *trigo* m. (= Weizen) • *salvado* m. (= Kleie) • *avena* f. (= Hafer) • *harina* f. (= Mehl) • *arroz* m. (= Reis) • *cebada* f. (= Gerste)

(copos m. ***de) cereales*** m. pl. (= Getreideflocken) • *copos de maíz* / *cornflakes* m. (= Cornflakes) • *copos de avena* (= Haferflocken) • *harina* f. *de avena* (= Hafermehl)

dulces m. / ***golosinas*** f. / ***chucherías*** f. (= Süßigkeiten) • *bombones* m. (= Pralinen) • *caramelos* m. (= Bonbons / Süßigkeiten / Karamellbonbons) • *caramelo* m. *de café con leche* (= Milchkaffeebonbon) • *chocolate* m. (= Schokolade) • *una tableta de chocolate* (= ein Riegel / eine Tafel Schokolade)

pasta f. (= Teigwaren / Nudeln) • *masa* f. (= Teig) • *espagueti(s)* m. • *macarrones* m. pl. • *raviolis* m. pl. • *tallarines* m. pl. • *fideos* m. pl. (= Fadennudeln) • pizza f.

carne f. (= Fleisch) • *carne de vaca* (= Rindfleisch) • *carne de ternera* (= Kalbfleisch) • *carne de cerdo* / LAm *chancho* (= Schweinefleisch) • *lechón* m. / *cochinillo* m. (= Spanferkel) • *(carne de) cordero* m. (= Lammfleisch) • *(carne de) carnero* m. (= Hammelfleisch) • *fiambre* m. (= kalter Aufschnitt) • *beicon* m. / *panceta* f. (= Speck) • *jamón* m. *de Jabugo* m. (= Qualitätsschinken aus Huelva) • *jamón* m. *serrano* (= Landschinken) • *jamón* m. *(de) York* (= gekochter Schinken) • *cecina* f. (= Rauch- / Dörrfleisch / Chi Fleischwurst) • *carne picada* (= Hackfleisch) • *albóndiga* f. (= Fleischklößchen)

Modismo:
¡Y un jamón! (= Das kommt nicht in Frage!)

aves f. pl. (= Geflügel) • *pollo* m. (= Huhn / Hähnchen) • *pato* m. (= Ente) • *ganso* m. (= Gans) • *pavo* m. / *Mex guajolote* m. / CAm *jolote* m. / CAm *chompique* m. (= Truthahn / Pute) • *faisán* m. (= Fasan) • *perdiz* f. (= Rebhuhn)

venado m. / ***caza*** f. (= Wild) • *corzo* m. / *venado* m. (= Reh) • *ciervo* m. (= Hirsch) • *liebre* f. (= Hase) • *conejo* m. (= Kaninchen) • *jabalí* m. (= Wildschwein)

embutidos m. pl. (= Wurst) • *chorizo* m. (= Paprikawurst) • *morcilla* f. (= Blut wurst) • *cecina* f. (= Rauchfleisch / Dörrfleisch / Chi Fleischwurst) • *sobrasada* f. (= gewürzte Paprikastreichwurst aus Mallorca) • *morcilla* f. *de hígado* (= Leberwurst) • *longaniza* f. (= dünne Hartwurst aus Schweinefleisch) • *salchichón* m. (= eine Art Salami aus Rind- oder Schweinefleisch) • *butifarra* f. (= katalanische Bratwurst aus Schweinefleisch) • *salchicha* f. (de Frankfurt) (= Frankfurter Würstchen) • *perrito* m. *caliente* (= Hotdog) • *paté* m. (= Pastete)

pescado m. ***y mariscos*** m. (= Fisch und Meeresfrüchte) • *pescado* m. *blanco* / *azul* (= Speisefisch mit weniger / mehr als 5 mg Fett pro Gramm) • *anguila* f. (= Aal) • *angula* f. (= junger Aal) • *merluza* f. (= Seehecht) • *bacalao* m. (= Kabeljau / Stockfisch) • *besugo* m. (= Graubarsch) • *rodaballo* m. (= Steinbutt) • *sardina* f. (= Sardine) • *boquerón* m. / *anchoa* f. (= Sardelle) • *mero* m. (= roter Grouper) • *caballa* m. (= Makrele) • *raya* f. (= Rochen) • *pez* m. *espada* (= Schwertfisch) • *lubina* f. (= Seebarsch) • *arenque* m. (= Hering) • *arenque* m. *ahumado* (= Bückling) • *solla* f. / *platija* f. (= Scholle) • *salmón* m. (= Lachs) • *salmón* m. *ahumado* (= Räucherlachs) • *lenguado* m. (= Seezunge) • *trucha* f. (= Forelle) • *atún* m. (= Tunfisch) • *calamar* m. / *chipirón* m (= Tintenfisch) • *pulpo* m. (= Krake) • *sepia* f. / *jibia* f. / *choco* m. (= Sepia) • *crustáceos* m. (= Krustentiere) • *langosta* f. (= Languste) • *bogavante* m.

(= Hummer) • *centolla* f. / -o m. (= See- / Meerspinne) • *ostra* f. (= Auster) • *camarones* m. / *quisquillas* f. (= Sandgarnelen) • *carabinero* m. (= Riesengarnele) • *gambas* f. (= größere Krabben / Garnelen / Scampi) • *cigala* f. (= Kaisergranat) • *langostino* m. (= Langschwanzkrebs) • *buey* m. *(de mar)* (= Taschenkrebs) • *galera* f. (= Heuschreckenkrebs) • *nécora* f. (= Schwimmkrabbe) • *percebes* m. (= essbare Entenmuscheln) • *berberechos* m. (= Herzmuscheln) • *almejas* f. (= Venusmuscheln) • *mejillones* m. (= Miesmuscheln) • *vieiras* f. (= Jakobsmuscheln) • *navajas* f. (= große Schwertmuscheln) • *chirlas* f. (= eine Art Venusmuscheln)

sopa f. (= Suppe) • *consomé* m. (= Fleisch- / Kraftbrühe; Konsommee) • *caldo* m. (= Brühe, Suppe) • *caldo gallego (= galizische Gemüsebrühe mit Schmalz)* • *sopa* f. *de ajo* / *cebolla* / *pescado* / *tomate* (= Knoblauch- / Zwiebel- / Fisch- / Tomatensuppe) • *guisado* m. / *guiso* m. / *estofado* m. (= Eintopf) • *cocido* m. / *puchero* m. (= Eintopf aus Fleisch, Hülsenfrüchten und Gemüse) • *menestra* f. (= Gemüseeintopf) • *gazpacho* m. (= kalte Gemüsesuppe)

salsa f. (= Soße) • *alioli* m. (= Soße aus Knoblauch, Öl und Eigelb) • *ajiaceite* m. (= Soße aus Knoblauch und Öl) • *mahonesa* f. / *mayonesa* f. (= Mayonnaise) • *salsa* f. *verde* (= Soße mit Petersilie) • *mojo* m. (= Soße auf den Kanarischen Inseln mit Öl, Essig und Knoblauch, dazu noch Koriander für die mojo verde, und scharfe Pfefferschoten für die mojo picón) • *salsa rosa* (= Cocktailsauce)

Modismos:
comer la sopa boba (= auf Kosten anderer leben) • *encontrar a alguien hasta en la sopa* (= jemand überall treffen) • *estar hecho una sopa* (= bis aufs Hemd durchnässt / pudelnass sein) • *estar en su (propia) salsa* (= in seinem Element sein)

grasa f. (= Fett) • *aceite* m. (= Öl) • aceite de oliva (= Olivenöl) • *mantequilla* f. (= Butter) • *margarina* f. (= Margarine) • *manteca* f. *de cerdo* (= Schmalz)

finas hierbas f. pl. (= Gewürzkräuter) • *especia* f. (= Gewürz) • *aliño* m. sg. / *condimento(s)* m. (= Gewürze) • *sal* f. (= Salz) • *pimienta* f. (= Pfeffer) • *pimentón* m. (= Paprikapulver) • *mostaza* f. (= Senf) • *ajo* m. (= Knoblauch) • *perejil* m. (= Petersilie) • *azafrán* m. (= Safran) • *orégano* m. (= Oregano) • *tomillo* m. (= Thymian) • *romero* m. (= Rosmarin) • *albahaca* f. (= Basilikum) • *eneldo* m. (= Dill) • *comino* m. (= Kümmel) • *clavo* m. (= Gewürznelke) • *laurel* m. (= Lorbeer) • *cilantro* m. (= Koriander) • *nuez* f. *moscada* (= Muskatnuss) • *curry* m. • *vainilla* f. (= Vanille)

verdura f. (= Gemüse) • *hortalizas* f. pl. (= grünes Gemüse) • *legumbres* f. (= Hülsenfrüchte) • *judías* f. / *alubias* f. / LAm *frijoles* m. / CSur *porotos* m. (= weiße bzw. rote Bohnen) • *judías* f. *verdes* / Mex *ejotes* m. / CSur *porotos* m. *verdes* (= grüne Bohnen) • *lentejas* f. (= Linsen) • *garbanzos* m. (= Kichererbsen) • *guisantes* m. (= Erbsen) • *espárrago* m. (= Spargel) • *alcachofa* f. (= Artischocke) • *col* f. / *berza* f. / *repollo* m. (= Kohl) • *col* f. *de Bruselas* (= Rosenkohl) • *coliflor* f. (= Blumenkohl) • *espinaca* f. (= Spinat) • *acelga* f. (= Mangold) • *maíz* m. / *Mex elote* m. / Andes, CSur *choclo* m. (= Mais) • *setas* f. / *hongos* m. (= Speisepilze) • *champiñón* m. (= Champignon) • *tomate* m. (= Tomate) • *pepino* m. (= Gurke) • *zanahoria* f. (= Karotte) • *remolacha* f.

(= Rote Bete) • *apio* m. (= Sellerie) • *puerro* m. (= Lauch / Porree) • *calabaza* f. (= Kürbis) • *berenjena* f. (= Aubergine) • *calabacín* m. (= Zucchini) • *pimiento* m. (= Paprika) • *cebolla* f. (= Zwiebel) • *rábano* m. (= Radieschen) • *rábano* m. *picante* (= Meerrettich) • *lechuga* f. (= Kopfsalat) • *escarola* f. (= Endivie / Lattich)

patatas f. / LAm, Andal ***papas*** f. (= Kartoffeln) • *boniato* m. / LAm *batata* f. / *camote* m. (= Süßkartoffel) • *patatas cocidas* (= Salzkartoffeln) • *patatas sin pelar / cocidas con su monda* (= Pellkartoffeln) • *patatas salteadas* (= Bratkartoffeln) • *patatas fritas* (= Pommes frites) • *patatas al horno* (= in der Schale gebackene Kartoffeln) • *puré m. de patatas* (= Kartoffelbrei / -püree) • *ensalada* f. *de patatas* (= Kartoffelsalat) • *tortilla* f. *de patatas* (= Kartoffelomelett)

fruta f. (= Obst) • *manzana* f. (= Apfel) • *pera* f. (= Birne) • *cereza* f. (= Kirsche) • *ciruela* f. (= Pflaume) • *melocotón* m. (= Pfirsich) • *albaricoque* m. (= Aprikose) • *uva* f. (= Weintraube) • *bayas* f. (= Beeren) • *fresas* f. / Andal, CSur *frutilla(s)* f. (= Erdbeeren) • *(zarza)moras* f. (= Brombeeren) • *frambuesas* f. (= Himbeeren) • *arándanos* m. (= Blaubeeren) • *grosellas* f. *espinosas* (= Stachelbeeren) • *grosellas* f. *negras* (= schwarze Johannisbeeren) • *(uvas) pasas* f. *(= Rosinen)* • *plátano* m. / LAm *banana* f. (= Banane) • *naranja* f. (= Apfelsine) • *pomelo* m. / LAm *toronja* f. (= Grapefruit) • *limón* m. (= Zitrone) • *piña* f. / LAm *ananá(s)* f. (= Ananas) • *melón* m. (= Melone) • *sandía* f. (= Wassermelone) • *aguacate* m. (= Avocado) • *caqui* m. (= Kakipflaume) • *papaya* f. / Cu *frutabomba* f. (= Papayafrucht) • *kiwi* m. • *higo* m. (= Feige) • *dátil* m. (= Dattel) • *aceituna* f. / *oliva* f. (= Olive) • *nuez* f. (= [Wal-]Nuss) • *avellana* f. (= Haselnuss) • *cacahuete* m. / LAm *maní* m. / Mex *cacahuate* m. (= Erdnuss) • *almendra* f. (= Mandel) • *chufa* f. (= Erdmandel) • *castaña* f. (= Kastanie) • *pistacho* m. (= Pistazie)

Modismos:
ser el garbanzo negro (de la familia) (= das schwarze Schaf der Familie sein) • *LAm meter a uno el garbanzo en el cuerpo* (= jemand Furcht einjagen) • *mucho ruido y pocas nueces* (= viel Lärm um nichts) • *no saber ni papa* (= keine Ahnung haben) • *¡Me importa un pimiento / pepino / rábano / comino!* (= Das ist mir völlig Wurst!) • *¡Vete a freír espárragos!* (= Geh zum Teufel!) • *encontrar su media naranja* (= die bessere Hälfte / eine[n] Lebenspartner[in] finden)

ensalada f. (= Salat) • *aliño* m. (= Salatsoße) • *ensalada mixta* (= gemischter Salat) • *ensalada de lechuga* (= grüner Salat) • *ensalada de tomate* (= Tomaten salat) • *ensalada de escarola* (= Endiviensalat) • *ensaladilla* f. *rusa* (= russischer Salat / Kartoffelsalat) • Esp *macedonia* f. / *ensalada de frutas* (= Obstsalat)

Zum Ausdruck der Frische wird das Wort *recién* (= frisch / kürzlich) verwendet: *truchas recién pescadas* (= fangfrische Forellen), *pan recién hecho* (= frisch gebackenes Brot), *fresas recién recolectadas* / Esp *cogidas* (= frisch gepflückte Erdbeeren), *zumo / jugo de naranja recién exprimido* (= frisch ausgepresster Orangensaft), *café recién hecho* (= frisch zubereiteter Kaffee), *huevos recién puestos* (= frisch gelegte Eier).

Bebidas
Getränke

→ 12.10 Beber y fumar

Nunca digas de este agua no beberé. *(Proverbio)*

bebidas *f.* **sin alcohol**	**alkoholfreie Getränke**
bebida isotónica	isotonisches Getränk
el **agua** *f.* **(mineral)** → 1.13 *el* alma *f.*	**(Mineral-)Wasser**
agua (mineral) sin gas	Tafelwasser (ohne Kohlensäure)
agua (mineral) con gas	Mineralwasser; Sprudel
agua potable	Trinkwasser
agua del grifo / corriente	Leitungswasser
(agua) tónica	Tonic(wasser)
agua de Seltz™ / carbónica	Selters™(wasser)
soda *f.* / **agua carbonatada**	**Soda(wasser)**
gaseosa *f.*	**Brauselimonade**

Dass ein Getränk kohlesäurenhaltig ist, kann mit dem Adjektiv *carbónico / -a* oder mit den Ergänzungen *con gas / con burbujas* ausgedrückt werden: *Los refrescos de cola son carbónicos / bebidas no alcohólicas con gas. Las cervezas españolas no son muy carbónicas para mi gusto.*

refresco *m.*	**Erfrischungsgetränk**
refresco *m.* **de limón**	**(Zitronen-)Limonade**
refresco *m.* **de naranja**	**(Orangen-)Limonade**
granizado *m.* / **granizada** *f.*	**Sorbet(t) aus Fruchtsäften; Erfrischungsgetränk aus Kaffee mit gestoßenem Eis**
coca-cola™ *f.*	**Coca-Cola™; Coke™**
zumo *m.* / *LAm* **jugo** *m.* **de fruta**	**(Frucht-)Saft**
zumo de manzana / de melocotón	Apfel- / Pfirsichsaft
zumo de naranja / de limón / de pomelo	Orangen- / Zitronen- / Grapefruitsaft
zumo de naranja natural	frisch gepresster Orangensaft
zumo de uva	Traubensaft
batido *m.* / *LAm* **malteada** *f.*	**Milchshake; Milchmixgetränk**
batido de fresa / de vainilla	Erdbeer- / Vanillemilchshake
leche *f.*	**Milch**
yogur *m.* **líquido**	**Trinkjoghurt**
horchata *f.* **(de chufa** *f.***)**	**Erdmandelmilch** (Erfrischungsgetränk aus Valencia aus Milch und Erdmandeln / *chufas*)

Getränke können, wie im Deutschen, durch Vorsetzen von *un / una* oder ein Zahlwort „portioniert" werden: *Un café (= una taza de café) y un zumo de naranja (= un vaso de zumo de naranja), por favor. Dos aguas con gas (= botellines de agua con gas), por favor.*

café *m.*	**Kaffee**

café solo / *LAm* americano / *Col* tinto	schwarzer Kaffee
(café) cortado	kleine Tasse Kaffee mit etwas Milch
café con leche	Milchkaffee
(café) descafeinado	koffeinfreier Kaffee
café recién hecho	frisch gebrühter Kaffee
té *m.*	(schwarzer) **Tee**
té negro / verde	schwarzer / grüner Tee
té de menta / poleo	Pfefferminztee
tisana *f.* / **infusión** *f.*	**Kräutertee**
manzanilla *f.*	**Kamillentee**
tila *f.*	**Lindenblütentee**
cacao *m.*	**Kakao**
chocolate *m.* **(caliente)**	(heiße / Trink-)**Schokolade**; **Kakao**

Modismos:
ahogarse en un vaso de agua (= sich wegen jeder Lappalie aufregen / sich nicht zu helfen wissen) • *Agua que no has de beber, déjala correr.* (= Misch dich nicht in fremde Angelegenheiten ein!) • *Se me hace la boca agua.* (= Mir läuft das Wasser im Munde zusammen.) • *estar con el agua al cuello* (= sich in großer Gefahr befinden) • *estar como pez en el agua* (= sich wohl fühlen / wie die Made im Speck leben) • *Agua pasada no mueve molino.* (= Aus den Augen, aus dem Sinn. / Was vorbei ist, ist vorbei.) • *No se puede decir / Nadie puede decir de esta agua no beberé.* (= Man soll nie etwas beschwören.) • *parecerse como dos gotas de agua* (= einander ähnlich sein wie ein Ei dem anderen) • *tener sangre de horchata / de chufas* (= Fischblut in den Adern haben) • *estar de mala leche / de mal café* (= übel gelaunt sein) • *tener mala leche / mal café* (= einen schlechten Charakter haben) • *Las cosas claras y el chocolate espeso.* (= Klarheit geht über alles.)

"Usted misma puede servirse toda la leche que quiera."

Cocina y cocinar

Küche und Kochen

Hay unas frases hechas que se suelen repetir de forma muy habitual. Es una receta de toda la vida ... o se trata de un plato de siempre, referidas a fórmulas que forman parte del recetario histórico de un pueblo o que son altamente representativas de la cocina de una tierra.
(Juan Mari Arzak, cocinero y autor de libros de cocina, nacido en 1942)

cocinar – **preparar**	**kochen** – (zu)**bereiten** / **backen**
Inés cocina muy bien y ahora está preparándonos una paella.	Inés kocht sehr gut und sie macht uns jetzt eine Paella.
cocina *f.*	**Küche; Herd; Kochkunst**
la cocina española	die spanische Küche
cocina casera	Hausmannskost
cocina eléctrica / de gas	Elektro- / Gasherd
horno *m.*	**Backofen**; *LAm* **Herd**
libro *m.* **de cocina** – **receta** *f.*	**Kochbuch** – **Kochrezept**
limpiar la verdura	**das Gemüse putzen**
pelar las patatas	**die Kartoffeln schälen**
aliñar la ensalada	**den Salat anmachen**
aderezar (z>ce) **el pescado**	**den Fisch garnieren**
colar (o>ue) – **colador** *m.*	**sieben** – **Sieb**
remover (o>ue)	**(um)rühren**
batir – **batidora** *f.*	*(Ei / Sahne)* **schlagen** – **Mixer**
rebanada *f.*	**Scheibe**

Rebanada ist das allgemeine Wort für Scheibe, wobei es meistens für *pan* (= Brot) verwendet wird. Konkretere Übersetzungen sind: *tajada* f. (= Scheibe Fleisch / Melonenscheibe) • *rodaja* f. (= runde Zitronen- / Wurstscheibe) • *loncha* f. / *lonja* f. (= Lage Schinken) • *raja* f. (= Obst- / Melonenscheibe)

rebanar	**(in Scheiben) schneiden**
pan rebanado / en rebanadas	geschnittenes Brot
picar (c>que)	**klein schneiden; durch den Fleischwolf drehen**
carne *f.* **picada** – **picadillo** *m.*	**Hackfleisch** – **Gehacktes**

Modismos:
No lo diré, así me hagan ***picadillo.*** (= Ich sage es nicht, was immer es auch kostet / auch wenn es mich den Kragen kostet.)
Como se entere el jefe, me hace ***picadillo.*** (= Der Chef macht Hackfleisch aus mir / macht mich zur Schnecke, wenn er das hört.)
rebanar *el pescuezo / el cuello / la cabeza* (= den Kopf abschneiden)
Aquí se está ***cociendo*** *algo.* (= Hier geht etwas vor sich / wird etwas ausgeheckt.)
salir de la ***sartén*** *y dar en la(s) brasa(s)* (= vom Regen in die Traufe kommen)
tener la ***sartén*** *por el mango* (= das Heft in Händen haben)

dar la ***lata*** (= belästigen)
¡Qué ***lata!*** (= Wie langweilig! / Wie lästig!)
Me tiene / trae ***frito****.* (= Ich kann den Kerl nicht riechen. / Er geht mir auf die Nerven.)
moler *a palos* (= windelweich prügeln)

moler (o>ue)	(*Kaffee usw.*) **mahlen**
molinillo *m.*	**Kaffeemühle**
cocer (o>ue; c>za, zo)	**kochen; sieden**
un huevo cocido / pasado por agua	ein hart gekochtes / weich gekochtes Ei
hervir (– hiervo – herví, hirvió – hervido)	**sieden**; (Flüssigkeiten) **kochen**
sancochar / **cocer** (o>ue; c>za, zo) **a medias**	**halb gar kochen**
preparar un pastel	**einen Kuchen backen**
freír (– frío – freí, frió – frito)	(in der Pfanne) **braten**
huevos fritos	Spiegeleier
estofar / **guisar**	**schmoren**
estofado *m.*	**Schmorbraten**
rehogar (g>gue)	**dünsten**
asar – **asado** *m.*	**braten** – **Braten**
asado de cerdo / vaca	Schweine- / Rinderbraten
pato / conejo asado	Enten- / Kaninchenbraten
pollo asado	Brathähnchen
asar / preparar a la parrilla / a la plancha	grillen
a la parrilla	**vom Grill; vom Rost**
a la plancha	**vom Grill**
carne a la plancha	Grillfleisch
filete a la plancha	Steak vom Grill
gambas a la plancha	Garnelen vom Grill
a la brasa	**vom Holzkohlengrill**
parrillada *f.*	**Grillgericht**; (das) **Gegrillte(s)**
poco hecho	**nur kurz angebraten**
Quiero el filete poco hecho.	Ich möchte mein Steak „englisch“.
medio hecho	**halb durchgebraten; halb durch**
bien hecho / **pasado**	**durchgebraten**
tostar (o>ue) – **tostada** *f.*	**toasten** – **Toast**
tostador *m.* / **-a** *f.*	**Toaster**
tetera *f.* – **cafetera** *f.*	**Teekanne** – **Kaffeekanne; Kaffeemaschine**
sartén *f.*	**(Brat-)Pfanne**
paellera *f.*	**Paella-Pfanne**
cazuela *f.*	**Topf**
cacerola *f.*	**Kasserolle**
puchero *m.*	**Kochtopf**
olla *f.*	**Kochtopf; Kessel**
olla exprés	Schnellkochtopf
cazo *m.*	**Stieltopf**
plato *m.*	**Teller; Gericht**

fregar los platos	das Geschirr abwaschen / abspülen
platos vegetarianos	vegetarische Gerichte
plato sopero / hondo	Suppenteller
plato llano / trinchero	flacher Teller
plato de postre	Dessertteller
plato favorito	Lieblingsgericht
primer plato – segundo plato / plato principal	erster Gang – Hauptgericht

Modismos:
Parece que no ha roto un plato en su vida / nunca. (= Er / Sie sieht so aus, als ob er / sie kein Wässerchen trüben könnte.) • *pagar los platos rotos* (= es ausbaden müssen) • *No es plato de buen gusto.* (= Es ist keine helle Freude.)

fuente *f.*	**Schüssel; Platte**
ensaladera *f.*	**Salatschüssel**
sopera *f.*	**Suppenschüssel**
frutero *m.*	**Obstschale**
bandeja *f.* / *Mex* **charola** *f.*	**Tablett**
azucarero *m.* – **azucarera** *f.*	**Zuckerdose** – **Zuckerdose** / **-fabrik**
escudilla *f.* / **tazón** *m.* / **cuenco** *m.*	**Schale; kleine Schüssel**
taza *f.* **y platillo** *m.*	**Tasse und Untertasse**
taza medidora	Messbecher
tarro *m.* / **bote** *m.*	(Marmeladen-)**Glas**; **Topf**; **Krug**; **Gefäß** (aus Glas, Ton usw.)
vaso *m.* – **copa** *f.*	**Glas** – **Stielglas; alkoholisches Getränk**
un tarro de miel	ein Glas Honig
jarro *m.* / **jarra** *f.*	(Ton- / Glas-)**Kanne** / **Krug**
una jarra de leche fresca	ein Krug mit frischer Milch
un jarro de agua	ein Wasserkrug
lata *f.*	**Dose**
una lata de sardinas	eine Büchse / Dose Sardinen
espárragos de lata / en conserva	Spargel aus der Dose
enlatar	**einmachen; einwecken; „eindosen"**
abrelatas *m. sg. / pl.*	**Büchsenöffner; Dosenöffner**
abrebotellas *m. sg. / pl.* / *LAm* **destapador** *m.*	**Flaschenoffner**
sacacorchos *m. sg. / pl.*	**Korkenzieher**
cascanueces *m. sg. / pl.*	**Nussknacker**
cubierto *m.*	**Besteck; Gedeck**
Nos faltan los cubiertos.	Uns fehlt das Besteck.
cuchillo *m.* **y tenedor** *m.*	**Messer und Gabel**
cuchara *f.*	**Löffel**
cuchara sopera	Suppenlöffel
cucharón *m.*	**Schöpflöffel**
cucharilla *f.*	**Teelöffel**
¿Una o dos cucharillas de azúcar?	Einen oder zwei Teelöffel Zucker?
cucharilla medidora	Messlöffel
espumadera *f.*	**Schaumlöffel** / **-kelle**
cocina *f.*	**Herd**
(horno) microondas *m. sg. / pl.*	**Mikrowelle(nherd)**

Comidas
Mahlzeiten

Me gusta comer temprano, acostarme y levantarme pronto. En eso no soy muy español. (*Luis Buñuel, director de cine español, 1898–1982*)

desayunar – **desayuno** *m.*	**frühstücken** – **Frühstück**
un desayuno de trabajo	ein Arbeitsfrühstück
¿A qué hora desayunamos?	Wann frühstücken wir?
Tomo café para desayunar.	Ich trinke zum Frühstück Kaffee.

El desayuno español bestand bis vor kurzem – für viele immer noch – nur aus einem *café* (= schwarzer Kaffee) bzw. einem *café con leche* (= Milchkaffee), *bollería* (= Gebäck) wie z.B. *galletas* (= Kekse), *madalenas* (= Biskuitgebäck), *cruasán* (= Croissant / Hörnchen) oder etwas *pan* (= Weißbrot) mit *mantequilla* (= Butter) und *mermelada* (= Marmelade). Dazu trinkt man meistens *zumo de naranja* (= Orangensaft).
Immer mehr Spanier, vor allem junge Leute, bevorzugen ein internationales Frühstück mit *cereales* (= Getreide) wie *cornflakes* oder *muesli, tostadas* (= Toasts) oder *pan con mantequilla y mermelada* sowie *fruta* (= Obst) oder *zumos de frutas* (= Fruchtsäfte).

bocadillo *m. / fam.* **bocata** *m.*	**belegtes Brot**

Nach dem traditionell kleinen spanischen Frühstück machen viele Leute a media mañana (= ca. zwischen 10.00 und 11.00 Uhr) *una pausa / un descanso* (= Pause) bei der Arbeit und essen *el bocadillo*, das sie von zu Hause mitgenommen haben. Andere gehen in der Pause in un bar und essen dort *una tapa / un pincho* (= Appetithäppchen / Snack) oder *desayunan otra vez* (= machen ein zweites Frühstück).

tapas *f.*	**kleine Imbisse; Appetithappen**

Die *tapas* sind eine Spezialität, die man fast überall in Spanien jeweils vor *la comida* (= Mittagessen) oder vor *la cena* (= Abendessen) in Lokalen essen kann. In manchen Regionen werden sie zu Getränken gereicht.

comida *f. / LAm, Andal* **almuerzo** *m.*	**Mittagessen**

Auch wenn man manchmal von zwei Hauptmahlzeiten spricht, ist trotzdem *la comida* im Allgemeinen die Hauptmahlzeit. Da, wo nicht Schicht gearbeitet wird, oder wo das moderne Leben die Non-Stop-Arbeit noch nicht durchgesetzt hat, nimmt man sich Zeit und lässt sich *la comida* nicht nehmen. Läden werden von 14 bis 16 Uhr geschlossen, Geschäftsleute unterbrechen ihre Tätigkeit für zwei Stunden und Banken und manche öffentliche Büros arbeiten nur bis 14 Uhr: Dann wird gegessen! Daher ist die Uhrzeit für die spanische *comida* nicht genau um Mittag, sondern von etwa 13.30 bis 15.30 Uhr. Da ist auch Zeit genug für *tapas* und *el café.*

comer / *LAm, Andal* **almorzar** (o>ue; z>ce) — **essen; zu Mittag essen**

Hemos comido en la cantina. — Wir haben in der Kantine zu Mittag gegessen.

„Mahlzeit!" als Grußformel hat im Spanischen keine direkte Entsprechung. „Guten Appetit" kann entweder durch *¡Que aproveche!* oder *¡Buen provecho!* ausgedrückt werden.

café *m.* — (Nachmittags-)**Kaffee**

¿Quedamos hoy para el café? — Sehen wir uns heute zum Kaffee?

merienda *f.* — **Nachmittagsimbiss; Vesperbrot**

merendar (e>ie) — **vespern; Brotzeit machen**

Die Kinder essen nachmittags *la merienda*, das meistens aus einem *bocadillo* (= belegten Brot) und *fruta* (= Obst) besteht. Die Erwachsenen knabbern auch oft etwas zur *merienda* oder machen sich Appetit mit *tapas.*

cena *f.* — **Abendessen** *(meist erst ab 20.30 Uhr)*

cena (fría) — Abendbrot

Dio la cena a los niños y los acostó. — Er / Sie gab den Kindern ihr Abendessen und brachte sie ins Bett.

cenar — **zu Abend essen**

Tenemos invitados para / a cenar. — Wir haben Gäste zum Abendessen.

Hoy vamos a cenar fuera. — Wir gehen heute Abend zum Essen aus.

"¿Está lista la cena?"

Comer fuera
Auswärts essen

La euforia económica de los años ochenta alteró en parte el aspecto más tradicional de la hostelería madrileña. Mientras los restaurantes de élite y la cocina moderna disfrutaban en la ciudad de una bonanza sin precedentes, a otros niveles se producía una exaltación del más genuino casticismo gastronómico. (*El País, periódico español*)

cliente *m. / f.*	**Gast**
Rogamos a nuestros distinguidos / respetables clientes ...	Wir bitten unsere verehrten Gäste ...
frecuentar	(als Kunde / Kundin) **besuchen**
un restaurante frecuentado por artistas	ein Restaurant, in dem Künstler verkehren
nuestros (clientes) habituales *m.* / **asiduos** *m.*	**unsere Stammgäste**

Tipos de restaurantes **(= Arten von Restaurants)**
bar m. (= Kneipe / kleines Lokal, in dem man frühstücken oder etwas, oft an der Theke, essen kann) • *bodega* f. (= Weinkeller / Vorratskammer) • *bodegón* m. (= Kneipe / (Wein-)Schenke) • *taberna* f. (= Taverne) • *café* m. (= einfaches Lokal, oft mit Straßenterrasse / Kaffeehaus) • *cafetería* f. (= Cafeteria / auch Schnellimbiss / PR, Col, Chi, Cu Kaffeeladen) • *cantina* f. (= Kantine) • *casa* f. *de comidas* (= einfaches Speise- / Gasthaus) • *cocherestaurante* m. / LAm *vagón-restaurante* m. (= Speisewagen) • *mesón* m. (= rustikales Restaurant / kleines Wirtshaus) • *restaurante* m. (= Restaurant / Gaststätte / Esslokal) • *parrillada* f. / *asador* m. (= Restaurant mit Grillspezialitäten) • *hamburguesería* f. (= Hamburger-Restaurant) • *pizzería* f. • *sidrería* f. (= Ausschank von *sidra* = Apfelwein) • *chiringuito* m. (= Getränkeausschank im Freien, meist am Strand, oft mit Imbissmöglichkeiten) • *venta* f. (= Gasthaus auf dem Land, vor allem in Südspanien) • *hostería* f. (= Gasthaus, oft mit Unterkunft) • *(el) área* f. *de servicio* (= Rasthof / -stätte) • *restaurante (de) autoservicio* m. (=Selbstbedienungs-Restaurant) • *snackbar* m. (= Imbissstube) • *salón* m. *de té* (= entspricht der deutschen Konditorei) • *tetería* f. (= Teestube) • *granja* f. (= Milchbar) • *bar-restaurante* m. *de carretera* (= Fernfahrer-Raststätte) • *merendero* m. (= Ausflugslokal, in das man, wie in einen Biergarten, sein Essen mitbringen kann) / [Dorf-]Wirtshaus) • *marisquería* f. (= auf Meeresfrüchte spezialisiertes Lokal) • *tasca* f. (= einfaches anspruchloses Lokal)

Als Bezeichnung für die Kategorie eines spanischen Restaurants verwendet man *tenedores* (= Gabeln): *1 tenedor* (= einfach), *5 tenedores* (= Luxusrestaurant der höchsten Kategorie).

tentempié *m.*	**Kleinigkeit** (zu essen)
Sólo vamos a comer un tentempié rápido.	Wir essen nur rasch eine Kleinigkeit.
picar (c>que) **algo**	**eine Kleinigkeit essen**
para llevar	**zum Mitnehmen**
una tortilla de patatas para llevar	ein Kartoffelomelett zum Mitnehmen

reservar	**reservieren** (lassen); **vorbestellen**
Deberíamos mejor reservar una mesa.	Wir sollten besser einen Tisch reservieren / vorbestellen.
¿Ha reservado (usted) mesa?	Haben Sie einen Tisch reserviert?
He reservado / He mandado reservar una mesa a nombre del señor Blanco.	Ich habe einen Tisch auf den Namen von Herrn Blanco reservieren lassen.
reserva *f.*	**Reservierung**; (Tisch)**Bestellung**
Tenemos cinco reservas para el viernes.	Wir haben fünf Reservierungen für Freitag.
completo	**ausgebucht**; **voll**
Estamos completos.	Wir sind ausgebucht.
menú *m.*	**Menü**
menú del día	Tagesmenü
El menú incluye postre y bebida.	Im Menü sind Nachtisch und Getränk inbegriffen.

In Spanien wird ein *menú del día* in fast allen *restaurantes* angeboten. *Comer de menú / (el) menú (del día)* ist sehr populär und eine günstige Alternative zu *comer a la carta* (= à la carte speisen / essen). Normalerweise sind im *menú del día* erster Gang, Hauptgericht, Nachtisch und Getränk (Wasser, Erfrischungsgetränk oder Wein) inbegriffen. In vielen erstklassigen *restaurantes* kann man ein *menú degustación* bestellen, eine Auswahl erlesener Tagesgerichte.

carta *f.* / *LAm* **minuta** *f.*	**Speisekarte**
Camarero, ¿me puede traer la carta, por favor?	Herr Ober, die Speisekarte, bitte.
comer a la carta / a la minuta	à la carte essen
carta del día	Tageskarte
lista *f.* / **carta** *f.* **de vinos**	**Weinkarte**
comida *f.*	**Mahlzeit**; **Essen**
¿Quiere / Desea (el señor) tomar algo antes de la comida?	Hätten Sie gern einen Drink vor dem Essen?
plato *m.*	**Teller**; **Gang**; **Gericht**
una comida de / con cuatro platos	ein Vier-Gänge-Menü
de primer plato	als erster Gang
de plato principal	als Hauptgericht
plato del día	Tagesgericht
plato combinado	preisgünstiges Tellergericht aus Fisch, Fleisch oder Eiern mit Beilagen
pedir (– pido – pedí, pidió – pedido)	**bestellen**
¿Ya has pedido?	Hast du schon bestellt?
pedido *m.*	**Bestellung**
¿Puedo tomar nota de / anotar su pedido?	Kann ich Ihre Bestellung aufnehmen?
entremeses *m.* / **entrantes** *m.*	**Vorspeisen**
entremeses variados	gemischte Vorspeisen
entrada *f.*	**Vorspeise**
¿Qué desea tomar de entrada?	Was hätten Sie gern als Vorspeise?
sopa *f.* **del día**	**Tagessuppe**
tomar	**essen**; **nehmen**
salado / **-a** – **soso** / **-a** – **picante**	**salzig** – **fad** – **scharf**

La sopa está demasiado salada / sosa / picante. | Die Suppe ist zu salzig / fad / scharf.

Creo que voy a tomar la sopa de pescado. | Ich glaube, ich nehme die Fischsuppe.

guarnición *f.* | **Beilage**

decidirse | **(sich) entscheiden**

¿Se ha decidido (el señor / la señora) por algún vino? | Haben Sie sich für (irgend)einen Wein entschieden?

recomendar (e>ie) | **empfehlen**

Le recomendaría un Ribera del Duero tinto. | Ich würde Ihnen einen roten Ribera del Duero empfehlen.

elegir (– elijo – elegí, eligió – elegido) | **(aus)wählen**

¿Ha elegido un postre? | Haben Sie ein Dessert gewählt?

postre *m.* | **Nachtisch; Dessert**

¿Podemos tomar de postre fruta del tiempo? | Können wir als Nachtisch frisches Obst haben?

tener (– tengo, tiene – tuve – tenido) | (auf der Karte) **haben**

¿Tienen también flan? | Haben Sie auch Karamellpudding?

cuenta *f.* | **Rechnung**

Camarero, la cuenta, por favor. | Herr Ober, die Rechnung bitte.

servicio *m.* | **Bedienung(sgeld)**

(El) Servicio no (está) incluido. | Die Bedienung ist nicht inbegriffen.

(precio *m.* del) **cubierto** *m.* | (Preis für das) **Gedeck**

propina *f.* | **Trinkgeld**

¿Cuánta propina le has dado al camarero? | Wie viel Trinkgeld hast du dem Kellner gegeben?

La propina se deja a discreción de nuestros clientes. | Trinkgelder sind in das Belieben unserer Gäste gestellt.

encargado / -a | **Geschäftsführer(in)**

Quiero hablar con el encargado, por favor. | Ich möchte bitte den Geschäftsführer sprechen.

Gente que trabaja en un restaurante

camarero / -a / Mex *mesero / -a* / Ven *mesonero / -a* (= Kellner / -in) • *jefe / -a de comedor* m. / *maestresala* m. (= Oberkellner / -in) • *escanciador(a)* (= Weinkellner / -in) • *barman / camarero / -a* / LAm *mozo / -a* (= Barkeeper / -in) • *cocinero / -a* (= Koch / Köchin) • *cocinero / -a jefe / chef* m. / f. (= Küchenchef / -in) • *pastelero / -a / repostero / -a / confitero / -a* (= Konditor / -in) • *lavaplatos* m. / f. sg. / pl. (= Tellerwäscher / -in) • *pinche* m. / f. (= Küchenjunge / -mädchen)

bufé *m.* / *LAm* **ambigú** *m.* | **Büfett**

El hotel ofrece un desayuno-bufé excelente. | Das Hotel bietet ein ausgezeichnetes Frühstücksbüfett.

ración *f.* / *(Torte)* **porción** *f.* | **Portion**

cocina *f.* | **Küche**

excelente cocina vasca | ausgezeichnete baskische Küche

nueva cocina | Nouvelle Cuisine; „neue Küche"

especialidad *f.* (de la casa) | **Spezialität** des Hauses

ir (– voy – iba – fui – ido) (bien) con | **passend zu**

Quisiera un vino seco que fuera (bien) con el pescado. | Zum Fisch hätte ich gern einen passenden trockenen Wein.

Ropa
Kleidung

El vestido pienso yo que ha de imitar nuestra hechura, porque, si nos desfigura, es disfraz, que ornato no.
(Juan Ruiz de Alarcón, poeta dramático mejicano-español, 1581?–1639)

ropa *f.*	**Kleidung; (Anzieh-)Sachen**
Necesito ropa nueva.	Ich brauche was Neues zum Anziehen.
No gastamos mucho en ropa.	Wir geben nicht viel für Kleidung aus.
ropa ligera / (de) sport	legere Kleidung
vestir (– visto – vestí, vistió – vestido)	**kleiden**
Estaba vestida de negro.	Sie war schwarz gekleidet.
vestirse	**sich anziehen**
Siempre se viste bien.	Er / Sie zieht sich immer gut an.
llevar	**tragen**
Nunca llevo sombrero.	Ich trage nie einen Hut.
ponerse (– pongo – puse – puesto)	(Kleidung) **anziehen**; (Hut) **aufsetzen**
Ponte mejor un abrigo.	Du ziehst besser einen Mantel an.
quitarse	(Kleidung) **ausziehen**; (Hut) **abnehmen**
Se quitó el sombrero y el abrigo.	Er legte Hut und Mantel ab.
Se quitó (toda) la ropa.	Er / Sie zog sich (ganz) aus.
desnudarse	**sich ausziehen**
Se ha desnudado.	Er / Sie hat sich ausgezogen.
desnudo	**nackt**
calzar (z>ce) – **calzarse** (z>ce)	**Schuhe anhaben / tragen – sich die Schuhe anziehen**
descalzar(se) (z>ce)	**(sich) die Schuhe ausziehen**
descalzo	**barfuß**

Abrigos m., ***chaquetas*** f. ***y trajes*** m. **(= Mäntel, Jacken und Anzüge)**
abrigo m. / *gabán* m. (= Mantel) • *gabardina* f. / *impermeable* m. (= Regenmantel) • *abrigo* m. *de piel(es)* (= Pelzmantel) • *trinchera* f. (= Trenchcoat) • *anorak* m. • *chaqueta* f. / *americana* f. / LAm *saco* m. (= Jacke / Jackett / Sakko) • *chaqueta* f. *de punto* / *rebeca* f. (= Strickjacke) • *traje* m. *(de chaqueta)* / LAm, Andal *terno* m. / Col, Ven *flus* m. (= Anzug / Kostüm) • *traje* / LAm *terno de calle* (= Straßenanzug) • *traje a* / *de rayas* (= Nadelstreifenanzug) • *traje pantalón* (= Hosenanzug) • *chaleco* m. (= Weste) • *esmoquin* m. (= Smokingjacke / Smoking) • *frac* m. / *traje de etiqueta* (= Frack) • *chándal* m. (= Jogginganzug) • *traje de luces* (= Stierkämpferanzug)

Chaquetas oder *trajes* können *sencillas* / *-os* (= einreihig) oder *cruzadas* / *-os* (= zweireihig) sein. Bei *trajes* wird unterschieden zwischen *un (traje de) dos piezas (= chaqueta y pantalón)* und *un (traje de) tres piezas (chaqueta, chaleco y pantalón).*

Vestidos m. **(= Kleider)**
vestido m. (= Kleid) • *vestido abierto* (= geschlitztes Kleid) • *vestido de boda* / *de novia* (= Hochzeits- / Brautkleid) • *vestido de noche* / *largo* (= Abend-

kleid) • *vestido cerrado* (= hoch geschlossenes Kleid) • *vestido escotado* (= dekolletiertes Kleid)

Partes f. ***de arriba*** / ***superiores*** **(= Oberteile)**
blusa f. (= Bluse) • *jersey* m. / LAm *pulóver* m. / Pe *chompa* f. / Andal *chaleco* m. (= Pullover / Pulli) • *jersey* / *suéter* m. *de pico* (= Pullover mit V-Ausschnitt) • *camisa* f. (= Oberhemd / Hemdbluse) • *de manga larga – de manga corta – sin mangas* (= langärmelig – kurzärmelig – ärmellos) • *sudadera* f. (= Sweatshirt) • *polo* m. (= Polohemd) • *camiseta* f. / Arg *remera* f. / Chi *polera* f. (= T-Shirt)

Pantalones m. sg. / pl., ***faldas*** f., ***etc.*** **(= Hosen, Röcke usw.)**
pantalón /*-ones* m. sg. / pl. (= Hose / -n) • *pantalón* /*-ones de pana* (= Cordhose / -n) • (pantalón /-ones) *vaquero(s)* / *tejano(s)* / LAm *bluejeans* m. sg. / pl. (= Jeans) • *pantalón* /*-ones cortos* (= kurze Hose / -n / Shorts) • *bermudas* m. pl. • *falda* f. / LAm *pollera* f. (= Rock) • *falda plisada* (= Faltenrock) • *falda cruzada* (= Wickelrock) • *falda-pantalón* f. (= Hosenrock)

Die *zahones* m. pl. sind lederne, an der Seite offene Überhosen der Rinderhirten, die von den Cowboys aus EEUU (= USA) und den *llaneros* aus Kolumbien und Venezuela übernommen wurden.

Bei *pantalones, calzoncillos, bragas* etc. kann der spanische Plural sowohl dem deutschen Singular als auch dem Plural entsprechen:
Esos pantalones son muy estrechos. (= Diese Hose[n] ist / sind zu eng.)
¿Dónde están mis pantis? (= Wo ist / sind meine Strumpfhose[n]?)
Ein Exemplar wird unmissverständlich mit *un par de* ausgedrückt, aber nur bei *pantalones:*
Estoy buscando un par de pantalones que vayan (bien) con esta chaqueta.
(= Ich suche eine Hose, die zu dieser Jacke passt.)

Ropa f. ***interior y ropa de baño*** **(= Unterwäsche und Badekleidung)**
calzoncillo(s) m. / *slip* m. / LAm *calzón* /*-ones* m. (= Unterhose) • *calzón* /*-ones* (= Boxershorts) • *calzoncillo(s) largo(s)* (= lange Unterhose) • *braga(s)* f. (= Damenslip / -schlüpfer) • *camiseta* f. (= Unterhemd) • *enagua(s)* f. / *combinación* f. (= Unterrock) • *medias* f. pl. / *pantis* m. pl. (= Strumpfhose) • *leotardos* m. pl. (= Wollstrumpfhose) • *medias* f. *(de nilón / nailon)* (= [Nylon-] Strümpfe) • *calcetines* m. / LAm *medias* f. (= Socken) • *corsé* m. (= Korsett) • *faja* f. (= Mieder) • *faja enteriza* (= Korselett) • *liguero* m. (= Hüfthalter / -gürtel) • *liga* f. (= Strumpfband) • *sostén* m. / *sujetador* m. / LAm *corpiño* m. (= BH) • *bañador* m. (= Badehose / -anzug) • *traje* m. *de baño* (= Badeanzug) • *biquini* m.

Ropa f. ***de dormir*** **(= Nachtwäsche)**
camisón m. *(de noche)* (= Damennachthemd) • *camisón* m. *(de hombre)* (= Herrennachthemd) • *pijama* m. / LAm *piyama* m. (= Schlafanzug) • *bata* f. (= Morgenrock) • *albornoz* m. (= Bademantel)

Calzado m. **(= Fußbekleidung)**
zapatos m. (= Schuhe / geschnürte Halbschuhe) • *zapatillas* f. *(de casa / de deporte / de baño / de ballet)* (= leichte Schuhe / Hausschuhe; Pantoffeln / Turnschuhe / Badeschuhe / Ballettschuhe) • *mocasines* m. pl. (= Slipper) • *zapatos de tacón bajo* (= Pumps) • *zapatos de tacón alto* (= hochhackige Schuhe / Stöckelschuhe) • *zapatos (bajos)* (= Halbschuhe) • *botas* f. (= Stiefel) • *botas* f. *de goma* (= Gummistiefel) • *sandalias* f. (= Sandalen) • *pantuflas* f. (= Pantoffeln) • *chanclas* f. / *chancletas* f. (= Gummilatschen) • *alpargatas* f. (= Espandrillos / Hanfschuhe)

Sombreros m. **(= Kopfbedeckungen)**
sombrero m. (= Hut) • *sombrero cordobés* (= schwarzer flacher Hut, der in Andalusien typisch für Volksfeste und Flamenco-Aufführungen ist) • *chistera* f. / *sombrero de copa* (= Zylinder) • *bombín* m. / *sombrero hongo* (= Melone) • *canotié* m. (= steifer Strohhut / Kreissäge) • *boina* f. (= Bas kenmütze) • *gorra* f. (= Mütze / Kappe) • *gorra de plato* (= Dienstmütze) • *gorra de visera* (= Schirmmütze) • *gorro* m. (= runde Kappe / Mütze ohne Schirm) • *barretina* f. (= rote Wollmütze, typisch in Katalonien) • *gorro de baño* (= Badekappe / -mütze) • *casco* m. (= Helm) • *casco protector* (= Sturzhelm) • *pañuelo* m. *(para la cabeza)* (= Kopftuch) • *velo* m. (= Schleier)

Otras prendas f. ***y accesorios*** m. **(= Andere Kleidungsstücke und Zubehör)**
corbata f. (= Krawatte / Schlips) • *pajarita* f. (= Fliege) • *bufanda* f. (= Schal) • *pañuelo* m. (de cuello) (= [Hals-]Tuch / Taschentuch) • *pañoleta* f. (= kleines Halstuch für Frauen) • *mantón* m. (= langer Fransenumhang für Frauen) • *capa* f. (= spanischer [ärmelloser] Männermantel) • *mantilla* f. (= fast nur noch bei feierlichen Anlässen getragenes schleierartiges Kopftuch) • *toquilla* f. (= wollenes Schultertuch) • *peineta* f. (= Aufsteckkamm) • *guantes* m. (= Handschuhe) • *delantal* m. / *mandil* m. (= Schürze) • *mono* m. / LAm *overol* m. / CSur *mameluco* m. (= Overall) • *cinturón* m. (= Gürtel) • *tirantes* m. pl. / LAm *suspensores* m. pl. (= Hosenträger) • *botón* m. (= Knopf) • *cremallera* f. / LAm *cierre* m. *relámpago* (= Reißverschluss)

Modismos:
nadar y guardar la ***ropa*** (= zwei Hasen auf einmal jagen) • *quedarse para* ***vestir*** *santos* (= eine alte Jungfer werden / sitzen bleiben) • *cambiar de* ***chaqueta*** / ***camisa*** (= sein Fähnchen nach dem Wind drehen / sein Mäntelchen nach dem Wind hängen) • *meterse en* ***camisa(s)*** *de once varas* (= sich in ein verwickeltes Geschäft einlassen) • *Aquí lleva ella los* ***pantalones.*** (= Sie hat hier die Hosen an.) • *Es un asunto de* ***faldas***. (= Da steckt eine Frau dahinter.) • *dejar a alguien en* ***calzoncillos*** (= jemand rupfen) • *estar / quedarse en* ***bragas*** (= blank sein / werden) • *Ya sabemos dónde te aprieta el* ***zapato***. (= Wir sind gut informiert.) • *No le llega ni a la suela del* ***zapato***. (= Er kann ihm nicht das Wasser reichen.) • *ponerse las* ***botas*** (= fein heraus sein / ausgiebig genießen) • *vivir de* ***gorra*** (= auf Kosten anderer leben) • *estar hasta el* ***gorro*** (= die Schnauze voll haben) • *¡El mundo es un* ***pañuelo****!* (= Die Welt ist ein Dorf!) • *¡Por fin le han echado el* ***guante****!* (= Endlich haben sie ihn / sie verhaftet / geschnappt!)

La sanidad
Gesundheitspflege

Enfermedades y síntomas
Krankheiten und Symptome

→ 4.4 En el médico, 4.6 En el hospital, 16.3 Medicina

A veces es peor el remedio que la enfermedad. (*Refrán*)

enfermedad *f.*	**Krankheit; Erkrankung**
enfermedad de Alzheimer / de Parkinson	die Alzheimer- / Parkinson-Krankheit
enfermedades infecciosas / tropicales	Infektions- / Tropenkrankheiten
enfermedades venéreas	Geschlechtskrankheiten
enfermedad / lesiones causadas por radiaciones	Strahlenkrankheit / -schäden
afección *f.*	**Krankheit; Leiden**
una afección cardiaca	eine Herzkrankheit
dolencia *f.*	**Krankheit; Leiden**
una dolencia corriente	ein häufiges Leiden
mal *m.*	**Krankheit**
un mal incurable	eine unheilbare Krankheit
molestia *f.*	**Beschwerde**
achaque *m.*	**Beschwerde**; *CR* **Schwangerschaftsbeschwerde**
achaques de la edad	Altersbeschwerden
síntoma *m.*	**Symptom; Anzeichen**
los síntomas típicos de la rabia	die typischen Symptome der Tollwut
síndrome *m.*	**Krankheitsbild; Syndrom**
síndrome de abstinencia	Entzugserscheinungen
ataque *m.*	**Anfall; Zusammenbruch**
un ataque de asma	ein Asthmaanfall
un ataque de nervios	ein Nervenzusammenbruch

Ausdrücke für „Krankheit, Erkrankung und Leiden"
enfermedades graves / *leves* (= ernste / leichte Krankheiten) • *contraer una enfermedad* (= sich eine Krankheit zuziehen) • *ponerse enfermo* / *malo* (= krank werden) • *caer enfermo* / *malo* (= krank werden) • *padecer una enfermedad* (= an einer Krankheit leiden) • *diagnosticar una enfermedad* (= eine Krankheit feststellen) • *enfermedad mental* (= Geisteskrankheit) • *una enfermedad respiratoria* (= eine Erkrankung der Atemwege) • *en la salud y en la enfermedad* (= in kranken und gesunden Tagen) • *una enfermedad hereditaria* (= ein Erbleiden) • *enfermedad contagiosa* (= ansteckende Krankheit)

fiebre *f.* – **febril**	**Fieber – fiebrig / Fieber-**
tener fiebre	Fieber / Temperatur haben
fiebre alta	erhöhte Temperatur
tifus / fiebre tifoidea	Typhus
sudar – **sudor** *m.*	**schwitzen – Schweiß**
temblar (e>ie)	**zittern**

malestar *m.*	**Unwohlsein**
contagiar – **contagio** *m.*	**anstecken** – **Ansteckung**
una enfermedad contagiosa	eine ansteckende Krankheit
Me has contagiado.	Ich habe mich bei dir angesteckt.
náuseas *f. pl.* / **ganas** *f. pl.* **de vomitar**	**Übelkeit**
Tengo ganas de vomitar.	Mir ist übel.
vomitar – **vómito** *m.*	**sich übergeben, erbrechen** – **Erbrechen**
marearse – **mareo** *m.*	**schwindlig / übel werden** – **Schwindel; Ohnmacht; Übelkeit**
Se marea con facilidad en el coche.	Ihm / Ihr wird beim Autofahren leicht übel.
marearse en barco / en avión	Seekrankheit – Luftkrankheit
crónico	**chronisch**
jaqueca *f.*	**Migräne**
derrame *m.* **cerebral** / **apoplejía** *f.*	**Schlaganfall**
Tuvo un pequeño derrame cerebral.	Er / Sie erlitt einen leichten Schlaganfall.

Bei Krankheiten, die plötzlich erscheinen, wird oft das Verb *dar* (= geben) benutzt:
Le ha dado un infarto. (= Er / Sie hatte einen Infarkt.) • *Le ha dado un mareo.* (= Es ist ihm / ihr schwindlig geworden.) • *Le ha dado un ataque de nervios.* (= Er / Sie hatte einen Nervenzusammenbruch.)

desmayarse – **desmayo** *m.*	**zusammenbrechen** – **Ohnmacht**
Se desmayó en la calle.	Er / Sie brach auf der Straße zusammen.
inconsciencia *f.* – **inconsciente**	**Bewusstlosigkeit** – **bewusstlos**
Se quedó inconsciente.	Er / Sie wurde bewusstlos.
sufrir un colapso	**kollabieren**
(una) insolación	**(ein) Hitzschlag; (ein) Sonnenstich**
Una insolación puede causar la muerte.	Ein Hitzschlag kann lebensbedrohlich sein.
corazón *m.* – **cardiaco**	**Herz** – **Herz-**
Está enferma del corazón.	Sie ist herzkrank.
problemas de corazón	Herzbeschwerden
fallo cardiaco	Herzversagen
infarto *m.*	(Herz-)**Infarkt**
Le dio un infarto.	Er / Sie erlitt einen (Herz-)Infarkt.
Ha sobrevivido a dos infartos.	Er / Sie hat zwei Infarkte überlebt.
palpitaciones *f. pl.*	**Herzklopfen; Herzjagen**
trombosis *f. sg. / pl.*	**Thrombose**
resfriado *m.* / **constipado** *m.*	**Erkältung; Schnupfen**
¿Has pillado un resfriado?	Hast du dir einen Schnupfen geholt?
(la) gripe	**(die) Grippe**
Cogió la gripe.	Er / Sie kriegte die Grippe.
dolor *m.* **de garganta**	**Halsschmerzen**
Tengo dolor de garganta.	Ich habe Halsschmerzen.
toser – **tos** *f.*	**husten** – **Husten**
Tiene una tos de perros.	Er / Sie hat einen schlimmen Husten.

estornudar – estornudo *m.*	**niesen – Niesen**
tos *f.* **ferina**	**Keuchhusten**
pulmonía *f.*	**Lungenentzündung**
tuberculosis *f. sg. / pl.* / **tisis** *f. sg. / pl.*	**Tuberkulose**; (früher) **Schwindsucht**
tuberculoso / **tísico**	**schwindsüchtig**
(el) sarampión	**(die) Masern**
(la) escarlatina	**Scharlach**
(la) rubeola	**Röteln**
(la) viruela	**(die) Pocken**
La viruela deja cicatrices profundas en la piel.	Die Pocken hinterlassen auf der Haut tiefe Narben.
vacuna de la viruela	Pocken(schutz)impfung
(la) varicela	(die) **Windpocken**
hernia *f.*	**Bruch; Hernie** *(z.B. Bauchfell)*
quebrarse (e>ie) / **herniarse**	**sich einen Bruch zuziehen**
un apéndice perforado	**ein geplatzter Blinddarm**
sangre *f.* – **sanguíneo**	**Blut – Blut-**
tensión (sanguínea) / presión alta	hoher Blutdruck
tensión / presión baja	niedriger Blutdruck
intoxicación de la sangre / septicemia	Blutvergiftung
Los furúnculos grandes pueden provocar una septicemia.	Große Furunkel können zu einer Blutvergiftung führen.
intoxicación *f.* **alimenticia**	**Lebensmittelvergiftung**
empacho *m.*	**Verdauungsstörung; Übersättigung**
estómago *m.*	**Magen**
problemas de estómago	Magenbeschwerden
digestión *f.*	**Verdauung**
problemas **digestivos**	**Verdauungsstörungen**
indigestión *f.*	**Magenüberlastung; Übersättigung**
estreñirse (– estriño – estreñí, estriñó – estreñido)	**verstopfen**
estreñimiento *m.*	**Verstopfung**
diarrea *f.*	**Durchfall**
disentería *f.*	(die) **Ruhr**
úlcera *f.* **(de estómago)**	**(Magen-)Geschwür**
cólico *m.*	**Kolik**
cólico nefrítico	Nierenkolik
cálculo *m.* **biliar** / **renal**	**Gallen-** / **Nierenstein**
ictericia *f.*	**Gelbsucht**
tumor *m.*	**Tumor; Geschwulst**
un tumor benigno / maligno	eine gutartige / bösartige Geschwulst
cáncer *m.*	**Krebs**
cáncer de estómago / pulmón / pecho	Magen- / Lungen- / Brustkrebs
Murió de cáncer.	Er / Sie starb an Krebs.
SIDA *m.*	**Aids**
Para curar el SIDA no existe ningún medicamento ni ninguna vacuna.	Für Aids gibt es kein Heilmittel und keinen Impfstoff.
Una persona puede ser unos cinco años portadora del SIDA antes de que la enfermedad se desarrolle.	Man kann etwa fünf Jahre lang HIV-positiv sein, bevor die Krankheit AIDS ausbricht.

Die Endung *-itis* f. sg. / pl. bedeutet *inflamación* (= -entzündung)
apendicitis (= Blinddarmentzündung) • *peritonitis* (= Bauchfellentzündung) • *bronquitis* (= Bronchitis) • *gastritis* (= Magenschleimhautentzündung) • *laringitis* (= Kehlkopfentzündung) • *meningitis* (= Hirnhautentzündung) • *neuritis* (= Nervenentzündung) • *flebitis* (= Venenentzündung) • *amigdalitis* (= Mandelentzündung) • *hepatitis* (= Leberentzündung) • *conjuntivitis* (= Bindehautentzündung) • *sinusitis* (= Nebenhöhlenentzündung) • *sinovitis del codo* (= Tennisarm / Tennisellbogen) • *otitis* (= Ohrenentzündung)

calambre *m.*	**Krampf**
Me ha dado un calambre en la pierna.	Ich habe einen Krampf im Bein.
gota *f.*	**Gicht**
reuma(tismo) *m.*	**Rheuma(tismus)**
variz *f.*	**Krampfader**
Las varices son venas de las piernas que están hinchadas.	Krampfadern sind geschwollene Venen in den Beinen.
ciática *f.*	**Ischias**
lumbago *m.*	**Hexenschuss**
Un quiropráctico es el que mejor trata el lumbago.	Hexenschuss wird am besten von einem Chiropraktiker behandelt.
alergia *f.* – **alérgico** / **-a**	**Allergie – allergisch; Allergiker(in)**
Es alérgica a los gatos.	Sie ist gegen Katzen allergisch.
Tengo alergia.	Ich habe Heuschnupfen.
erupción *f.* **cutánea** / **sarpullido** *m.*	**Hautausschlag**
grano *m.*	**Pickel**
salir un grano	einen Pickel bekommen
picor *m.* / **picazón** *f.*	**Jucken; Juckreiz**
hincharse – **hinchazón** *f.*	**anschwellen – Schwellung**
cardenal *m.*	**blauer Fleck**
hematoma *m.*	**Bluterguss; Hämatom**
Tenía algunos hematomas de consideración.	Er / Sie hatte ein paar schlimme Hämatome.
padrastro *m.*	**Niednagel**
callo *m.*	**Hühnerauge**
juanete *m.*	**Überbein**
hongo *m.* **del pie**	**Fußpllz**
pus *m.*	**Eiter**
supurar	**eitern**
La herida supura.	Die Wunde eitert.
almorranas *f.* / **hemorroldes** *f.*	**Hämorriden**
una pomada /crema para las almorranas	eine Salbe für Hämorriden
insomnio *m.* – **insomne**	**Schlaflosigkeit – schlaflos**

2 Accidentes y lesiones

Unfälle und Verletzungen

→ 4.6 En el hospital

Se buscó a Cambaral y fue encontrado sobre cubierta, en un charco de sangre, con heridas en la cabeza y en todo el cuerpo, que le habían privado del sentido. (*El puente del beso. Leyenda española*)

accidente *m.*	**Unfall; Unglück**
si ocurre / hay un accidente	wenn es zu einem Unfall kommt
Hubo un accidente en la Puerta del Sol.	An der Puerta del Sol war ein Unfall.
Quiero dar parte de un accidente.	Ich möchte einen Unfall melden.
chocar (c>que) / **colisionar**	**zusammenstoßen**
Un taxi ha chocado con un autobús.	Ein Taxi ist mit einem Bus zusammengestoßen.
El ladrón chocó con el coche contra una pared.	Der Dieb fuhr mit dem Auto gegen eine Mauer.
choque *m.* / **colisión** *f.*	**Zusammenstoß**
Seis personas murieron en la colisión.	Bei dem Zusammenstoß kamen sechs Menschen ums Leben.
un choque frontal	ein Frontalzusammenstoß
estrellarse contra	(Auto) **prallen gegen**
El coche se estrelló contra una pared.	Das Auto prallte gegen eine Mauer.
atropellar / **pillar** / *Esp* **coger** (g>ja, jo)	**überfahren; anfahren**
ileso	**unverletzt**
herir (– hiero – herí, hirió – herido)	**verletzen**
herida *f.*	**Verletzung**
Resultó herida en el incendio.	Sie wurde bei dem Brand verletzt.
Fue gravemente herido.	Er wurde schwer verletzt.
Sufrió heridas en la cabeza.	Er / Sie erlitt Kopfverletzungen.
víctima *f.* – **herido** / **-a**	(Unfall-)**Opfer** – **Verletzte(r)**
hacerse (– hago – hice, hizo – hecho) **daño** / **lastimarse**	**sich verletzen**
lesionarse – **lesión** *f.*	**sich verletzen** – **Verletzung**
El futbolista se lesionó.	Der Fußballspieler verletzte sich.
romperse (– rompo – rompí – roto) / **fracturarse algo**	**sich etwas brechen**
Se ha roto / fracturado una pierna.	Er / Sie hat sich ein Bein gebrochen.
fractura *f.*	**(Knochen-)Bruch; Fraktur**
conmoción *f.* **cerebral**	**Gehirnerschütterung**
Lo llevaron al hospital con una conmoción cerebral.	Er wurde mit einer Gehirnerschütterung ins Krankenhaus gebracht.
sentido *m.*	**Bewusstsein**
perder el sentido	ohnmächtig werden
quemarse – **quemadura** *f.*	**sich verbrennen** – **Verbrennung**
Sufrió quemaduras de segundo grado.	Er erlitt Verbrennungen 2. Grades.

asfixiarse – **asfixia** *f.*	**ersticken** – **Ersticken**
Seis personas murieron de asfixia / asfixiadas.	Sechs Menschen erstickten.
dislocarse (c>que)	**ausrenken; auskugeln; verrenken**
Se ha dislocado el hombro.	Er / Sie kugelte sich das Schultergelenk aus.
torcerse (o>ue, c>za, zo)	**verdrehen; verstauchen; vertreten**
Me he torcido la muñeca.	Ich habe mir das Handgelenk verstaucht.
Se ha torcido el pie.	Er / Sie hat sich den Fuß vertreten / verstaucht.
tirón *m.*	*(z.B. Muskel-)***Zerrung**
Le dio un tirón en la espalda cuando jugaba al squash.	Er / Sie hat sich beim Squashspielen eine Rückenzerrung zugezogen.
distenderse (e>ie) – **distensión** *f.*	**zerren** – **Zerrung**
contusión *f.*	**Prellung**
cortarse – **corte** *m.*	**sich schneiden** – **Schnittwunde**
roce *m.* / **rozadura** *f.*	**Schürfwunde**
picar (c>que) – **picadura** *f.*	**stechen** – **Stich**
Le picó una avispa.	Er / Sie wurde von einer Wespe gestochen.
sangrar – **ensangrentado**	**bluten** – **blutig; blutbefleckt**
El hombre sangraba mucho.	Der Mann blutete stark.
vendar – **venda** *f.*	**verbinden** – **Verband**
esparadrapo *m.* – **tirita** *f.*	**Leukoplast™– (Heft-)Pflaster**
Dame una tirita, rápido.	Gib mir schnell mal ein Pflaster.
shock *m.*	**Schock**
Por lo visto había sufrido un shock.	Er / Sie stand offensichtlich unter Schock.
congelación *f.*	**Unterkühlung**
Los dos supervivientes tenían síntomas de congelación.	Die beiden Überlebenden litten an Unterkühlung.
congelarse / **morir de frío**	**erfrieren; an Unterkühlung sterben**
prestar los primeros auxilios	**erste Hilfe leisten**
reanimar	**wiederbeleben**
respiración *f.* **boca a boca**	**Mund-zu-Mund-Beatmung**
tratar / **asistir** / **atender** (e>ie)	(ärztlich) **behandeln**
Las víctimas fueron atendidas en el lugar del accidente.	Die Opfer wurden an der Unfallstelle ärztlich versorgt.
¿Qué médico te trata?	Bei welchem Arzt bist du?
ambulancia *f.*	**Krankenwagen**
llamar una ambulancia	einen Krankenwagen rufen
camilla *f.*	**Tragbahre**
llevar	**bringen**
Los llevaron al hospital.	Sie wurden ins Krankenhaus gebracht.
emergencia *f.* / **urgencia** *f.*	**Notfall**
(**servicio** *m.* **de**) **urgencias**	**Notaufnahme**
estado *m.*	**Zustand; Verfassung**
Su estado es todavía crítico.	Sein / Ihr Zustand ist immer noch kritisch.

Minusvalidez y deficiencias
Behinderungen

En el reino de los ciegos el tuerto es rey. (*Refrán*)

minusvalidez *f.* – **minusválido** / **-a**	**körperliche Behinderung – behindert; Behinderte(r)**
adecuar los edificios para los minusválidos	Gebäude behindertengerecht einrichten
invalidez *f.* – **inválido** / **-a**	**Invalidität – invalide / körperbehindert; Invalide**
Su invalidez le impide trabajar.	Wegen seiner / ihrer Invalidität kann er / sie nicht arbeiten.
Un accidente de caballo lo dejó inválido.	Ein Reitunfall machte ihn zum Invaliden.
incapacidad *f.* – **incapacitado** / **-a**	**Unfähigkeit – arbeitsunfähig / behindert; Behinderte(r)**
incapacidad laboral	Arbeitsunfähigkeit
disminuido / **-a**	**behindert; Behinderte(r)**
los disminuidos / los incapacitados	die Behinderten
internar a un disminuido en un sanatorio	einen Behinderten in eine Klinik einweisen
impedido / **-a**	**körperbehindert; Körperbehinderte(r)**
deficiencia *f.* / **retraso** *m.* **mental**	**geistige Behinderung**
deficiente / **retrasado** / **-a mental**	**geistig behindert / zurückgeblieben; geistig Behinderte(r)**
Ella es deficiente.	Sie ist geistig behindert.

In „politisch korrekter" Sprache wird „behindert" mitunter durch *discapacitado* ausgedrückt: *discapacitado físico* (körperlich behindert), *discapacitado psíquico* (geistig behindert).

problema *m.* / **trastorno** *m.*	(Funktions-)**Störung**
niños con problemas de aprendizaje	lernbehinderte Kinder
Tiene problemas con la vista.	Seine / Ihre Sehkraft ist eingeschränkt.
defecto *m.*	**Fehler**
defecto de nacimiento	Geburtsfehler
defecto físico	körperliche Behinderung
defecto a la hora de hablar	Sprachfehler
sordo / **-a**	**taub; Taube(r)**
Es sorda de un oído.	Sie ist auf einem Ohr taub.
Se ha quedado sordo.	Er ist taub geworden.
duro de oído	**schwerhörig**
mudo / **-a**	**stumm; Stumme(r)**
un joven **sordomudo**	ein junger **Taubstummer**
Es sordomuda de nacimiento.	Sie ist von Geburt an taubstumm.
ciego / **-a**	**blind; Blinde(r)**
Muchos ciegos trabajan en La ONCE.	Viele Blinden arbeiten bei La ONCE.
tuerto / **-a**	**einäugig; Einäugige(r)**

La ONCE / Organización Nacional de Ciegos Españoles wacht über das Wohlfinden der spanischen Blinden. Durch den Verkauf von Losen *(= cupones)* schaffen sie Schulen, Ausbildungsmöglichkeiten und Arbeitsplätze für Blinde.

mutilado	**verstümmelt; versehrt**
un mutilado de guerra	Kriegsversehrter
manco / **-a**	**einarmig / -händig; Einarmige(r)**
Cervantes era manco.	Cervantes war einarmig.
cojear – **cojo** / **-a**	**hinken – hinkend; Hinkende(r) / Lahme(r)**
lisiado / **-a** / **tullido** / **-a**	**Krüppel; verkrüppelt**
parálisis *f. sg. / pl.* – **paralítico** / **-a**	**Lähmung / Paralyse – Gelähmte(r) / Paralytiker(in)**
(la) polio / **poliomielitis** *sg. / pl.*	**Kinderlähmung; Polio**
De pequeño tuvo la polio y se quedó paralítico.	Er hatte als Kind Polio und blieb gelähmt.
muleta *f.*	**Krücke**
silla *f.* **de ruedas**	**Rollstuhl**
Está confinado en una silla de ruedas.	Er ist an den Rollstuhl gefesselt.
controlar – **control** *m.*	**kontrollieren – Kontrolle**
No puede controlar los músculos de los brazos y el cuello.	Er / Sie kann seine / ihre Arm- und Nackenmuskeln nicht kontrollieren.
hereditario	**erblich; Erb-**
una enfermedad hereditaria	eine Erbkrankheit

Algunos defectos físicos y psíquicos **(= Behinderungen)**
ceguera f. (= Blindheit) • *fisura* f. *del paladar* (= Gaumenspalte) • *zambo / -a* (= Klumpfuß / X-Beinige /-r) • *sordera* f. (= Taubheit) • *sordomudez* f. (= Taubstummheit) • *síndrome* m. *de Down / mongolismo* m. (= Down-Syndrom / Mongolismus) • *dislexia* f. (= Legasthenie) • *epilepsia* f. (= Epilepsie) • *joroba* f. (= Buckel) • *deficiencia* f. *mental* (= Schwachsinn) • *parálisis* f. (= Lähmung / Paralyse) • *paraplejia* f. (= doppelseitige Lähmung) • *demencia* f. *senil* (= senile Demenz) • *columna* f. *bífida* (= offene Wirbelsäule) • *tartamudeo* m. (= Stottern)

Dichos y expresiones con defectos físicos **(= Ausdrücke mit körperlichen Behinderungen)**
cojear del mismo pie (= mit demselben Fehler behaftet sein) • *Sé de qué pie cojea.* (= Ich weiß, was bei ihm faul ist.) • *andar a la pata coja* (= auf einem Bein hüpfen) • *No hay peor sordo que el que no quiere oír.* (= Eigensinn ist taub.) • *hacerse el sordo* (= nicht hören wollen) • *sordo como una tapia* (= stocktaub) • *ponerse ciego* (= viel essen oder trinken) • *jugar a la gallinita ciega* (= blinde Kuh spielen) • *En el reino de los ciegos, el tuerto es rey.* (= Unter Blinden ist der Einäugige König.)

4 En el médico
Beim Arzt

→ 4.1 Enfermedades y síntomas, 4.6 En el hospital, 16.3 Medicina

La medicina es el arte de acompañar con palabras griegas al sepulcro.
(*Enrique Jardiel Poncela, dramaturgo español, 1901–1952*)

Médico ist das allgemeine Wort für Arzt / Ärztin; die Anredeform ist aber *doctor / doctora (Gracias, doctora.)*. Die weibliche Form *médica* ist verhältnismäßig neu. Für Frauen wird meistens noch *médico* benutzt.

médico *m. / f.* **de medicina general**	**Arzt / Ärztin für Allgemeinmedizin**
médico de cabecera / de familia	**Hausarzt / -ärztin**
Ella es mi médico de cabecera.	Sie ist meine Hausärztin.
médico particular / de pago	**Privatarzt**
la Seguridad Social	**die gesetzliche Krankenversicherung**
Todos los españoles están en la Seguridad Social.	Alle Spanier sind bei der *Seguridad Social.*
médico de la Seguridad Social	Arzt / Ärztin der gesetzlichen Krankenversicherung

Algunos especialistas **(= Einige Fachärzte)**
otorrinolaringólogo / -a (= Hals-Nasen-Ohren-Arzt / -Ärztin) • *ginecólogo / -a* (= Frauenarzt / -ärztin) • *oftalmólogo / -a / oculista* (= Augenarzt / -ärztin) • *ortopeda* (= Orthopäde / Orthopädin) • *pediatra* (= Kinderarzt / -ärztin) • *psiquiatra* (= Psychiater / -in) • *psicoterapeuta* (= Psychotherapeut / -in) • *cirujano / -a* (= Chirurg / -in) • *dermatólogo / -a* (= Hautarzt / -ärztin) • *internista* (= Internist / -in) • *cardiólogo / -a* (= Kardiologe / Kardiologin)

consulta *f.*	**Arztpraxis; Sprechzimmer; Sprechstunde**
Los miércoles no hay consulta.	Mittwochs ist keine Sprechstunde.
consultorio *m.*	**Arztpraxis; Sprechzimmer**
ambulatorio *m.*	**Fürsorgestelle; ärztliche Beratungs- und Behandlungsstelle**

In Spanien gibt es in jeder Stadt mehrere *ambulatorios,* in denen einer oder mehrere praktische Ärzte von la *Seguridad Social* arbeiten. Normalerweise dürfen die Patienten nur zu einem bestimmten *ambulatorio* gehen. Dort werden sie von einem Arzt oder einer Ärztin untersucht und bekommen Rezepte oder Krankenscheine, um einen Facharzt zu besuchen.

sala *f.* **de espera**	**Wartezimmer**
enfermero / -a / ayudante *m. / f.*	**Sprechstundenhilfe**
cita *f.* **/ hora** *f.* **/ número** *m.*	**Termin**
¿Ha pedido usted hora / número?	Haben Sie einen Termin?
paciente *m. / f.*	**Patient(in)**

enfermo / **-a**	**krank; Kranke(r)**
¿Está usted enfermo?	Sind Sie krank?
enfermizo	**kränklich**
ficha *f.* **médica**	**Patientenkarte**
tarjeta *f.* **de la Seguridad Social**	**Krankenversicherungskarte**
recetar – **receta** *f.*	**ein Rezept verordnen / verschreiben – Rezept**
sólo con receta	nur auf Rezept erhältlich
certificado *m.*	**Bescheinigung**
un certificado médico	ein ärztliches Attest
volante *m.* **(de asistencia médica)**	**Krankenschein**
dar de baja / **de alta**	**krank / gesund schreiben**
Me dieron de baja.	Ich wurde krank geschrieben.
visita *f.* **a casa** / **a domicilio**	**Hausbesuch**
reconocer (c>zc) / **examinar**	**untersuchen**
Por favor, tiéndase aquí para que pueda reconocerlo.	Legen Sie sich doch bitte hier hin, damit ich Sie untersuchen kann.
reconocimiento *m.* / **chequeo** *m.*	(ärztliche) **Untersuchung**
desnudarse	**sich ausziehen**
Por favor, desnúdese completamente.	Würden Sie sich bitte ganz ausziehen.
vestirse (– visto – vestí, vistió – vestido)	**sich anziehen**
Ya se puede volver a vestir.	Sie können sich jetzt wieder anziehen.
¿Qué le **pasa** a usted?	Was **fehlt** Ihnen?
molestias *f.* / **problemas** *m.*	**Beschwerden; Leiden**
Tengo molestias / problemas de estómago.	Ich habe Magenbeschwerden.
¿Tiene molestias al orinar?	Haben Sie Schwierigkeiten beim Wasserlassen?
molestar	**weh tun; stören**
Me molesta la espalda.	Mein Rücken macht mir zu schaffen.
débil – **fuerte**	**schwach – stark**
Me encuentro muy débil.	Ich fühle mich sehr schwach.
doler (o>ue)	**weh tun**
Me duele la mano.	Mir tut die Hand weh.
doloroso – **dolorido**	**schmerzhaft – schmerzend**
músculos doloridos	schmerzende Muskeln
dolor *m.*	**Schmerz(en)**
un dolor sordo / fino / agudo / punzante	ein dumpfer / heftiger / brennender / stechender Schmerz
¿Desde cuándo tiene ese dolor?	Wie lange haben Sie diese Schmerzen schon?
tener (– tengo, tiene – tuve – tenido) **dolor de**	**Schmerzen haben**
Tengo dolor de espalda.	Ich habe Rückenschmerzen.

Dolor (Einzahl!) ist das allgemeine Wort für Schmerzen:
el dolor causado por una úlcera (= die Schmerzen, die durch ein

Magengeschwür verursacht werden) • *dolor de barriga / de oído / de garganta / de cabeza / de muelas* (= Bauchschmerzen / Ohrenschmerzen / Halsschmerzen / Kopfschmerzen / Zahnschmerzen)

(sobre)peso *m.*	**(Über-)Gewicht**
engordar – adelgazar (z>ce)	**zunehmen – abnehmen**
He engordado / adelgazado.	Ich habe zugenommen / abgenommen.
apetito *m.* / **ganas** *f. pl.* **de comer**	**Appetit**
¿Tiene usted apetito?	Wie ist es mit Ihrem Appetit?
vomitar	**sich übergeben**
Anoche vomité tres veces.	Ich habe mich vorige Nacht dreimal übergeben.
período *m.* / **regla** *f.* / **menstruación** *f.*	**Periode; Monatsblutung; Menstruation**
¿Son sus períodos regulares?	Bekommen Sie Ihre Regel pünktlich?
intestinos *m. pl.* / **tripas** *f. pl.*	**Eingeweide; Gedärm**
obrar	**Stuhlgang haben**
¿Obra usted con regularidad?	Haben Sie regelmäßig Stuhlgang?

Bei Dingen, die zum Körper des Menschen gehören, steht in der Regel kein Possessivpronomen (besitzanzeigendes Fürwort):
Me duele ***el*** *pecho.* (= Ich habe Schmerzen in der Brust.)
Tiene problemas con ***las*** *piernas.* (= Sie hat Probleme mit den Beinen.)

respirar	**atmen**
Respire por la nariz / la boca.	Atmen Sie durch die Nase / den Mund.
Respire profundamente.	Holen Sie tief Luft.
respiración *f.*	**Atem**
Me quedo con facilidad sin respiración.	Ich gerate schnell außer Atem.
Contenga un momento la respiración.	Halten Sie einen Moment den Atem an.
fiebre *f.*	**Fieber**
¿Tiene fiebre?	Hat er / sie Fieber? / Haben Sie Fieber?
temperatura *f.*	**Temperatur**
¿Qué temperatura tiene usted?	Was für eine Temperatur haben Sie?
presión *f.* / **tensión** *f.* **arterial** / **sanguínea**	**Blutdruck**
La enfermera le tomará la tensión.	Die Schwester wird Ihren Blutdruck messen.
análisis *m. sg. / pl.* **de sangre**	**Blutuntersuchung**
radiografía *f.*	**Röntgenaufnahme**
Le haremos una radiografía para estar más seguros.	Wir werden sicherheitshalber röntgen.
electrocardiograma *m.*	**EKG** (= Elektrokardiogramm)
ecografía *f.*	**Ultraschalluntersuchung / -aufnahme**
inyección *f.*	**Injektion; Spritze**
El médico le puso una inyección.	Der Arzt gab ihm / ihr eine Spritze.

vacunar – **vacuna** *f.*	**impfen – Impfung**
tratamiento *m.*	**ärztliche Behandlung**
curar / **sanar**	**heilen**
cura *f.*	**Heilverfahren; Genesung; Kur**
mejorar – **mejoría** *f.*	**besser gehen – Besserung**
recaer – **recaída** *f.*	**einen Rückfall haben – Rückfall**
restablecimiento *m.*	**Wiederherstellung**
convalecencia *f.*	**Genesung**
medicina *f.* / **medicamento** *m.*	**Medizin; Medikament; Arzneimittel**
No te olvides de tomar los medicamentos.	Vergiss nicht, deine Medikamente einzunehmen.
¿Toma algún tipo de medicina?	Nehmen Sie irgendwelche Medikamente ein?
medicación *f.*	**Medikamente; Verordnung**
calmante *m.*	**Schmerzmittel**
píldora *f.*	**Pille**
Toma la píldora desde hace años.	Sie nimmt seit Jahren die Pille.
pastilla *f.*	**Tablette**
remedio *m.*	**(Heil-)Mittel**
No hay ningún remedio para el resfriado.	Es gibt kein Mittel gegen Erkältungen.
pomada *f.* / **crema** *f.*	**Salbe**
Hay que ponerse la pomada dos veces al día.	Die Salbe ist zweimal täglich aufzutragen.

"¿Y para esto llama usted al médico de cabecera? ¡Si sólo tiene un poco de fiebre!"

En el dentista
Beim Zahnarzt

A caballo regalado no le mires el diente. (*Refrán*)

dentista *m.* / *f.* / **odontólogo** / **-a**	**Zahnarzt** / **Zahnärztin**
mecánico *m.* / *f.* **dentista**	**Zahntechniker(in)**
clínica *f.* **dental**	**Zahnklinik**
tratamiento *m.* **odontológico** / **dental**	**Zahnbehandlung**
dolor *m.* **de muelas**	**Zahnschmerzen**
Tengo dolor de muelas.	Ich habe Zahnschmerzen.
sensible	**empfindlich**
Este diente es sensible al frío.	Dieser Zahn ist kälteempfindlich.
doler (o>ue)	**weh tun**
Sólo me duele el diente cuando muerdo con él.	Der Zahn tut nur weh, wenn ich auf ihn beiße.
Esto no le va a doler.	Das tut jetzt nicht weh.
lengua *f.*	**Zunge**
¿Siente usted el dolor cuando toca el diente con la lengua?	Spüren Sie den Schmerz, wenn Sie den Zahn mit der Zunge berühren?
encía *f.*	**Zahnfleisch**
Me sangra la encía cuando me lavo los dientes.	Mein Zahnfleisch blutet, wenn ich mir die Zähne putze.
Sólo sentirá un pequeño pinchazo en la encía.	Sie werden nur einen leichten Stich im Zahnfleisch spüren.
moverse (o>ue)	**wackeln**
El diente se mueve.	Der Zahn wackelt.
mandíbula *f.* **inferior** / **superior**	**Unter-** / **Oberkiefer**
echarse hacia atrás / **reclinarse**	**sich zurücklehnen**
Échese hacia atrás, por favor.	Lehnen Sie sich bitte zurück.
enjuagarse (g>gue) – **enjuague** *m.*	**spülen** – **Spülung**
Enjuáguese bien la boca, por favor.	Bitte gründlich (aus)spülen.
diente *m.*	**Zahn**
diente de leche	**Milchzahn**
desvitalizar un diente	eine **Wurzelbehandlung** durchführen
muela *f.*	**Backenzahn**
sacar / extraer una muela	einen Backenzahn ziehen
Me han sacado una **muela del juicio**.	Mir ist ein **Weisheitszahn** gezogen worden.
empastar – **empaste** *m.*	**füllen** / **plombieren** – **Füllung** / **Plombe** / **Inlay**
Hay que empastar este diente.	Dieser Zahn muss plombiert werden.
Hay que cambiar este empaste.	Diese Füllung muss ersetzt werden.
un empaste provisional	eine provisorische Füllung
empaste cerámico / de oro	Keramik- / Goldfüllung
picadura *f.* / **caries** *f. sg.* / *pl.*	**Verfall**; **Zerfall**; **Karies**
picarse (c>que)	**verfallen**

Tengo que perforar un poco más para quitar lo picado.	Ich muss noch etwas bohren um die Karies zu entfernen.
Tengo una muela picada.	Ich habe ein Loch in einem Backenzahn.
corona *f.*	**Krone**
poner una corona a una muela	einen Zahn mit einer Krone versehen
funda *f.*	**Facette**
puente *m.*	**Brücke**
poner un puente	eine Brücke anbringen
implante *m.*	**Implantat**
dentadura *f.*	**Gebiss**
dentadura postiza	künstliches Gebiss; Zahnersatz; dritte Zähne
prótesis *f. sg. / pl.* **dental**	**Zahnprothese**
ortodoncia *f.*	**Zahnregulierung**
raíz *f.*	**Wurzel**
tratamiento de la raíz / de los raigones	Wurzelbehandlung
molde *m.*	**Abdruck**
hacer un molde para un empaste	einen Abdruck für ein Inlay machen
inyección *f.*	**Injektion**; **Spritze**
¿Me puede poner una inyección?	Können Sie mir eine Spritze geben?
sarro *m.*	**Zahnstein**; **Zahnbelag**
Tiene mucho sarro.	Sie haben viel Zahnstein.
paradentosis *f.*	**Paradontose**
Use **hilo dental** para quitar el sarro de entre los dientes.	Benutzen Sie **Zahnseide** um den Belag zwischen den Zähnen zu entfernen.
ducha *f.* **bucal**	**Munddusche**

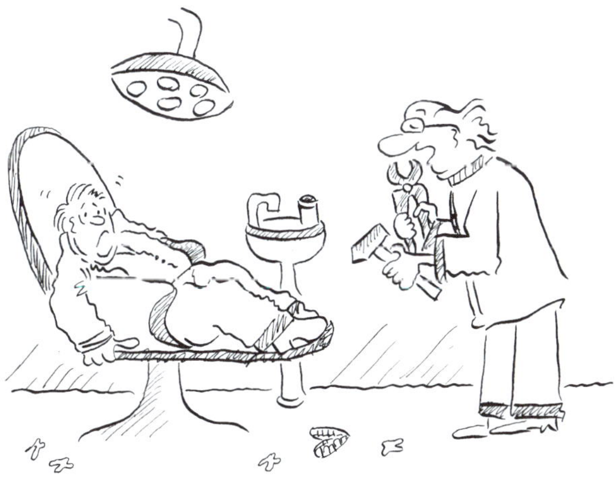

"¿Está usted seguro de que no quiere anestesia?"

En el hospital
Im Krankenhaus

→ 4.2 Accidentes y lesiones

Cuando un médico ignora lo que tiene un enfermo, pide la ayuda de un compañero y cobra el doble. Y es que la ignorancia se ha de pagar más cara. (*Miguel de Cervantes Saavedra, escritor español, 1547–1616*)

hospital *m.*	**Krankenhaus; Hospital**
clínica *f.*	**Klinik**
clínica particular / privada	Privatklinik
centro *m.* **hospitalario** / **médico**	**Klinikum**
hospitalización *f.*	**Einweisung ins Krankenhaus**
operar sin necesidad de hospitalización	chirurgische Ambulanz
hospitalizar (z>ce) / **ingresar**	**einweisen**
Estuvo varias semanas hospitalizada.	Sie war wochenlang im Krankenhaus.
el **alta** → 1.13 *el* alma *f.*	**Entlassungsschein**
dar el alta / de alta	entlassen
paciente *m.* / *f.*	**Patient(in)**
paciente externo	ambulante(r) Patient(in)
paciente hospitalizado	stationär behandelte(r) Patient(in)
médico *m.* / *f.*	**Arzt** / **Ärztin; ärztlich**
el médico de guardia	der / die diensthabende Arzt / Ärztin
el médico que te trata	der / die behandelnde Arzt / Ärztin
MIR (Médicos Internos Residentes)	Assistenzärzte
médico jefe de un hospital	Chefarzt / -ärztin
médico jefe de un servicio clínico	Oberarzt / -ärztin
especialista *m.* / *f.*	**Facharzt**
reconocimiento *m.* **médico**	**ärztliche Untersuchung**
someterse a un reconocimiento médico	sich einer ärztlichen Untersuchung unterziehen
historial *m.* **médico**	**Krankengeschichte**
visita *f.* **médica**	**Visite**
servicio *m.* **clínico**	(Krankenhaus) **Station**
servicio de maternidad	Entbindungsstation
servicio de medicina interna	innere Station / Medizin
servicio de cirugía	die chirurgische Station / Chirurgie
médico de un servicio clínico	Stationsarzt / -ärztin
enfermera de un servicio clínico	Stationsschwester
enfermero / **-a**	**(Kranken-)Pfleger** / **Schwester**
enfermera en prácticas	Schwesternschülerin
enfermera jefe	Oberschwester
auxiliar *m.* / *f.*	**Pfleger(in)**
servicio *m.* **de urgencias**	**Notaufnahme**
Lo llevaron a urgencias.	Er wurde in die Notaufnahme gebracht.
traumatismo *m.*	**Wundverletzung; Trauma**
casa *f.* **de socorro**	**Unfallstation**

operación *f.* / **intervención** *f.* **quirúrgica**	**Operation**
someterse a una operación	sich einer Operation unterziehen
operar a alguien	**jemand operieren**

Im Spanischen wird oft die dritte Person Mehrzahl benutzt, um das Passiv auszudrücken:
Me operaron de apendicitis. (= Ich wurde am Blinddarm operiert.)
„Lassen" im Sinne von„veranlassen" wird nie mit *dejar* übersetzt:
Me tuve que operar. (= Ich musste mich operieren lassen.)

operable – **inoperable**	**operabel** – **inoperabel**
un tumor de cerebro inoperable	ein nicht operierbarer Gehirntumor
quirófano *m.*	**Operationssaal**
enfermera de quirófano	Operationsschwester
mesa *f.* **de operaciones**	**Operationstisch**
cirujano / **-a** – **cirugía** *f.*	**Chirurg(in)** – **Chirurgie**
bisturí *m.*	**Skalpell**
rajar / **abrir** (– abro – abrí – abierto)	**aufschneiden**
coser – **punto** *m.*	**nähen; Stich**
Me han dado cuatro puntos.	Sie haben mich mit vier Stichen genäht.
Me han quitado los puntos.	Mir wurden die Fäden gezogen.
cicatriz *f.* – **cesárea** *f.*	**Narbe** – **Kaiserschnitt**
A Carmen le hicieron la cesárea.	Carmen hatte einen Kaiserschnitt.
vasectomía *f.*	**teilweise Entfernung des Samenleiters**
implante *m.*	**Implantation**
trasplante *m.* **de órganos**	**Organtransplantation**
extirpar – **extirpación** *f.*	**entfernen** – **Entfernung; Wegnahme**
Le han extirpado un tumor.	Sie haben ihm / ihr einen Tumor entfernt.
amputar – **amputación** *f.*	(ein Glied) **abnehmen; amputieren** – **Abnahme** (eines Gliedes); **Amputation**
anestesista *m.* / *f.*	**Anästhesist(in); Narkosearzt / -ärztin**
anestesia *f.*	**Narkose; Betäubung; Anästhesie**
anestesia general	Vollnarkose
anestesia local	örtliche Betäubung
anestésico *m.*	**Anästhetikum; Narkosemittel**
sala *f.* **de restablecimiento**	**Wachraum; Wachstation**
unidad *f.* **de cuidados intensivos (UCI)** / **de vigilancia intensiva (UVI)**	**Intensivstation**
Está ahora en cuidados intensivos / en la UVI.	Er / Sie liegt jetzt „auf Intensiv".
suero *m.*	**Tropf; Infusion(sapparat)**
Todavía le están suministrando suero.	Er / Sie hängt immer noch am Tropf.
paciente *m.* / *f.* **terminal** / **incurable**	**unheilbar Kranke(r)**
sala de enfermos terminales	Sterbestation
moribundo / **-a**	**Sterbende(r)**

Vida sana
Gesunde Lebensweise

La salud del cuerpo se fragua en la oficina del estómago.
(*Santiago Rusiñol, pintor y escritor español, 1861–1931*)

salud *f.*	**Gesundheit**
Nadar es bueno para la salud.	Schwimmen ist gesundheitsfördernd.
Fumar perjudica la salud.	Rauchen schadet der Gesundheit.
fanático / -a de la salud	Gesundheitsfanatiker(in) / -apostel
consciente de su salud	gesundheitsbewusst
clínica *f.* **de adelgazamiento**	**Schönheitsfarm**
régimen *m.*	**Diät**; (eine) **Schlankheitskur** (machen)
Muchas personas hacen régimen para perder peso.	Viele Leute machen eine Diät um Gewicht zu verlieren.
dieta *f.*	**Heilprogramm; Diätplan; Kur**
Estoy a dieta porque tengo una úlcera de estómago.	Ich lebe Diät, weil ich ein Magengeschwür habe.
dietética *f.* – **dietético**	**Diätetik; Ernährungswissenschaft – diätetisch; Diät-**
productos dietéticos / de régimen	Reform(haus)kost; Naturkost
tienda de productos dietéticos	Reformhaus; Bioladen; Naturkostladen
la última moda dietética	die neueste Reformkostmode / -masche
vegetariano / -a	**vegetarisch; Vegetarier(in)**
comida *f.* **orgánica**	**Biokost; Bio-Lebensmittel**
cultivo *m.* **ecológico**	**aus ökologischem Anbau**
sin aditivos ni conservantes	**frei von chemischen Zusätzen**
fibra *f.*	**Faser; Ballast(stoff)**
alimentos ricos en fibras y bajos en grasas	Kost, die ballaststoffreich und fettarm ist
Las fibras son importantes para la alimentación, aunque no proporcionen ningún elemento nutritivo.	Ballaststoffe sind für die Ernährung wichtig, obwohl sie keine Nährstoffe liefern.
salvado *m.*	**Haferkleie; Haferbrei**
Se cree que el salvado disminuye el nivel de(l) colesterol.	Von Haferkleie wird angenommen, dass sie den Cholesterinspiegel senkt.
grasas *f.* **no saturadas**	**mehrfach ungesättigte Fettsäuren**
producto *m.* **integral**	**Vollwertkost**
pan *m.* **integral**	**Vollkornbrot**
huevos *m.* **de granja**	**Eier von frei laufenden Hühnern**
infusión *f.* **de hierbas medicinales**	**Kräutertee(s)**
Siempre me tomo una infusión antes de irme a la cama.	Ich trinke immer einen Tee, bevor ich ins Bett gehe.
vitamina(s) *f.*	**Vitamin(e)**
pastillas *f.* **para adelgazar**	**Schlankheitspillen**

balneario *m.*	**Bade(kur)ort; Kurort**
fisioterapia *f.*	**Physiotherapie**
masaje *m.* – **dar** (– doy – di – dado) **masajes**	**Massage** – **massieren**
El masaje me ha sentado muy bien.	Die Massage hat mir enorm gut getan.
sauna *f.* / *CSur m.*	**Sauna**
Esta noche vamos a la sauna.	Wir gehen heute Abend in die Sauna.
baño *m.* **de vapor** – **baño** *m.* **turco**	**Dampfbad** – **türkisches Bad**
baño *m.* **de barro** / **de fango**	**Moorbad**
baño *m.* **de sol**	**Sonnenbaden**
rayos *m. pl.* **ultravioletas**	**Höhensonne**
solárium *m.* / **solario** *m.*	**Bräunungsstudio**
hidromasaje *m.*	**Whirlpool**
deporte *m.*	**Sport**
hacer deporte	Sport treiben
ejercicio *m.*	**Bewegung; Übung**
Necesita hacer más ejercicio.	Sie brauchen mehr Bewegung.
ejercicios para fortalecer los músculos de la espalda	(gymnastische) Übungen zur Stärkung der Rückenmuskulatur
ejercicios de respiración	Atemübungen
bicicleta *f.* **estática**	**Heimtrainer**
moverse (o>ue)	**sich bewegen**
No te mueves lo suficiente.	Du bewegst dich nicht genug.
entrenar – **entrenamiento** *m.*	**trainieren** – **Training**
Una vez a la semana entrenamos en un gimnasio.	Einmal in der Woche machen wir in einer Turnhalle Fitnesstraining.
gimnasia *f.* – **gimnasio** *m.* – **gimnástico**	**Turnen** – **Turnhalle** – **Turn-**
ejercicios gimnásticos	Turnübungen
abdominales *f. pl.*	**Situps**
Todos los días hago treinta abdominales para mantenerme en forma.	Ich mache jeden Tag dreißig Situps, um fit zu bleiben.
aeróbic *m.* / **aerobic** *m.*	**Aerobic**
El aeróbic estimula la actividad del corazón y de los pulmones.	Aerobicübungen regen die Herz- und Lungenaktivität an.
yoga *m.*	**Yoga**
El yoga es bueno para relajar el espíritu y mejorar el estado físico.	Yogaübungen sollen den Geist entspannen und die körperliche Verfassung verbessern.
pasear	**spazieren gehen; wandern**
correr – **hacer** (– hago – hice, hizo – hecho) **footing**	(einen) **Dauerlauf** (machen) – **joggen**
¿Hacemos footing?	Gehen wir joggen?
culturismo *m.*	**muskelkräftigende Übungen; Bodybuilding**
Muchas chicas hacen culturismo.	Viele Mädchen machen Bodybuilding.

El hogar
Die Wohnung

1. Pisos y casas
   Wohnungen und Häuser
2. Mobiliario, accesorios, etc.
   Möbel, Ausstattung etc.
3. Quehaceres domésticos
   Hausarbeiten

Pisos y casas
Wohnungen und Häuser

→ 7.1 Escasez de viviendas, 11.6 Arquitectura, 20.6 Bienes inmuebles

Todos tenemos nuestra casa, que es el hogar privado; y la ciudad, que es el hogar público. (*Enrique Tierno Galván, político y alcalde de Madrid, 1918–1986*)

vivienda *f.*	**Wohnung** *(als kollektiver Begriff)*
el problema de la vivienda	das Wohnungsproblem
escasez de viviendas asequibles	Mangel an erschwinglichem Wohnraum
vivir	**leben; wohnen**
¿Dónde vives?	Wo wohnst du?
piso *m.*	**Stockwerk; Wohnung**
piso de alquiler	Mietswohnung
piso piloto	Musterwohnung
primer / segundo / tercer piso	erster / zweiter / dritter Stock
una casa de siete pisos	ein siebengeschossiges Haus
apartamento *m. / LAm* **departamento** *m.*	**Appartement**; (Etagen-)**Wohnung**
bloque de apartamentos / pisos	Wohnblock

Tipos de pisos / ***apartamentos*** **(= Arten von Wohnungen)**
estudio m. (= Einzimmerwohnung) • *dúplex* m. (= Maisonettewohnung) • *ático* m. (= Penthouse / Dachterrassenwohnung) • *buhardilla* f. (= Dachstube / Mansarde)

Eine Eigentumswohnung ist in Esp *una vivienda / un piso / apartamento en propiedad,* in LAm *un condominio (en copropiedad). Van a transformar los apartamentos de nuestro bloque en viviendas en propiedad.* (= Die Wohnungen in unserem Block / Haus werden in Eigentumswohnungen umgewandelt.)

mi hogar *m.*	**mein Heim / Haus; meine Wohnung**
No pasamos nunca mucho tiempo lejos del hogar.	Wir sind nie lange von zu Hause weg.
domicilio *m.*	**Wohnort / -sitz; Haus; Wohnung**
Primero fueron a su domicilio.	Zuerst gingen sie zu ihm / ihr.
casa *f.*	**Haus**
a casa – en casa	nach Hause – zu Hause
Viven en una casa de dos pisos muy bonita.	Sie wohnen in einem sehr schönen zweistöckigen Haus.
¿Vamos a tu casa?	Gehen wir zu dir?

Construcción de viviendas protegidas ist sozialer Wohnungsbau; *casas protegidas / de protección oficial* sind Mietshäuser mit *pisos protegidos / de protección oficial* (= Sozialwohnungen). *Barrio de viviendas protegidas* ist eine Siedlung mit Sozialwohnungen, *una urbanización de viviendas protegidas* ein Wohnkomplex, der im sozialen Wohnungsbau errichtet wurde.

alojamiento *m.*	**Unterkunft; Quartier**
Después de dos horas encontramos por fin (un) alojamiento.	Nach zwei Stunden fanden wir endlich eine Unterkunft.
asilo *m.*	**Obdach**; (Not-)**Unterkunft**
Los refugiados encontraron provisionalmente asilo en un barco.	Die Flüchtlinge fanden vorübergehend Obdach auf einem Schiff.
residencia *f.*	(Wohn-)**Haus**; **Residenz**
la residencia oficial del presidente del gobierno	der Amtssitz des Regierungschefs
castillo *m.*	**Burg**; **Schloss**

Castilla, alter Plural von *castillo,* war der Name, den die Araber der Grafschaft gaben, die das von den Christen im neunten Jahrhundert wieder eroberte Land umfasste. Sie war als Grenzland zwischen Christen und Arabern durch ihre zahlreichen Festungen und Burgen gekennzeichnet und wurde zum führenden Königreich auf der iberischen Halbinsel.

palacio *m.*	**Palast**
El Palacio Real era la residencia oficial de la familia real española.	Der Palacio Real war die offizielle Residenz der spanischen Königsfamilie.
torre *f.* / **bloque** *m.* **de pisos**	(Wohn-)**Hochhaus**

***Tipos de edificios* (= Arten von Gebäuden)**
choza f. / *cabaña* f. (= [Holz-]Hütte) • *chabola* f. / CAm *bohío* m. / Mex *jacal* m. / Chi *callampa* f. (= Bruchbude / Elendshütte) • *casa* f. *prefabricada* – *adosada* – *de vecinos* – *unifamiliar* (= Fertighaus – Reihenhaus – Mietshaus – Einfamilienhaus) • *bloque* m. *de viviendas* / *casas* (= Häuserblock) • *chalé* m. / *chalet* m. / *bungalow* m. (= Bungalow) • *casita* f. *de campo* / LAm *quinta* f. (= Ferien- / Wochenendhaus) • *pallaza* f. / *barraca* f. (= Haus mit Strohdach) • *granja* f. / LAm *alquería* f. (= Bauernhaus) • *casa solariega* / *casa señorial* / *casona* f. (= Herrenhaus) • *mansión* f. (= Villa) • *bloque* m. *de oficinas* (= Bürohochhaus) • *rascacielos* m. sg. / pl. (= Wolkenkratzer)

tienda *f.* (de campaña) / *LAm* **carpa** *f.*	**Zelt**
caravana *f.* / **remolque** *m.* / *LAm* **tráiler** *m.*	**Wohnwagen**
carromato *m.*	**Wohnwagen** von *gitanos* (= Zigeuner)
casa *f.* **flotante**	**Hausboot**
planta *f.*	(bei Kaufhäusern und großen Gebäuden) **Stock**(werk); **Etage**
La sección de deportes se encuentra en la quinta planta.	Die Sportabteilung befindet sich im fünften Stock.
planta *f.* **baja**	**Erdgeschoss**
desván *m.*	**Dachboden; Speicher**
en el desván	auf dem Dachboden / Speicher
entrada *f* – **pasillo** *m*	**Diele** – **Korridor**

escalera *f.* – **escalón** *m.*	**Treppe(nhaus)** – **Stufe**
en la entrada al pie de las escaleras	in der Diele am unteren Ende der Treppe
hall *m.* **de entrada** / **vestíbulo** *m.*	**Eingangshalle**

Partes de una casa o piso **(= Teile eines Hauses oder einer Wohnung)**
cuarto m. / *habitación* f. / LAm *pieza* f. (= Zimmer / Raum) • *dormitorio* m. / CAm, Mex *recámara* f. (= Schlafzimmer) • *sala* f. *de estar* / *salón* m. / LAm *living* m. (= Wohnzimmer) • *comedor* m. (= Esszimmer) • *cuarto* m. *de huéspedes* (= Gästezimmer) • *despacho* m. / *biblioteca* f. (= Arbeitszimmer) • *(cuarto de) baño* m. (= Badezimmer) • *cocina* f. (= Küche) • *cocina* f. *comedor* (= Wohnküche / Essküche) • *despensa* f. (= Speisekammer) • *vestíbulo* m. / *recibidor* m. (= Vorzimmer / Empfangszimmer / Diele) • *entrada* f. / *zaguán* m. (= Eingang) • *pasillo* m. / *corredor* m. (= Korridor / Gang / Flur) • *sótano* m. / *bodega* f. (= Keller / Untergeschoss / Souterrain) • *descansillo* m. / *rellano* m. (= Treppenhaus / -absatz) • *desván* m. (= Dachboden / Speicher / Mansarde) • *buhardilla* f. (= Dachzimmer) • *habitación* f. *de varios usos* / *polifuncional* (= Mehrzweckraum) • *trascocina* f. (= Nebenraum für Waschmaschine etc.) • *balcón* m. (= Balkon) • *galería* f. (= überdachter Balkon) • *porche* m. / *portal* m. (= Vorbau / Vordach) • *terraza* f. (= Terrasse / Veranda / großer Balkon) • *invernadero* m. (= Wintergarten) • *trastero* m. (= Abstellkammer)

puerta *f.*	**Tür**
Hay alguien en la puerta.	Es ist jemand an der Tür.
puerta de (entrada a la) casa / RPl puerta-calle	Haustür
puerta trasera / falsa / de atrás	Hintertür
puerta giratoria – puerta corrediza	Drehtür – Schiebetür
umbral *m.*	**Türschwelle**
ventana *f.*	**Fenster**
ventana corrediza / corredera	Schiebefenster
ventana de guillotina	Schiebefenster (nach oben)
puertaventana	Verandatür (zweiteilig, aus Glas)
alféizar *m.* / *Andal* **poyo** *m.* / **poyete** *m.*	**Fensterbrett**
macetas en el alféizar	Topfpflanzen auf dem Fensterbrett
contraventanas *f.* / **postigos** *m.*	**Fensterläden**
chimenea *f.*	**Schornstein; offener Kamin**
tejado *m.* – **techo** *m.*	**Dach** – **Dach** / (Zimmer-)**Decke**
Estaba contento de tener un techo sobre la cabeza.	Ich war froh ein Dach über dem Kopf zu haben.
pararrayos *m. sg. / pl.*	**Blitzableiter**
azotea *f.*	**Flachdach; Söller**
ascensor *m.* / *LAm* **elevador** *m.*	**Aufzug; Fahrstuhl; Lift**
patio *m.*	**(Innen-)Hof**
patio trasero / *LAm* **traspatio** *m.*	**Hinterhof**

un patio trasero rodeado de / por un muro	ein von einer Mauer umgebener Hinterhof

Lo que está fuera de la casa **(= Was außerhalb des Hauses ist)**
cobertizo m. / LAm *galpón* m. (= Schuppen) • *leñera* f. (= Holzschuppen) • *granero* m. / *pajar* m. / *troj(e)* f. / EEUU *cuadra* f. (= Scheune) • *cuadra* f. / *caballeriza* f. (= Pferdestall) • *establo* m. (= Stall) • *pocilga* f. (= Schweinestall) • *perrera* f. (= Hundehütte) • *invernadero* m. (= Gewächshaus / Treibhaus) • *pozo* m. *negro* (= Fäkaliengrube) • *piscina* f. / Mex *alberca* f. / CSur *pileta* f. (= Swimmingpool) • *garaje* m. / *cochera* f. (= Garage) • *patio* m. (= Hof) • *valla* f. / *cerca* f. (= Zaun) • *verja* f. (= Gatter; Gartentür) • *portón* m. / *puerta* f. (= Tor)

Modismos:
echar la ***casa*** *por la* ***ventana*** (= Geld verschwenden / das Geld zum Fenster hinauswerfen)
en ***casa*** *del herrero, cuchillo de palo* (= Der Schuster trägt die schlechtesten Schuhe.)
como Pedro por su ***casa*** (= ganz wie zu Hause)
hacer / construir ***castillos*** *en el aire* (= Luftschlösser bauen)
hacer / levantar ***castillos*** *de naipes* (= auf Sand bauen)
Las cosas de ***palacio*** *van despacio.* (= Große Herren haben es nicht eilig.)
darle a alguien con la ***puerta*** *en las narices* (= jemand die Tür vor der Nase zuschlagen)
salir por la ***puerta*** *grande* (= ehrenvoll / ohne Gesichtsverlust abgehen)
tener todas las ***puertas*** *abiertas* (= überall mit offenen Armen aufgenommen werden)
Tú no estás bien de la ***azotea****.* (= Du bist nicht ganz dicht.)
¡Cómo está el ***patio****!* (= Ein schöner Schlamassel!)
Es como buscar una aguja en un ***pajar****.* (= Es ist wie eine Stecknadel im Heuhaufen zu suchen.)

"Por lo visto un apartamento era poco para ella."

Mobiliario, accesorios, etc.

Möbel, Ausstattung usw.

A las cosas, nuestras cosas, les gusta que las quieran; a mi mesa le gusta que yo apoye los codos, a la silla le gusta que me siente en la silla ... mi armario se estremece si lo abro y me asomo ... y la cama se queja cuando yo me levanto. (*Gloria Fuertes, escritora española, 1917 – 1998*)

mueble *m.* – **mobiliario** *m.* — **Möbel**(stück) – **Mobiliar** / **Möbel**

Dem deutschen Wort Möbel entsprechen im Spanischen der Singular *mobiliario* und der Plural *muebles*.
El mobiliario ha sido / fue / era muy caro. (= Die Möbel waren teuer.)
Faltaban varios muebles. (= Mehrere Möbelstücke fehlten.)

amueblar — **möblieren; mit Möbeln ausstatten / einrichten**
una pieza / habitación amueblada — ein möbliertes Zimmer
armario *m.* **(ropero)** / *LAm* **clóset** *m.* / **placar(d)** *m.* — (Kleider-)**Schrank**
armario empotrado — Einbauschrank
armario de cocina — Küchenschrank
salir del armario — ein „Coming out" haben; seine Homosexualität offen bekennen
alacena *f.* — **Wandschrank**; *LAm, Andal* **Speisekammer**
vitrina *f.* — **Vitrine; Glasschrank**

Según se hace uno la cama, así se acuesta. **(= Wie man sich bettet, so liegt man.)**
cama f. (= Bett) • *cama de matrimonio* (= französisches Bett) • *cama doble* (= Doppelbett) • *camas gemelas* (= zwei gleiche Einzelbetten) • *cama plegable* (= Klappbett) • *sofá-cama* m. (= Schlafcouch) • *cuna* f. (= Wiege / Kinderbett) • *colchón* m. (= Matratze) • *almohada* f. (= Kopfkissen) • *cojín* m. / *almohadilla* f. (= kleines Kissen) • *sábana* f. (= Laken) • *manta* f. / LAm *frazada* f. / cobija f. (= Decke) • *edredón* m. (= Federbett / Plumeau) • *sobrecama* f. / *colcha* f. (= Tagesdecke / Überbett)

Traditionell deckt man sich in spanischen und lateinamerikanischen Betten mit *sábanas y mantas* zu, die an drei Seiten unter die Matratze eingesteckt werden *(= se meten)*. Inzwischen wird das Zudecken nach kontinentaler Art, *con un edredón,* immer häufiger. *¿Mantas o edredón?* wird der Gast im Hotel gefragt.

anaquel *m.* / **balda** *f.* / **entrepaño** *m.* — **Schrankbrett; (Regal-)Brett; Bord**
estante *m.* — **Ständer; Bücherbord; Bücherbrett**
estantes desde el suelo hasta el techo — Regale vom Boden bis zur Decke

estantería *f.* – **biblioteca** *f.*	**Bücherregal – Bücherschrank / Bibliothek**
cómoda *f.*	**Kommode**
escritorio *m.*	**Sekretär; Schreibtisch**
aparador *m.* / *LAm* **bufet** *m.*	**Anrichte; Büfett**
carrito *m.* **del café** / **té**	**Kaffee- / Teewagen**

Mesas, etc. **(= Tische usw.)**
mesa f. (= Tisch) • *mesa de comedor / de cocina / plegable / de trabajo* (= Ess- / Küchen- / Klapp- / Schreibtisch) • *mesita* f. *(para el café)* (= Couchtisch) • *mesilla* f. *(de noche)* (= Nachttisch) • *mantel* m. / *tapete* m. (= Tischdecke)

Una mesa-camilla ist ein runder Tisch mit einem Brett darunter für ein Kohlenbecken (heute für eine elektrische Heizschüssel) und einer langen, bis zu den Füßen hängenden Decke, die die Wärme hält.

servicio(s) *m.* / **lavabo** *m.* / **váter** *m.* / *LAm* **baño** *m.* / *LAm* **sanitario** *m.*	**Toilette**
¿El servicio / Los servicios, por favor?	Wo ist bitte die Toilette?
Voy un momento al servicio / baño / váter.	Ich gehe nur mal schnell aufs Klo.
retrete *m.*	**Klo**
bañera *f.* / *LAm* **tina** *f.* / *CSur* **bañadera** *f.*	**Badewanne**
ducha *f.* / *Mex* **regadera** *f.*	**Dusche; Brause**
Está ahora mismo en la ducha.	Er / Sie ist gerade unter der Dusche.
(cuarto *m.* **de) baño** *m.*	**Badezimmer**
báscula *f.* **(de baño)**	**Badezimmerwaage**
Estoy buscando una báscula de baño.	Ich suche eine Badezimmerwaage.
grifo *m.* / *CSur* **canilla** *f.*	**Wasserhahn**
abrir / cerrar el grifo	den Wasserhahn auf- / abdrehen
lavabo *m.* / *CSur* **lavatorio** *m.*	**Waschbecken**
fregadero *m.* / **pila** *f.*	**Spülbecken; Spüle; Ausguss**

Electrodomésticos **(= Elektrogeräte)**
frigorífico m. / *nevera* f. / LAm *refrigeradora* f. / Arg *heladera* f. (= Kühlschrank) • *congelador* m. / *congeladora* f. (= Tiefkühltruhe / Gefrierschrank) • *cocina* f. / LAm *horno* m. (= Herd) • *horno* m. (= Ofen) • *microondas* m. sg. / pl. (= Mikrowelle) • *tostador* m. / *tostadora* f. (= Toaster) • *lavadora* f. (= Waschmaschine) • *secadora* f. (= Trockner) • *lavaplatos* m. sg. / pl. / *lavavajillas* m. sg. / pl. (= Spülmaschine) • *aspirador* m. / *aspiradora* f. (= Staubsauger) • *aire* m. *acondicionado* (= Klimaanlage) • *ventilador* m. (= Ventilator) • *calentador* m. *(de agua)* (= Boiler) • *plancha* f. (= Bügeleisen)

lámpara *f.*	**Lampe**
lámpara de pie	Stehlampe
pantalla *f.*	**Lampenschirm**

luz *f.*	**Licht; Lampe**
encender / apagar las luces	die Lampen an- / ausmachen
enchufe *m.* / **toma** *f.* **(de corriente)**	**Steckdose**
¿Dónde está el enchufe / la toma ?	Wo ist die Steckdose?

***Objetos en los que uno está sentado* (= Dinge, auf oder in denen man sitzt)**
silla f. (= Stuhl) • *sillón* m. / *butaca* f. (= Sessel) • *silla plegable* (= Klappstuhl) • *silla giratoria* (= Drehstuhl) • *tumbona* f. (= Liegestuhl) • *mecedora* f. / LAm *mecedor* m. (= Schaukelstuhl) • *sofá* m. (= Sofa) • *taburete* m. (= Hocker / Schemel)

sentarse (e>ie)	**sich hinsetzen**
estar (– estoy – estuve – estado) **sentado**	**sitzen**
reloj *m.* **de pared** / **de pie** / **de caja**	**Wand- / Standuhr**
despertador *m.*	**Wecker**
espejo *m.*	**Spiegel**
cortinas *f.*	**Vorhänge**
Entonces corrió las cortinas.	Dann zog er / sie die Vorhänge zu.
visillos *m.*	**(Scheiben-)Gardinen**
persiana *f.*	**Rollo; Jalousie; Rollladen**
alfombra *f.* (de baño)	(Bade-)**Teppich**
moqueta *f.*	**Teppichboden**
poner / colocar (una) moqueta	einen Teppich(boden) verlegen lassen
alfombrilla *f.*	**Teppich; Läufer**
suelo *m.* **de parqué** / **parquet** *m.*	**Parkettfußboden**
El parqué es más fácil de limpiar que la moqueta.	Parkett lässt sich leichter sauber halten als Teppichboden.
felpudo *m.* – **estera** *f.* (de baño)	**Fußabstreifer** / **-matte** – (Bade-)**Matte**
calefacción *f.* **central**	**Zentralheizung**
La casa tiene calefacción central.	Das Haus hat Zentralheizung.
radiador *m.*	**Heizkörper**
caldera *f.* (de calefacción)	**Heizkessel**
depósito *m.* / **tanque** *m.* (de agua)	**Tank; Wasserspeicher;** (Wasser-)**Kessel**

Feines Porzellan(geschirr) ist *porcelana china,* gröberes Geschirr ist *vajilla de loza.* Der sprichwörtliche Elefant im Porzellanladen heißt auf Spanisch: *como caballo en cacharrería* (= wie ein Pferd in einem Töpferladen).

papelera *f.*	**Papierkorb**
cubo *m.* / *LAm* **bote** *m.* / *LAm* **bidón** *m.* / *LAm* **tarro** *m.* / *Arg, Ec, Pe* **tacho** *m.* **de la basura**	**Mülleimer; Mülltonne**
¿Cuándo vacían los cubos de la basura?	Wann werden die Mülltonnen geleert?
timbre *m.*	(Tür-)**Klingel; Glocke**
tocar el timbre	klingeln

Quehaceres domésticos
Hausarbeiten

Vale más una migaja de pan con paz que toda la casa llena de criadas con rencillas. (*Fernando de Rojas, escritor español, 1465?–1541?*)

faena *f.* / **tarea** *f.* (doméstica / del hogar)	**häusliche Beschäftigung(en)**
hacer la(s) faena(s)	die Haus(halts)arbeit erledigen
limpiar	**sauber machen**; **putzen**
limpiar las ventanas	die Fenster putzen
Esta alfombra se limpia muy mal.	Dieser Teppich lässt sich schlecht säubern.
Ya va siendo hora de que hagamos una limpieza en profundidad.	Es wird Zeit, dass wir mal gründlich sauber machen.
He limpiado el baño.	Im Bad habe ich sauber gemacht.
limpiar la mesa / pasar un trapo a la mesa	die Krümel vom Tisch wischen
Si viertes / derramas algo, podrías al menos limpiarlo.	Wenn du etwas verschüttest, könntest du es wenigstens aufwischen.
la limpieza	**das Reinigen** / **Putzen**
encargado / -a de la limpieza	Reinigungspersonal
mujer / señora de la limpieza	Reinigungsfrau; Zugehfrau
asistenta *f.*	**Reinigungsfrau**; **Zugehfrau**
criado – **criada**	(Haus-)**Diener**; **Dienstbote**; **Knecht** – **Dienstmädchen**; **Magd**
lavar – **lavado** *m.*	**waschen** – (Ab-)**Waschen**
Habría que lavar ya el mantel. / El mantel necesita un lavado.	Die Tischdecke müsste mal gewaschen werden.
Este material es difícil de lavar.	Dieser Stoff lässt sich nicht gut waschen.
Desgraciadamente las manchas no han desaparecido / salido con el lavado.	Die Flecken sind (beim Waschen) leider nicht herausgegangen.
Tu camisa azul está para lavar.	Dein blaues Hemd ist in der Wäsche.
fregar (e>ie, g>gue)	**abspülen**; **aufwaschen**; **wischen**; **schrubben**; **scheuern**
fregar / lavar los platos / la vajilla	(das) Geschirr abspülen / abwaschen
Acabo de fregar / limpiar el suelo.	Ich habe gerade aufgewischt / den Boden gewischt.
fregar el suelo a conciencia	den Fußboden gründlich schrubben
fregar una olla	einen Kochtopf scheuern
fregado *m.*	(das) **Abspülen**
hacer el fregado	abspülen
barrer	**fegen**
Necesito una escoba para barrer la cocina.	Ich brauche einen Besen um die Küche zu fegen.
polvo *m.*	**Staub**
¿Has quitado el polvo en el salón / la sala?	Hast du im Wohnzimmer Staub gewischt?

aspirador *m.* / **aspiradora** *f.*	**Staubsauger**
pasar la aspiradora	saugen
cepillar – **cepillo** *m.*	**bürsten** – **Bürste**
Me cepillé el abrigo.	Ich bürstete mir den Staub vom Mantel ab.
cepillo para (la) ropa	Kleiderbürste

***Utensilios m. de limpieza, productos** m. **de limpieza* (= Reinigungsutensilien, Reinigungsmittel)**
paño m. / *trapo* m. (= [Staub-]Tuch / [Putz-]Lappen) • *paño* / LAm *trapo de cocina* (= Geschirrtuch) • *esponja* f. (= Schwamm) • *estropajo* m. (= Strohwisch) • *bayeta* f. (= Scheuertuch) • *limpia- / lavavajilla(s)* m. sg. / *detergente* m. *para la vajilla* (= Spülmittel) • *gamuza* f. (= Fensterleder) • *escoba* f. (= Besen) • *fregona* f. (= Wischmopp) • *recogedor* m. *y escobilla* f. / *cepillo* m. (= Müllschaufel und Handfeger) • *jabón* m. (= Seife) • *detergente* m. (= Reinigungs- / Waschmittel) • *detergente (en polvo)* (= Waschpulver)

retirar	**abräumen; wegräumen**
retirar los platos sucios	das schmutzige Geschirr abräumen
ordenar	**aufräumen**
Ordena tu habitación.	Räum dein Zimmer auf.
arreglar / **recoger** (g>ja, jo)	**aufräumen; in Ordnung bringen**
recoger la mesa	den Tisch abdecken / abräumen
Mi habitación está hecha un desastre, tengo que recogerla / arreglarla.	In meinem Zimmer herrscht furchtbares Durcheinander, ich muss da mal Ordnung schaffen.
aclarar	**(ab)spülen**
Sólo voy a aclarar los vasos.	Ich spüle nur schnell die Gläser ab.
secar (c>que)	**das Geschirr abtrocknen**
Déjame secar a mí.	Lass mich abtrocknen.
ropa *f.* **sucia** / **colada** *f.*	(schmutzige) **Wäsche**
hacer la colada	(die) Wäsche waschen
el cesto de la ropa sucia	Wäschekorb
planchar	**bügeln**
planchar las camisas y los pantalones	die Hemden und Hosen bügeln
lustrar / *Mex* **bolear** / *Chi* **embolar**	**polieren; putzen**
lustrar / dar lustre / limpiar los zapatos	Schuhe putzen
encerar	**bohnern**
cera *f.* **para suelos** – **cera** *f.* **para muebles**	**Bohnerwachs** – **Möbelpolitur**
ventilar / **airear** / **orear** una habitación / cama	ein Zimmer / Bett **lüften**
ventilar bien una habitación	in einem Zimmer gründlich lüften
hacer (– hago – hice, hizo – hecho)	*(Zimmer, Bett usw.)* **machen**
hacer las camas	die Betten machen
¿Has hecho ya el cuarto de baño?	Hast du schon das Bad geputzt / gemacht?
hacer la compra	einkaufen
quitar las alfombras	die Teppiche **hoch nehmen**
sacudir las alfombras	die Teppiche **klopfen**

Orden social
Die Sozialordnung

Comunidades
Gemeinschaften

→ 14.7 La ciudad

La Constitución se fundamenta en la indisoluble unidad de la nación española, patria común e indivisible de todos los españoles, y reconoce y garantiza el derecho a la autonomía de las nacionalidades y regiones que la integran y la solidaridad entre todas ellas.
(*Artículo 2 de la Constitución española, 1978*)

comunidad *f.*	**Gemeinschaft**
estar al servicio de la comunidad	der Gemeinschaft dienen
personas que trabajan para la comunidad	Leute, die im Sozialbereich tätig sind
la comunidad latinoamericana de Madrid	die lateinamerikanische Bevölkerungsgruppe in Madrid
la Comunidad Europea	die Europäische Gemeinschaft
unión *f.*	**Union; Vereinigung**
la Unión Europea	die Europäische Union
confederación *f.*	**Staatenbund; Konföderation**
la Confederación Helvética	die Schweizerische Eidgenossenschaft
imperio *m.* – **imperial**	**Imperium; Weltreich – kaiserlich**
el antiguo imperio español	das frühere spanische Weltreich
sociedad *f.*	**Gesellschaft; Verein**
el papel de la mujer en la sociedad	die Rolle der Frau in der Gesellschaft
la sociedad protectora de animales	Tierschutzverein
país *m.*	**Land**
los países latinoamericanos	die lateinamerikanischen Länder
tierra *f.*	*(literarisch, feierlich)* **Land; Heimat**
una tierra de posibilidades ilimitadas	ein Land unbegrenzter Möglichkeiten
Ésta es mi tierra.	Das ist meine Heimat.
(la madre) patria *f.*	**(das) Vaterland**
nación *f.*	**Volk; Nation; Staat**
delegados de 50 naciones	Delegierte aus 50 Nationen / Staaten
nacional – **nacionalista** *m. / f.*	**national – nationalistisch; Nationalist(in)**
estado *m.* – **estatal**	**Staat** / *(Deutschland)* (Bundes-)**Land – staatlich**
la rivalidad entre la Iglesia y el Estado	die Rivalität zwischen Kirche und Staat
los estados que forman una nación	die Länder, die eine Nation bilden

Beachten Sie den Gebrauch von *de* in Fügungen wie diesen: *el estado de Nueva York* (= der Staat New York) • *la provincia de Salamanca* (= die Provinz Salamanca) • *la ciudad de Córdoba* (= die Stadt Córdoba) • *el barrio de la Macarena* (= der Stadtteil Macarena) • *el distrito del Polígono Norte* (= der Bezirk Polígono Norte) • *el pueblo de Utrera* (= das Dorf Utrera)

zona *f.*	**Gegend**
una zona muy rica	eine sehr reiche Gegend
una zona socialmente deprimida	ein sozial benachteiligtes Gebiet
región *f.* – **regional**	**Region / Gebiet – regional**
un problema regional	ein regionales Problem
una región poco poblada	ein dünn besiedeltes Gebiet
autonomía *f.* – **comunidad** *f.* **autónoma**	**Autonomie – autonome Region**

Spanien gliedert sich in 17 *comunidades autónomas: Galicia, Asturias, Cantabria, País Vasco, Navarra, La Rioja, Aragón, Cataluña, Comunidad Valenciana, Castilla-León, Madrid, Castilla-La Mancha, Extremadura, Andalucía, Murcia, las Islas Baleares* und *las Islas Canarias.* Jede *comunidad autónoma* besteht aus einer oder mehreren *provincias.*
Madrid tiene una *sola provincia.* (= Madrid hat eine einzelne Provinz.)
Andalucía está dividida en ocho provincias. (= Andalusien ist in acht Provinzen unterteilt.)
Die Städte Ceuta und Melilla an der Nordküste Afrikas haben erst 1995 einen gewissen Autonomiestatus erhalten.

provincia *f.* – **provincial**	**Provinz – provinziell / Provinz-**
condado *m.*	**Grafschaft; (Land-)Kreis**
cabeza *f.* **de partido**	**Kreisstadt**
capital *f.*	**Hauptstadt**
urbe *f.* – **urbano**	**moderne** (Groß-)**Stadt – städtisch / Stadt-**
ciudad *f.*	**Stadt**
la mayor ciudad del mundo	die größte Stadt der Welt
el centro de la ciudad	die Innenstadt; das Stadtzentrum
¿Vas a ir mañana a la ciudad?	Fährst du morgen in die Stadt?
ciudad natal	Heimatstadt
pueblo *m.*	**Kleinstadt; Dorf; Volk**
villa *f.* → 14.7 La ciudad	**Kleinstadt** mit besonderen Rechten
aldea *f.*	**kleines Dorf; Weiler**
municipio *m.* – **municipal** › 14.7 La ciudad	**(Stadt-)Gemeinde / Gemeindeverwaltung – städtisch / Stadt-**
municipio urbano	Stadtgemeinde
teatro municipal	Stadttheater
distrito *m.*	(Gerichts-)**Bezirk; Stadtteil**
distrito rural	Landkreis
distrito electoral	Wahlbezirk
distrito postal	Postbezirk; Postleitzahl
barrio *m.*	**Gegend; Viertel; Vorstadt**
Vivimos en un barrio pobre.	Wir wohnen in einem armen Viertel.
urbanización *f.*	**Siedlung**
manzana *f.* / *LAm* **cuadra** *f.*	**Häuserblock**
parroquia *f.*	**(Kirchen-)Gemeinde**
las afueras	**Randgebiet**

Movimientos sociales
Gesellschaftliche Bewegungen

Terrible es, libertad, hablar de ti para el que no la tiene.
(José Martí, escritor y político cubano, 1853–1895)

Movimiento *m.* **de los Derechos Humanos**	**Menschenrechtsbewegung**
Organizaciones *f.* **No Gubernamentales** / **ONG**	**nicht staatliche** (Hilfs-)**Organisationen**
grupo *m.* **marginado** – **persona** *f.* **marginada**	**Randgruppe** – **Außenseiter(in)**
discriminación *f.* – **discriminatorio**	**Diskriminierung** – **diskriminierend**

Discriminación f. ***positiva:*** *Expresión de moda* (= Schlagwort) der aktuellen gesellschaftlichen Diskussion. Es bezeichnet die positive Diskriminierung, d.h. die Bevorzugung von Mitgliedern benachteiligter Gruppen, z. B. bei der Besetzung von Stellen.

igualdad *f.*	**Gleichheit; Gleichwertigkeit**
igualdad de derechos	Gleichberechtigung
igualdad de oportunidades	Chancengleichheit
igualdad ante la ley	Gleichheit vor dem Gesetz

Los derechos de los trabajadores **(= Die Arbeiterrechte)**
movimiento m. *obrero* (= Arbeiterbewegung) • *movimiento* m. *obrero del campo* (= Landarbeiterbewegung) • *proletariado* m. (= Proletariat) • *jornalero / -a* (= Tagelöhner / -in) • *sindicato* m. (= Gewerkschaft) • *salario* m. *justo* (= gerechter Lohn) • *reducción* f. *de la jornada laboral* (= Arbeitszeitverkürzung) • *cooperativismo* m. (= Genossenschaftswesen / Genossenschaftsbewegung) • *ocupación* f. *de tierras* (= Landbesetzung)

Movimientos *m.* ***pacifistas*** **(= Friedensbewegungen)**
movimiento m. *antibélico* (= gegen den Krieg) • *movimiento* m. *antinuclear* (= gegen Kernwaffen / Kernkraft) • *pacifismo* m. (= Pazifismus / bedingungslose Friedensbereitschaft / grundsätzlicher Verzicht auf Krieg)

Igualdad f. ***racial*** **(= Gleichberechtigung der Rassen)**
minoría f. *étnica* (= ethnische Minderheit) • *movimiento* m. *de los derechos cívicos* (= Bürgerrechtsbewegung) • *movimiento* m. *negro* (Schwarzenbewegung) • *movimiento* m. *antiapartheid* (= Bewegung gegen die früher in Südafrika bestehende Rassentrennung) • *movimiento* m. *abolicionista* (= Bewegung zur Abschaffung der Sklaverei in den USA im 19. Jahrhundert) • *Unión* f. *Internacional Gitana* (= Internationale Roma-Bewegung) • *Asociación* f. *Nacional Presencia Gitana / Movimiento* m. *pro Gitano* (= spanische Vereinigungen für die Zigeunerrechte und die Zigeunerwohlfahrt) • *hecho* m. *diferencial* (= Akzeptanz der Lebensform der Zigeuner) • *integración* f. (= Integration)

Los derechos de la mujer (= Die Frauenrechte)
feminista m. / f. (= feministisch / Feminist / -in, Frauenrechtler / -in) • *antifeminista* m. / f. (= antifeministisch / Antifeminist / -in) • *movimiento* m. *feminista de liberación de la mujer* (= Frauenbewegung) • *movimiento* m. de *los derechos de la mujer* (= Bewegung für die Frauenrechte) • *luchadora* f. por los derechos de la mujer (= Frauenrechtlerin) • *emancipación* f. (= Emanzipation) • *emancipada* (= emanzipiert) • *movimiento* m. *(anti)sufragista* (= Bewegung für / gegen das Frauenwahlrecht, ca. 1880–1920) • *igualdad* f. *de derechos* (= Gleichberechtigung)

El aborto (= Abtreibung / Schwangerschaftsabbruch)
movimiento m. *a favor / en contra del aborto* (= Bewegung für / gegen die Abtreibung) • *movimiento* m. *a favor de la libre decisión de la mujer* (= Bewegung für die freie Entscheidung der Frau) • *Movimiento* m. *Provida* (= Bewegung gegen die Abtreibung und die freie Entscheidung der Frau) • *movimiento* m. *a favor del control de la natalidad* (= Bewegung für die Geburtenkontrolle) • *planificación* f. *familiar* (= Familienplanung)

La revolución sexual (= die sexuelle Revolution)
libertad f. *sexual* (= sexuelle Freiheit) • *el movimiento gay* (= die Homosexuellenbewegung) • *cultura* f. *gay* (= Schwulenkultur) • *liberación* f. *gay* (= Bewegung für die Rechte Homosexueller)

Movimientos m. _juveniles_ (= Jugendbewegungen)
la contracultura (= „Gegenkultur") • *la cultura pop* (= Popkultur) • *hippie* m. / f. (= Hippie) • *comuna* f. (= Kommune) • *el movimiento punky* (= Punkbewegung) • *la cultura heavy* (= Heavymetal-Kultur) • *los cabezas rapadas* (= Skinheads) • *la cultura underground* (= Underground-Kultur) • *el movimiento de protesta estudiantil* (= Studentenbewegung) • *el pasotismo / el pasota / pasar de algo* (= Gleichgültigkeit gegenüber der Politik und den Sozialproblemen in Spanien in den 70er und 80er Jahren) • *los okupas* (= die Hausbesetzer) → 7.1 *Escasez de viviendas* • *la cultura del bakalao* (= Technokultur) • *la ruta del bakalao* (= Diskothekenroute zwischen Madrid und Valencia für Technofans)

"Mi madre es muy moderna: es feminista, pacifista ... y yo soy el resultado de su planificación familiar."

Sistemas políticos
Politische Systeme

→ 8.3 Ciencia política

El gobierno Suárez, montado en la omnipotente ola histórica que está demoliendo la dictadura, ganó ayer en las Cortes una resonante victoria que nos abre a los españoles el camino a la libertad.
(*Diario 16, periódico español, 19 de noviembre de 1976*)

democracia *f.* – **democrático**	**Demokratie – demokratisch**
una democracia parlamentaria	eine parlamentarische Demokratie
un gobierno elegido democráticamente	eine demokratisch gewählte Regierung
sistema *m.* **de gobierno presidencialista**	**präsidentielles Regierungssystem**
Los EEUU tienen un sistema de gobierno presidencialista.	Die USA haben ein präsidentielles Regierungssystem.
república *f.* – **republicano / -a**	**Republik – republikanisch; Republikaner(in)**
federación *f.* – **federal** – **federalismo** *m.*	**Zusammenschluss / Föderation – Bundes- – Föderalismus**
la Federación Rusa	die Russische Föderation
la República Federal Alemana	die Bundesrepublik Deutschland
autoritario	**autoritär**
junta *f.* **militar**	**Militärjunta**
(el) fascismo – **fascista** *m. / f.*	**(der) Faschismus – faschistisch; Faschist(in)**
grupos neofascistas	neofaschistische Gruppen
facha *pop m. / f.*	**Faschist(in)**
(el) franquismo	(autoritäres Regierungssystem in Spanien unter Franco, 1939–1975)
franquista *m. / f.*	**Franco-; frankistisch-; Franco-anhänger(in)**
(el) nacionalsocialismo / nazismo *m.*	**(der) Nationalsozialismus / Nazismus**
nazi *m. / f.*	**Nazi; Nazi-**
Alemania bajo los nazis	Deutschland unter den Nazis
(el) comunismo – **comunista** *m. / f.*	**(der) Kommunismus – kommunistisch; Kommunist(in)**
(el) socialismo – **socialista** *m. / f.*	**(der) Sozialismus – sozialistisch; Sozialist(in)**
(el) capitalismo – **capitalista** *m. / f.*	**(der) Kapitalismus – kapitalistisch; Kapitalist(in)**
(el) liberalismo – **liberal**	**(der) Liberalismus – liberal**

¿Quién gobierna? **(= Wer regiert?)**
absolutismo m. (= Absolutismus): *un monarca o dictador que asume todos los poderes*

totalitarismo *m.* (= totalitäres System): *un dictador o un partido que asume todos los poderes*
monarquía f. ***absoluta*** (= absolute Monarchie): *un monarca que asume todos los poderes*
teocracia f. (= Theokratie): *un sacerdote o el clero*
aristocracia f. (= Adelsherrschaft): *la nobleza*
dictadura f. (= Diktatur): *un dictador*
democracia f. (= Demokratie): *los representantes elegidos por el pueblo*
monarquía f. ***parlamentaria*** (= konstitutionelle Monarchie): *los representantes elegidos por el pueblo*

La monarquía parlamentaria ist das Regierungssystem Spaniens. Nach dem Tod von General Franco sollte Prinz Juan Carlos auf dessen Wunsch König von Spanien (22.11.1975) werden. Der neue König war aber kein Anhänger der frankistischen Ideologie. Er ermöglichte *la Transición* (= Übergang) von der Diktatur zur Demokratie. Am 15.6.1977 fanden die ersten demokratischen Wahlen nach fast 40 Jahren Diktatur in Spanien statt.
Die junge spanische Demokratie musste in den ersten Jahren viele Probleme überwinden. Am 23.2.1981 besetzte Antonio Tejero, Oberstleutnant der *Guardia Civil,* mit Madrider Einheiten *el Congreso* (= das Parlament) und nahm die anwesenden Abgeordneten und Regierungsmitglieder als Geiseln. König Juan Carlos I machte in einer Rundfunkansprache deutlich, dass er den Putschversuch entschieden missbillige, und dass die Generäle ihm als Oberkommandierenden der Streitkräfte zu Gehorsam verpflichtet seien. Nach einer langen Nacht war die Verschwörung gescheitert und das Vertrauen der Bevölkerung in Juan Carlos gestärkt.

"Los insectos se quejan de que nuestro gobierno no es una democracia sino una dictadura."

Partidos y política

Parteien und Politik

La política no es más que el arte de realizar en cada momento histórico aquella porción del ideal del hombre que taxativamente permiten las circunstancias. (*Antonio Cánovas del Castillo, político y escritor español, 1828–1897*)

partido *m.*	**Partei**
el presidente del partido	der Parteiführer
el partido en el poder	die Regierungspartei
(la) política	**(die) Politik**
dedicarse a la política	in die Politik gehen
política de izquierdas	linke Politik
Los dos países siguen una política común.	Die beiden Länder verfolgen eine gemeinsame Politik.
la política económica del Gobierno	die Wirtschaftspolitik der Regierung
político *m.*	**politisch; Politiker**
un político del PSOE	ein Politiker der spanischen sozialistischen Partei
un partido político	eine politische Partei
importante políticamente	politisch wichtig / bedeutsam
las interacciones entre grupos de intereses y partidos políticos	die Interaktionen zwischen Interessengruppen und politischen Parteien

grupo m. ***de presión*** (= organisierte Interessengruppe, die Druck auf Parteien, Regierung usw. ausübt um Entscheidungen zu beeinflussen)

poder *m.*	**Macht**
el partido en el poder	die Partei, die jetzt an der Macht ist
en caso de que consigan el poder	falls sie an die Macht kommen
miembro *m.* **de un partido**	**(Partei-)Mitglied(schaft)**
el centro – centrista	**die Mitte / das Zentrum – Zentrums-**
la izquierda – izquierdista *m. / f.*	**der linke Flügel – linksgerichtet; Linke(r)**
una coalición de centro-izquierda	eine Mitte-Links-Koalition
la derecha – derechista *m. / f.*	**der rechte Flügel – rechtsgerichtet; Rechte(r)**
un partido de extrema derecha	eine rechtsextremistische Partei
extremista *m. / f.*	**extrem; radikal; Extremist(in)**
extremista de derechas	Rechtsradikale(r)
extremismo *m.*	**Extremismus**
radical *m. / f.* – **radicalismo** *m.*	**radikal; Radikale(r) – Radikalismus**
partidos radicales	radikale Parteien
cambios radicales	radikale Veränderungen
moderado	**gemäßigt**
un conservador moderado	ein gemäßigter Konservativer

una política moderada	gemäßigte Politik
liberal *m. / f.*	**liberal; Liberale(r)**
tránsfuga *m. / f.*	**Parteiüberläufer(in)**

Die Parteienlandschaft in Spanien (bezeichnet, wenn möglich, die ungefähre Entsprechung in der Bundesrepublik Deutschland):
el Partido Popular / PP (≈ CDU / CSU)
el Partido Socialista Obrero Español / PSOE (≈ SPD)
Izquierda Unida / IU (= ehemalige kommunistische Partei)
Convergencia i Unió / CiU (= katalanische nationalistische Partei)
Partido Nacionalista Vasco / PNV (= baskische nationalistische Partei)
Bloque Nacionalista Galego / BNG (= galicische nationalistische Partei)
Coalición Canaria (= Kanarische nationalistische Partei)

unión *f.*	**Union**
socialista *m. / f.*	**sozialistisch; Sozialist(in)**
un partido socialista	eine sozialistische Partei
cuando los socialistas estaban en el poder	als die Sozialisten an der Macht waren
comunista *m. / f.*	**kommunistisch; Kommunist(in)**
un partido / gobierno comunista	eine kommunistische Partei / Regierung
la base	**(Partei-)Basis**
reforzar el partido en la base	die Partei an der Basis verstärken
elecciones *f. pl.*	**Wahl(en)**
presentarse a unas elecciones como independiente	als Unabhängige(r) kandidieren
quedar bien en unas elecciones	gut bei den Wahlen abschneiden
amañar unas elecciones	eine Wahl fälschen
electoral – elector(a)	**Wahl- – wahlberechtigt / Wähler(in)**
programa electoral	Wahlprogramm
En el congreso del partido se decide el programa electoral.	Der Parteitag entscheidet über das Wahlprogramm der Partei.
designar – designación *f.*	**nominieren – Nominierung**
candidato / -a – candidatura *f.*	**Kandidat(in) – Kandidatur**
plataforma *f.* **electoral**	**Wahlplattform**
imagen *f.*	**Aussehen; Eindruck**
cuidadores de imagen	Leute, die einem Kandidaten helfen, einen möglichst günstigen Eindruck zu machen
sondeo *m.*	**Meinungsumfrage**
Los dos candidatos están igualados en los sondeos.	Die beiden Kandidaten liegen in den Meinungsumfragen Kopf an Kopf.
campaña *f.* **electoral**	**Wahlkampf**
recuento *m.* **de votos**	**Stimmenauszählung**
pucherazo *m.*	**Wahlbetrug** (bei der Stimmenauszählung)
corrupción *f.*	**Korruption**
corrupción electoral	Wahlbestechung

5 El poder legislativo

Die gesetzgebende Gewalt

El verdadero orden social y político es el conjunto compensado y armónico de todas las libertades. (*Manuel Silvela, político español, 1830 – 1892*)

separación *f.* **de poderes**	**Gewaltenteilung**
legislar – legislativo	**Gesetze erlassen – gesetzgebend**
las Cortes	**Parlament**
el presidente de las Cortes	Parlamentsvorsitzende(r)
parlamento *m.* – **parlamentario** / **-a**	**Parlament – parlamentarisch; Abgeordnete(r)**
disolución del parlamento	Parlamentsauflösung
cámara *f.*	**Kammer**
la Cámara alta / baja	die erste / zweite Kammer
miembro *m.* **del parlamento**	(Parlaments-)**Abgeordnete(r)**
Los miembros del Parlamento están reunidos.	Die Abgeordneten sind versammelt.
Congreso *m.* **de los diputados**	**Abgeordnetenkammer**
diputado / **-a**	**Abgeordnete(r)**
Senado *m.*	**Senat**
senador(a)	**Senator(in)**

Seit der Verabschiedung des Gesetzes zur politischen Reform am 4. Januar 1977 hat las *Cortes españolas* zwei Kammern: *Congreso de los diputados (= Cámara baja)* mit 350 Abgeordneten und Senado *(= Cámara alta)* mit 256 Senatoren.

líder *m.* / *f.*	**Führer(in)**
jefe / **-a**	**Chef(in)**
el líder / jefe de la oposición	der Oppositionsführer
mayoría *f.* – **minoría** *f.*	**Mehrheit – Minderheit**
la mayoría parlamentaria	die parlamentarische Mehrheit
grupo *m.* **parlamentario**	**Fraktion**
portavoz *m.* / *f.*	(Parlament) **Sprecher(in)**
el portavoz del grupo mixto	der Sprecher der kleinen Parteien
el banco azul	**die Regierungsbank**
escaño *m.*	**Sitz; Abgeordnetensitz**
Nuestro partido consiguió 156 escaños en las últimas elecciones.	Unsere Partei errang bei der letzten Wahl 156 Sitze.
período *m.* **legislativo**	**Legislaturperiode; Amtzeit**
sesión *f.*	**Sitzung**
la sesión parlamentaria	die Parlamentsitzung
debate *m.*	**Debatte**
el debate sobre el estado de la nación	die Debatte über die Lage der Nation
el **acta** → 1.13 *el* alma *f.*	**das Protokoll**
el acta de la última sesión	das Protokoll der letzten Sitzung
discurso *m.*	**Rede**

pronunciar un discurso	eine Rede halten
moción *f.*	**Antrag**
presentar una moción	einen Antrag stellen
moción de censura	Misstrauensvotum
veto *m.*	**Veto**
ratificar (c>que)	**ratifizieren**
Las leyes tienen que ser ratificadas por el Senado.	Gesetze müssen durch den Senat ratifiziert werden.
abstenerse (– abstengo, abstiene – abstuve – abstenido) – **abstención** *f.*	**sich** (der Stimme) **enthalten** – **Stimmenthaltung**
ley *f.*	**Gesetz**
promulgar una ley	ein Gesetz erlassen
estatuto *m.*	**Statut; autonome Verfassung**
el Estatuto de Cataluña	die katalanische Verfassung
enmienda *f.*	**Abänderungsantrag** (zu einem Gesetz)
El borrador de la Constitución de 1978 tuvo más de 1.000 enmiendas.	Zum Entwurf der Verfassung von 1978 gab es mehr als tausend Abänderungsanträge.
ponencia *f.*	**Bericht; Berichterstattung; Antrag**

La Ponencia Constitucional bestand aus sieben Personen, die die Aufgabe hatten, einen Entwurf für die neue Verfassung anzufertigen. Im Dezember 1977 war dieser Entwurf fertig, aber er musste noch einen langen Weg durchlaufen, bevor er zur Verfassung Spaniens wurde: *Congreso de los diputados, Senado, referéndum (6.12.1978)* und schließlich die Ratifizierung durch König Juan Carlos I am 27.12.1978.

comité *m.*	**Ausschuss**
Está en / Pertenece a muchos comités.	Er / Sie ist / sitzt in mehreren Ausschüssen.
presupuesto *m.*	**Haushalt(splan); Etat**
ajustar el presupuesto	den Haushalt einschränken
disolver (– disuelvo – disolví – disuelto)	**auflösen**
disolver el parlamento y convocar elecciones	das Parlament auflösen und eine Wahl ansetzen
referéndum *m.*	**Referendum; Volksentscheid**
elecciones *f. pl.* – **electoral**	**Wahl** – **Wahl-**
las próximas elecciones generales	die nächste Parlamentswahl
Perdió / ganó las elecciones por los pelos.	Er / Sie gewann / verlor die Wahl knapp.
campaña electoral	Wahlkampf
distrito electoral	Wahlkreis
el distrito electoral al que representa	der Wahlkreis, den er vertritt
segunda vuelta *f.*	**Stichwahl**
elegir (– elijo – elegí, eligió – elegido)	**wählen**
Los diputados son elegidos por cuatro años.	Die Abgeordneten werden auf vier Jahre gewählt.
Felipe González fue elegido presidente en 1982.	Felipe González wurde 1982 zum Präsidenten gewählt.

votar – voto *m.*	**wählen – Stimme**
Voy a votar al PSOE.	Ich werde die PSOE wählen.
Votó a favor / en contra de la reforma.	Er / Sie stimmte für / gegen die Reform.
voto de censura	Misstrauensvotum
voto útil	Stimme, die einer Partei mit Aussicht auf eine Regierungsbildung gegeben wird.
votación *f.* – **votante** *m. / f.*	**Abstimmung / Wahl – Stimmberechtigte(r)**
someter a votación	zur Abstimmung bringen
votación secreta	geheime Abstimmung / Wahl

La votación por correo permite a los votantes votar en unas elecciones sin tener que ir a las urnas. (Die Briefwahl ermöglicht es Wählern, bei einer Wahl ihre Stimme abzugeben, ohne zur Wahl zu gehen.)

urna *f.*	**Urne**
acudir a las urnas	wählen gehen
candidato / -a	**Kandidat(in)**
¿Cuál es la posición del candidato con respecto al aborto?	Wie steht der Kandidat zum Schwangerschaftsabbruch?
presentarse a unas elecciones	**kandidieren**
El año pasado se presentó al Senado.	Letztes Jahr kandidierte er / sie für den Senat.

"¿A quién votará ella si siempre dice que todos los políticos son iguales?"

Gobierno
Regierung

En los países latinos, donde el tullido es alambrista, son frecuentes los cambios de voluntad, de domicilio, de nombre, de temperatura y hasta de gobierno. (*Rosario Castellanos, escritora mejicana, 1925–1974*)

gobierno *m.*	**Regierung**
el gobierno federal	die Bundesregierung
formar gobierno	eine Regierung bilden
remodelación del gobierno	Regierungsumbildung
administración *f.*	**Verwaltung; Regierung; Behörde**
la administración pública	öffentliche Verwaltung
administración federal	Bundesbehörde
La Moncloa	**Amtssitz des spanischen Präsidenten**
un comunicado de La Moncloa	eine Mitteilung des Präsidenten
presidente / **-a**	**Präsident(in)**
vicepresidente / **-a**	**Vizepräsident(in)**
canciller *m.* / *f.*	**Kanzler**
el canciller alemán	der Bundeskanzler
jefe *m.* **del Estado**	**Staatsoberhaupt**
Franco fue durante casi cuarenta años el jefe del Estado.	Franco war fast vierzig Jahre lang Staatsoberhaupt.
emperador – emperatriz	**Kaiser – Kaiserin**
la Corona	**Krone; Thron; Königreich**
discurso de la Corona	Thronrede
rey – reina	**König – Königin**
El Rey español vive en La Zarzuela.	Der spanische König wohnt in La Zarzuela.
gabinete *m.*	**Kabinett**
Entró como miembro del gabinete.	Er / Sie wurde Mitglied des Kabinetts.
consejo *m.* **de ministros**	**Kabinettssitzung**
ministerio *m.*	**Ministerium**
el Ministerio de Asuntos Exteriores	das Außenministerium
el Ministerio del Interior	das Innenministerium
ministro / **-a**	**Minister(in)**
ministro de Asuntos Exteriores	Außenminister
junta *f.*	Bezeichnung bestimmter autonomer Regierungen
el presidente de la Junta de Andalucía	der Präsident der andalusischen Regierung
Generalitat *f.*	**katalanische Regierung**
lehendakari *m.* / *f.*	**Präsident(in) der baskischen Regierung**
consejero / **-a**	**Minister(in) einer autonomen Regierung**
delegado / **-a del Gobierno**	**Regierungsvertreter(in) einer Autonomie**

alcalde(sa)	**Bürgermeister(in)**
alcaldía *f.*	**Bürgermeisteramt**
concejal *m. / f. / -a*	**Gemeinderatsmitglied; Stadtrat / -rätin**
nombrar – nombramiento *m.*	**ernennen – Ernennung**
Fue nombrado ministro de Asuntos Exteriores.	Er wurde zum Außenminister ernannt.
mandato *m.*	**Mandat**
dimitir – dimisión *f.*	**zurücktreten – Rücktritt**
El presidente ha dimitido.	Der Präsident ist zurückgetreten.
derrocar (c>que)	(die Regierung) **stürzen**
El dictador fue derrocado.	Der Diktator wurde gestürzt.
suceder – sucesor(a)	**nachfolgen – Nachfolger(in)**
oficina *f.*	**Amt; Behörde; Dienststelle**
oficina del registro civil	Standesamt
oficina de empleo	Arbeitsamt
oficina central	Zentralstelle
departamento *m.*	**(Ministerial-)Abteilung; Behörde**
Departamento de Asuntos Exteriores	Außenministerium
El departamento tiene 33 oficinas regionales.	Die Behörde hat 33 Zweigstellen.
negociado *m.*	**Verwaltungsabteilung; Amt; Behörde**
el Negociado de Cuentas	Rechnungshof
centro *m.*	**(Zentral-)Stelle; Zentrum**
Centro Superior de Información de la Defensa / CESID	spanischer Geheimdienst
agencia *f.*	**Büro; Agentur; Stelle**
agencia de colocaciones	Stellenvermittlung
comisión *f.*	**Kommission; Ausschuss**
comisión ordinaria	ordentlicher Ausschuss
comisión parlamentaria	parlamentarische Kommission
comité *m.*	**Komitee; Ausschuss**
Comité Olímpico	olympisches Komitee
¿Quién va a ser el presidente del comité?	Wer wird Ausschussvorsitzende(r)?

"¡Qué aburrimiento! Siempre tenemos que esperar a que el ministro de Cultura termine de leer la sección de deportes para empezar la reunión."

Actividades antigubernamentales
Aktivitäten gegen die Regierung

→ 7.5 Crimen y violencia

Con hambre sólo, pero sin ideal alguno, se hacen motines, pero no revoluciones. (*Jacinto Benavente, dramaturgo español, 1866–1945*)

protestar – **protesta** *f.*	**protestieren** – **Protest**
Hicieron una sentada para protestar contra la subida de los precios.	Sie veranstalteten eine Sitzblockade als Protest gegen die Preisanhebung.
manifestarse – **manifestación** *f.*	**demonstrieren** – **Demonstration**
una manifestación multitudinaria	eine Massendemonstration
una manifestación contra la guerra	Antikriegsdemonstration
manifestante *m.* / *f.*	**Demonstrant(in)**
manifestantes en contra de la guerra	Antikriegsdemonstranten
huelga *f.* – **huelguista** *m.* / *f.*	**Streik** – **Streikende(r)**
convocar a la huelga general	zum Generalstreik aufrufen
boicotear – **boicot** *m.*	**boykottieren** – **Boykott**
sabotear – **sabotaje** *m.*	**sabotieren** – **Sabotage**
actos de sabotaje	Sabotageakte / -handlungen
Sabotearon las negociaciones.	Sie sabotierten die Verhandlungen.
objetor *m.* **de conciencia**	**Wehrdienstverweigerer** (aus Gewissensgründen)
derechos *m.* **civiles** / **ciudadanos**	**Bürgerrechte**
movimiento de los derechos ciudadanos	die Bürgerrechtsbewegung
oposición *f.* **extraparlamentaria**	**außerparlamentarische Opposition**
desobediencia *f.* **civil**	**ziviler Ungehorsam**
disidente *m.* / *f.*	**Dissident(in)**; **Regimekritiker(in)**
la persecución de los disidentes	die Verfolgung von Regimekritikern
resistencia *f.* **pasiva**	**passiver Widerstand**
violencia *f.* – **no violencia** *f.*	**Gewalt** – **Gewaltlosigkeit**
actos de violencia politica	politische Gewaltakte / Gewalttaten
agitador(a) – **agitación** *f.*	**Agitator(in)** – **Agitation**
clandestinidad *f.* – **clandestino**	**Heimlichkeit** – **heimlich** / **Geheim-**
en la clandestinidad	im Untergrund
movimiento clandestino	unerlaubte Bewegung
conspiración *f.* – **conspirador(a)**	**Verschwörung** – **Verschwörer(in)**
conspirar	**verschwören**
Fueron acusados de conspirar contra el Estado.	Sie wurden angeklagt, sich gegen den Staat verschworen zu haben.
complot *m.*	**Komplott**; **Verschwörung**
un complot para derrocar al gobierno	eine Verschwörung zum Sturz der Regierung
disturbios *m.* **políticos**	(politische) **Unruhen**
sentada *f.*	**Sitzblockade**
cacerolada *f.*	**lautstarke Demonstration durch Topfklappern**

insurrección *f.* – **insurrecto** / **-a**	**Aufstand – Aufständische(r)**
La insurrección fue aplacada.	Der Aufstand wurde niedergeschlagen.
rebelarse – **rebelión** *f.*	**sich erheben – Rebellion / Aufstand**
aplastar una rebelión	einen Aufstand unterdrücken
rebelde *m.* / *f.*	**Rebell(in)**
revuelta *f.*	**Revolte; Aufstand**
motín *m.* (contra / en contra de)	**Aufstand (gegen)**
levantarse (contra / en contra de)	**sich erheben** (gegen)
Los campesinos se levantaron contra los terratenientes.	Die Bauern erhoben sich gegen die Grundbesitzer.
(alta) traición *f.*	**(Hoch-)Verrat**
terrorismo *m.* – **terrorista** *m.* / *f.*	**Terrorismus – terroristisch; Terrorist(in)**
atentado terrorista	terroristisches Attentat
atentado con coche bomba	Attentat mit einer Autobombe

1959 entstand *ETA* / *Euskadi Ta Askatasuna* (= Baskenland und Freiheit) mit dem Ziel, die Unabhängigkeit des Baskenlandes zu erzwingen. Diese terroristische Gruppe und ihre Attentate sind eines der größten Probleme Spaniens (→ 7.5 *Crimen y violencia*).

asesinar – **asesinato** *m.*	**ermorden – Ermordung; Mord**
Carrero Blanco fue asesinado por ETA.	Carrero Blanco fiel einem Attentat der ETA zum Opfer.
guerrilla *f.* – **guerrillero** / **-a**	**Guerilla – Guerillakämpfer(in)**
una guerra de guerrillas	ein Guerillakrieg
revolución *f.*	**Revolution**
revolucionario / **-a**	**revolutionär; Revolutionär(in)**
actividades revolucionarias	revolutionäre Aktivitäten
El Che Guevara fue un líder revolucionario.	Che Guevara war ein Revolutionsführer.
contrarrevolución *f.*	**Konterrevolution**
La Contra	**konterrevolutionäre nicaraguanische Gruppe**
cabecilla *m.* / *f.*	**Rädelsführer(in); Anführer(in)**
el cabecilla de la conspiración	der Rädelsführer der Verschwörung
golpe *m.* **de estado** – **golpista** *m.* / *f.*	**Staatsstreich / Putsch – Putschist(in)**
El presidente fue derrocado por un golpe de estado no sangriento.	Der Präsident wurde durch einen unblutigen Staatsstreich abgesetzt.
un golpe de estado fallido	ein gescheiterter Putsch
hacerse (– hago – hice, hizo – hecho) **con el poder**	**die Macht ergreifen**
junta *f.* **militar**	**(Militär-)Junta**
El rey fue depuesto por una junta militar.	Der König wurde von einer Militärjunta abgesetzt.

La justicia y la policía
Rechtswesen und Polizei

→ 7.5 Crimen y violencia

Un pueblo puede vivir con leyes injustas, pero es imposible que viva con tribunales que no administren bien y pronto la justicia.
(*Gumersindo de Azcárate, pensador y sociólogo español, 1840 –1917*)

ley *f.*	**Gesetz; Recht**
ley y orden	Recht und Ordnung
hacer cumplir la ley	dem Gesetz Geltung verschaffen
tribunal *m.*	**Gericht**
Eso fue lo que declaró ante el tribunal.	Das hat er / sie vor Gericht ausgesagt.
Lo amenazó con llevarlo ante los tribunales.	Er / Sie drohte, ihn zu verklagen.
el Tribunal Constitucional	das Verfassungsgericht
juzgado *m.*	**Gericht; Gerichtssitz**
procedimiento *m.* **judicial**	**(Gerichts-)Verfahren**
proceder judicialmente (contra)	**gerichtlich vorgehen (gegen)**
dictar auto de procesamiento (contra)	**gerichtlich vorgehen (gegen)**

Estructuración* f. *de los órganos de la justicia en España
(= Strukturierung des Gerichtswesens in Spanien)
Tribunal m. *Supremo* (= Oberstes Gericht) • *Audiencia* f. *Nacional* (= Oberlandesgericht) • *Audiencias* f. *Provinciales* (= Land[es]gerichte) • *Juzgados* m. *de primera Instancia e Instrucción* (= Gerichte erster Instanz und Untersuchungsgerichte) • *Juzgados* m. *de lo Contencioso-Administrativo* (= Verwaltungsgerichte) • *Juzgados* m. *de lo Social* (= Sozialgerichte) • *juez(a) de Vigilancia Penitenciaria* (= Strafrichter / -in) • *Juzgados* m. *de Menores* (= Jugendgerichte) • *Juzgados* m. *de Paz* (= Friedensgerichte)

juicio *m.* – **judicial**	**(Gerichts-)Verfahren / Prozess – gerichtlich**
Perdió el juicio.	Er / Sie verlor den Prozess.
Ha sido llevada a juicio por perjurio.	Sie steht wegen Meineids vor Gericht.
un acuerdo extrajudicial	ein außergerichtlicher Vergleich
demanda *f.* **(judicial)**	(gerichtliche) **Klage**
presentar / poner una demanda contra alguien	gegen jemand Klage erheben
demandar	**jemand verklagen**
Nos demandaron por los daños.	Sie verklagten uns auf Schadensersatz.
denunciar – **denuncia** *f.*	**anzeigen** – **Anzeige**
acusar – **acusación** *f.*	**anklagen; beschuldigen** – **Anklage**
Fue acusado de homicidio.	Er wurde des Totschlags angeklagt.
cargo *m.*	**Anklage**

poner en libertad sin cargos	ohne Anklageerhebung freilassen
juez(a)	**Richter(in)**
el jurado	**die Geschworenen / Schöffen**
el Defensor del Pueblo	**Ombudsmann**
procesar – procesamiento *m.*	**strafrechtlich verfolgen – gerichtliche Verfolgung**
atestado *m.*	**Attest**
instruir el atestado	den Tatbestand aufnehmen
sumario *m.*	**Ermittlungsverfahren**
informes *m. pl.* **periciales**	**Sachverständigengutachten**
fiscalía *f.*	**Anklage(behörde); Staatsanwaltschaft**
fiscal *m. / f.*	**Staatsanwalt / Staatsanwältin**
procurador(a)	**Prozessvertreter(in)**; (nicht plädierende/r) **Anwalt(in)**
la defensa	**die Verteidigung**
testigo de la defensa	Entlastungszeuge / -zeugin
abogado / -a defensor(a)	**Verteidiger(in)**
testigo *m. / f.*	**Zeuge / Zeugin**
testigo de cargo	Belastungszeuge / -zeugin
careo *m.*	**Gegenüberstellung** (der Zeugen oder Angeklagten)
interrogar (g>gue) – **interrogatorio** *m.*	**verhören / vernehmen – Verhör / Vernehmung**
declarar – declaración *f.*	**aussagen – Aussage**
delito *m.*	**Straftat; Verbrechen; Delikt**
cuerpo del delito	Beweisstück; Corpus delicti
cometer un delito	ein Verbrechen begehen
Robar es un delito.	Stehlen ist strafbar.

Grados m. ***de ejecución del delito*** **(= Schwere einer Straftat)**
delito m. *consumado* (= vollendete Tat) • *delito* m. *frustrado* (= nicht vollendeter Versuch) • *tentativa* f. (= Versuch) • *conspiración* f. (= Intrige) • *proposición* f. (= Vorschlag) • *provocación* f. (= Anstiftung)

infracción *f.*	**Vergehen; Übertretung**
infracción de tráfico	Verkehrsübertretung
crimen *m.*	(schweres)**Verbrechen; Mord; Tötung; Totschlag**
cometer / perpetrar un crimen	ein Verbrechen begehen
escenario del crimen	Tatort
criminalidad *f.* – **criminal** *m. / f.*	**Kriminalität – Verbrecher(in)**
La criminalidad ha aumentado en un 5 por ciento.	Die Kriminalität hat um 5 Prozent zugenommen.
asesinato *m.* – **asesino / -a**	**Mord – Mörder(in)**
homicidio *m.* – **homicida** *m. / f.*	*(juristisch)* **Tötung / Totschlag – Mörder(in)**
brigada de homicidios	Mordkommission
confesar(se) (e>ie) – **confesión** *f.*	**gestehen – Geständnis**

confesarse culpable	sich schuldig bekennen
sentenciar – **sentencia** *f.*	**verurteilen** – **Urteil**
condenar – **condena** *f.*	**verurteilen** – **Verurteilung**
absolver (– absuelvo – absolví – absuelto)	**freisprechen**
inocente – **culpable**	**unschuldig** – **schuldig**
Uno es inocente hasta que se demuestre su culpabilidad.	Bis die Schuld erwiesen ist, gilt man als unschuldig.
declarar inocente / culpable	schuldig / nicht schuldig erklären
presunción *f.* – **presunto**	**Vermutung** – **mutmaßlich**
el presunto criminal	der mutmaßliche Verbrecher
en pleno uso *m.* **de sus facultades**	**voll zurechnungsfähig**
enajenación *f.* **mental transitoria**	**verminderte Zurechnungsfähigkeit**
circunstancias *f.* **atenuantes** / **agravantes**	**mildernde** / **strafverschärfende Umstände**
pena *f.*	**Bestrafung**; **Strafe**
el debate sobre la pena capital / de muerte	die Debatte über die Todesstrafe
multa *f.*	**Geldstrafe**; **Bußgeld**; **Verwarnungsgeld**
Tuvo que pagar 500 euros de multa.	Er / Sie musste 500 Euro Strafe zahlen.
fianza *f.*	**Kaution**; **Sicherheitsleistung**
El acusado fue puesto en libertad bajo fianza.	Der Angeklagte wurde gegen Kaution freigelassen.
(en) libertad *f.* **condicional**	**(auf) Bewährung**
prisión *f.*	**Gefängnis**; **Haft**
Fue condenado a seis años de prisión.	Er wurde zu sechs Jahren Gefängnis verurteilt.
prisión / detención preventiva	Untersuchungshaft
Todavía está en prisión preventiva.	Er ist noch in Untersuchungshaft.
cárcel *f.*	**Gefängnis**
Lo metieron en la cárcel, pero fue puesto en libertad por falta de pruebas.	Er wurde eingesperrt, aber aus Mangel an Beweisen wieder freigelassen.
apelar – **apelación** *f.*	**Berufung einlegen** – **Berufung**; **Revision(sverfahren)**
Apeló a la Corte Suprema.	Er / Sie legte Berufung beim Obersten Gerichtshof ein.
El caso ha sido apelado.	Es wurde Berufung eingelegt.
sobreseimiento *m.*	**Einstellung**
cumplimiento *m.* **de la ley**	**Durchsetzung** / **Vollzug des Rechts**
la policía	**die Polizei**
La policía está buscando un Ford rojo.	Die Polizei sucht einen roten Ford.
policía *m.* / *f.*	**Polizist(in)**
Soy policía.	Ich bin Polizist(in).
comisaría *f.*	(Polizei-)**Revier**; (Polizei-)**Wache**
cuartel *m.* / **cuartelillo** *m.*	**Wachthaus**; **Wachtposten**
agente *m.* / *f.*	**Detektiv(in)**; **Kriminalbeamte(r)**
comisario / **-a**	**Kriminalkommissar(in)**
la Guardia Civil	(Feld-)**Gendarmerie**; **Landpolizei**

8 La Guardia Civil fue fundada en 1844.	La Guardia Civil wurde 1844 gegründet.

Das Gesetz von 1986 teilt die *Fuerzas y Cuerpos de Seguridad* (= Sicherheitsorgane) in drei Gruppen ein, die von *el Estado* (= Staat), *las Comunidades Autónomas* (= autonomen Regionen) und *las corporaciones locales* (= kommunalen Regierungen) abhängen. Die staatliche Polizei wird in zwei weitere Gruppen eingeteilt: *el Cuerpo de la Policía Nacional,* nichtmilitärisch und vom Innenministerium abhängig, und *la Guardia Civil,* militärisch und vom Innen- oder Verteidigungsministerium abhängig.

sospecha *f.* – **sospechoso** / **-a**	**Verdacht** – **Verdächtige(r)**
orden *f.*	**Befehl**
orden de detención	(richterlicher) Haftbefehl
Tenemos orden de detención contra él.	Wir haben einen Haftbefehl gegen ihn.
orden de registro	Durchsuchungsbefehl
delincuente *m.* / *f.*	**Straftäter(in)**
delincuente juvenil	jugendliche(r) Straftäter(in)
antecedentes *m. pl.* **penales**	**Vorstrafen**
sin antecedentes penales	nicht vorbestraft; Ersttäter(in)
tener antecedentes penales	vorbestraft sein; Rückfalltäter(in)
persecución *f.*	**Verfolgung**
arrestar – **arresto** *m.*	**festnehmen** / **verhaften** / **in Haft nehmen** – (Polizei-)**Gewahrsam** / **Haft**
arresto domiciliario	Hausarrest
Fue arrestado.	Er wurde in Haft genommen.
detener (– detengo, detiene – detuvo – detenido)	**festnehmen; verhaften; in Haft nehmen**
detención *f.*	**Festnahme; Verhaftung; Haft**
Lo detuvieron para interrogarlo.	Er wurde zur Vernehmung festgehalten.
esposas *f. pl.*	**Handschellen**
poner las esposas	die Handschellen anlegen

"Los nuevos métodos de la policía para la búsqueda de delincuentes son muy eficaces."

Impuestos
Steuern

¿Es lícito pagar tributo al César o no? ... Lo del César, devolvédselo al César, y lo de Dios, a Dios. (*El tributo debido al César, Evangelio según San Marcos, MC 12, 14–17*)

erario *m.* **público** / **fisco** *m.*	**Fiskus; Staatskasse**
impuesto *m.*	**Steuer**
subir los impuestos	die Steuern erhöhen
bajar / reducir los impuestos	die Steuern senken
aumento / disminución de los impuestos	Steuererhöhung / -senkung
gravar con un impuesto	besteuern; mit Steuern belasten
fiscal	**fiskalisch; Fiskus-; Steuer-; Finanz-**
fraude fiscal / tributario	Steuerhinterziehung
paraíso fiscal	Steuerparadies
ventajas fiscales para las empresas que invierten en el país	Steuervergünstigungen für Firmen, die im Inland investieren
gravar (con impuestos) – **gravamen** *m.*	**besteuern; mit Steuern belasten** – **Belastung**
cargas / gravámenes sociales	Sozialabgaben
desgravar – **desgravación** *f.* **(fiscal)**	**Steuererleichterung gewähren; von der Steuer absetzen** – **Steuervergünstigung**
Los libros desgravan.	Die Bücher kann man absetzen.
(delegación *f.* **de) Hacienda** *f.*	**Finanzamt**
Hacienda se queda con la mayor parte de mi sueldo.	Den größten Teil meines Einkommens kriegt das Finanzamt.
ingresos *m. pl.*	**Einkommen**
ingresos netos / brutos	Netto- / Bruttoeinkommen
salario *m.* – **salarial**	**Lohn** – **Lohn-**
salario líquido	Nettolohn / -gehalt
retener / deducir del salario	vom Lohn abziehen
retención salarial	Direktabzug der Lohnsteuer
Impuesto *m.* **sobre la Renta (de las Personas Físicas)** / **IRPF**	**Einkommensteuer**
declaración *f.* de la renta	Einkommensteuererklärung
hacer la declaración de la renta	eine Einkommensteuererklärung ausfüllen
entregar la declaración de la renta	eine Einkommensteuererklärung abgeben
Impuesto *m.* **sobre el Valor Añadido** / **IVA**	**Mehrwertsteuer**
Todos los precios llevan el IVA incluido.	Alle Preise verstehen sich einschließlich Mehrwertsteuer.
exento / **libre de impuestos**	**steuerbefreit; steuerfrei**
mercancías libres de impuestos	steuerfreie Waren

ingresos libres de impuestos — nicht steuerpflichtiges Einkommen

devolución *f.* **de impuestos** — **(Steuer-)Erstattung**

Usted tiene derecho a una devolución de impuestos. — Sie haben Anspruch auf eine Steuererstattung.

Impuestos más importantes en España a partir de la reforma fiscal de 1977 **(= Wichtigste Steuern in Spanien nach der Steuerreform von 1977)**

impuestos directos (= direkte Steuern): *impuesto sobre la renta* (= Einkommensteuer) • *impuesto sobre el patrimonio* (= Vermögenssteuer) • *impuesto sobre sucesiones y donaciones* (= Erbschaftssteuer)

impuestos indirectos (= indirekte Steuern): *impuesto sobre el tráfico civil* = Handelssteuer) • *impuesto sobre el tráfico exterior* (= Außenhandelssteuer)

El Impuesto sobre el Valor Añadido / ***IVA*** wurde am 1. Januar 1986 eingeführt, als Spanien in die EG eintrat. Diese Steuer hat über 40 alte indirekte Steuern ersetzt.

asesor(a) fiscal — **Steuerberater(in)**

auditar – **auditoría** *f.* — (die Bücher) **prüfen** – **Buchprüfung**

tasación *f.* **a efectos impositivos** — **Veranlagung** (durch das Finanzamt)

donativo *m.* — **Spende**

En Alemania desgravan los donativos. — In Deutschland sind Spenden absetzbar.

amortización *f.* — **Abschreibung**

derechos *m. pl.* **de aduana** — **Zoll(abgabe)**

¿Hay que pagar derechos de aduana por eso? — Muss man darauf Zoll bezahlen?

"¿Tabaco, alcohol? ¿Algo que declarar?"

Seguridad Social
Soziale Sicherheit

El socorro en la necesidad, aunque sea poco, ayuda mucho.
(*Mateo Alemán, escritor español, 1547 –1614*)

el estado social	**der Wohlfahrtsstaat / Sozialstaat**
la red de servicios sociales	**das soziale Netz**
Instituto *m.* **Nacional de la Seguridad Social / INSS**	**Allgemeine Staatliche Sozialversicherung**

La Seguridad Social bedeutet allgemein soziale Sicherheit und deckt die folgenden Risiken ab: *accidentes* m. *de trabajo* (= Arbeitsunfälle), *paro* m. (= Arbeitslosigkeit), *enfermedad* f. (= Krankheit), *maternidad* f. (= Mutterschaft), *invalidez* f. (= Invalidität), *vejez* f. (= Alter) und *muerte* f. (= Tod). Die Hauptanteile der *Seguridad Social* kommen von den Arbeitgeber- und Arbeitnehmerbeiträgen *(= cuotas* f. *empresariales y de los trabajadores)* und an zweiter Stelle vom Staat.

Instituto *m.* **de Migraciones y Servicios Sociales / IMSERSO**	**Allgemeine Staatliche Sozialversorgung**
Las pagas de minusvalía dependen del IMSERSO.	Die Beihilfe für Behinderte ist abhängig von der IMSERSO.
El IMSERSO organiza viajes para la tercera edad.	Die IMSERSO organisiert Seniorenreisen.
Ministerio *m.* **de Trabajo, Seguridad Social y Asuntos Sociales**	**Arbeits- und Sozialministerium**
Consejería *f.* **de Asuntos Sociales**	**Sozialministerium** (in einigen Autonomien)
prestación *f.* / **ayuda** *f.* **(social)**	**(Bei-)Hilfe; Zuschuss**
ayuda familiar	Familienbeihilfe
prestación social por baja maternal	Mutterschaftsgeld
supresión de prestaciones sociales	Streichung von Sozialleistungen
subsidio *m.*	**(Bei-)Hilfe; Zuschuss**
subsidio por hijos	Kindergeld
subsidio de vivienda	Wohngeld
subsidio de enfermedad	Krankengeld
subsidio de desempleo	Arbeitslosengeld
baja *f.* **maternal**	**Mutterschaftsurlaub**
ayuda *f.* **social**	**Sozialhilfe**
seguro *m.*	**Versicherung**
seguro de enfermedad	Krankenversicherung; Krankenkasse
seguro de invalidez	Invaliditätsversicherung
asistencia *f.* **domiciliaria**	**Pflegehilfe**
pensión *f.*	**Rente; Pension; Ruhegehalt**
caja de pensiones / jubilaciones	Pensionskasse
pensión de viudedad	Witwenrente
centro *m.* **de asesoramiento**	**Bürgerberatungsstelle**

Relaciones internacionales
Internationale Beziehungen

Las grandes naciones no se han hecho desde dentro, sino desde fuera; sólo una acertada política internacional, política de magnas empresas, hace posible una fecunda política interior.
(José Ortega y Gasset, filósofo y ensayista español, 1883–1955)

relaciones *f.* **con otros países**	**Beziehungen zu anderen Staaten**
relaciones tirantes	gespannte Beziehungen
normalización de las relaciones	Normalisierung der Beziehungen
romper / restablecer las relaciones	die diplomatischen Beziehungen abbrechen / wiederaufnehmen
la **política internacional**	die **internationale Politik**
el Fondo Monetario Internacional	**Internationaler Währungsfonds**
la **política exterior**	die **Außenpolitik**
ministro / -a / Ministerio de Asuntos Exteriores	**Außenminister(in) / -ministerium**
estadista *m. / f.*	**Staatsmann**
visita *f.* **de estado**	**Staatsbesuch**
cumbre *f.*	**Gipfeltreffen**
diplomacia *f.*	**Staatskunst; Diplomatie**
diplomático / -a	**diplomatisch; Diplomat(in)**
reconocimiento diplomático	diplomatische Anerkennung
embajador(a) – **embajada** *f.*	**Botschafter(in)** – **Botschaft**
enviado / -a	**Gesandter / Gesandtin**
el enviado especial del presidente	der Sonderbeauftragte des Präsidenten
delegación *f.* – **delegado / -a**	**delegierte Vertretung** – **Beauftragte(r)**
misión *f.*	**Mission**
un diplomático en misión secreta	ein Diplomat in geheimer Mission
aliado *m.*	**alliiert; Verbündeter; Bündnispartner**
las fuerzas aliadas de Europa	die alliierten Streitkräfte in Europa
alianza *f.*	**Bündnis; Allianz**
bloque *m.*	**Block**
el antiguo bloque del este	der frühere Ostblock
naciones *f.* **no alineadas**	**blockfreie Staaten**
soberanía *f.* – **soberano**	**Souveränität** – (Staat) **souverän**
reivindicación *f.* **territorial**	**territorialer Anspruch**
frontera *f.* – **fronterizo**	**Grenze** – **Grenz- / angrenzend**
conflictos fronterizos	Grenzkonflikte
Cruzaron la frontera.	Sie überquerten die Grenze.
crisis *f. sg. / pl.*	**Krise**
crisis de gobierno	Regierungskrise
dar una solución política a la crisis	eine politische Lösung der Krise finden
disputa *f.*	**Streit(igkeit); Auseinandersetzung**

intervención *f.* **armada**	**bewaffnete Intervention**
sanciones *f.* **económicas**	**Wirtschaftssanktionen**
embargo *m.*	**Embargo**
imponer / levantar un embargo	ein Embargo verhängen / aufheben
intermediario / **-a**	**Vermittler(in)**
mediador(a)	**Vermittler(in)**
Actuó como mediador en las conversaciones de paz.	Er war Vermittler bei den Friedensgesprächen.
política *f.* **de apaciguamiento**	**Beschwichtigungspolitik**
reducir (– reduzco – reduje – reducido) **tensiones**	**die Spannungen abbauen**
plan *m.* **de paz**	**Friedensplan**
poner (– pongo – puse – puesto) **fin a un conflicto**	**einen Konflikt beilegen**
negociar – **negociaciones** *f. pl.*	**verhandeln** – **Verhandlungen**
negociar un tratado	einen (Staats-)Vertrag aushandeln
una nueva ronda de negociaciones	eine neue Verhandlungsrunde
hacer (– hago – hice, hizo – hecho) **progresos**	**einen Durchbruch erzielen; Fortschritte machen**
llegar (g>gue) **a un compromiso**	**einen Kompromiss erzielen**
hacer público un comunicado	**ein Kommuniqué veröffentlichen**
acuerdo *m.*	**Abkommen**
un acuerdo de cese el fuego	ein Waffenstillstandsabkommen
llegar a un acuerdo	zu einer Einigung gelangen
la Organización de las Naciones Unidas / **ONU**	**die Vereinten Nationen** / **UNO**
las Fuerzas de Pacificación de la ONU – **los Cascos Azules**	**die UNO-Friedenstruppen** – **die Blauhelme**
Tratado *m.* **de no Proliferación Nuclear**	**Atomwaffensperrvertrag**
conferencia *f.* **de desarme**	**Abrüstungskonferenz**
perseguir (– persigo – perseguí, persiguió – perseguido) **una política de distensión**	**eine Politik der Entspannung verfolgen**
zona *f.* **de libre cambio** / **comercio**	**Freihandel(szone)**
barreras *f.* **comerciales**	**Handelshindernisse; Handelsschranken**
socio *m.* **comercial**	**Handelspartner**
tratado *m.* **comercial**	**Handelsvertrag**
la Unión Europea / **UE**	**die Europäische Union**
solicitar la entrada en la UE	die EU-Mitgliedschaft beantragen
la ampliación de la UE	EU-Erweiterung
el Mercado único Europeo	**der Europäische Binnenmarkt**
la Unión Monetaria Europea	**die Europäische Währungsunion** / **EWU**
la **sede**	der **Hauptsitz**
ayuda *f.* **al** / **del extranjero**	**Auslandshilfe**
ayuda *f.* **al desarrollo**	**Entwicklungshilfe**
país *m.* **en vías de desarrollo**	**Entwicklungsland**
país *m.* **de reciente industrialización**	**Schwellenland**

Defensa, guerra, militares
Verteidigung, Krieg, Militär

La guerra no empieza nunca en la primera batalla ni acaba con la última.
(*Alfonso Hernández Catá, escritor cubano, 1885–1940*)

defender (e>ie) – **defensa** *f.*	**verteidigen – Verteidigung**
aumentar los gastos de defensa	die Verteidigungsausgaben erhöhen
la OTAN	**die NATO**
España entró en la OTAN en 1982.	Spanien trat 1982 der NATO bei.
control *m.* **de armamento**	**Rüstungskontrolle**
pacto *m.* **de no agresión**	**Nichtangriffspakt**
intimidación *f.* – **medio** *m.* **intimidatorio**	**Abschreckung – Abschreckungsmittel**
ministro / **-a** / **Ministerio** *m.* **de Defensa**	**Verteidigungsminister(in)** / **-ministerium**
servicio *m.* **militar**	**Wehrpflicht**
hacer la mili pop	den Wehrdienst ableisten
la **milicia universitaria**	**besonderer Wehrdienst für Studenten**
recluta *m.* / **quinto** *m.*	**Wehrpflichtiger; Rekrut**
ejército *m.*	**Armee; Heer**
Ramón está en el ejército.	Ramón ist beim Militär / „beim Bund“.
militar *m.*	**Militär; Militär-; militärisch**
Los militares están en contra del proyecto.	Das Militär ist gegen den Plan.
las fuerzas armadas	**die Streitkräfte** / **Wehrmacht**
El Rey de España ostenta el mando supremo de las fuerzas armadas.	Der König Spaniens ist Oberkommandierender der Streitkräfte.
las fuerzas aéreas	**die Luftwaffe**
la marina	**die (Kriegs-)Marine**
la infantería	**die Infanterie; das Fußvolk**
oficial *m.* / *f.*	**Offizier(in)**
soldado *m.* / *f.* **(raso)**	**(einfache[r]) Soldat(in)**
ascender (e>ie)	**befördern**
Fue ascendido a capitán.	Er wurde zum Hauptmann befördert.
general *m.*	**General**
el Estado Mayor	**der Generalstab**
mando *m.*	**Kommando**
bajo el mando de Franco	unter Francos Kommando
comandante *m.* / *f.*	**Befehlshaber; Kommandant(in)**

Unidades f. ***militares*** **(= Militärische Organisationseinheiten)**
pelotón m. (= Zug) • *compañía* f. (= Kompanie) • *regimiento* m. (= Regiment) • *unidad* f. (= Einheit) • *batallón* m. (= Bataillon) • *brigada* f. (= Brigade) • *división* f. (= Division) • *cuerpo* m. (= Korps) • *ejército* m. (= Armee)

servicio *m.* **secreto**	**Geheimdienst; Nachrichtendienst**
espionaje *m.* – **contraespionaje** *m.*	**Spionage – Gegenspionage**
espía *m. / f.*	**Spion(in)**
guerra *f.*	**Krieg**
la Primera / Segunda Guerra Mundial	der erste / zweite Weltkrieg
declarar la guerra a un país	einem Land den Krieg erklären
La Guerra Civil española duró desde 1936 hasta 1939.	Der spanische Bürgerkrieg dauerte von 1936 bis 1939.
agresor *m.* – **agresión** *f.*	**Aggressor – Aggression**
invadir – **invasión** *f.*	**überfallen – Invasion**
invadir un país vecino	in ein Nachbarland einfallen
la invasión de Polonia por los alemanes	der deutsche Überfall auf Polen
atacar (c>que) – **ataque** *m.*	**angreifen – Angriff**
avance *m.* – **retirada** *f.*	**Vormarsch – Rückzug**
ocupar un país – **ocupación** *f.*	**ein Land besetzen – Besetzung**
la ocupación de Polonia	die Besetzung Polens
las fuerzas norteamericanas de ocupación	die amerikanischen Besatzungstruppen
batalla *f.*	**Schlacht**
Mi padre murió / cayó en la batalla.	Mein Vater ist im Kampf gefallen.
campo de batalla	Schlachtfeld
combate *m.*	**Kampf; Gefecht**
Murió / cayó en combate en 1944.	Er fiel 1944.
ofensiva *f.* – **contraofensiva** *f.*	**Offensive – Gegenoffensive**
planear / comenzar una ofensiva	eine Offensive planen / starten
resistencia *f.*	**Widerstand**
encontrarse con una fuerte resistencia	auf starken Widerstand stoßen
enemigo / **-a**	**feindlich; Feind(in)**
tropas enemigas	feindliche Truppen
barcos / ataques enemigos	feindliche Schiffe / Angriffe
avituallamiento *m.*	**Nachschub**
munición *f.*	**Munition**
artillería *f.*	**Artillerie**
tanque *m.*	**Panzer**
misil *m.*	**Rakete**
un ataque a la ciudad con misiles	ein Raketenangriff auf die Stadt
cazatorpedero *m.*	**Torpedobootzerstörer**
armas *f.* **(nucleares)** → 1.13	**(Kern)waffen**
el alma *f.*	
armas *f.* **de exterminación masiva**	**Massenvernichtungswaffen**
submarino *m.* **(nuclear)**	**(Atom-)U-Boot**
bombardear – **bomba** *f.* – **bombardeo** *m.*	**bombardieren – Bombe – Bombardierung**
bomba atómica – bomba de hidrógeno	Atombombe – Wasserstoffbombe
bomba lapa	Haftbombe
Arrojaron bombas sobre la zona de aterrizaje.	Sie warfen Bomben auf den Landeplatz.
el bombardeo de las zonas industriales	das Bombardieren von Industrieanlagen
base *f.* **aérea**	**Luftwaffenstützpunkt**
ataque *m.* **aéreo**	**Luftangriff**

refugio *m.* **antiaéreo**	**Luftschutzbunker / -keller / -raum**
paracaídas *m. sg. / pl.* – **paracaidista** *m. / f.*	**Fallschirm – Fallschirmjäger(in)**
destruir (-y-) – **destrucción** *f.*	**zerstören – Zerstörung**
tribunal *m.* **militar**	**Kriegs- / Militärgericht**
Fue juzgado por un tribunal militar.	Er wurde vor ein Kriegsgericht gestellt.
capturar	**einnehmen; erobern; gefangen nehmen**
Los soldados fueron capturados.	Die Soldaten wurden gefangengenommen.
retirarse / replegarse (e>ie, g>gue)	**sich zurückziehen;** (Truppen) **abziehen**
guerrilla *f.* – **guerrillero / -a**	**Guerilla – Guerillakämpfer(in)**
guerra de guerrillas	Guerillakrieg
partisano / -a – guerra *f.* **de partisanos**	**Partisane / Partisanin – Partisanenkrieg**
ataque *m.* **suicida**	**Selbstmordanschlag**
maquis *m. sg. / pl.*	**Widerstandskämpfer / -bewegung**
miliciano / -a	**Landwehrsoldat(in); Milizangehörige(r)**
las **bajas**	die **Verluste** (= Tote)
bajas en la población civil	Verluste in der Zivilbevölkerung
los **heridos y** los **muertos**	die **Verwundeten** und die **Toten**
prisionero / -a (de guerra)	**(Kriegs-)Gefangene(r)**
victoria *f.* – **derrota** *f.*	**Sieg – Niederlage**
rendirse (– rindo – rendí, rindió – rendido) – **rendición** *f.*	**kapitulieren – Kapitulation**
crimen *m.* **de guerra** – **criminal** *m. / f.* **de guerra**	**Kriegsverbrechen – Kriegsverbrecher(in)**

"Derecha, izquierda, paso al frente ..."

Títulos, formas de tratamiento

Titel, Anredeformen

La mayor parte de los que se llaman caballeros son incapaces de arriesgar la vida o la fortuna por demostrar que lo son.
(*Ricardo León, novelista español, 1877–1943*)

rey – reina	**König – Königin**
príncipe (heredero) – princesa (heredera)	**(Kron-)Prinz – (Kron-)Prinzessin**

El príncipe heredero von Spanien trägt den Titel *Príncipe de Asturias,* bevor er König wird.

infante / -a	**Infant(in)**
la infanta Cristina	Infantin Cristina (Tochter von König Juan Carlos I)
grande *m. / f.* **de España**	**Grande**

Grande de España ist der wichtigste Titel in der Adelshierarchie. Ein *Grande* hat einige prerrogativas (= Vorrechte) am Königshof, er muss z. B. den Hut vor dem König nicht abnehmen.

duque – duquesa	**Herzog – Herzogin**
el duque de Suárez	der Herzog von Suárez
la duquesa de Alba	die Herzogin von Alba
conde – condesa	**Graf – Gräfin**
marqués – marquesa	**Marquis – Marquise** (Adelstitel zwischen *conde* und *duque*)

Auch heute kann man noch wegen einer verdienstvollen Tat einen Adelstitel bekommen. Adolfo Suárez, ehemaliger Präsident Spaniens (1976–1981), bekam z.B. den Titel *duque de Suárez* wegen seiner Beteiligung in *la Transición* (= dem Übergang) zur Demokratie.

Den Namen von Botschafter(inne)n (= *embajadores / -as*) und anderen hohen Würdenträgern (= *dignidades*) wird häufig der Titel *excelencia* (= Exzellenz), *excelentísimo* (= *Excmo.*) vorangestellt:
Su excelencia el embajador de España en Venezuela ...
Die offizielle Anredeform ist entsprechend *su / vuestra excelencia:*
Espero que su / vuestra excelencia haya tenido un día agradable.
Die Anrede in einem Brief an einen *embajador* oder *dignidad* lautet:
Excmo. señor embajador ...
Ilustrísimo (= Hochwürden) ist eine weitere Anredeform für Würdenträger, die vor *señor* steht. Die Abkürzung ist *Ilmo.:*
Ilmo. señor cónsul ...
El presidente del gobierno y sus ministros werden dagegen schlicht mit *señor presidente / ministro* oder *señor* angeredet.

13 Richter / -innen (= *jueces*) werden in der Regel mit *su señoría* (= Euer Gnaden / Hochwohlgeboren) angeredet: *Su señoría, ¿puedo hacer una pregunta?*
Die gleiche Anrede erhielten früher die Abgeordneten, heute ist sie nicht mehr üblich:
Con el permiso de sus señorías ... (= Wenn Sie gestatten, meine Herren ...)

Bei Geistlichen (= *miembros del clero*) wird gewöhnlich die Anrede *señor cura / señor párroco* (= Herr Pfarrer) verwendet:
Perdone, señor cura, ¿puedo hablar un momentito con usted? (= Entschuldigen Sie, Herr Pfarrer, kann ich Sie mal kurz sprechen?)
Bei Mitgliedern geistlicher Orden gebraucht man reverendo / -a (= ehrwürdig / Hochwürden): *reverendo padre, reverenda madre, reverendo hermano, reverenda hermana.*
Bei Bischöfen wird der Titel *su ilustrísima* (= Hochwürden) vorangestellt:
Su ilustrísima el obispo de Huelva ...
Die offizielle Anredeform ist *su / vuestra ilustrísima* und die Anrede in einem Brief lautet:
Ilmo. señor Obispo ...
Die *Real Academia de la Lengua Española* empfiehlt, die Abkürzungen *Ilmo.* und *Excmo.* nicht zu verwenden, obgleich ihr Gebrauch häufig und üblich ist.

Vor dem Namen „gewöhnlicher Sterblicher" (= *ciudadanito de a pie*) steht *señor* (= Herr), *señora* (= Frau) oder *señorita* (= Fräulein). Diese Anredeformen können vor den Vornamen, vor den Nachnamen oder vor Vor- und Nachnamen gesetzt werden:
¡Buenos días, señor Juan! ¡Adiós, señora García! Le presento a la señorita Juana García.
Wenn man über eine Person redet, muss der Artikel vor *señor / señora / señorita* gesetzt werden:
La señora García me ha dicho que llegará más tarde.
Don und *doña* werden ebenfalls vor dem Vornamen oder vor Vor- und Nachnamen verwendet, aber nie nur vor dem Nachnamen:
don José, doña Josefa Gómez.

In Spanien ersetzt ein akademischer Grad – anders als im Deutschen – den Titel. Entsprechend wäre Herr Professor Dr. Martínez im Spanischen einfach *señor Martínez bzw. señor catedrático / profesor.*
Über oder mit Professor Martínez könnte man höflich so reden:
El señor Martínez nos acaba de decir que ...Disculpe, profesor / señor, aquí hay un alumno que quiere hablar con usted ...
Die Anrede doctor verwendet man normalerweise nur bei Ärzten:
Adiós, doctor, y muchas gracias.

Problemas sociales
Soziale Probleme

Escasez de viviendas
Wohnungsmangel

→ 5.1 Pisos y casas

Tu casa puede reemplazar el mundo; pero el mundo a tu casa jamás. (*Proverbio*)

vivienda(s) *f.*	**Wohnung(en); Wohnraum; Wohnungs-**
una vivienda asequible	eine erschwingliche Wohnung
construir viviendas económicas	preiswerten Wohnraum schaffen
la falta / escasez de viviendas	die Wohnungsknappheit / -not
el problema / la crisis de la vivienda	die Wohnungsnot / -krise
el mercado de la vivienda	der Wohnungsmarkt
mirar(se) los anuncios de viviendas / pisos	die Wohnungsanzeigen studieren
promover la construcción de viviendas	den Wohnungsbau fördern
recortes del subsidio de vivienda	Wohngeldkürzungen
búsqueda de vivienda	Wohnungssuche
Es difícil encontrar vivienda.	Wohnraum ist schwer zu finden.

Einer Sozialwohnung entspricht in Spanien ungefähr *una vivienda protegida / un piso protegido*, im weiteren Sinne könnte der deutsche Begriff mit *vivienda / piso de protección oficial* wiedergegeben werden. Entsprechend: *construcción de viviendas de protección oficial* (= sozialer Wohnungsbau).

el **aumento** / la **subida de los alquileres**	**das Ansteigen der Mieten**
la reciente subida del alquiler	die neueste Mieterhöhung
intervencionismo *m.* **estatal de la vivienda**	**Wohnraumbewirtschaftung**
protección *f.* **al inquilino**	**Mieterschutz**
ley *f.* **de arrendamiento**	**Mietgesetz**
realquilar / **subarrendar** (e>ie)	**untervermieten**
realquiler *m.* / **subarriendo** *m.*	**Untervermietung**
realquilado / **-a**	**Untermieter(in)**
agente *m.* / *f.* **de la propiedad (inmobiliaria)**	**Immobilien- / Wohnungsmakler(in)**
sociedad *f.* **inmobiliaria**	**Wohnungs(bau)gesellschaft**
compartir una vivienda / **un piso**	**in einer Wohngemeinschaft leben**
Las viviendas compartidas / comunitarias son bastante frecuentes aquí.	Wohngemeinschaften gibt es hier ziemlich viele.
Estoy buscando un piso compartido agradable.	Ich suche eine nette Wohngemeinschaft.
compañero / **-a de piso** / **de habitación**	**Mitbewohner(in); Zimmergenosse / -genossin**
una vivienda	**eine Bleibe**
Mucha gente no tiene un lugar / una vivienda decente para vivir.	Viele Menschen haben keine anständige Bleibe.

crédito-vivienda *m.*	**Baudarleh(e)n**
hipoteca *f.* **– hipotecario** / **-a**	**Hypothek – hypothekarisch; Hipotheken- / Hipothekar-**
crédito hipotecario	Hypotheken- / Hipothekarkredit
hipotecar (c>que) una casa / un piso	ein Haus / eine Wohnung **mit einer Hypothek belasten**
dar (– doy – di – dado) **un aviso** / **una notificación de desalojo**	**einem Mieter kündigen**
desahuciar / **desalojar a un inquilino**	**einen Mieter zur Räumung zwingen**
Algunos inquilinos fueron desalojados por no haber pagado el alquiler.	Mieter wurden zur Räumung gezwungen, weil sie mit ihren Mietzahlungen in Rückstand waren.
Están amenazados de **desahucio**.	Ihnen droht die **Zwangsräumung**.
orden *f.* **de desalojo** / **desahucio**	**Räumungsbefehl**
ocupar (ilegalmente) una casa	ein Haus **besetzt halten**
Tuvieron que desalojar la casa ocupada.	Sie mussten das besetzte Haus räumen.
okupa / **ocupa(nte ilegal)** *m.* / *f.*	**Squatter; illegaler Hausbesetzer**

Die *okupas* waren in den 1980er und 1990er Jahren in Spanien eine wichtige Bewegung geworden, die in Zusammenhang mit der höchsten Arbeitslosenquote in Europa (21-24%, bei Jugendlichen um 50%) stand. Sie tragen auch heute noch in manchen Fällen dazu bei, alte, baufällige Gebäude vor dem Einsturz zu retten und dort Raum für kulturelle und gesellschaftliche Initiativen Jugendlicher zu schaffen. Viele *pintadas* (= Graffiti) machen Werbung für die *okupación* (*ocupación* = illegale Hausbesetzung). Der Buchstabe *k* ist das Symbol dieser Bewegung und vertritt den Buchstaben *c* auch in anderen Wörtern bei Veröffentlichungen, Flugblättern und Liedertexten.

chabolas *f. pl.* / *Mex* **villa** *f.* **miseria** / *Ven* **ranchitos** *m. pl.* / *Pe* **pueblo** *m.* **joven** / *Chi* **(población) callampa** *f.* / *Uru* **cantegriles** *m. pl.*	**Barackensiedlung**; *(Berlin)* **Wagenburg**
sin hogar – **sin techo** *m.* / *f.; sg.* / *pl.*	**obdachlos** – **obdachlos** / **Obdachlose(r)**
personas sin hogar / techo que viven entre cartones	Obdachlose, die in Pappkartons wohnen
un fuerte aumento de la gente sin hogar / los sin techo	eine starke Zunahme der Obdachlosigkeit
domicilio *m.*	**Wohnsitz**
sin domicilio fijo	ohne festen Wohnsitz
dormir (– duermo – dormí, durmió – dormido) **a la intemperie**	**im Freien übernachten**
dormir / vivir en la calle	auf der Straße schlafen / leben
buscar (c>que) **refugio** / **abrigo**	**Zuflucht suchen**
proporcionar un alojamiento de urgencia	**eine Notunterkunft bereitstellen**
albergue *m.* / **residencia** *f.*	**Wohnheim**
proporcionar / **dar** (– doy – di – dado) **un hogar a gente sin techo**	**Obdachlose unterbringen**

Desempleo
Arbeitslosigkeit

→ 20.9 Relaciones laborales

El trabajo, ese ángel custodio del hombre.
(*Concepción Arenal, publicista española, 1820–1893*)

desempleado / **-a** / **parado** / **-a**	**arbeitslos; erwerbslos; Arbeitslose(r)**
los parados de larga duración	die Langzeitarbeitslosen
reducir el número de parados	die Arbeitslosenziffer senken
desempleo *m.* / **paro** *m.*	**Arbeitslosigkeit; Erwerbslosigkeit**
El índice / la tasa de paro está creciendo / aumentando.	Die Arbeitslosigkeit nimmt zu.
desempleo coyuntural	konjunkturelle Arbeitslosigkeit
desempleo estructural	strukturelle Arbeitslosigkeit
seguro de desempleo	Arbeitslosenversicherung
subsidio *m* **de desempleo** / **paro**	**Arbeitslosengeld; Arbeitslosenhilfe**
iniciativas contra el desempleo	Anti-Arbeitslosigkeitsinitiativen
sin empleo / **trabajo**	**ohne Arbeit; arbeitslos**
De repente me encontré sin empleo.	Plötzlich stand ich ohne Arbeit da.
Millones de personas están sin empleo.	Millionen sind ohne Arbeit.
Me voy a quedar sin trabajo.	Ich werde meinen Arbeitsplatz verlieren.
puesto *m.* **(de trabajo)**	**Arbeitsplatz**
el peligro de perder el puesto (de trabajo)	der drohende Arbeitsplatzverlust
indemnización *f.* (por despido)	**Abfindung**
reducción *f.* **de(l) personal** / **de (la) plantilla**	**Stellen- / Personalabbau; Verschlanken**
reestructuración *f.*	(*Euphemismus für*) **Personalabbau**
reducción *f.* **de puestos de trabajo**	**Arbeitsplatzabbau; Stellenabbau**
jornada *f.* **reducida**	**Kurzarbeit**
Estamos (trabajando) a jornada reducida de momento.	Wir machen im Moment Kurzarbeit.
trabajo *m.* **estacional** / **temporal**	**Saisonarbeit**
trabajador(a) autónomo / **-a** / **por cuenta propia**	**Selbständige(r)**
temporero / **-a** / **trabador(a) estacional**	**Saisonarbeiter(in)**
precariedad *f.* **laboral**	**Arbeits-Engpass**

Das Entlassenwerden (= *ser despedido* / LAm *cesado*) kann durch eine Reihe von Verben ausgedrückt werden, die direkt oder euphemistisch (= abschwächend-beschönigend) sein können:
Le han dado la patada. / Se lo han cargado. / Lo han puesto de patitas en la calle. / Lo han echado (del trabajo). (= Man hat ihn gefeuert / vor die Tür gesetzt / rausgeschmissen.)
Miles de empleos han sido / fueron suprimidos. (= Tausende von Beschäftigten

wurden freigesetzt.)
Le han dado la orden de despido / el (aviso de) despido. (= Sie haben ihm / ihr gekündigt.)
Lo han despedido. / Ha sido despedido. (= Ihm ist gekündigt worden. / Er wurde entlassen.)
Lo han cesado / destituido. / Ha sido cesado / destituido. (= Er wurde abgesetzt / des Amtes enthoben.)
Ha sido separado / apartado del servicio. (= Er wurde versetzt.)
Freundliches „understatement": *Siento que no tengamos más remedio que dejarle marchar.*
Erkundigt man sich nach jemand, der entlassen wurde, so hört man etwa:
Lo siento, pero el señor Reyes hace tiempo que ya no está con nosotros.

Das ***INEM*** / ***Instituto Nacional de Empleo*** ist eine Institution, die etwa der deutschen Bundesanstalt für Arbeit entspricht. Sie wurde 1978 gegründet und dem Arbeitsministerium angeschlossen. Ihre Aufgaben sind die Koordinierung der Arbeitsbeschaffungsmaßnahmen der Regierung und die Durchführung von Weiterbildungskursen und Umschulungen. Zahlreiche regionale und lokale Verwaltungsstellen sorgen für Beratung und Berufsbildung.

emplear – **empleo** *m.*	**beschäftigen** – **Beschäftigung**
mejorar – **empeorar**	**sich bessern** – **sich verschlechtern**
La situación del empleo ha mejorado / empeorado.	Die Beschäftigungssituation hat sich gebessert / verschlechtert.
el mercado laboral	**der Arbeitsmarkt**
auge *m.* / **impulso** *m.*	**Aufschwung**
el auge económico	der Wirtschaftsaufschwung
caída *f.* / **bajón** *m.* / **descenso** *m.*	**Rückgang; Abflauen**
una caída / un descenso de la actividad económica	ein Abflauen / Nachlassen der Konjunktur
formación *f.* **profesional**	**berufliche Fortbildung**
reconvertir (– reconvierto – reconvertí, reconvirtió – reconvertido)	**umschulen**
reconversión *f.*	**Umschulung**
plan *m.* **para compartir empleos**	**Arbeitsplatzteilung**
jornada *f.* **reducida**	**Teilzeitarbeit**
jornada partida	Arbeitstag mit Mittagspause
trabajo *m.* **de media jornada**	**Halbtagsarbeit**
medidas *f.* **para la creación de empleo**	**Arbeitsbeschaffungsmaßnahmen**
programas *m.* **de creación de empleo**	**Arbeitsbeschaffungsprogramme**
demandante *m.* / *f.* **de empleo**	**Arbeitssuchende(r)**
buscar (c>que) **empleo** – **búsqueda** *f.* **de empleo**	**Arbeit suchen** – **Arbeitssuche**
Todavía estoy buscando trabajo.	Ich bin immer noch auf Arbeitssuche.
(re)emplear trabajadores	**Arbeitskräfte (wieder)einstellen**
jubilación *f.* **anticipada**	**Frührente**

Abuso de drogas y alcohol
Drogen- und Alkoholmissbrauch

→ 12.10 Fumar y beber

Las drogas ilegales son otro fertilizante ideal para el desarrollo del crimen juvenil, aunque no debemos olvidar que la sustancia que se asocia con mayor frecuencia a la agresión humana es el alcohol.
(Luis Rojas Marcos, psiquiatra español y presidente de la Corporación de Salud y Hospitales Públicos de Nueva York, nacido en 1943)

droga *f.* / **estupefaciente** *m.*	**Droge; Rauschmittel; Rauschgift**
sustancia estupefaciente	Rauschgift
drogas duras / blandas	harte / weiche Drogen
drogas alteradoras de la conciencia	bewusstseinsverändernde Drogen
tomar drogas	Drogen nehmen
abuso de estupefacientes / drogas	Drogenmissbrauch
legalización de las drogas	Legalisierung / Freigabe von Drogen
el número de muertos por las drogas	die Zahl der Drogentoten
drogado / **-a** / **bajo la influencia de drogas**	**unter Drogeneinfluss**
drogodependencia *f.*	**Drogenabhängigkeit**
adicción *f.* **a las drogas** / **drogadicción** *f.* / **toxicomanía** *f.*	**Drogensucht; Rauschgiftsucht**
un(a) **drogadicto** / **-a** / **toxicómano** / **-a**	ein(e) **Drogensüchtige(r)**
traficante *m.* / *f.* **de drogas** / **narcotraficante** *m.* / *f.*	**Drogen-** / **Rauschgifthändler(in)**
tráfico *m.* **de estupefacientes**	**Drogen-** / **Rauschgifthandel**
brigada *f.* **antidrogas** / **grupo** *m.* **de estupefacientes**	**Rauschgiftdezernat**

Das Drogenproblem hatte in Spanien in den 80er Jahren alarmierende Ausmaße erreicht, die mit einer enormen Zahl an Aids-Erkrankungen und einer hohen Kriminalitätsrate verbunden waren. Die Arbeitslosigkeit Spaniens trug hierzu bei ebenso wie die geographische Lage (mit mehr als 3 000 Kilometer Küste), die Spanien zu einem Hauptdurchgangsland für den internationalen Drogenhandel werden ließ, vor allem für *cocaína* aus Südamerika (besonders Kolumbien über Galicien und die Kanarischen Inseln) und *hachís* aus Nordafrika (über Andalusien). Dank eines groß angelegten *Plan Nacional sobre Drogas,* der auf die Drogenhändler abzielt, wird das Problem in den letzten Jahren wirksamer bekämpft. 1990 wurden in der *Operación Nécora* (= Operation Ruderkrabbe) die in den galicischen *rías* (= fjordähnliche Mündungen von Flüssen) operierenden Banden von Drogenhändlern gesprengt.

drogarse (g>gue)	**sich dopen**
colocarse (c>que) / **ponerse** – pongo – puse – puesto)	**sich in einen euphorischen Zustand versetzen**
estar colocado / puesto	high sein

camello / **-a.** *arg*	**Dealer; Pusher**
material *m.*	**Stoff**

Dass jemand rauschgiftsüchtig ist, kann man u.a. folgendermaßen ausdrücken: *Es un(a) drogadicto / -a / toxicómano / -a. • Es un(a) adicto / -a a las drogas. • Anda con drogas. • Toma / consume drogas. • Se pincha.*

barbitúricos *m. pl.*	**Barbiturate**
excitantes *m. pl.* / **estimulantes** *m. pl.*	**Aufputschmittel**
tranquilizantes *m. pl.*/ **calmantes** *m. pl.*	**Beruhigungsmittel**
pincharse – **pinchazo** *m.*	**fixen**; (das) **Fixen**
Necesita regularmente su pinchazo de heroína.	Er braucht regelmäßig sein Heroin.
Aquí se puede ver a jóvenes pinchándose.	Hier kann man Jugendliche fixen sehen.
chutarse / **picarse** (c>que) *arg*	„**schießen**"; „**drücken**" (= sich Drogen injizieren)
Se chuta heroína dos veces al día.	Er drückt zweimal täglich Heroin.
chute *m.* / **pico** *m.*	„**Schuss**" (= Drogeninjektion)
Se puso un pico.	Sie setzte / drückte sich einen Schuss.
engancharse – **desengancharse**	**drogenabhängig werden** – **sich von der Droge lösen; clean werden**
irse (– voy – iba – fui – ido) **del bolo** / **alucinar**	**ausflippen; auf einen Trip gehen**
heroína *f.* – **cocaína** *f.*	**Heroin** – **Kokain**
inyectar / esnifar / fumar cocaína	Kokain spritzen / schnupfen / rauchen
crack *m.*	**Crack**
El crack provoca rápidamente adicción.	Crack ist in hohem Maß suchterzeugend.
hachís *m.* / *arg* **chocolate** *m.*	**Haschisch; Hasch**
LSD *m.* / *arg* **ácido** *m.* / *arg* **tripi** *m.*	**LSD**
Estaba (en un viaje) de tripi / ácido.	Er war auf einem LSD-Trip.
éxtasis *m.*	**Ecstasy**
metadona *f.*	**Methadon**
dosis *f. sg.* / *pl.* – **sobredosis** *f. sg.* / *pl.*	**Dosis** – **Überdosis**
Janis Joplin murió de una sobredosis de heroína.	J. J. starb an einer Überdosis Heroin.
el vicio	**die Drogenabhängigkeit**
dejar el vicio	von der Sucht loskommen
curar – **cura** *f.* (de desintoxicación)	**heilen** / **kurieren** / **entwöhnen** – **Entzug**
Antes era un adicto, pero ahora está curado.	Er ist früher süchtig gewesen, aber jetzt ist er clean / geheilt.
desintoxicación *f.*	**Entgiftung; Entwöhnung; Entzug**
centro de desintoxicación	Entzugsklinik; Suchtklinik
síndrome *m.* **de abstinencia** / *arg* **mono** *m.*	**Entzug(serscheinungen)**
estar **limpio**	**clean** / **nicht mehr drogenabhängig** sein

Drogen-Slang

consumir drogas = ponerse, colocarse, chutarse, pincharse, picarse, meterse un tiro / chute / pico
consumidor(a) de drogas = drogota, fumeta / porrero / -a (= Haschischraucher[in]); *yonqui, picota* (= Fixer[in]); *pastillero / a* (Tablettensüchtige[r])
drogado = colocado, puesto, volado, encocado, fumado, flipado
vendedor(a) de drogas = camello / -a, contacto, conexión, fuente
anfetaminas = speed, estimulantes , pichumina
cocaína = coca, nieve, perico, farlopa, blanca
hachís = chocolate, tate, costo, mandanga, goma
heroína = caballo, jaco, polvo
LSD = ácido, ajo, tripi, secante, micropunto
éxtasis = chunga, redonda
marihuana / cannabis = hierba, maría
cigarrillo de marihuana / hachís = porro, canuto, peta(rdo), flai, mai, joint

alcohólico / **-a**	**Alkoholiker(in)**
Alcohólicos Anónimos	(die) Anonymen Alkoholiker
alcoholismo *m.*	**Alkoholismus; Alkoholkrankheit**
un(a) **bebedor(a)**	ein(e) **Trinker(in)**
un bebedor empedernido	Saufbold / -bruder
un(a) **borracho** / **-a** / *LAm* **tomado** / **-a**	**Säufer(in); Betrunkene(r)**
estar bebido / **borracho** / *LAm* **tomado**	**betrunken sein**
Estaban más borrachos que una cuba.	Sie waren sinnlos betrunken.
emborracharse	**sich betrinken**
copa *f.*	**alkoholisches Getränk**
ir de copas	einen Kneipenbummel machen
licor *m.* – **aguardiente** *m.*	**Likör** – **Schnaps**
ir (– voy – iba – fui – ido) **de juerga** / **parranda** / **farra**	**auf eine Sauftour gehen**
(un poco) achispado / **-a** / **chispa** / **piripi**	**(ein bisschen) beschwipst**
dormir (duermo – dormí, durmió – dormido) **la mona** / *LAm* **la cruda**	**seinen Rausch ausschlafen**
tener (– tengo, tiene – tuve – tenido) **resaca** *f.*	**einen Kater haben**

Alkohol-Slang

alcohol = priva, trago
beber = privar, chupar, LAm *tomar, soplar, empinar el codo, pegarle / darle a la botella / al jarro*
borrachera = castaña, melopea, curda, trompa, cogorza
bebedor = borrachín, privata
El botellón = Gruppenbesäufnis unter Jugendlichen auf öffentlichen Plätzen (soziales Phänomen seit den 90er Jahren in Spanien)

Pobreza
Armut

No es pobre el que tiene menos, sino el que desea más.
(*Lucio Anneo Séneca, filósofo y moralista hispano-romano, 4 a.de C.– 65*)
Cuando la pobreza entra por la puerta, el amor salta por la ventana.
(*El último de la Fila, grupo de pop-rock español*)

pobreza *f.*	**Armut**
las causas de la pobreza	die Ursachen der Armut
pobreza extrema / relativa	absolute / relative Armut
empobrecer(se) (c>zc)	**in Armut geraten / verarmen**
empobrecido	verarmt
pobre – los pobres	**arm – die Armen**
Esa gente es sumamente pobre.	Diese Menschen sind schrecklich arm.

Pobre kann im Spanischen wie im Deutschen zwei Bedeutungen haben. *Pobre* als nachgestelltes Adjektiv wird im materiellen Sinn verwendet: *Ha perdido toda su fortuna, ahora es un hombre pobre.* (= Er hat sein ganzes Vermögen verloren, jetzt ist er ein armer Mann). Das vorangestellte Adjektiv hingegen weist auf das seelische Unglück eines Menschens hin: *El pobre hombre ha sufrido muchas desgracias.* (= Dieser arme Mann hat viel Unglück erlebt.)

indigencia *f.* – **indigente** *m. / f.*	**Bedürftigkeit; Armut; – Bedürftige(r); arm**
en la indigencia	unterhalb der Armutsgrenze
necesidad *f.*	**Bedürfnis; Not; Bedürftigkeit**
las necesidades básicas	die Grundbedürfnisse
necesitado / -a	**bedürftig; notleidend; mittellos; Bedürftige(r)**
familias necesitadas	benachteiligte Familien
ayudar al necesitado	den Bedürftigen helfen
las personas necesitadas / faltas de recursos / medios	die mittellosen Menschen
privación *f.*	**Entbehrung; Mangel**
desaventajado / -a	**benachteiligt; Benachteiligte(r)**
los económicamente débiles / desaventajados	die sozial Schwachen
un **nivel de vida extremamente bajo**	ein **äußerst niedriger Lebensstandard**
mínimo *m.* **de subsistencia**	**Existenzminimum**
vivir al borde del mínimo de subsistencia	am Rande des Existenzminimums leben
vivir por debajo del nivel de subsistencia	unterhalb der Armutsgrenze leben
tener **sólo lo justo / lo estrictamente necesario para vivir**	**gerade das Nötigste zum Leben** haben
salario *m.* **mínimo**	**Mindestlohn**

fijar un salario mínimo	einen Mindestlohn festsetzen
tener un salario suficiente para vivir	einen zum Leben ausreichenden Lohn bekommen
el **hambre** *f.* → 1.13 *el* alma *f.*	der **Hunger**
pasar hambre	hungern
De joven pasó hambre a menudo.	Als Junge hat er oft gehungert.
hambriento / **-a**	**hungrig; Hungernde(r)**
inanición *f.*	**(Ver-)Hungern**
morir de hambre / inanición	verhungern
alimentación *f.* **pobre** / **insuficiente**	**Mangelernährung**
desnutrición *f.*	**Unterernährung**
desnutrición debida a la pobreza	durch Armut bedingte Unterernährung
ayuda *f.* / **prestación** *f.* **social**	**Sozialhilfe in Form von Sachleistungen**
dependiente de la ayuda social	auf Sozialhilfe **angewiesen**
cocina *f.* **de caridad** / **comedor** *m.* **de beneficencia**	**Armenküche**
subsidio *m.*	**Unterstützung zum Lebensunterhalt**
recortes *m. pl.* **en servicios sociales**	**Sozialabbau**
baja esperanza *f.* **de vida**	**niedrige Lebenserwartung**
un **índice alto de mortalidad infantil**	eine **hohe Kindersterblichkeit**
analfabetismo *m.* **entre los pobres**	**Analphabetentum unter den Armen**
niños *m.* **de la calle** / **callejeros**	**Straßenkinder**
explotación *f.* **de menores**	**Kinderarbeit**
prostitución *f.* **infantil**	**Kinderprostitution**
miseria *f.* (espantosa)	(entsetzliches) **Elend**
sufrir – **sufrimiento** *m.*	**leiden** – **Leiden**
aliviar el sufrimiento de los pobres	das Leid(en) der Armen lindern
desesperación *f.* – **desesperanza** *f.*	**Verzweiflung** – **Hoffnungslosigkeit**

"Conque un empleo bien remunerado, ¿eh? El que ustedes me ofrecen es un salario de hambre y miseria."

Crimen y violencia
Verbrechen und Gewalt

→ 6.8 La justicia y la policía

Salvo raras excepciones, el hombre criminal fue un niño desdichado, a quien faltaron buenos ejemplos y caricias. (*Concepción Arenal, publicista española, 1820–1893*)
Mi generación está marcada por la violencia. (*Alejandro Amenábar, director de cine español, nacido en 1973*)

crimen *m.* / **delito** *m.*	**Verbrechen; Straftat**
cometer un crimen	eine Straftat / ein Verbrechen begehen
crimen violento	Gewaltverbrechen
la lucha contra el crimen	der Kampf gegen das Verbrechen; die Verbrechensbekämpfung
víctima de un crimen	Opfer eines Verbrechens
profesional del crimen	Berufsverbrecher
criminalidad *f.*	**Kriminalität; Strafbarkeit**
prevención de la criminalidad	Verbrechensverhütung
el aumento del índice de criminalidad	die Zunahme der Kriminalität
criminal *m. / f.*	**kriminell; Verbrecher(in); Straftäter(in)**
delincuente *m. / f.*	**Verbrecher(in); Straftäter(in)**
delincuente común	Gemeinverbrecher

Häufig begangene Straftaten (= *Crímenes cometidos habitualmente*)
asesinato m. (= Mord) • *homicidio* m. (= allgemein: Tötungsdelikt) • *homicidio involuntario* (= fahrlässige Tötung) • *daño* m. / *lesión* f. *corporal* (= Körperverletzung) • *violación* f. (= Vergewaltigung) • *terrorismo* m. (= Terrorismus) • *secuestro* m. / *rapto* m. / Mex *plagio* m. (= Entführung) • *secuestro aéreo* (= Flugzeugentführung) • *toma* f. *de rehenes* (= Geiselnahme) • *robo* m. (= Raub) • *chantaje* m. / *extorsión* f. (= Erpressung) • *incendio* m. *provocado* / *premeditado* (= Brandstiftung) • *perjurio* m. / *juramento* m. *en falso* (= Meineid) • *falsificación* f. (= Fälschung) • *soborno* m. / CAm, Mex *mordida* f. / Andes, CSur *coima* f. (= Bestechung) • *desfalco* m. / *malversación* f. *(de fondos)* / *estafa* f. (= Unterschlagung / Veruntreuung) • *fraude* m. (= Betrug) • *contrabando* m. (= Schmuggel) • *furtivismo* m. (= Wilderei) • *vandalismo* m. (= mutwillige Beschädigung / Zerstörung fremden Eigentums) • *allanamiento* m. de *morada* (= Hausfriedensbruch) • *rufianería* m. (= Zuhälterei) • *desorden* m. *público* (= Störung der öffentlichen Ordnung) • *resistencia* f. *a la autoridad* (= Widerstand gegen die Staatsgewalt) • *encubrimiento* m. (= Verdunkelung / Hehlerei) • *complicidad* f. *(secundaria)* (= Mittäterschaft / Beihilfe)

El terrorismo ist eines der größten Probleme in Spanien. Die Ursachen sind, außer in den historischen Auseinandersetzungen zwischen

Nationalbewegungen und Zentralismus, in der von der Francodiktatur jahrelang ausgeübten gewalttätigen Unterdrückung des baskischen, katalanischen und galicischen Identitätsbewusstseins zu finden.
Die bedeutendste terroristische Bewegung ist die ***ETA*** (auf Baskisch: *Euskadi Ta Askatasuna* = Baskenland und Freiheit). Sie wurde 1959 von linksgerichteten Studenten und radikalen Jugendlichen der Nationalpartei *PNV* gegründet und fordert die Unabhängigkeit des Baskenlandes. Die Sympathien der spanischen Demokraten, die die *ETA* während der 60er Jahre genoss, stagnierten mit der Fortsetzung ihrer gewalttätigen Aktionen nach der Wende zur Demokratie. Die Spaltungen und Divergenzen innerhalb der *ETA* und die Erfolge der Polizei, vor allem dadurch, dass Frankreich den Terroristen seit 1985 keinen Schutz mehr bietet, führten mehrmals zu einem vorübergehenden Abflauen ihrer Aktivitäten.
Ein gewalttätiger Wiederausbruch wurde 1994 mit der Bestätigung der Verbindungen zwischen den staatlichen Sicherheitskräften, dem Innenministerium und den terroristischen Aktionen der ***GAL*** (*Grupos Antiterroristas de Liberación* = Antiterroristische Befreiungsgruppen) ausgelöst, die von 1983 bis 1987 durch Anschläge gegen die *ETA* in ihrem Sicherheitsgebiet in Südfrankreich 28 Tode verursachten. Der *ETA* sind um die 1000 Todesopfer anzulasten. Als Reaktion gegen die zunehmenden Erfolge der antiterroristischen Bekämpfung und die immer sinnloseren und dreisteren Terroraktionen hat sich die soziale Spannung in den letzten Jahren auf die Straße übertragen. Die Entführung und anschließende Ermordung eines Stadtrats der *Partido Popular* (= konservative Partei) 1997 in Ermua markierte einen Wendepunkt in dieser Entwicklung.
Die gesellschaftliche Reaktion, die diesem Ereignis sowohl im Baskenland als auch in ganz Spanien folgte, hat sich in Organisationen wie dem *Foro de Ermua* oder *Basta ya* niedergeschlagen und institutionalisiert, zusammen mit anderen, die bereits vorher existierten (*Manos blancas, Elkarri, Gesto por la paz* usw.). Diese Organisationen repräsentieren zusammen mit den Vereinigungen der Opfer des Terrorismus (*AVT* und *COVITE*) und einigen Stiftungen die Reaktion der Zivilgesellschaft auf den baskischen Terrorismus.

Die katalanische terroristische Unabhängigkeitsbewegung ***Terra Lliure*** (= auf Katalanisch: Freies Land) löste sich 1991 auf. Die galicische terroristische Bewegung ***Exército Guerrilheiro do Povo Galego Ceive*** (= auf Galicisch: Guerilla-Heer des freien galicischen Volkes) sowie die ***GRAPO*** (*Grupo[s] de Resistencia Antifascista Primero de Octubre* = Die Antifaschistische[n] Widerstandgruppe[n] 1. Oktober) sind kaum mehr tätig.

violencia *f.* **callejera** — **Randale** (von ETA-Sympathisanten auf offener Strasse)

impuesto *m.* **revolucionario** — **Revolutionssteuer**, die die ETA von wohlhabenden Basken unter Mordandrohung verlangt

piso *m.* **franco** — **Wohnung von Terroristen**

zulo *m.* — (*ursprünglich*) **Waffenversteck der ETA; Versteck für von der ETA entführte Personen**

atentado *m.* **con bomba** — **Bombenanschlag**

coche-bomba *m.* — **Autobombe**

paquete-bomba *m.*	**Briefbombe**
control *m.* **policial** – **redada** *f.*	**Polizeikontrolle** – **Razzia**
malos tratos *m. pl.*	**Misshandlungen**
torturar – **tortura** *f.*	**foltern** – **Folter**

Bezeichnungen für Straftäter (= *Delincuentes*)
asesino / *-a* / *homicida* m. / f. (= Mörder / -in) • *violador* m. (= Vergewaltiger) • *agresor(a)* / *asaltante* m. / f. (= Angreifer / -in) • *loco* / *-a homicida* (= Amokschütze) • *terrorista* m. / f. (= Terrorist / -in) • *secuestrador(a)* / Mex *plagiador(a)* (= Entführer / -in) • *secuestrador(a)* / *pirata* m. / f. *aéreo* (= Flugzeugentführer / -in) • *chantajista* m. / f. (= Erpresser / -in) • *gángster* m. / f. / *pistolero* / *-a* (= Gangster) • *asaltador(a)* / *atracador(a)* (= Straßenräuber / -in; Bankräuber / -in) • *ladrón(a)* (= Räuber / -in) • *matón(a)* / *maleante* m. / f. (= brutaler Rowdy) • *bandido* / *-a* (= Bandit) • *gamberro* / *-a borracho* / *-a* (= betrunkener Rowdy) • *(hincha) ultra* m. / f. / *gamberro* / *-a* (= Fußballrowdy) • *vándalo* / *-a* (= mutwillige / -r Zerstörer / -in) • *malhechor(a)* (= Ganove) • *pirómano(a)* (= Brandstifter / -in) • *falsificador(a)* (= Fälscher / -in) • *estafador(a)* / *timador(a)* (= Betrüger / -in; Hochstapler / -in) • *contrabandista* m. / f. (= Schmuggler / -in) • *cazador(a)* / *pescador(a) furtivo* / *-a* (= Wilderer / Wilderin) • *macarra* m. / *chulo* m. *(de putas)* / CSur *cafiche* m. / *rufián* m. (= Zuhälter) • *mirón(a)* / *voyeur* m. / f. (= Spanner / Voyeur)

secuestrar un avión / autobús	ein Flugzeug / einen Bus **entführen**
robo *m.* / **atraco** *m.* **a un banco**	**Bankraub**; **Banküberfall**
atraco a mano armada	bewaffneter Überfall
dos **atracadores** armados y enmascarados	zwei bewaffnete und maskierte **Räuber**

Ein Überfall auf eine Person auf der Straße, in Verkehrsmitteln usw. ist *un asalto* / *atraco callejero: Fue asaltada en la estación de metro.* (= Sie wurde auf dem U-Bahnhof überfallen.) Ein tätlicher Angriff auf eine Person wird auch als *ataque* / *agresión* bezeichnet. Ein Überfall auf eine Bank ist *un atraco.*

***Robos y ladrones* (= Stehlen und Diebe)**
robo m. (= Stehlen) • *hurto* m. / *latrocinio* m. (= juristisch: Diebstahl) • *escamoteo* m. (= Taschendiebstahl) • *tirón* m. (= Handtaschenraub) • *ratería* f. / *hurto (de tienda)* (= Ladendiebstahl) • *desvalijamiento* m. / *expolio* m. (= Plünderung) • *ladrón(a)* (= Dieb / -in) • *carterista* m. / f. (= Taschendieb / -in) • *tironero* / *-a* (= Handtaschendieb / -in) • *desvalijador(a)* / *expoliador(a)* (= Plünderer)

Ein Einbruch kann auf Spanisch *un robo (en una casa / local / oficina ...)* sein. Die Juristen bezeichnen das Delikt auch als *robo con fractura* / *con escalo* oder *infracción* f. Ein Einbrecher ist *un(a) salteador(a)* / *desvalijador(a) de pisos.* In unser Haus wurde eingebrochen heißt: *Nos han desvalijado la casa.*

el **arma** *f.* **de fuego** → 1.13 *el* alma *f.*	**Schusswaffe**; **Feuerwaffe**
Lo condenaron / Fue condenado a pagar una multa por posesión ilegal de armas.	Er wurde wegen unerlaubten Waffenbesitzes zu einer Geldstrafe verurteilt.

pistola *f.* – **revólver** *m.* — **Pistole – Revolver**
matar a tiros — **erschießen**
Mataron a tiros a dos que estaban presentes. — Zwei Unbeteiligte wurden erschossen.

Disparar a alguien: *Le dispararon y le hirieron.* (= Er wurde angeschossen.) *Disparar* allein wird für erschießen nur verwendet, wenn aus dem Zusammenhang deutlich ist, was gemeint ist: *¿Recuerdas qué estabas haciendo la noche en que dispararon a Kennedy?* (= Weißt du noch, was du an dem Abend gemacht hast, als Kennedy erschossen wurde?)

vigilante *m. / f.* – **vigilancia** *f.* — **wachsam; Wächter(in) – Wachsamkeit**

violencia *f.* — **Gewalt(tätigkeit)**
violento — **gewalttätig**
Se produjeron violentos enfrentamientos. — Es kam zu gewalttätigen Auseinandersetzungen.
pelea *f.* — **Kampf; Prügelei; Schlägerei**
pelear(se) (por) — **kämpfen (um); sich prügeln / schlagen (um); streiten (um)**

Los chicos se han peleado. — Die Jungen haben sich geprügelt.
estar peleados — miteinander im Streit liegen

Verleumdung ist *difamación* f. Erfolgt sie mündlich, heißt sie *maledicencia* f. / *calumnia* f. (= üble Nachrede); erfolgt sie schriftlich, so handelt es sich um *libelo* m. / *escrito* m. *difamatorio.* Üble Nachrede ist auch *chismorreo* m.

pegar (g>gue) — **schlagen; hauen**
Unos gamberros le pegaron. — Er wurde von Rowdys zusammengeschlagen.

apalear a alguien — **auf jemand einschlagen**
azotar — **peitschen**
apuñalar — **auf jemand einstechen**
La mataron a **puñaladas**. — Sie wurde **erstochen**.
estrangular a alguien — **jemand erwürgen / erdrosseln**
maltratar – **maltrato** *m.* — **misshandeln – Misshandlung**
mujer / niño maltratada / -o — misshandelte(s) Ehefrau / Kind
atar — **fesseln**
Lo ataron y amordazaron. — Er wurde gefesselt und geknebelt.

Crímenes contra la humanidad **(= Verbrechen gegen die Menschheit)**
masacre f. (= Massaker / Gemetzel) • *un pogromo* (= ein Pogrom / Ausschreitungen, besonders gegen Juden) • *atrocidades* f. (= Gräueltaten) • *campo* m. *de concentración* (= Konzentrationslager) • *campo* m. *de la muerte* (= Todeslager) • *liquidar* (= liquidieren / ermorden) • *exterminar* (= ausrotten) • *exterminio* m. (= Ausrottung) • *genocidio* m. (= Völkermord) • *la matanza de gente inocente* (= das Abschlachten unschuldiger Menschen) *Holocausto, una palabra del Antiguo Testamento, es utilizada por los historiadores* (= Historikern) *para describir el asesinato de 6 millones de judíos* (= Juden) *por parte de los alemanes durante la segunda guerra mundial.*

Xenofobia y racismo
Ausländerfeindlichkeit und Rassismus

Muy común es aborrecer a quien sin causa se agravia, porque su presencia es un vivo y continuo reproche y sañudo despertador de su conciencia. (*Enrique Gil y Carrasco, escritor español, 1815–1846*)

xenofobia *f.*	**Fremdenhass / -feindlichkeit**
xenófobo / -a	**ausländerfeindlich; Fremdenhasser(in)**
prejuicios xenófobos	ausländerfeindliche Vorurteile

Una fobia ist eine Phobie und damit eine krankhafte Angst: *claustrofobia* (= Klaustrophobie / krankhafte Angst beim Aufenthalt in geschlossenen Räumen). Angst erzeugt Abneigung, daher die Erweiterung des Begriffs in Zusammensetzungen wie *hispanófobo* (= spanienfeindlich / feindlich gegen spanischsprechende Menschen), *eurofobia* (= Europafeindlichkeit) oder *homofobia* (= Hass auf Homosexuelle).

extranjero / -a	**ausländisch – Ausländer(in)**
hostilidad frente a los extranjeros	Ausländerfeindlichkeit
odio a los extranjeros	Ausländerhass; Fremdenhass
¡Extranjeros fuera!	Ausländer raus!
prejuicio *m.*	**Vorurteil**
fomentar los prejuicios contra los extranjeros	Vorurteile gegen Ausländer schüren
Tiene prejuicios contra los marroquíes.	Er / Sie hat Vorurteile gegen Marokkaner.
solicitante *m. / f.* **de asilo**	**Asylbewerber(in)**
conceder asilo a alguien	jemand Asyl gewähren
limitar / restringir (g>ja, jo) el derecho de asilo	das Asylrecht einschränken
asilado / -a	**Asylant(in)**
residencia / albergue de asilados	Asylanten(wohn)heim
centro *m.* **de acogida** para demandantes de asilo	**Asylanten(wohn)heim**
inmigrante *m. / f.*	**Einwanderer(-derin); Zuwanderer(-derin)**
inmigración *f.* **(ilegal)**	**(illegale) Einwanderung / Einreise**
perseguidos *m.* **políticos**	**politisch Verfolgte**
refugiados *m.* **políticos**	**politische Flüchtlinge**
refugiado / -a por motivos económicos	**Wirtschaftsflüchtling**
atentado *m.* **con bomba(s) / con explosivos**	**Bomben- / Sprengstoffanschlag**
atentado / ataque incendiario	Brandanschlag
lanzar bombas incendiarias a edificios	Brandbomben / -sätze in Gebäude werfen
una **banda de cabezas rapadas**	eine **Bande von Skin(head)s**
(derechistas) ultras *m. pl.*	**Anhänger der Rechtsradikalen**

bandas de ultras	Banden rechtsradikaler Jugendlicher
extremistas *m. / f.* / **radicales** *m. / f.* de derechas / izquierdas	**Rechts-** / **Linksextremisten** / **-radikale**
partidos *m.* **de extrema derecha** / **izquierda**	**rechts-** / **linksextrem(istisch)e** Parteien
extremismo *m.* de derechas / de izquierdas	Rechts- / Links**extremismus**
nacionalismo *m.* – **nacionalista** *m. / f.*	**Nationalismus** – **nationalistisch** / **Nationalist(in)**

Radikale spanische Nationalisten verwenden untereinander abfällige Bezeichnungen für Immigranten aus anderen Nationen, Regionen oder Kulturen:
moro / *-a* (= Marokaner[in]; Araber[in]; Moslem[in]) • *sudaca* (= Lateinamerikaner[in]) • *charnego* / *-a* (in Katalonien für Spanier aus anderen Regionen) • *maqueto* / *-a* (im Baskenland für Spanier aus anderen Regionen) • *polaco* / *-a* (= Katalaner / Katalanin).

chovinismo *m.* – **chovinista** *m. / f.*	**übersteigerter Nationalismus; Chauvinismus** – **Chauvinist(in); chauvinistisch**
patriotería *f.* / **jingoísmo** *m.*	**militanter Nationalismus** / **Hurrapatriotismus**
grupo *m.* **étnico**	**ethnische Gruppe; Volksgruppe**
minoría étnica	ethnische Minderheit
limpieza étnica	ethnische Säuberung
raza *f.* – **racismo** *m.*	**Rasse** – **Rassismus**
la afirmación de que algunas razas son superiores a otras	die Behauptung, dass manche Rassen anderen überlegen sind
igualdad de derechos entre las razas	Gleichberechtigung der Rassen
racista *m. / f.* – **racial**	**rassistisch** / **Rassist(in)** – **rassisch** / **Rassen-**
(las) relaciones raciales	(die) Beziehungen zwischen den Rassen
discriminación racial	Rassendiskriminierung
odio racial	Rassenhass
segregación racial	Rassentrennung in den USA bis 1954
comentarios racistas	rassistische Äußerungen
apartheid *m.*	**Apartheid** (Rassentrennung in Südafrika bis 1994)
antisemitismo *m.* – **antisemita** *m. / f.*	**Antisemitismus** – **Antisemit(in); antisemitisch**
incidentes antisemitas	antisemitische Vorfälle
ataques antisemitas	antisemitische Übergriffe
ario / **-a** – **no ario** / **-a**	*(Naziideologie)* **arisch** / **Arier(in)** – **nichtarisch** / **Nichtarier(in)**

Die jüdische Kultur spielte während des Mittelalters in Spanien eine sehr wichtige Rolle als kulturelles und oft auch politisches Bindeglied zwischen Christen und Moslems, als treibende Kraft des Handels und der Stadtgründungen, und nicht zuletzt bei der Wiederbesiedlung. *Juderías*

(= jüdische Viertel) waren über die iberische Halbinsel in fast jeder Stadt zu finden. In Toledo, *la ciudad de las tres culturas* (= die Stadt der drei Kulturen), wurde das friedliche und integrierte Zusammenleben von Christen, Moslems und Juden zum Musterbeispiel mit der Escuela de Traductores (= Übersetzerschule), die unter Alfonso X (1252–1284) viele Werke der Klassik (Literatur, Religion und Naturwissenschaften) ins Lateinische und ins Spanische übersetzte.
Die Juden waren dominierend in Wirtschaft, Verwaltung und im Kulturbereich. Das katholische Verbot für die Christen, Darlehensunternehmen zu leiten, ließ manche Juden, die sich ihrerseits damit beschäftigen durften, reich werden. Das Ergebnis war, dass sie Neid und Feindseligkeit ausgesetzt waren. Dies führte zuerst zu Pogromen und Vermögenseinziehungen. Später (1492) vertrieben *Los Reyes Católicos* die Juden zusammen mit den Moslems und entzogen dadurch dem Lande einen seiner wichtigsten Bestandteile. Diese Juden aus Spanien (Spanien = *Sefarad* vom hebräischen *Sepharad),* die sefardíes heißen, siedelten sich vor allem in Nordafrika, Amerika, im Nahen Osten und auf dem Balkan an, wo manche bis heute *judeoespañol* sprechen, eine Mischung aus dem Spanischen des 16. Jahrhunderts und italienischen, arabischen, türkischen, griechischen und französischen Einflüssen.

gitano / **-a** — **Zigeuner(in); Sinti; Roma**

Die *gitanos* sind, seit ihrer Ankunft auf der Iberischen Halbinsel in der ersten Hälfte des XV. Jahrhunderts, immer Zielscheibe des Rassismus gewesen. Ihre nichtsesshafte Lebensweise, sowie ihre Sitten und Gebräuche haben im katholischen Spanien Argwohn und Zurückweisung hervorgerufen. Heute ist der Beginn einer Integration der *gitanos* durch ihre allmähliche Sesshaftwerdung und die allgemeine Anerkennung ihres Beitrags zur spanischen Kultur (u.a. *flamenco*) zu verzeichnen. Sie sind trotzdem weiterhin Angriffen und Vorurteilen ausgesetzt. Das Wort *gitano* wird oft abfällig benutzt. Die *gitanos* verwenden ihrerseits die Bezeichnung *payo* für diejenigen, die nicht zu ihnen gehören.

el color de su piel — **seine / ihre / Ihre Hautfarbe**

Bezeichnungen für Menschen schwarzer Hautfarbe
Die Bezeichnung *negro(s) / -a(s)* ist nur in bestimmten Kontexten anzutreffen und würde in anderen Zusammenhängen Anstoß erregen (= *chocar*). Wenn die Hautfarbe oder die Rasse nicht im Mittelpunkt der Information steht oder eine notwendige Angabe ist, sollte man dieses Wort verwenden. Die Umschreibung *de color,* die man früher beschönigend verwendete, ist heute zu auffällig und daher zu vermeiden. In offiziellen Verlautbarungen und in der Presse findet man manchmal die geographischen Heimatbezeichnungen: *africano, norteafricano, guineano, magrebí* usw.

7 Sexismo
Sexismus

→ 6.2 Movimientos sociales

Hombres necios, que acusáis a la mujer sin razón, sin ver que sois la ocasión de lo mismo que culpáis. (*Sor Juana Inés de la Cruz, monja y poeta mejicana, 1651–1695*)

sexismo *m.* – **sexista** *m.* / *f.*	**Sexismus – sexistisch / Sexist(in)**
tópicos *m.* **sexistas**	**sexistische Vorurteile / Klischees**
prejuicios *m.* **sexistas**	**sexistische Vorurteile**
discriminación *f.* **sexual** / **sexista**	**sexuelle / sexistische Diskriminierung**
roles sexuales	Geschlechterrollen
igualdad sexual	Gleichberechtigung (der Geschlechter)
acoso sexual	sexuelle Belästigung
represión sexual	sexuelle Unterdrückung
violencia sexual	sexuelle Gewalt

Sexo m. ist Geschlecht im biologischen Sinn; *género* m. ist Geschlecht im kulturellen oder sprachlichen Sinn. Im Spanischen versucht man heute, sich *de manera sexualmente neutra* (= geschlechtsneutral) auszudrücken, d.h. auf *lenguaje sexista* zu verzichten. Man sollte beispielsweise das Wort *hombre(s)* mit universaler Bedeutung nicht verwenden, sondern je nach Zusammenhang *persona(s), ser(es) humano(s), especie humana, género humano, pueblo, población* oder *hombres y mujeres* abwechselnd mit *mujeres y hombres;* nicht *hombres de negocios* sondern *gente de negocios* oder *hombres y mujeres* bzw. *mujeres y hombres de negocios.* Statt den männlichen Plural für auf den Menschen bezogene Bezeichnungen verwendet man besser beide Geschlechter oder ein anderes Substantiv: nicht *los romanos, los españoles,* sondern *el pueblo romano / español;* nicht *los niños y las niñas,* sondern *la niñez.* Die für beide Geschlechter geltenden Wörter sollten bevorzugt werden: *profesorado* statt *profesores, alumnado* statt *alumnos.* Die ausschließliche männliche Bezeichnung für Berufe, Titel usw. sollte vermieden werden: statt *médico, juez, jefe, concejal* usw. sollte man *médica, jueza, jefa, concejala* verwenden. Die Anrede *señorita* (vergleichbar dem deutschen Fräulein) wird zunehmend als leicht abwertend empfunden. Stattdessen sollte man *señora benutzen.*

feminismo *m.* – **feminista** *m.* / *f.*	**Feminismus – feministisch; Feminist(in)**
La mayor parte / La mayoría de las feministas abogan por el derecho al aborto.	Die meisten Feministinnen befürworten das Recht auf Abtreibung.
patriarcado *m.* – **matriarcado** *m.*	**Patriarchat – Matriarchat**
masculino – **femenino**	**männlich – weiblich**
trabajos / oficios masculinos / femeninos	(traditionelle) Männer- / Frauenberufe

superioridad masculina / femenina	männliche / weibliche Überlegenheit
prepotencia masculina	männliche Übermacht
machismo *m.*	**Machismus / männlicher Chauvinismus**
machista *m. / f.*	**Macho; Chauvi**
Un machista no reconocería haber llorado.	Ein Macho würde nicht zugeben, dass er geweint hat.
macho *m.*	(*im ursprünglichen Sinn*) **männliches Tier; männlicher Typ**
machote *m.*	**Draufgänger; Kraftmeier / -protz**
marimacho *m.*	**Mannweib**
misoginia *f.* – **misógino** *m.*	**Frauenhass / Frauenfeindlichkeit – Frauenhasser**
homofobia *f.* – **homófobo / a**	**Hass auf Homosexuelle – Homohasser(in)**
guerra *f.* **de sexos**	**Rosenkrieg; Konflikt zwischen Männern und Frauen**
violencia *f.* **doméstica / de género**	**Gewalt zwischen Ehepartnern**
paridad *f.*	**Parität**
el principio de paridad en política	das Paritätsprinzip in der Politik
El objetivo es llegar a la paridad.	Das Ziel ist, die Parität zu erreichen.
cuota *f.* – **cupo** *m.*	**Quote**
las cuotas / los cupos de mujeres	**Frauenquoten**
diferencia *f.* **de salario**	**Gehaltsunterschied**
desfavorecido / -a	**benachteiligt**
discriminación *f.* **positiva**	**positive Diskriminierung** (Bevorzugung von Mitgliedern benachteiligter Gruppen, z.B. von Frauen, bei der Besetzung von Stellen)
igualdad *f.*	**Gleichheit**
igualdad de género	Gleichberechtigung (der Geschlechter)
igualdad de derechos y oportunidades (entre hombres y mujeres)	Gleichheit der Rechte und Chancen (zwischen Männern und Frauen)
a todos los **niveles** *m.*	auf allen **Ebenen**
en todos los **sectores** *m.*	in allen **Bereichen**

"Antes mi marido era muy machista."

Ciencias sociales
Sozialwissenschaften

Antropología
Anthropologie

El hombre, al levantarse sobre las patas traseras y al convertir en un hacha la primera piedra filosa, instituyó las bases de su grandeza pero también los orígenes de su angustia; porque con sus manos y con los instrumentos hechos con sus manos iba a erigir esa construcción tan potente y extraña que se llama cultura ... (*Ernesto Sábato, escritor argentino, nacido en 1911*)

antropología *f.*	**Anthropologie; Lehre vom Menschen**
antropología física	physische / biologische Anthropologie
antropología social	Ethnosoziologie
antropología lingüística	sprachwissenschaftliche Anthropologie
antropólogo / -a	**Anthropologe / Anthropologin**
antropológico	**anthropologisch**
etnología *f.* – **etnólogo / -a**	**Ethnologie / allgemeine Völkerkunde – Ethnologe**
etnografía *f.* – **etnógrafo / -a**	**Ethnographie / Völkerkunde – Ethnograph(in)**
trabajo *m.* **de campo**	**Feldforschung**
hombre *m.* – **ser** *m.* **humano**	**Mann; Mensch – Mensch**
clasificar a los hombres por razas	Menschen in Rassen einteilen
hombres prehistóricos	prähistorische / vorgeschichtliche Menschen
humano – humanos	**menschlich – Menschen** *(literarisch)*
poblaciones / razas humanas	menschliche Populationen / Rassen
la vida humana en sociedad / la vida social de los seres humanos	das menschliche Gemeinschaftsleben

☞ Das Spanische verfügt über keine genaue Entsprechung für das deutsche Wort Mensch. Verschiedene Wörter werden je nach Zusammenhang verwendet. *Humano / -a* (= menschlich) ist vor allem Adjektiv und hat als Substantiv eine sehr poetische bzw. literarische Bedeutung (= Sterbliche / -r) in Gegenüberstellung zu *divino* (= göttlich) und *Dios / dios* (= Gott). Die Umschreibung *ser humano* (= das menschliche Wesen) wird in Naturwissenschaften wie Medizin oder Biologie verwendet. Wenn Menschen durch Leute ersetzt werden kann, dann ist *personas* bzw. *gente* die richtige Übersetzung: *Había muchas personas.* (= Viele Leute / Menschen waren da.) Persona im Singular stellt entweder eine moralische Bedeutung dar oder, wie das deutsche Wort Person, eine nicht geschlechtsbezogene Bezeichnung: *Eres una buena / mala persona.* (= Du bist ein guter / schlechter Mensch.) *La primera pregunta para resolver una adivinanza es si se trata de una persona, animal, planta o cosa.* (= Die erste Frage um ein Rätsel zu erraten ist die, ob es sich um einen Mensch, ein Tier, eine Pflanze oder einen Gegenstand handelt.) Als Oberbegriff für Männer und Frauen verwendet man hombre(s), wobei im Sinne der Gleichberechtigung in der Sprache *persona(s) / ser(es) humano(s)* die Verwendung von *hombre(s)* ersetzen sollte, aber nur dann, wenn es nicht zu künstlich erscheint, wie es z.B. bei *el hombre de Cromañón / Neanderthal* der Fall wäre.

estructura *f.* **social**	**Sozialstruktur**
orden / sistema social	Gesellschaftsordnung
instituciones *f.* **políticas**	**politische Einrichtungen / Institutionen**
cultura *f.* / **civilización** *f.*	**Kultur**
culturas / civilizaciones antiguas	frühe / alte Kulturen
culturas amerindias / indígenas	indianische Kulturen
el **trasfondo** / **marco cultural**	der **kulturelle Hintergrund**
sociedad **multicultural**	**multikulturelle** Gesellschaft
la **herencia cultural** de un pueblo	das **kulturelle Erbe** eines Volkes
diversidad cultural / diferencias culturales	kulturelle Vielfalt / Unterschiede
folclor(e) *m.*	**(mündliche) Volksüberlieferung; Folklore; Brauchtum; Volkskunde**
popular	**volkstümlich; Volks-**
música popular – música folk	Volksmusik – Folkmusik
canción / cuento / medicina popular	Volkslied / -märchen / -medizin
arte popular – arte primitivo	Volkskunst – primitive Kunst
(usos *m.* **y) costumbres** *f.*	**Sitten; Bräuche; Sitten und Gebräuche**
parentesco *m.*	**(Bluts-)Verwandtschaft**
estructuras *f.* **familiares**	**Familienstrukturen**
los **llamados pueblos primitivos**	die **sogenannten primitiven Völker**
los **aborígenes**	die **Ureinwohner**
tribu *f.* – **tribal**	**(Volks-)Stamm – Stammes-**
rito tribal	Stammesritus
símbolo *m.* – **simbolizar** (z>ce)	**Symbol – symbolisieren**
simbólicamente	**symbolisch**
chamán *m.* – **chamanismo** *m.*	**Schamane – Schamanismus**
ritual *m.*	**rituell; Ritual; Zeremoniell**
ceremonia ritual	rituelle Zeremonie
tabú *m.* (pl. **-úes)**	**Tabu; tabu**
el tabú del incesto	das Inzesttabu / Inzestverbot
tótem *m.* – **totemismo** *m.* – **totémico**	**Totem – Totemismus – Totem-**
evolución *f.*	(die) **Evolution**
la teoría (darvinista) de la evolución de las especies	Darwins Evolutionstheorie
evolutivo	**Evolutions-; Entwicklungs-**
la selección natural	**die natürliche Auslese**
la ley del más fuerte	**das Recht des Stärkeren**
genética *f.* – **gen** *m.* – **genético**	**Genetik / Vererbungslehre – Gen – genetisch**
factor genético	Genfaktor
mutación *f.*	**Mutation**
migración *f.*	**Migration; Wanderung(en)**
adaptación *f.* **a los ecosistemas**	**Anpassung an Ökosysteme**
artefacto *m.*	**Artefakt** (von vorgeschichtlichen Menschen geformter Gegenstand)

Historia
Geschichte

La Historia, ... testigo de lo pasado, ejemplo y aviso de lo presente, advertencia de lo porvenir. (*Miguel de Cervantes Saavedra, escritor español, 1547–1616*)

historia *f.*	**Geschichte; Geschichtswissenschaft**
pasar a la historia	in die Geschichte eingehen
historia antigua / medieval	alte / mittelalterliche Geschichte
historia moderna / contemporánea	neuere / neueste Geschichte; (die) Zeitgeschichte
historia social / económica	Sozial- / Wirtschaftsgeschichte
historia eclesiástica	Kirchengeschichte
historia cultural de México / Méjico	Kulturgeschichte Mexikos
historia de las ideas	Geistesgeschichte; Ideengeschichte
historia nacional	Heimatgeschichte
investigación de / en historia nacional	Heimatforschung
histórico	**historisch; geschichtlich**
personajes históricos	historische Persönlichkeiten
una cuestión de interés histórico	eine Sache von historischem Interesse
investigación histórica	Geschichtsforschung
testimonios / documentos históricos	historische Zeugnisse / Belege
historiador(a)	**Historiker(in); Geschichtsforscher(in)**
investigador(a)	**Forscher(in)**
erudito / -a / sabio / -a	**ein(e) Gelehrte(r)**
prehistoria *f.* – **prehistórico**	**Vorgeschichte – vorgeschichtlich / prähistorisch**
genealogía *f.*	**Genealogie; Ahnentafel / -forschung**
fuentes *f.* **de primera mano**	**Primärquellen**
fuentes escritas	schriftliche Überlieferungen / Quellen
documento *m.*	**Dokument; Urkunde; Zeugnis; Beleg**
documentos contemporáneos	zeitgenössische Berichte
tradiciones *f.* **orales**	**mündliche Überlieferungen**
archivos *m.*	**Archive**
datos *m.* **de los registros parroquiales**	**Daten / Fakten aus Kirchenbüchern**
desciframiento *m.* / **descifre** *m.* **de inscripciones**	**das Entziffern von Inschriften**
crónica *f.* – **cronista** *m.* / *f.*	**Chronik – Chronist(in)**
estadísticas *f.*	**Statistiken**
número *m.* **de habitantes**	**Bevölkerungszahlen**
movimientos *m.* **demográficos**	**Bevölkerungsbewegungen**
migración *f.* **de pueblos**	**Völkerwanderung**
crítica *f.* **textual / de textos**	**Textkritik**

período *m.* **(histórico)**	**(Geschichts-)Epoche**
durante el período renacentista	während der Renaissance
época *f.*	**Epoche; Zeitalter**
el espíritu de la época	**der Zeitgeist**
la antigüedad – antiguo	**die Antike – alt / antik**
la Roma antigua	das alte Rom; das Rom der Antike
en la edad antigua / en la antigüedad	im Altertum; in der Antike
los hombres de la antigüedad	die Menschen der Antike
la antigüedad / el mundo clásico	die Antike
el arte de la antigüedad clásica	die Kunst der Antike
antigüedades	Antiquitäten; Altertümer
a. / d. de (J.) C. (= antes / después de [Jesu] Cristo)	**v. / n. Chr.** (= vor / nach Christus)
el **Imperio Romano**	das **Römische Reich**
las **invasiones bárbaras**	die **Völkerwanderung**
la Edad Media – medieval	das **Mittelalter – mittelalterlich**
las **cruzadas**	die **Kreuzzüge**
los **cruzados**	die **Kreuzfahrer**; die **Kreuzritter**
la **Reconquista**	die **Wiedereroberung**
orden *f.* **militar**	**Ritterorden** (Mittelalter)
la Reforma	**die Reformation**
la época del absolutismo	**das Zeitalter des Absolutismus**
el Siglo de las Luces	**die Aufklärung**
la Revolución Francesa	**die Französische Revolution**
la revolución industrial	die industrielle Revolution
la Revolución Mexicana / Mejicana	die mexikanische Revolution (1917–1920)
la **Guerra Civil**	**spanischer Bürgerkrieg** (1936-1939)
la **I / II guerra mundial**	der **1. / 2. Weltkrieg**
el franquismo	die Zeit der Francodiktatur (1939–1975)
la Transición	die Wende / der Übergang zur Demokratie in Spanien (ab 1975)

"¿1492? Lo siento, pero la historia no es mi punto fuerte."

Ciencia política
Politische Wissenschaft

→ 6.3 Sistemas políticos, 6.7 Partidos y política

Decir política equivale a decir ciencia de lo mudable, de lo relativo y contingente. (*Antonio Cánovas del Castillo, político y literato español, 1828–1897*)

politología *f.* – **politólogo** / **-a**	**Politologie – Politologe / Politologin**
político – **política**	**politisch / Politiker – Politik**
ciencias políticas	Politikwissenschaft; Politologie
actitud política	politische Einstellung / Überzeugung
sistemas / instituciones políticas	politische Systeme / Institutionen
la cultura política del país	die politische Kultur des Landes
ejercer el poder político	politische Macht ausüben
alcanzar / lograr / conseguir objetivos políticos	politische Ziele erreichen
la clase política	die Politiker
meterse en (la) política	in die Politik gehen
política internacional	internationale Politik
una política exterior previsible	eine berechenbare Außenpolitik
políticamente estable / activo	**politisch** stabil / aktiv
políticamente correcto	politisch korrekt
grupo *m.* **de presión**	organisierte Interessengruppe, die Druck auf Parteien, Regierung etc. ausübt, um Entscheidungen zu beeinflussen
Ministerio *m.* **de Asuntos Exteriores**	**Auswärtiges Amt**
ministro de Asuntos Exteriores	Außenminister
(el) estado – **estatal**	**(der) Staat – staatlich**
estado nacional	Nationalstaat
estadista *m.* / *f.*	**Staatsmann / -frau; Politiker(in)**
internacional	**international**
organizaciones internacionales	internationale Organisationen
derecho internacional	internationales Recht; Völkerrecht
tomas *f.* **de decisión**	**Entscheidungsprozesse**
encuesta *f.* **de opinión**	**Meinungsumfrage**
influir en la opinión pública	die öffentliche Meinung beeinflussen
comportamiento *m.*	**Verhalten**
comportamiento del electorado	Wählerverhalten
un análisis del comportamiento electoral	eine Analyse des Wählerverhaltens
modelos de comportamiento político	politische Verhaltensmuster
conflictos *m.* **sociales**	**soziale / gesellschaftliche Konflikte**
educación *f.* **política**	**politische Bildung**
civismo *m.* / **educación** *f.* **cívica**	**Gemeinschafts- / (Staats-)Bürgerkunde**
derechos *m.* **humanos**	**Menschenrechte**
violaciones de los derechos humanos	Menschenrechtsverletzungen
el derecho a la vida y a la libertad	das Recht auf Leben und Freiheit

Psicología
Psychologie

Pensamiento significa actividad. No hay impresión verdadera, en la vida psíquica, sin expresión. Pensamiento es siempre expresión, acción, poesía. (*Eugenio d´Ors y Rovira, filósofo y ensayista español, 1882–1954*)

psicología *f.*	**Psychologie**
psicología aplicada	angewandte Psychologie
psicología clínica	klinische / medizinische Psychologie
psicología comparada	vergleichende Psychologie
psicología del desarrollo	Entwicklungspsychologie
psicología educativa	pädagogische Psychologie
psicología del aprendizaje	Lernpsychologie
psicología humanista	humanistische Psychologie
psicólogo / **-a**	**Psychologe** / **Psychologin**
psicológico	**psychologisch**
atención psicológica	psychologische Betreuung
psiquiatría *f.* – **psiquiatra** *m. / f.*	**Psychiatrie** – **Psychiater(in)**
psicoanálisis *m. sg. / pl.*	**Psychoanalyse**
psicoanalista *m. / f.*	**Psychoanalytiker(in)**
psicópata *m. / f.*	**Psychopath(in)**
psicopático	**psychopathisch**
psicopatología *f.*	**Psychopathologie**
psicoterapia *f.*	**Psychotherapie**
psicoterapeuta *m. / f.*	**Psychotherapeut(in)**
comportamiento *m.* / **conducta** *f.*	**Verhalten**
comportamiento / conducta anormal	abnormes / a(b)normales Verhalten
investigación de la conducta / del comportamiento	Verhaltensforschung
psicología de la conducta / etología	Verhaltenspsychologie
behaviorismo *m.* / **conductismo** *m.*	**Behaviorismus**
condicionar – **condicionamiento** *m.*	**konditionieren** – **Konditionierung**
reflejo condicionado	bedingter Reflex
estímulo *m.* **y respuesta** *f.*	**Reiz und Reaktion**
refuerzo *m.* **positivo** / **negativo**	**positive** / **negative Verstärkung**
personalidad *f.*	**Persönlichkeit**
la **mente humana**	der **menschliche Verstand** / **Geist**
la mente consciente – el inconsciente	das Bewusste – das Unbewusste
percepción *f.*	**Wahrnehmung**
memoria *f.*	**Gedächtnis**
memoria inmediata / de fijación	Kurzzeitgedächtnis
memoria a largo plazo / episódica	Langzeitgedächtnis
pensamiento *m.*	(das) **Denken**
pensamiento lógico	logisches Denken
resolución *f.* **de un problema**	**Problemlösung**
inteligencia *f.*	**Intelligenz**
coeficiente de inteligencia	Intelligenzquotient / IQ
creatividad *f.*	**Kreativität**
motivación *f.*	**Motivation; Verhaltensantrieb**

realización *f.* **personal**	**Selbstverwirklichung**
emoción *f.*	**Gefühl**
emociones como alegría e ira	Gefühle wie Freude und Zorn
emociones reprimidas	unterdrückte Gefühle
subconsciente *m.*	**unterbewusst; (das) Unterbewusste**
inconsciente *m.*	**unbewusst; (das) Unbewusste**
sueño *m.* – **(el) soñar**	**Traum – (das) Träumen**
pesadilla *f.*	**Alptraum**
ansiedad *f.*	**(Seelen)Angst; Beklemmung**
atormentado / -a por sentimientos de ansiedad	von Angstgefühlen geplagt

Zur Bezeichnung einer starken neurotischen Angst gibt es im Spanischen das Wort *angustia* f.: *Desde el accidente sufre de angustia.* (= Seit dem Unfall leidet er unter Beklemmungen.)

trastornos *m.* **mentales**	**geistige Störungen**
trastornos psicosomáticos	psychosomatische Störungen
mentalmente trastornado	(geistes-)gestört
mentalmente enfermo	geisteskrank
(mentalmente) retrasado	(geistig) zurückgeblieben
dificultades *f.* **en el aprendizaje**	**Lernbehinderungen**
psicosis *f. sg. / pl.* – **neurosis** *f. sg. / pl.*	**Psychose – Neurose**
comportamiento **neurótico** / conducta neurótica	**neurotisches** / **krankhaftes** Verhalten
Es un(a) neurótico / -a.	Er / Sie ist ein(e) Neurotiker(in).
esquizofrenia *f.*	**Schizophrenie**
esquizofrénico / **-a**	**schizophren; Schizophrene(r)**
paranoia *f.* – **paranoico** / **-a** – **paranoide**	**Paranoia / Wahnvorstellung – Paranoiker(in); paranoisch – paranoid**
terapia *f.* **de grupo**	**Gruppentherapie**
terapia ocupacional	Beschäftigungstherapie
musicoterapia *f.*	**Musiktherapie**
terapeuta *m. / f.*	**Therapeut(in)**
asistencia *f.* **social**	**soziale Beratung**
ayuda *f.* **psicopedagógica**	**schulpsychologische Beratung**
orientación *f.* **matrimonial**	**Eheberatung**
consejero / **-a matrimonial**	**Eheberater(in)**
entrevista *f.*	(psychodiagnostisches) **Gespräch**
estudio *m.* **del caso**	**Fallstudie**
tests *m.* **psicológicos**	**psychologische Tests**
tests de inteligencia	Intelligenztests
test de aptitud	Eignungstest
test de habilidad / destreza	Geschicklichkeitstest
test de rendimiento	Leistungstest
test proyectivo (de personalidad)	projektiver Test; Projektionstest
test estándar / estandarizado	standardisierter Test
validez *f.* (de un test)	**Validität** / **Gültigkeit** (eines Tests)
fiabilidad *f.*	**Zuverlässigkeit** / **Reliabilität**
desviación *f.* **estándar**	**Standardabweichung**

Sociología
Soziologie

En las sociedades anémicas, débiles, no se vive con la realidad;
se puede poner la mano en todo menos en los símbolos y en las formas.
(Pío Baroja, escritor español, 1872–1956)

sociología *f.* – **sociólogo** / **-a**	**Soziologie** – **Soziologe** / **Soziologin**
sociología aplicada	angewandte Sozialwissenschaft
sociológico	**soziologisch**
un estudio sociológico	eine soziologische Studie
social	**sozial**; **Sozial-**; **gesellschaftlich**; **Gesellschafts-**
papel social	soziale Rolle
el entorno social	das soziale Umfeld
estructura social	Sozialstruktur
cambio(s) social(es)	sozialer / gesellschaftlicher Wandel
ciencias *f. pl.* **sociales aplicadas**	**angewandte Sozialwissenschaft**
socialización *f.*	**Sozialisation**; **Sozialisierung**
(la) sociedad	**(die) Gesellschaft**
los miembros más pobres de la sociedad	die ärmsten Mitglieder der Gesellschaft
una sociedad sin clases	eine klassenlose Gesellschaft
demografía *f.* – **demográfico**	**Demografie** / **Bevölkerungskunde** – **demografisch** / **Bevölkerungs-**
crecimiento demográfico	Bevölkerungswachstum
investigación *f.* **empírica**	**empirische Forschung**
métodos *m.* **cuantitativos**	**quantitative Methoden**
(la) opinión pública	**(die) öffentliche Meinung**
influir en la opinión pública	die öffentliche Meinung beeinflussen
encuesta *f.*	**Umfrage**; **Untersuchung**
realizar (z>ce) / llevar a cabo una encuesta	eine Umfrage veranstalten
el 45% de los **encuestados**	45% der **Befragten**
baremo *m.*	**Rechentabelle**; **Verrechnungsschlüssel**
pirámide *f.* **de edad**	**Alterspyramide**
censo *m.*	**(Volks-)Zählung**; **Zensus**
censar	**eine (Volks-)Zählung durchführen**
estadística *f.*	**Statistik**; **Statistik** *(als Wissenschaft)*
Esas estadísticas son engañosas.	Diese Statistiken sind irreführend.
población *f.*	(statistische) **Gesamtzahl**
muestreo *m.*	**Auswahl**; **Stichprobe**; **Sample**
muestreo recogido al azar / aleatorio	Stichprobe
muestreo representativo	repräsentative Auswahl
pauta *f.* **de comportamiento**	**Verhaltensmuster**
códigos *m.* / **normas** *f.* **de comportamiento**	**Verhaltensnormen**
desviación *f.* (del comportamiento)	**abweichendes Verhalten**; **Devianz**
dinámica *f.* **de grupos**	**Gruppendynamik**
toma *f.* **de decisiones**	**Entscheidungsprozess**

Educación
Bildungswesen

Establecimientos educativos

Bildungseinrichtungen

Nuestros centros docentes son edificios sin alma: dan, a lo sumo, el saber; pero no infunden el amor al saber. (*Ángel Ganivet, escritor español, 1862–1898*)

Der Aufbau des spanischen Bildungssystems wurde 1990 durch das Gesetz zur allgemeinen Neuordnung des Bildungswesens (***LOGSE*** / *Ley de Ordenación General del Sistema Educativo*) umstrukturiert.
Bis zum *Bachillerato* (= Oberstufe des Gymnasiums) durchläuft man drei Stufen:
educación f. ***infantil*** (= Vorschule 3.–5. Lebensjahr)
educación f. ***primaria*** (= Grundschule 6.–11. Lebensjahr)
ESO / ***Educación Secundaria Obligatoria*** (= Gesamtschule 12.–16. Lebensjahr, die alle Schulzweige umfasst)

Die *ESO* wird mit einem Abschluss beendet, dessen Bestehen den Zugang zur Oberstufe des Gymnasiums (= *Bachillerato*) oder zur Fach(ober)schule (= *Formación Profesional Específica de Grado Medio*) ermöglicht.
Bachillerato dauert zwei Jahre und entspricht der Oberstufe des deutschen Gymnasiums.
Es gibt vier Schwerpunkte: Artes (= Kunst), *Ciencias de la Naturaleza y de la Salud* (= Naturwissenschaften und Gesundheitslehre), *Humanidades y Ciencias Sociales* (= Geistes- und Sozialwissenschaften) und *Tecnología* (= Technologie).
Das *Bachillerato* wird mit dem *título de bachiller* (= Abschluss des Gymnasiums ohne Hochschulzulassung) beendet, der den Zugang zur Universität oder zur höheren Stufe der Berufsausbildung (*Formación Profesional Específica de Grado Superior* = Fachhochschule) öffnet.

ir a la **escuela**	in die **Schule** gehen
acudir a una escuela	eine Schule besuchen
año *m.* **escolar**	**Schuljahr**
formación *f.* **profesional**	**Berufs(aus)bildung**
educación *f.* **especial**	**Sonderschule**
educación *f.* / **enseñanza** *f.* **superior** / **universitaria**	**Hochschul(aus)bildung**
centros *m.* **de enseñanza**	**Bildungseinrichtungen**
guardería *f.* / **jardín** *m.* **de infancia**	**Kindergarten**
parvulario *m.* / **escuela** *f.* **de párvulos**	**Vorschule**
escuela *f.* **primaria**	**Grundschule**
escuela *f.* **secundaria**	**höhere** / **weiterführende Schule**
instituto *m.* **de enseñanza media** / **de segunda enseñanza** / *LAm* **liceo** *m.*	**Gymnasium**

Ein ***instituto de enseñanza secundaria*** / ***enseñanza media*** / ***segunda enseñanza*** ist eine Einrichtung, in der man die Gesamtschule und das *Bachillerato* absolvieren kann.

colegio *m.* **privado**	**private Schule**
escuela *f.* **estatal** / **pública**	**öffentliche Schule**
internado *m.*	**Internat(sschule)**
escuela *f.* **(de educación) especial**	**Sonderschule**
escuela *f.* **de formación profesional**	**Berufsschule / berufsbildende Schule; Berufsfachschule**
escuela *f.* **de comercio**	**Handelsschule**
escuela *f.* **superior de comercio**	**höhere Handelsschule**
escuela *f.* **universitaria**	**Fachhochschule**
escuela *f.* **universitaria técnica**	**Technische Hochschule**

Die ***escuelas*** f. ***universitarias*** entsprechen den deutschen Fachhochschulen und bieten ein 3-jähriges Studium mit dem Abschluss *diplomado / -a*. Die ***escuelas universitarias técnicas*** bilden Architekten und Ingenieure aus, die den Abschluss *arquitecto / -a* bzw. *ingeniero / -a técnico / -a* erhalten. Die ***escuelas técnicas superiores*** haben Hochschulcharakter, entsprechen aber nicht einer deutschen technischen Universität.

universidad *f.*	**Universität**
universidad politécnica	technische Universität
ir a / estudiar en la universidad	an der Universität studieren
Es catedrático en la Universidad de Santiago de Compostela.	Er ist Professor an der Universität Santiago de Compostela.
obtener una plaza de estudiante en la universidad	einen Studienplatz an der Universität bekommen
la universidad a distancia	die Fernuniversität
universidad privada / estatal	private / staatliche Universität
universidad de verano	Sommeruniversität

Das spanische Universitätssystem richtet sich nach den Bestimmungen des 1983 verabschiedeten Hochschulreformgesetzes (= *Ley de Reforma Universitaria*), das das Selbstverwaltungsrecht der Hochschulen regelt und die Zuständigkeiten von Staat, autonomen Regionen und Hochschulen bestimmt. Die *autonomías* (= *etwa:* Länder) verfügen über volle Rechtszuständigkeit im Bildungsbereich. In Katalonien, im Baskenland und in Galicien kann man jeweils auf *catalán, vasco y gallego* (= katalanisch, baskisch und galicisch) studieren, wobei es in Katalonien fast die Regel ist, während sich Baskisch und Galicisch etwas langsamer durchsetzen.

Das Studium an der Universität gliedert sich in drei *ciclos* (= Zyklen, Stufen): *primer ciclo* (= Grundstudium), *segundo ciclo* oder *especialidad* (= Hauptstudium) und *tercer ciclo* oder *doctorado* (= Promotion). *Das Ley de Reforma Universitaria* (= Hochschulreformgesetz) hat ein neues *sistema de créditos* (= Punktesystem) eingeführt, das das Grundstudium von drei auf zwei Jahre verkürzt. Ein *crédito* (= Punkt) entspricht 10 Unterrichtsstunden. Für einen Universitätsabschluss sind 300 bis 320 *créditos* erforderlich, mit Ausnahme vom Medizinstudium (500 *créditos*). Diese *créditos* werden proportional nach Wichtigkeit der Fächer verteilt.

campus *m.*	**Universitätsgelände**
en el campus	an der Universität; auf dem Universitätsgelände
facultad *f.* **de medicina**	**medizinische Fakultät**
departamento *m.*	**Fachbereich; Institut**
el Departamento de Filología Hispánica	der Fachbereich Hispanistik / für spanische Philologie
matrícula *f.* – **matricularse**	**Anmeldung / Einschreibung – sich anmelden / einschreiben**
UNED / Universidad Nacional de Educación a Distancia	**Landesuniversität für Fernausbildung**
curso *m.* **por correspondencia**	**Fernkurs**
Academia *f.* **de Bellas Artes**	**Kunstakademie**
escuela *f.* **de teología**	**theologische Hochschule**
instituto *m.* **de investigación**	**Forschungsinstitut**
catequesis *f.* / **escuela** *f.* **dominical**	**(religiöse) Sonntagsschule**
escuela *f.* **nocturna**	**Abendschule**

Weiterbildung / **Fortbildung** heißt im Spanischen im weiteren Sinn ***educación permanente*** / ***continua***, im engeren Sinn *educación terciaria* oder auch *educación (permanente) para adultos* (= Erwachsenenbildung). Volkshochschulkurse sind *clases para educación de adultos oder clases nocturnas,* wenn sie am Abend stattfinden. Volkshochschule könnte man mit *centro educativo para adultos* übersetzen. *Ha ido a clases nocturnas. / Ha hecho un curso nocturno para adultos.* (= Sie machte / besuchte einen VHS-Kurs.)

"Cariño, la clase nocturna terminará hoy un poco más tarde ..."

Materias y destrezas
Fächer und Fertigkeiten

Nada contribuye tanto a una grande instrucción como escribir mucho ...
(Juan Luis Vives, humanista y filósofo español, 1492–1540)

materia *f.* / **asignatura** *f.*	**(Unterrichts-)Fach**
asignatura obligatoria	Pflichtfach
asignatura optativa / facultativa	Wahlfach
Mi asignatura favorita es la historia.	Mein Lieblingsfach ist Geschichte.
curso *m.*	**Kurs(us); Lehrgang**
asistir a un curso / hacer un curso	einen Kurs besuchen / machen

Aritmética (= Rechnen), *lectura y escritura* gelten traditionell als die Grundlagen der Schulbildung.
Die *educación secundaria obligatoria* besteht aus neun *áreas de conocimiento obligatorias* / *asignaturas obligatorias* (= Kernfächern), die für 13–16-Jährige an *institutos de enseñanza media* (= Gymnasien) oder *centros* / *escuelas de enseñanza media* (= Gesamtschulen) *obligatorias* (= obligatorisch) sind: *ciencias* f. *de la naturaleza* (= Naturwissenschaften) • *ciencias* f. *sociales, geografía* f. *e historia* f. (= Sozialwissenschaften, Erdkunde und Geschichte) • *educación* f. *física* (= Sport) • *educación* f. *plástica y visual* (= Kunsterziehung und Werken) • *lengua* f. *castellana, lengua* f. *oficial de la Comunidad Autónoma y literatura* f. (= Spanische Sprache und Literatur / Sprache und Literatur der jeweiligen autonomen Region) • *lengua* f. *extranjera* (= [eine] Fremdsprache) • *matemáticas* f. pl. (= Mathematik) • *música* f. (= Musik) • *tecnología* f. (= Technologie)

Der *currículo del bachillerato* (= Fächerkanon der Oberstufe des Gymnasiums) richtet sich nach der entsprechenden Spezialisierung (→ 9.1 *Establecimientos educativos*), die jeweils zwei bis drei Optionen umfasst.

currículo *m.* – **currículum** *m.*	**Fächerkanon; Lehrplan; Curriculum – Lebenslauf**
currículo abierto	offener Lehrplan
programa *m.* / **plan** *m.* **general de estudios**	**Lehrplan; Stoffplan; Rahmenplan**
ceñirse al programa de estudios	sich an den Lehrplan halten
lectura *f.* **rápida**	**Schnelllesen**
dictado *m.*	**Diktat**
Hoy vamos a hacer un dictado.	Heute schreiben wir ein Diktat.
redacción *f.* / **composición** *f.*	**(Schul-)Aufsatz**
escribir una redacción sobre la carencia de vivienda	einen Aufsatz über Obdachlosigkeit schreiben

Die vier Fertigkeiten (= *las cuatro destrezas*) lauten:
comprensión f. *auditiva* (= Hörverstehen / -verständnis) • *comprensión de lectura* / *lectora* (= Leseverstehen / -verständnis) • *expresión* f. *escrita* (= Schreiben) • *expresión oral* (= Sprechen)

Exámenes y títulos
Prüfungen und Qualifikationen

Largo es el camino de la enseñanza por medio de teorías; breve y eficaz por medio de ejemplos. (*Lucio Anneo Séneca, filósofo hispano-romano, 4 a.C.–65*)

Prüfungen sind *exámenes* / LAm *pruebas: examen* m. *oral* / *escrito* (= mündliche / schriftliche Prüfung), *examen* m. *final* (= Abschlussprüfung). *En junio hago los finales.* (= Im Juni mache ich die Abschlussprüfung.) *Los estudiantes se preparan para* (= bereiten sich vor auf), *empollan para* (= büffeln / pauken für) *un examen, hacen* / *pasan un examen* (= machen eine Prüfung / unterziehen sich einer Prüfung), *aprueban* / *suspenden un examen* (= bestehen eine Prüfung / bestehen eine Prüfung nicht). Besonders *Esp* auch *catear un examen* / *llevarse calabazas* (= *wörtlich:* Kürbis = bei einer Prüfung durchfallen / durchrasseln), *LAm* auch *reprobar un examen.*

aprobar (o>ue) – **suspender** (suspendido, suspenso) / *LAm* **aplazar** (z>ce)	**bestehen – nicht bestehen** / **durchfallen** (durchgefallen)
estar aprobado / suspendido, suspenso	bestanden / nicht bestanden haben
sacar (c>que) **un aprobado** / **un suspenso**	**bestehen / nicht bestehen**
sacar **matrícula** *f.* **de honor**	**mit Prädikat bestehen**
copiar de un compañero / **una chuleta**	**von einem Nachbarn** / **einem Spickzettel abschreiben**
nota *f.*	**Note**

El sistema español de notas **(= Das spanische Benotungssystem)**
In Spanien werden Noten von 1 bis 10 vergeben:
8,5 bis 10 entspricht *sobresaliente* (= sehr gut) • 7 bis 8,4 entspricht *notable* (= gut) • 6 bis 6,9 entspricht *bien* (= befriedigend) • 5 bis 5,9 entspricht *aprobado* / *suficiente* (= ausreichend) • unter 5 entspricht *suspenso* (= nicht bestanden) • 4 bis 4,9 entspricht *insuficiente* (= nicht bestanden) • 2 bis 3 entspricht *deficiente* (= mangelhaft) • 0 bis 1 entspricht *muy deficiente* (= ungenügend) • *con matrícula de honor* / *mención honorífica* (= mit Auszeichnung)

Aprobado und *suspendido* / *suspenso* bezeichnen als Adjektive bzw. Partizipien bestanden / nicht bestanden. *Tengo tres asignaturas aprobadas y una suspendida* / *suspensa.* (= Ich habe drei Fächer bestanden und ein viertes Fach nicht bestanden.) *Aprobado* kann als Substantiv auch einer konkreten Note entsprechen: *En Historia Antigua sólo he sacado un aprobado.* (= In Alte Geschichte habe ich nur ausreichend bekommen.) *Aprobado general* bedeutet, dass alle Studenten den Kurs – meist ohne Prüfung – bestanden haben.

Tests: *test* m. *de aptitud* (= Eignungstest) • *test de nivelación* / *clasificación* (= Einstufungstest) • *test de rendimento* (= Leistungstest) • *test de elección* /

respuesta múltiple (= Multiple-Choice-Test) • *test para rellenar (huecos)* (= Lückentest, bei dem in einem Text z.B. jedes 5. Wort zu ergänzen ist.)

Die *ESO* wird mit dem Abschluss *graduado / -a en educación secundaria,* das *Bachillerato* mit dem *título* m. *de bachiller* (= Abschluss des Gymnasiums) beendet.

bachiller *m. / f.*	**Abiturient(in)**
boletín *m.* **escolar** / **de notas**	**Jahreszeugnis**

Es gibt in Spanien im Gegensatz zu Deutschland nur einen Universitätsabschluss: *Licenciatura* f. (= in etwa dem deutschen ersten Staatsexamen bzw. der Magisterprüfung entsprechend), den man durch das Ablegen von den Fächern und deren entsprechenden *créditos* (= Punkte) erwirbt. Wer ein Lehramt an staatlichen Sekundarschulen anstrebt, muss zusätzlich einen mindestens einjährigen *Curso de Aptitud Pedagógica / CAP* (= eine Art Referendariat) absolvieren, um das *Certificado* m. *de Aptitud Pedagógica* (= Pädagogisches Eignungszeugnis) zu erwerben, das die Teilnahme an *las oposiciones* (= zweites Staatsexamen) möglich macht. Andere Studienabgänger, die sich beim öffentlichen Dienst bewerben, legen auch *oposiciones / concurso* m. ab.
Diejenigen, die promovieren, müssen eine bestimmte Anzahl von *créditos* bei zusätzlichen Seminaren und Forschungsarbeiten erreichen und eine *tesis* f. *doctoral* anfertigen, um *el título de doctor(a)* (= die Doktorwürde) zu erhalten.

certificado *m.*	(Prüfungs- / Abschluss-)**Zeugnis**
diploma *m.* / **título** *m.*	**Diplom**
Tiene el diploma / título de Económicas.	*(etwa)* Er / Sie ist Diplomvolkswirt(in).
licenciarse / **graduarse** / *LAm* **recibirse**	**ein Hochschulstudium abschließen**
Se licenció / recibió el año pasado.	Er / Sie hat voriges Jahr den Universitätsabschluss gemacht.
licenciatura *f.*	**Hochschulabschluss**
máster *m.*	**Erweiterungsstudium**
Obtuvo / Sacó su licenciatura / un máster el año pasado.	Er hat voriges Jahr seinen Hochschulabschluss / ein Erweiterungsstudium gemacht.
licenciado / **-a** / *LAm* **egresado** / **-a**	**(Hochschul-)Absolvent(in); Akademiker(in)**
licenciado / -a en Filosofía y Letras	Akademiker(in) der Geisteswissenschaften
licenciado / -a en Ciencias Naturales	diplomierte(r) Naturwissenschaftler(in)
licenciado superior en Humanidades / magister artium	Magister Artium
licenciado superior en Ciencias Naturales	Magister der Naturwissenschaften

Enseñanza y aprendizaje
Lehren und Lernen

Los hombres, cuando enseñan, aprenden. (*Lucio Anneo Séneca, filósofo hispano-romano, 4 a. de C. – 65*)

enseñanza *f.*	**Lehre; Unterricht**
enseñanza a distancia	Fernstudium
enseñanza / aprendizaje autodidacta	Selbststudium
enseñanza de / para adultos	Erwachsenen(fort)bildung
enseñanza de idiomas	Sprachunterricht
docencia *f.* – **docente** *m. / f.*	**Lehre; Lehramt – lehrend; Dozent(in)**
material docente	Lehrmaterial
Quiero dedicarme a la docencia.	Ich möchte Lehrer(in) werden.
enseñar / **dar** (– doy – di – dado) **clases**	**unterrichten; lehren**
¿Quién te ha enseñado / enseñó eso?	Wer hat dir das beigebracht?
dar clases de español a inmigrantes	Immigranten Spanischunterricht erteilen
clases de lengua extranjera	Fremdsprachenunterricht
formar – **formarse** – **formación** *f.*	**ausbilden – eine Ausbildung machen – Ausbildung**
profesores bien / mal formados	gut / schlecht ausgebildete Lehrer
curso / programa de formación	Ausbildungskurs / -programm
A los profesores se les exige una formación continua.	Von Lehrern wird eine ständige Weiterbildung erwartet.
formación profesional	berufliche Bildung; Berufs(aus)-bildung
pedagogía *f.* – **pedagogo** / **-a**	**Pädagogik – Pädagoge / Pädagogin**
(anti)**pedagógico**	(un)**pädagogisch**
aprender	**lernen**
Esto lo he aprendido en la escuela.	Das habe ich in der Schule gelernt.
aprender una poesía / un poema de memoria	ein Gedicht auswendig lernen
aprendizaje *m.* – **aprendiz(a)**	**Lehre; Ausbildung – Lehrling; Auszubildende(r)**
Está haciendo un aprendizaje de fontanero.	Er macht eine Ausbildung / Lehre als Klempner / Installateur.
entrar de aprendiz	eine Lehre anfangen
procesos de aprendizaje	Lernprozesse
aprendiente *m. / f.* (*didáctica de lenguas*)	**Lernende(r)** (*Sprachdidaktik*)
estudiar	**studieren; lernen**
Estudió Matemáticas en Barcelona.	Er / Sie studierte Mathematik in Barcelona.
Está estudiando para ingeniero.	Er / Sie macht ein Ingenieurstudium.
Estudio para el examen de mañana.	Ich lerne für die morgige Prüfung.
Necesito más tiempo para estudiar.	Ich brauche mehr Zeit zum Studieren / Lernen.

estudiante *m.* / *f.* / **alumno** / **-a**	**Student(in); Lernende(r); (Hoch-) Schüler(in)**
Es un buen / mal estudiante.	Er ist ein guter / schlechter Student / Schüler.
maestro / **-a**	**Grundschullehrer(in)**
maestro / -a nacional	Volksschullehrer(in)
profesor(a)	**Lehrer(in); Ausbilder(in)**
profesor(a) de instituto / universidad	Gymnasiallehrer(in) / Universitätsdozent(in)
profesor titular – profesor asociado	Beamter auf Lebenszeit – Hochschullehrer / Lehrbeauftragter auf Zeit
profesor(a) de autoescuela	Fahrlehrer(in)
catedrático / **-a** – **cátedra** *f.*	**Professor(in)** / **Lehrstuhlinhaber(in)** – **Lehrstuhl** / **Professur**
curso *m.*	**Lehrgang; Kurs; Schuljahr; Studienjahr**
clase *f.*	(Schul-)**Klasse**; **Lehrsaal**; (Unterrichts-)**Stunde**
dar / recibir clases de español	Spanischunterricht erteilen / nehmen
el **aula** *f.* → 1.13 *el* alma f.	**Hörsaal; Lehrsaal**
motivar	**motivieren**
motivar a los alumnos a estudiar	die Schüler zum Lernen motivieren
Los estudiantes no están muy motivados.	Die Schüler sind nicht sehr motiviert.
motivación *f.*	**Motivation; Anreiz**
falta de motivación	Mangel an Motivation
leer (– leo – leí, leyó – leído)	**lesen**
leer el texto en voz baja / alta	den Text still / laut lesen
Os voy a leer el texto.	Ich werde euch den Text vorlesen.
¿Qué estás leyendo?	Was liest du gerade?
lector(a)	**Leser(in)**; (Hochschul-)**Lektor(in)**
libro *m.* **de texto**	**Lehrbuch**
deberes *m. pl.* / **tareas** *f.*	**Hausaufgaben; Hausarbeiten**
dar / poner deberes	Hausarbeiten aufgeben
Nos ha dado un montón de deberes.	Er / Sie hat uns viel aufgegeben.
¿Qué tienes como / de deberes?	Was hast du auf?
hacer los deberes por escrito	die Hausaufgaben schriftlich machen

En clase
Im Klassenzimmer

En casa, el niño puede aprender sólo aquellas cosas que se le enseñan a él; en la escuela aprende también lo que se enseña a los demás.
(Marco Fabio Quintiliano, retórico hispano latino, 35?–96?)

¿Quién falta hoy?	**Wer fehlt heute?**
Empezamos.	**Wir wollen anfangen.**
Silencio, por favor.	Bitte (etwas) **Ruhe**.
repartir los libros / textos	die Bücher / Texte **austeilen**
Abrid los libros en / por la página 57.	**Schlagt** eure Bücher auf Seite 57 **auf**.
Cerrad los libros, por favor.	**Macht** die Bücher bitte **zu**.
Está en la parte de **arriba** / **abajo** de la página.	Es ist **oben** / **unten** auf der Seite.
representar un diálogo	einen Dialog **spielen**
¿**Haces** tú el papel de (la) bruja?	Übernimmst du die **Rolle** der Hexe?
Mirad el tercer **párrafo**.	Schaut euch den dritten **Absatz** an.
Seguimos.	**Wir machen weiter**.
Sigue leyendo.	Lies weiter.
Pasamos al siguiente párrafo.	Wir **gehen zum** nächsten Absatz.
Tomad mejor **apuntes**.	**Macht euch** besser ein paar **Notizen**.
resumir el argumento	die Handlung **zusammenfassen**
Buscad un **título** para la historia.	Findet eine **Überschrift** für die Geschichte.
Quiero que lo **copiéis**.	Ich möchte, dass ihr das **abschreibt.**
Por favor, escribid con **letra clara** / **legible**.	Bitte schreibt **lesbar** / **deutlich**.
¿A quién **le toca**?	Wer **ist als Nächster dran**?
El siguiente, por favor.	**Der Nächste**, bitte.
Hagámoslo en **parejas**.	Das machen wir in **Partnerarbeit**.
trabajar en **grupos** de cuatro	in Vierer**gruppen** arbeiten
Habla más alto, por favor.	**Sprich** bitte **lauter**.
¿Podrías hablar un poco **más bajo**?	Könntest du **etwas leiser** sprechen?
Intenta hablar **de una manera más clara**.	Versuche **deutlicher** zu sprechen.
Repite lo que yo digo ...	**Sprich** mir bitte **nach** ...
Dilo **otra vez**, por favor.	Sag das bitte **noch einmal**.
No (os) **sopléis**, por favor.	Bitte nicht **vorsagen**.
Sal a la **pizarra**, por favor.	Geh bitte zur **Tafel**.
un trozo de **tiza**	ein Stück **Kreide**
borrar algo	etwas (von der Tafel) **abwischen**
borrar la pizarra	die Tafel **abwischen**
retroproyector *m.*	**Tageslicht-** / **Overheadprojektor**
¿Está **conectado** el proyector?	Ist der Projektor **angeschlossen**?
¿Habéis **terminado**?	Seid ihr **fertig**?
Os **devolveré** los trabajos el lunes.	Ich **gebe** euch die Arbeiten am Montag **zurück**.
Lo **terminaremos** la próxima vez.	Wir **machen** es nächstes Mal **zu Ende**.
Como **deberes**, haced por favor, ...	Als **Hausaufgabe** macht bitte ...

Visión del mundo
Weltanschauung

Religiones y confesiones religiosas

Religionen und Konfessionen

No hay palanca más poderosa que una creencia para mover las multitudes humanas; no en vano se dice que la religión liga y aprieta a los hombres. (*Emilia Pardo Bazán, escritora española, 1851–1921*)

religión *f.*	**Religion**
religioso / **-a**	**religiös; Religion-; fromm; Ordensgeistliche(r)**
creencias religiosas	religiöse Überzeugungen
libertad religiosa	Religionsfreiheit
una persona profundamente religiosa	ein (zu)tief(st) religiöser Mensch
profesar	**ausüben**
profesar una religión	eine Religion praktizieren
cristianismo *m.*	**Christentum**
cristiandad *f.*	**Christentum; Christenheit**
La cruz es el símbolo de la cristiandad / del cristianismo.	Das Kreuz ist das Symbol des Christentums.
cristiano / **-a**	**christlich; Christ(in)**
Los cristianos creen que Jesús es el Mesías.	Die Christen glauben, dass Jesus der Messias ist.
los primeros cristianos	die Urchristen
(el) mahometismo / **(el) islam**	**(der) Islam**
Los seguidores del islam se llaman musulmanes.	Die Anhänger des Islam heißen Muslime.
islámico	**islamisch**
fundamentalismo islámico	islamischer Fundamentalismus
integristas islámicos	islamische Fundamentalisten
(el) hinduismo	**(der) Hinduismus**
En el hinduismo la vaca es sagrada.	Die Kuh ist im Hinduismus heilig.
hindú *m. / f. (pl. -s / -es)*	**hinduistisch; Hindu(-)**
Para un hindú todo es sagrado.	In den Augen eines Hindu ist alles heilig.
(el) budismo	**(der) Buddhismus**
El budismo se ha extendido en el mundo occidental.	Der Buddhismus hat sich im Westen ausgebreitet.
budista *m. / f.*	**buddhistisch; Buddhist(in)**
(el) judaísmo	**(das) Judentum; (der) Judaismus**
El judaísmo es la religión de los judíos.	Der Judaismus ist die Religion der Juden.
judío / **-a**	**jüdisch; Jude / Jüdin**
centros de la cultura judía	Zentren jüdischer Kultur
Ella es judía.	Sie ist Jüdin.
convertir(se) (– convierto – convertí, convirtió – convertido)	**konvertieren; bekehren**
Se convirtió al catolicismo.	Er / Sie konvertierte zum Katholizismus / trat zum katholischen Glauben über.

Fueron convertidos al cristianismo.	Sie wurden zum Christentum bekehrt.
confesión *f.* **religiosa**	**Konfession; Glaubensgemeinschaft**
¿Qué confesión religiosa tiene usted?	Welche Konfession haben Sie?
escuela *f.* **confesional**	**Konfessions- / Bekenntnisschule**
(el) catolicismo	**(der) Katholizismus**
La religión predominante en España es el catolicismo.	In Spanien ist der Katholizismus die vorherrschende Religion.
católico / **-a**	**(römisch-)katholisch; Katholik(in)**
Fue acogido en la iglesia católica.	Er wurde in die katholische Kirche aufgenommen.
Se convirtió al catolicismo. / Se hizo católico / -a.	Er / Sie wurde katholisch.
(el) protestantismo	**(der) Protestantismus**
El luteranismo es una de las ramas más importante del protestantismo.	Das Luthertum ist einer der Hauptzweige des Protestantismus.
protestante *m. / f.*	**protestantisch; evangelisch; Protestant(in)**
las iglesias protestantes	protestantische / evangelische Kirchen
Él / Ella es protestante.	Er / Sie ist evangelisch.
(el) calvinismo	**(der) Kalvinismus**
la iglesia reformada	**die reformierte Kirche**
luterano / **-a**	**lutherisch; Lutheraner(in)**
las iglesias luteranas	lutherische Kirchen
baptista *m. / f.*	**baptistisch; Baptist(in)**
metodista *m. / f.*	**methodistisch; Methodist(in)**
Ella es metodista / baptista.	Sie ist Methodistin / Baptistin.
(el) anglicanismo	**(der) Anglikanismus**
anglicano / **-a**	**anglikanisch; Anglikaner(in)**
la iglesia anglicana	die anglikanische Kirche
Los anglicanos son cristianos que pertenecen a la iglesia de Inglaterra.	Anglikaner sind Christen, die Mitglieder der Kirche von England sind.
ortodoxo / **-a**	**orthodox; Orthodoxe(r)**
la iglesia ortodoxa	die orthodoxe Kirche
judíos ortodoxos	orthodoxe Juden
(el) presbiterianismo	**(die) Presbyterialverfassung**
presbiteriano / **-a**	**presbyterianisch; Presbyterianer(in)**
Ella es presbiteriana.	Sie ist Presbyterianerin.
testigos *m. / f.* **de Jehová**	**Zeugen Jehovas**
puritano / **-a**	**puritanisch; Puritaner(in)**
Muchos puritanos emigraron al Nuevo Mundo.	Viele Puritaner wanderten in die Neue Welt aus.
el Ejército de Salvación	**die Heilsarmee**

Dios y lo divino
Gott und Göttlichkeit

Mejor que buscarse a sí es buscar a Dios en sí mismo. Y cuando andamos dentro nuestro a la busca de Dios, ¿no es acaso que nos anda Dios buscando? (*Miguel de Unamuno, escritor y filósofo español, 1864–1936*)

Dios *m.* / **dios** *m.*	**Gott**
Teme a Dios y cumple sus mandamientos.	Fürchte Gott und halte seine Gebote.
Creo en Dios Padre, todopoderoso, creador del cielo y de la tierra.	Ich glaube an Gott den Vater, den Allmächtigen, den Schöpfer des Himmels und der Erde.
No debes tener otros dioses más que yo.	Du sollst keine anderen Götter haben neben mir.
(el) Señor – (el) Creador	**(Gott) der Herr – (der) Schöpfer**
el Creador del universo	der Schöpfer des Weltalls
Jesús / **Cristo** / **Jesucristo**	**Jesus** / **Christus** / **Jesus Christus**
nuestro Señor Jesucristo	unser Herr Jesus Christus
el Mesías	**der Messias**
el Espíritu Santo	**der Heilige Geist**
la Santísima Trinidad (= Padre, Hijo y Espíritu Santo)	**die Heilige Dreifaltigkeit** / **Dreieinigkeit** (= Vater, Sohn und Heiliger Geist)
todopoderoso – el Todopoderoso	**allmächtig – der Allmächtige**
Oremos a Dios todopoderoso / al Todopoderoso.	Lasst uns zum allmächtigen Gott / zum Allmächtigen beten.
diosa *f.*	**Göttin**
Artemisa era una diosa griega.	Artemis war eine griechische Göttin.
Alá	**Allah** (arabischer Name für Gott)
Alá es el único Dios y Mahoma es su enviado.	Es gibt keinen Gott außer Allah und Mohammed ist sein Bote.
el profeta Mahoma	**der Prophet Mohammed**
Visnú y Siva	**Wischnu und Schiwa**
Visnú y Siva son los dos dioses hindúes más importantes.	Wischnu und Schiwa sind die beiden hinduistischen Hauptgötter.
Krishna	**Krischna** (hinduistische Gottheit)
Buda *m.*	**Buddha**
Buda significa "el iluminado".	Buddha heißt „der Erleuchtete".
Yahvé *m.*	**Jahve** / **Jahwe**
En la biblia judía a Dios se le llamaba YHWH, que se pronunciaba probablemente Yahvé.	In der jüdischen Bibel hieß Gott YHWH, was wahrscheinlich Jahve ausgesprochen wurde.
deidad *f.*	**Gottheit**
Los ateos niegan la existencia de Dios / de una deidad.	Atheisten leugnen die Existenz eines Gottes / einer Gottheit.
divinidad *f.* – **divino**	**Göttlichkeit – göttlich**
la divinidad de Cristo	die Göttlichkeit Christi

la humanidad y divinidad de Jesús	Jesus Menschlichkeit und Göttlichkeit
revelación divina	göttliche Offenbarung
por intervención divina	durch das Eingreifen / Einwirken Gottes
creer en un **ser supremo**	an ein **höchstes Wesen** glauben
omnipotente – **omnipresente**	**allmächtig** – **allgegenwärtig**
omnisciente	**allwissend**
politeísmo *m.* – **politeísta** *m. / f.*	**Polytheismus** (= Glaube an viele Götter) – **Polytheist(in)**
monoteísmo *m.* – **monoteísta** *m. / f.*	**Monotheismus** (= Glaube an einen einzigen Gott) – **Monotheist(in)**

Dichos y expresiones con palabras relacionadas con la religión
(= Ausdrücke mit Wörtern aus der Welt der Religionen)
¡Jesús! (= *beim Niesen:* Gesundheit!) • *no saber de la misa la mitad / media* (= gar nichts wissen) • *estar más callado que en misa* (= ganz still sein) • *querer estar en misa y repicando* (= überall sein wollen) • *Su opinión siempre va a misa.* (= Man macht immer, was er meint.) • *a Dios rogando y con el mazo dando* (= vorne beten, hinten treten) • *a la buena de Dios* (= ins Blaue hinein) • *hacer algo como Dios manda* (= etwas tun, wie es sich gehört) • *Lo sabe todo dios.* (= Jeder weiß es.) • *Dios aprieta, pero no ahoga.* (= Gott lässt sinken, aber nicht ertrinken.) • *Dios los cría y ellos se juntan.* (= Gleich und gleich gesellt sich gern.) • *no estar muy católico* (= sich nicht gut fühlen) • *bautizar el vino* (= Wasser in den Wein tun) • *hacer algo en un santiamén* (= etwas blitzschnell machen) • *A todos les llega su San Martín.* (= Dein Tag wird auch kommen.) • *llorar como una Magdalena* (= wie ein Schlosshund weinen) • *ser un Adán* (= ein Waschlappen sein) • *estar hecho un Cristo* (= voller Wunden / leidend) • *Donde Cristo dio las tres voces. / Donde Cristo perdió el mechero.* (= weit weg) • *ser un(a) viva la virgen / vivalavirgen* (= ein sehr unzuverlässiger Bursche sein) • *vivir como Dios* (= wie Gott in Frankreich leben)

Doctrinas, prácticas e instituciones religiosas

Religiöse Lehren, Bräuche und Institutionen

La mayoría de la gente acepta los dogmas de su religión como los artículos del reglamento de un casino, sin pensar en ellos más que cuando algún socio pide en la junta general su lectura.
(*Armando Palacio Valdés, novelista español, 1853–1938*)

doctrina *f.*	**Lehre; Lehrmeinung; Grundsatz**
dogma *m.* – **dogmático**	**Dogma** (= kirchlicher Glaubenssatz) – **dogmatisch**
la **fe**	der **Glaube**
la Biblia	**die Bibel**
el Antiguo / **Nuevo Testamento**	**das Alte** / **Neue Testament**
las **parábolas** de Jesús	die **Gleichnisse** Jesu
evangelio *m.*	**Evangelium**
salmo *m.*	**Psalm**
exégesis *f. sg. / pl.*	**Exegese**; (Bibel-)**Auslegung**
(el) cielo	**(der) Himmel**
ascender a los cielos	in den / zum Himmel auffahren
(el) infierno	**(die) Hölle**
(el) purgatorio	**(das) Fegefeuer**
(el) limbo	Platz, wo die Seelen der nicht getauften Babys hingehen
ángel *m.*	**Engel**
santo / **-a**	**heilig; Heilige(r)**
San Jorge	der heilige Georg / Sankt Georg

Vor einem männlichen Namen wird *santo* zu *san* verkürzt: *San José, San Martín, San Sebastián.* Es gibt allerdings einige Ausnahmen, z.B.: *Santo Tomás, Santo Domingo.*
Die weibliche Form und die Mehrzahlformen werden nicht verkürzt: *Santa Teresa, los santos Padres de la Iglesia.* Ebensowenig die Formen, die nach einem Hauptwort stehen: *un hombre santo.*

(el) demonio / **diablo**	**(der) Teufel**
la resurrección	**die Auferstehung (Christi)**
la reencarnación	**die Reinkarnation**
(el) pecado (original)	**(die) (Erb-)Sünde**
un pecado mortal / venial	eine Tod- / lässliche Sünde
los diez mandamientos	die zehn Gebote
iglesia *f.* – **eclesiástico** / **-a**	**Kirche** – **kirchlich** / **geistlich** / **Geistliche(r)**
ir a la iglesia	in die Kirche gehen
estar en la iglesia	in der Kirche sein
salirse de la iglesia	aus der Kirche austreten

después de ir a la iglesia	nach der Kirche
capilla *f.*	**Kapelle**
catedral *f.* – **catedralicio**	**Dom / Kathedrale – Dom-**
culto *m.*	**Kult(us); Gottesdienst; Religionsausübung**

Los cristianos celebran sus cultos en la iglesia, los judíos en la sinagoga y los musulmanes en la mezquita. (= Christen halten Gottesdienst in einer Kirche, Juden in einer Synagoge und Muslime in einer Moschee.)

misa *f.*	**Gottesdienst; Messe**
misa del gallo	Christmette
misa de difuntos	Seelenmesse
predicar (c>que) – **predicador(a)**	**predigen – Prediger(in)**
sermón *m.*	**Predigt**
el Sermón de la Montaña	die Bergpredigt
homilía *f.*	**Homilie** (= Erklärung); **Predigt**
decir la homilía	predigen
altar *m.*	**Altar**
darse (– doy – di – dado) **la paz**	**sich den Friedensgruß geben**
dar (– doy – di – dado) **la bendición**	**den Segen sprechen; segnen**
sacramento *m.*	**Sakrament**

***Los siete sacramentos* (= Die sieben Sakramente)**
el bautismo (= die Taufe) • *la penitencia* (= die Buße) • *la eucaristía* (= die Eucharistie) • *la confirmación* (= die Firmung / Konfirmation) • *el orden sacerdotal* (= die Priesterweihe) • *el matrimonio* (= die Trauung) • *la extremaunción* (= die letzte Ölung)

bautizar (z>ce) – **bautizo** *m.*	**taufen – Taufe**
El bautizo fue la semana pasada.	Die Taufe war letzte Woche.
confesar(se) (e>ie) – **confesión** *f.*	**beichten – Beichte**
absolver (– absuelvo – absolví – absuelto) – **absolución** *f.*	(Sünden) **vergeben – Absolution; Lossprechung** (von der Sünde)
comulgar (g>gue) – **comunión** *f.*	**die Kommunion empfangen – Kommunion**
dar / recibir la comunión	die Kommunion geben / bekommen
hacer la primera comunión	zur Erstkommunion gehen
la Última / Sagrada Cena	**das (heilige) Abendmahl**
confirmar(se)	**firmen; konfirmieren;** (gefirmt werden)
escatología *f.*	**Eschatologie** (= Lehre von den letzten Dingen)
rezar (z>ce) – **rezo** *m.*	**beten – (Tages-)Gebet / Beten**
santiguarse (gu>güe)	**sich bekreuzigen** (von der Stirn zur Brust und von der linken Schulter zur rechten Schulter)
persignarse	**sich bekreuzigen** (an der Stirn, am Mund und an der Brust)
arrodillarse	**niederknien**

oración *f.*	**Gebet**
el Padrenuestro	**das Vaterunser**
el Credo	**das Glaubensbekenntnis**
el rosario	**der Rosenkranz**
rezar el rosario	den Rosenkranz beten
amén *m.*	**amen; Amen**
misal *m.*	**Messbuch**
catecismo *m.*	**Katechismus**
fieles *m. pl.*	**Gemeinde** (beim Gottesdienst)
parroquia *f.*	(Kirchen-)**Gemeinde**
sacristía *f.*	**Sakristei**
sacristán *m.*	**Messner**
monaguillo *m.*	**Ministrant**
diácono *m.*	**Diakon**
el **clero**	die **Geistlichkeit**; der **Klerus**
El clero / La Iglesia está en contra de esa ley.	Der Klerus / Die Kirche ist gegen dieses Gesetz.
cura *m.* / **sacerdote** *m.*	**Priester**
párroco *m.*	**Pfarrer**
pastor(a)	**Pastor(in)**
(arz)obispo *m.*	**(Erz-)Bischof**
cardenal *m.*	**Kardinal**
Papa *m.*	**Papst**
monje / **-a**	**Mönch** / **Nonne**
monja de clausura	Nonne, die in Klausur lebt
religioso / **-a**	**Ordensgeistliche(r)**
seglar *m.* / *f.*	**Laie**
convento *m.*	**Kloster**
convento de clausura	von der Außenwelt abgeschlossenes Kloster; Klausurkloster
monasterio *m.*	**(Mönchs-)Kloster**
Israel	**Israel**
el Dios de Israel	der Gott Israels
la Torá	**die Tora** (jüdisch = die 5 Bücher Mose)
el Talmud	**der Talmud** (= Sammelwerk der jüdischen Lehre und Überlieferung)
templo *m.*	**Tempel**
sinagoga *f.*	**Synagoge**
rabino *m.*	**Rabbi(ner)**
kasher	**koscher**
sábado *m.* **judío**	**Sabbat**
Kaddish *m.*	**Kaddisch** (= jüdisches Totengebet)
el Corán	**der Koran**
mezquita *f.*	**Moschee**
creyente *m.* / *f.*	**Glaubende(r)**
infiel *m.* / *f.*	**Ungläubige(r)**

Creencias no religiosas
Nichtreligiöse Überzeugungen

Sabed que quien cambia la fe por la incredulidad, deja lo bello, en medio del camino. (*Mahoma, el Corán*)

trascendental	**transzendent** (= jenseits der sinnlichen Erfahrung liegend)
metafísico *m.*	**metaphysisch; Metaphysiker**
escepticismo *m.* – **escéptico** / **-a**	**Glaubenszweifel** / **Skeptizismus** – **skeptisch; Skeptiker(in)**
los escépticos de la antigua Grecia	die Skeptiker des alten Griechenland
dudar – **duda** *f.*	**zweifeln** – **Zweifel**
Duda de la existencia de Dios.	Er / Sie bezweifelt die Existenz Gottes.
incredulidad *f.* – **incrédulo** / **-a**	(religiöser) **Unglaube** – **Ungläubige(r)**
falta *f.* **de fe**	**religiöser Unglaube**
(la) razón	**(die) Vernunft**
La Crítica de la Razón Pura de Kant	Kants Kritik der reinen Vernunft
(el) racionalismo	**(der) Rationalismus**
la Ilustración	**die Aufklärung**
agnosticismo *m.* – **agnóstico** / **-a**	**Agnostizismus** – **agnostisch; Agnostiker(in)**
ateísmo *m.* – **ateo** / **-a**	**Atheismus** – **atheistisch; Atheist(in)**

Pregunta: ¿Existe Dios? – La respuesta del creyente: Sí, existe. – La del ateo: No, no existe. – La del agnóstico: No lo sé.

panteísmo *m.* – **panteísta** *m.* / *f.*	**Pantheismus** – **pantheistisch; Pantheist(in)**
materialismo *m.*	**Materialismus**
materialista *m.* / *f.*	**materialistisch; Materialist(in)**
una visión materialista del mundo	eine materialistische Weltsicht
nihilismo *m.* – **nihilista** *m.* / *f.*	**Nihilismus** – **nihilistisch; Nihilist(in)**
antroposofía *f.*	**Anthroposophie**
superstición *f.* – **supersticioso** / **-a**	**Aberglaube** – **abergläubisch**
esoterismo *m.* – **esotérico**	**Esoterik** – **esoterisch** (= nur für Eingeweihte)
ocultismo *m.* – **oculto** – **lo oculto**	**Okkultismus** – **okkult** – **das Okkulte**
meditación *f.* (trascendental)	(Transzendentale) **Meditation**
astrología *f.* – **astrólogo** / **-a**	**Astrologie** – **Astrologe** / **Astrologin**
horóscopo *m.*	**Horoskop**
quiromancia *f.* – **quiromántico** / **-a**	**Wahrsagerei** – **Wahrsager(in)**
predicción *f.* **del futuro** – **adivino** / **-a**	**Wahrsagerei** – **Wahrsager(in)**
bruja *f.* – **brujo** *m.* – **brujería** *f.*	**Hexe** – **Hexenmeister** – **Hexerei**
magia *f.* **negra** / **blanca**	**schwarze** / **weiße Magie**
amuleto *m.*	**Amulett**

Filosofía
Philosophie

Filosofía es el conocimiento de las cosas humanas y divinas junto con el deseo de una vida honesta. (*San Isidoro de Sevilla, doctor de la Iglesia, 565–636*)

(la) filosofía	**(die) Philosophie**
filosofía antigua	antike Philosophie
filosofía analítica	analytische Philosophie
filosofía del lenguaje	Sprachphilosophie
filosófico	**philosophisch**
un problema / tema filosófico	ein philosophisches Problem / Thema
una escuela filosófica	eine philosophische Schule
conceptos filosóficos básicos	philosophische Grundbegriffe
filósofo / **-a**	**Philosoph(in)**
filosofar (sobre)	**philosophieren** (über)
pensar (e>ie)	**denken**
pensador(a) – **pensamiento** *m.*	**Denker(in)** – **(das) Denken**
los pensadores griegos	die griechischen Denker
el pensamiento científico	(natur)wissenschaftliches Denken
el pensamiento occidental	das abendländische Denken
comprender – **comprensión** *f.*	**verstehen** – **Verständnis**
analizar (z>ce) – **análisis** *m. sg. / pl.*	**analysieren** – **Analyse**
definir – **definición** *f.*	**definieren** – **Definition**
argumento *m.* (a favor / en contra)	**Argument** (für / gegen)
desarrollar una **teoría**	eine **Theorie** entwickeln
consistente	**konsistent**; **widerspruchsfrei**
una teoría consistente	eine in sich stimmige Theorie
racional – **irracional**	**rational** / **vernunftmäßig** – **irrational**
explicar algo de forma racional	etwas auf rationale Weise erklären
idea *f.* – **ideal** *m.*	**Idee** – **ideell** / **ideal**; **Ideal**
(la) experiencia	**(die) Erfahrung**
la experiencia muestra que ...	die Erfahrung lehrt, dass ...
empírico	**empirisch**; **erfahrungsmäßig**
conocimiento empírico	Erfahrungswissen
causalidad *f.*	**Kausalität**
la ley de la causalidad	das Kausalgesetz
verificar (c>que) – **verificación** *f.*	**verifizieren** – **Verifikation**
falsificar (c>que) – **falsificación** *f.*	**falsifizieren** – **Falsifikation**
(la) lógica *f.* – **lógico**	**(die) Logik** – **logisch** / **die Logik betreffend**
las leyes de la lógica	die Gesetze der Logik
pensamiento lógico	logisches Denken / Argumentieren
(la) epistemología	**(die) Epistemologie** / **Erkenntnislehre**
ontología *f.*	**Ontologie** (= „Seinswissenschaft“)
hermenéutica *f.*	**Hermeneutik** (= „Auslegungskunst“)
(la) ética – **ético**	**(die) Ethik** – **ethisch**
Es una cuestión de ética.	Das ist eine Frage der Ethik.

categórico	**kategorisch**
el imperativo categórico de Kant	Kants kategorischer Imperativ
(la) estética – estético	**(die) Ästhetik – ästhetisch**
La estética es una rama de la filosofía.	Die Ästhetik ist ein Teilgebiet der Philosophie.
(la) metafísica – metafísico	**(die) Metaphysik – metaphysisch**
la naturaleza de la metafísica	das Wesen der Metaphysik
Russell desarrolló una metafísica propia.	Russell entwickelte eine eigene Metaphysik.
(la) escolástica – escolástico	**(die) Scholastik – scholastisch**
los escolásticos	die Scholastiker
materialismo *m.* **dialéctico**	**dialektischer Materialismus**

Philosophische „Ismen“: *existencialismo* m. (= Existenzphilosophie / Existentialismus) • *idealismo* (= Idealismus) • *materialismo* (= Materialismus) • *positivismo* (= Positivismus) • *pragmatismo* (= Pragmatismus) • *racionalismo* (= Rationalismus) • *realismo* (= Realismus) • *escepticismo* (= Skeptizismus)

„Ismen“-Adjektive: *existencialista* (= existentialistisch) • *idealista* (= idealistisch) • *materialista* (= materialistisch) • *positivista* (= positivistisch) • *pragmático* (= pragmatisch) • *racionalista* (= rationalistisch) • *realista* (= realistisch) • *escéptico* (= skeptisch)

Anhänger von „Ismen“: *existencialista* m. / f. (= Existentialist / -in) • *idealista* m. / f. (= Idealist / -in) • *materialista* m. / f. (= Materialist / -in) • *positivista* m. / f. (= Positivist / -in) • *pragmático* / *-a* (= Pragmatiker / -in) • *racionalista* m. / f. (= Rationalist / -in) • *realista* m. / f. (= Realist / -in) • *escéptico* / *-a* (= Skeptiker / -in)

eclecticismo *m.* – **ecléctico** / **-a**	**Eklektizismus – eklektisch / Eklektiker(in)**
Los eclécticos combinan ideas dedistintas fuentes para crear un nuevo todo.	Eklektiker verbinden Ideen aus verschiedenen Quellen zu einem neuen Ganzen.
(la) verdad – verdadero	**(die) Wahrheit – wahr**
el yo	**das Ich**
la búsqueda del yo por parte de Sócrates	Sokrates' Suche nach dem Ich
la cosa en sí misma	**das Ding an sich**
la apariencia y la realidad	**der (An-)Schein und die Wirklichkeit**
causa *f.* **y efecto** *m.*	**Ursache und Wirkung**
espíritu *m.* **y materia** *f.*	**Geist und Materie**
(el) cuerpo y (el) espíritu	**(der) Körper und (der) Geist**
tiempo *m.* **y espacio** *m.*	**Zeit und Raum**
lo bello y lo feo	**das Schöne und das Hässliche**
el bien y el mal	**das Gute und das Böse**
moral *f.* – **amoral**	**moralisch / sittlich / Moral- / Moral – amoralisch / unsittlich**
valores / principios morales	moralische Werte / Grundsätze

Arte y literatura
Kunst und Literatur

Pintura y escultura
Malerei und Bildhauerei

Pinto los objetos como los pienso, no como los veo.
(*Pablo Picasso, artista español, 1881–1973*)

pintura *f.*	**Malerei; Gemälde; Bild; Malfarbe**
La pintura muestra un paisaje.	Das Bild zeigt eine Landschaft.
La pintura / Pintar es una afición maravillosa.	Malen ist ein herrliches Hobby.
dar una mano de pintura a una superficie	auf eine Fläche Farbe auftragen
pintura paisajística	Landschaftsmalerei
pintar	**malen**
pintar un retrato	ein Porträt malen
pintor(a)	**Maler(in); Kunstmaler(in)**
pintor(a) de brocha gorda	Anstreicher(in); Maler(in)
artista *m. / f.* – **artístico**	**Künstler(in); Kunstmaler(in) – künstlerisch; Kunst-**
cuadro *m.*	**Gemälde; Bild**
dibujo *m.*	**Zeichnung**
hacer un dibujo de algo	eine Zeichnung von etwas anfertigen
dibujante *m. / f. /* **-a**	**Zeichner(in)**
Picasso como dibujante	Picasso als Zeichner
acuarela *f.*	**Aquarell**
una exposición de acuarelas	eine Ausstellung von Aquarellen
estudio *m.*	**Atelier**
al aire libre, no en el estudio	im Freien, nicht im Atelier
lienzo *m.*	**Leinwand**
Pinta directamente en el lienzo, sin esbozos preliminares.	Er / Sie malt direkt auf die Leinwand, ohne vorherige Skizzen.
caballete *m.*	**Staffelei**
pincel *m.* – **pincelada** *f.*	**Pinsel – Pinselstrich**
con pocas pinceladas	mit wenigen Pinselstrichen
óleo *m.*	**Öl**
Habitualmente pintaba al óleo.	Meistens malte er / sie in Öl.
una pintura al óleo grande – una gran pintura al óleo	ein großes Ölgemälde – ein großartiges Ölgemälde
tema *m.*	**Gegenstand**
el tema de una pintura	der Gegenstand eines Bildes
modelo *m. / f.*	**Modell**
paisaje *m.*	**Landschaft**
retrato *m.* – **autorretrato** *m.*	**Porträt / Bildnis – Selbstporträt / Selbstbildnis**
retratar – **retratista** *m. / f.*	**abbilden / zeichnen / malen / porträtieren – Porträtmaler(in)**
Se hizo retratar.	Er / Sie ließ sich porträtieren.
bodegón *m.* / **naturaleza** *f.* **muerta**	**Stillleben**
naturaleza muerta de van Gogh con girasoles	van Goghs Stillleben mit Sonnenblumen

desnudo *m.*	**Akt**
dibujar / pintar un desnudo	einen Akt zeichnen / malen
desnudo sentado / de pie / tumbado	sitzender / stehender / liegender Akt
distribución *f.* / **colocación** *f.*	**Anordnung**
la distribución de las personas	die Anordnung der Personen
perspectiva *f.*	**Perspektive**
composición *f.*	**Komposition**
la perfecta composición del cuadro	die perfekte Komposition des Bildes
reproducción *f.*	**Reproduktion**
reproducciones de pinturas famosas	Reproduktionen berühmter Bilder
una **obra de arte**	ein **Kunstwerk**
obras de arte antiguas	antike Kunstwerke
exhibir – **exhibición** *f.*	**ausstellen** – **Ausstellung**
los cuadros aquí exhibidos / expuestos	die hier ausgestellten Bilder
exponer (– expongo – expuse – expuesto) – **exposición** *f.*	**ausstellen** – **Ausstellung**
una exposición de pintura(s)	eine Gemäldeausstellung
una exposición itinerante	eine Wanderausstellung
exposición (temporal / permanente)	(vorübergehende / Dauer-)Ausstellung
marchante *m. / f.*	**Kunsthändler(in)**
mecenas *m. / f.; sg. / pl.*	**Mäzen(in)**
galería *f.* **de arte** – **galerista** *m. / f*	**(Kunst-)Galerie** – **Galerist(in)**
museo *m.*	**Museum**
el Museo del Prado	der Prado (berühmtes Museum in Madrid)
coleccionar – **colección** *f.*	**sammeln** – **Sammlung**
colección de cuadros	Kunstsammlung
coleccionismo *m.* – **coleccionista** *m. / f.*	**(Kunst-)Sammeln** – **Sammler(in)**
restaurar – **restauración** *f.*	**restaurieren** – **Restaurierung**
restaurador(a)	**Restaurator(in)**
dibujante *m. / f. /* **-a publicitario** / **-a**	**Gebrauchs-** / **Werbegrafiker(in)**

Movimientos y estilos artísticos **(= Kunstrichtungen und -stile)**
románico m. (= romanische Kunst) • *gótico* m. (= gotische Kunst) • *renacimiento* m. (= Renaissance) • *barroco* m. (= Barock) • *rococó* m. (= Rokoko) • *estilo* m. churrigueresco (= spanischer Rokoko) • *neoclasicismo* m. (= Klassizismus) • *romanticismo* m. (= Romantik) • *realismo* m. (= Realismus) • *naturalismo* m. (= Naturalismus) • *impresionismo* m. (= Impressionismus) • *simbolismo* m. (= Symbolismus) • *cubismo* m. (= Kubismus) • *futurismo* m. (= Futurismus) • *dadaísmo* m. (= Dadaismus) • *expresionismo* m. (= Expressionismus) • *surrealismo* m. (= Surrealismus) • *arte* m. *abstracto* (= abstrakte Kunst) • *pop art* m. • *modernismo* m. (= Jugendstil) • *arte* m. *figurativo* (= gegenständliche Kunst) • *posmodernismo* m. (= Postmoderne)

Entsprechende Adjektive und Substantive:
románico / gótico / neoclásico / barroco / rococó / churrigueresco / abstracto expresionista / impresionista / realista / naturalista / simbolista / surrealista / renacentista / modernista / cubista / posmoderno
los expresionistas / neoclasicistas / realistas / surrealistas / cubistas

instalación *f.* (artística)	**(Kunst-)Installation**
escultura *f.*	**Skulptur; Plastik; Bildwerk; Bildhauerkunst; Bildhauerei**
escultura en piedra	Steinskulptur / -plastik
una escultura de mármol	eine Marmorskulptur / -plastik
esculturas hechas de marfil	aus Elfenbein gearbeitete Plastiken
esculpir	**hauen; meißeln; schnitzen**
un friso esculpido	ein mit Skulpturen verzierter Fries
un busto esculpido por Rodin	eine von Rodin geschaffene Porträtbüste
escultórico	**plastisch; bildhauerisch**
las obras escultóricas de Miguel Ángel	Michelangelos plastisches Werk
escultor(a)	**Bildhauer(in)**
tallar – **cincelar**	*(Holz)* **schnitzen** – *(Stein)* **meißeln**
talla *f.* / **xilografía** *f.* / **escultura** *f.* **en madera**	**Holzschnitzerei**
tallado en piedra caliza	aus Kalkstein **gehauen** / **gearbeitet**
una **estatua** / **estatuilla** de mármol	eine Marmor**statue** / **-statuette**
una **figura** de escayola	eine Gips**figur**
una figura aislada / independiente	eine freistehende Figur
una figura **modelada** en arcilla	eine in Ton **modellierte** Figur
una estatua **moldeada** / **vaciada** en bronce	eine in Bronze **gegossene** Statue
un **busto** de bronce	eine Bronze**büste**
relieve *m.*	**Relief**
altorrelieve / bajorrelieve	Hoch- / Flachrelief
mosaico *m.*	**Mosaik**
con **incrustaciones** *f.* de mármol	mit Marmor**intarsien** verziert

"Es un pintor muy detallista ..."

Artes gráficas
Grafische Kunst

Materializar lo espiritual hasta hacerlo palpable; espiritualizar lo material hasta hacerlo invisible: ése es todo el secreto del arte.
(Jacinto Benavente, autor dramático español, 1866–1954)

artes *f. pl.* **gráficas**	**(die) Grafik** (= *grafisches Schaffen*)
grafista *m. / f.* **artista** *m. / f.* **gráfico** / **-a**	**Grafiker(in)** (als Künstler)
la grafista Käthe Kollwitz	die Grafikerin Käthe Kollwitz
dibujo *m.* **publicitario**	**Gebrauchsgrafik**
dibujante *m. / f* **publicitario** / **-a**	**Gebrauchsgrafiker(in)**
diseño *m.* **gráfico** – **diseñador(a) gráfico** / **-a**	**Grafikdesign** – **Grafikdesigner(in)**
según los diseños originales del artista	nach Originalentwürfen des Künstlers
ilustraciones *f.* **(de un** / **del libro)**	**Buchillustrationen**
lámina *f.*	**(Bild-)Tafel** *(in Buch)*
documentación *f.* **gráfica**	*(Buch)* **Illustrationen** / **Bildmaterial**
cartel *m.* / **póster** *m.* / *LAm* **afiche** *m.*	**Plakat**; **Poster**
caricatura *f.*	**Karikatur**
viñeta *f.* / **historieta** *f.* **(cómica)**	**Cartoon**
Las historietas son dibujos cómicos.	Cartoons sind witzige Zeichnungen.
(película *f.* **de) dibujos** *m. pl.* **animados**	**Zeichentrickfilm**
tinta *f.*	**Tinte**
tinta china – tinta de imprenta	Tusche – Druckfarbe
dibujo *m.* – **dibujante** *m. / f.*	**(Hand-)Zeichnung** – **Zeichner(in)**
dibujo de tiza / a lápiz	Kreidezeichnung
dibujo de tinta china / a la aguada	Tuschzeichnung

Comic-Hefte sind *tebeos* m. / *comics* m. / *historietas* f. / Lam *historias* f. *cómicas* / *historietas* / Cu y Mex (*tira* f. *de*) *muñequitos* m. / Guat (*cartón* m. *de* / *tira de*) *muñecos* m. / PR *comiquitos* m. / *tirillas* f.

grabar – **grabador(a)**	**(ein)gravieren** – **Graveur(in)**
grabado *m.*	**(Kupfer- / Stahl-)Stich**; **Holzschnitt**
grabado en cobre – sobre acero – en madera – en linóleo	Kupferstich – Stahlstich – Holzschnitt – Linolschnitt
xilografía *f.* – **litografía** *f.*	**Holzschnitt** – **Lithographie**
aguafuerte *m.*	**Ätzkunst**; **Ätzung**; **Radierung**
Rembrandt fue el **aguafuertista** más importante del siglo XVII.	Rembrandt war der bedeutendste **Radierer** des 17. Jahrhunderts.
facsímil(e) *m.*	**Faksimile**
monocromo – **bicromo**	**einfarbig(es Bild)** – **zweifarbig(es Bild)**
trama *f.* / **pantalla** *f.*	**Raster**
fotograbado *m.* **a media tinta**	**Fotogravüre**
clisé *m.* / **galvano** *m.*	**Druckstock**
impresión *f.* – **offset** *m.*	**Druckverfahren** – **Offset(druck)**
impresión tipográfica	Hochdruck (*Verfahren*)
hueco- / **retrograbado** *m.*	**Tiefdruck**
videoarte *m.* – **videoartista** *m. / f.*	**Videokunst** – **Videokünstler(in)**

Fotografía
Fotografie

Su recuerdo sigue impreso en mi memoria como si fuera una foto coloreada: su sombrero de fieltro, su maleta, su trípode y su cámara. (*Julio Llamazares, escritor español, nacido en 1955*)

fotografía *f.*	**Fotografie** *(Kunst / Verfahren)*
la **foto(grafía)**	**das Foto; die Fotografie** *(Bild)*; **die Aufnahme**
Las fotos han salido bien / mal.	Die Fotos sind gut / schlecht geworden.
pegar / poner fotos en un álbum	Fotos in ein Album kleben
fotografiar algo / a alguien	etwas / jemand **fotografieren**
fotógrafo / **-a**	**Fotograf(in)**
fotográfico – **fotogénico**	**Foto-** / **fotografisch** – **fotogen**
mi equipo fotográfico	meine Fotoausrüstung
Eres muy fotogénica.	Du bist sehr fotogen.
sacar (c>que) / **hacer fotos** (– hago – hice, hizo – hecho)	**Fotos** / **Aufnahmen machen**
instantánea *f.*	**Schnappschuss**
sacar / tomar unas instantáneas	ein paar Schnappschüsse machen
Esa instantánea / foto está sobreexpuesta.	Diese Aufnahme ist überbelichtet.
flash *m.*	**Blitz(licht)**
No me gusta utilizar el flash.	Ich blitze nicht gern.
una foto con flash	eine Blitzlichtaufnahme
cámara *f.* (fotográfica) / **aparato** *m.* **fotográfico**	**Kamera; (Foto-)Apparat**
una cámara completamente automática	eine vollautomatische Kamera
accesorios de la cámara	Kamerazubehör
cuerpo de la cámara	(Kamera-)Gehäuse
cámara réflex / de espejo	einäugige Spiegelreflexkamera
¿Has cargado la cámara?	Hast du den Film eingelegt?
cámara *f.* **digital**	**Digitalkamera**
sensor *m.* – **(mega)píxel** *m.*	**Sensor** – **(Mega)Pixel**
comprimir una imagen	**ein Bild komprimieren**
compresión *f.*	**Komprimierung; Verdichtung**
almacenar una imagen / una foto	ein Bild **speichern**
tarjeta *f.* **de memoria**	**Speicherkarte**
máquina *f.* (fotográfica) *fam*	**Kamera; (Foto-)Apparat**
objetivo *m.*	**Objektiv**
cambiar el objetivo	das Objektiv auswechseln
poner / quitar el objetivo	das Objektiv einsetzen / abnehmen
objetivos intercambiables	auswechselbare Objektive
objetivo gran angular	Weitwinkelobjektiv
teleobjetivo	Teleobjektiv
la tapa / lente del objetivo	die Objektivkappe / -linse
distancia *f.* / **longitud** *f.* **focal**	**Brennweite**
(botón *m.* **de) zoom** *m.*	**Zoom(schalter)**

filtro *m.*	**Filter**
carrete *m* – **película** *f.*	**Film(spule)** – **Negativfilm**
colocar / poner el carrrete	den Film einlegen
un carrete de 36 fotos	ein Film für 36 Aufnahmen
sensibilidad *f.* / **luminosidad** *f.*	**Empfindlichkeit; Lichtstärke**
la sensibilidad de la película	die Empfindlichkeit des Films
la luminosidad / sensibilidad del objetivo	die Lichtstärke des Objektivs
una película **sensible**	ein **hochempfindlicher** Film
un objetivo sensible	ein lichtstarkes Objektiv
motivo *m.*	**(Aufnahme-)Objekt** / **Motiv**
visor *m.*	**Sucher**
telémetro *m.*	**Entfernungsmesser**
enfoque *m.*	**Scharfeinstellung**
enfocar (c > que)	**die Entfernung einstellen**
Con esta cámara es fácil enfocar / el enfoque.	Die Scharfeinstellung ist bei dieser Kamera einfach zu handhaben.
enfocado – **desenfocado**	**scharf** – **unscharf**
El objeto (de la fotografía) tiene que estar bien enfocado.	Der Aufnahmegegenstand muss scharf sein.
El primer plano está desenfocado.	Der Vordergrund ist unscharf.
autofoco *m.*	**Autofokus**
(en) primer plano *m.* – **al fondo**	**(in) Nahaufnahme** – **im Hintergrund**
tiempo *m.* **de exposición**	**Belichtung(szeit)**
sobreexposición – subexposición	Überbelichtung – Unterbelichtung
sobreexpuesto – **subexpuesto**	**überbelichtet** – **unterbelichtet**
Las diapositivas son óptimas cuando están algo subexpuestas.	Dias sind am besten, wenn sie etwas unterbelichtet sind.
fotómetro *m.* / **exposímetro** *m.*	**Belichtungsmesser**
obturador *m.*	**Kameraverschluss**
ajustar la **velocidad de obturación**	die **(Verschluss-)Zeit** einstellen
abertura *f.* **del diafragma**	**Blende(nöffnung)**
ajustar (el grado de) la abertura	die Blende einstellen
ajustar la abertura en 8	die Blende auf 8 stellen
profundidad *f.* **de campo**	**Schärfentiefe**
(auto)disparador *m.*	**(Selbst-)Auslöser**
¡Sonría, por favor!	**Bitte lächeln!**
rebobinar el carrete	den Film **zurückspulen**
revelar un carrete	einen Film **entwickeln** (lassen)
revelado *m.* en una hora	**Entwickeln** in einer Stunde
copias *f.* (en color / en blanco y negro)	(Farb- / Schwarzweiß-)**Abzüge**
copias (en color) mate / brillante	Matt- / Hochglanzabzug
negativo *m.*	**Negativ**
ampliar – **ampliación** *f.*	**vergrößern** – **Vergrößerung**
ampliación estándar	Standardvergrößerung
¿Brillante o mate?	**Glänzend oder matt?**
diapositiva *f.* (de color)	(Farb-)**Dia**
poner una **pila** nueva	eine neue **Batterie** einsetzen
accesorios *m. pl.*	**Zubehör**
estuche *m.* / **funda** *f.* **de la cámara**	**Kamera-** / **Fototasche**

Música y danza
Musik und Tanz

Donde hay música no puede haber cosa mala. (*Miguel de Cervantes Saavedra, escritor español, 1547–1616*)

música *f.* — **Musik; Noten**
música clásica / ligera — klassische Musik / Unterhaltungsmusik
Yo escucho mucha música. — Ich höre viel Musik.
¿Sabes leer música? — Kannst du Noten lesen?
instrumento de música — Musikinstrument
una pieza de música / musical — ein Musikstück
musical *m.* — **musikalisch; Musik-; Musical**
acompañamiento musical / de música — Musikbegleitung
un musical / una película musical — Musikfilm
músico / **-a** — **Musiker(in)**
cantar – **cantante** *m.* / *f.* — **singen** – **Sänger(in)**
canto *m.* – **canción** *f.* — **Singen** / **Gesang(skunst)** / **Lied** – **Lied** / **Song** / **Chanson**
Toma lecciones de canto. — Er / Sie nimmt Gesangsstunden.
El canto es tan exigente como cualquier instrumento. — Die Gesangskunst ist so anspruchsvoll wie jedes Musikinstrument.
Sus cantos son insoportables de madrugada. — Seine / Ihre Lieder sind spät in der Nacht unerträglich.

Text: *la letra* / *el texto de una canción* (= der Text eines Liedes), *el libreto de una ópera* (= das Opernlibretto / Textbuch / der Text einer Oper).

estrofa *f.* – **estribillo** *m.* — **Strophe** – **Refrain**
coro *m.* — **Chor**
el coro final de la novena sinfonía de Beethoven — der Schlusschor von Beethovens Neunter Sinfonie
soprano *m.* / *f.* – **contralto** *m.* / *f.* — **Sopran** – **Alt**
tenor *m.* – **barítono** *m.* – **bajo** *m.* — **Tenor** – **Bariton** – **Bass**
melodía *f.* — **Melodie**
Se puede cantar con / a partir de la melodía de "Bésame mucho". — Man kann es nach der Melodie von „Bésame mucho" singen.
afinar – **desafinar** — **stimmen** / **tonrein spielen** – **verstimmt sein** / **falsch spielen** / **singen**
El tenor desafina / canta desafinado. — Der Tenor singt falsch.
tocar (c>que) (el piano / el violín) — (Klavier / Geige) **spielen**
Él me lo tocó al piano. — Er spielte es mir auf dem Klavier vor.
acompañar — (instrumental) **begleiten**
Él la acompañaba / acompañó al piano. — Er begleitete sie auf dem Klavier.
compositor(a) — **Komponist(in)**
composición *f.* — **Komposition; (das) Komponieren**
arreglo *m.* — **Arrangement; Bearbeitung**
orquesta *f.* — **Orchester**

orquesta / música de cámara	Kammerorchester / -musik
banda *f.* (de música)	**Kapelle; Band**
banda de instrumentos de viento	Blaskapelle
director(a) – pianista *m. / f.*	**Dirigent(in) – Pianist(in)**
concierto *m.*	**Konzert**
Estuvimos / Hemos estado en un concierto.	Wir waren in einem Konzert.
un concierto para violín de Beethoven	ein Violinkonzert von Beethoven
sonata *f.*	**Sonate**
cuarteto *m.* **de cuerda**	**Streichquartett**
obertura *f.*	**Ouvertüre**

***Notas* (= Noten):** *semibreve / redonda* (= ganze Note) • *mínima / blanca* (= halbe Note) • *negra* (= Viertelnote) • *corchea* (= Achtelnote) • *semicorchea* (= Sechzehntelnote) • *fusa* (= Zweiunddreißigstelnote) • *semifusa* (= Vierundsechzigstelnote)

tono *m.* / **clave** *f.*	**Ton(art); Tonlage; Stimmlage**
un tono completo – medio tono	ein ganzer Ton – (ein) halber Ton
en clave de do / fa	in (der Tonart) C-Dur / F-Dur
tonalidad *f.* **mayor** / **menor**	**Dur- / Molltonart**
cambiar de tonalidad / tono	die Tonart wechseln

***Tonalidades* (= Tonarten):** *do mayor* (= C-Dur) • *do menor* (= c-Moll) • *do sostenido menor* (= cis-Moll) • *mi bemol mayor* (= Es-Dur) • *fa sostenido menor* (= fis-Moll). Dis / dis wäre entsprechend *re sostenido;* Des / des dagegen *re bemol.* Beachten Sie besonders: *si bemol mayor* (= B-Dur) und *si menor* (= h-Moll).

timbre *m.*	**Klangfarbe**
acorde *m.*	**Akkord**
armonía *f.*	**Harmonie**
contrapunto *m.*	**Kontrapunkt**
compás *m.*	**Takt; Taktart**
Tocó solamente los primeros compases.	Er / Sie spielte nur die ersten Takte.
compás ternario / de tres por cuatro	Dreivierteltakt
marcar / mantener / perder el compás	den Takt schlagen / im Takt bleiben / aus dem Takt kommen
tiempo *m.*	**Tempo**
ritmo *m.*	**Rhythmus**
escala *f.*	**Tonleiter**
la escala de do mayor	die C-Dur-Tonleiter
bailar	**tanzen**
Le encantaba bailar el vals.	Er / Sie tanzte furchtbar gern Walzer.
baile *m.* – **danza** *f.*	**Tanz(-) – Tanzkunst**
orquesta de baile – pista de baile	Tanzkapelle – Tanzfläche
academia / escuela de baile	Tanzstudio / -schule
bailarín(a)	**Tänzer(in)**
claqué *m.*	**Stepptanz**
ballet *m.*	**Ballett**

Teatro y cine
Theater und Film

→ 12.4 Espectáculos y diversiones

Después de la verdad nada hay tan bello como la ficción.
(*Antonio Machado, poeta español, 1875–1939*)

teatro *m.*	**Theater**
Vayamos al teatro.	Gehen wir doch ins Theater!
teatro experimental / vanguardista	experimentelles / avantgardistisches Theater
cine *m.*	**Kino**
aficionado / -a al cine	Kinogänger(in)
la industria del cine	die Filmindustrie
Fuimos / Hemos ido al cine.	Wir sind ins Kino gegangen.
estrella *f.* (del cine)	(Film-)**Star**
película *f.*	**(Kino-)Film**
En el "Capitol" todavía ponen / echan la película.	Im „Capitol" läuft der Film noch.
película de suspense / policíaca	Thriller / Krimi *(Film)*
poner / echar / exhibir una película	einen Film zeigen / vorführen
largometraje *m.* – **corto(metraje)** *m.*	**Spielfilm** – **Kurzfilm**
tráiler *m.*	**Filmvorschau**
la pantalla	**die Leinwand; das Kino; das Fernsehen**
escribir / escrito para la pantalla grande / pequeña pantalla	für den Film / das Fernsehen schreiben / geschrieben
adaptar una novela para la pantalla grande	einen Roman für den Film bearbeiten
guión *m.* – **guionista** *m.* / *f.*	*(Film)* **Drehbuch** – **Drehbuchautor(in)**
doblar una película	einen Film **synchronisieren**
Prefiero ver una película con subtítulos antes que una doblada.	Ich sehe mir lieber einen Film mit Untertiteln an als einen, der synchronisiert ist.
función *f.* / **sesión** *f.*	**Aufführung; Vorstellung**
Vamos mañana a la función nocturna.	Morgen gehen wir in die Abendvorstellung.
entreacto *m.* – **descanso** *m.*	**(Theater- / Kino-)Pause**
matiné *f.* / *LAm* **vermú** / **vermut** *m.*	**Matinee; Frühvorstellung**
Tenemos entradas / *LAm* boletos para la matiné.	Wir haben Karten für die Matinee.
ensayo *m.*	**Probe**
representación *f.*	*(nur)* **Theateraufführung; Vorstellung**
La representación estuvo muy concurrida.	Die Vorstellung war gut besucht.
estreno *m.*	**Premiere; Ur- / Erstaufführung**
El estreno fue un fracaso.	Die Uraufführung war ein Reinfall.

actuación *f.*	**Gastspiel**
taquilla *f.* / *LAm* **boletería** *f.*	**(Theater- / Kino-)Kasse**
entrada *f.* / *LAm* **boleto** *m.*	**Eintrittskarte**
acomodador(a)	**Platzanweiser(in)**
butaca *f.* – **fila** *f.* de butacas	**(Sitz-)Platz** – **Sitzreihe**
localidad *f.*	**Eintrittskarte; Sitzplatz**
dos localidades de platea / *LAm* luneta	zwei Plätze vorne im Parkett
¿Quedan localidades / entradas para hoy por la noche?	Gibt es noch Karten für heute Abend?
palco *m.*	**Loge**
programa *m.*	**Programm**
escenificar (c>que) – **escenificación** *f.*	**inszenieren** – **Inszenierung**
una obra bien escenificada	ein gut inszeniertes Stück
una escenificación (no) muy convincente	(k)eine sehr überzeugende Inszenierung
director(a) – **dirección** *f.*	**(Film- / Theater-)Regisseur(in)** – **Regie**
dirigir (g>jo, ja) una película / una obra de teatro	**Regie führen** in einem Film / Theaterstück
el **escenario** – la **escena**	die **Bühne** – die **Bühne** / die **Szene** / das **Theater**
salir a escena	seinen / ihren Auftritt haben
el **decorado**	die **Bühnendekoration**; das **Bühnenbild**
atrezo *m. sg.* – **accesorios** *m. pl.*	**Requisiten** *(als Ganzes)* – **Requisiten** *(als Einzelstücke)*
El decorado se limitaba a unos cuantos accesorios.	Das Bühnenbild beschränkte sich auf ein paar Requisiten.
El atrezzo era muy original.	Die Requisiten waren sehr originell.
bastidor *m.*	**Kulisse**
entre bastidores	hinter den Kulissen
traje *m.* – **vestuario** *m. sg.*	**Kostüm** – **Kostüme**
obra *f.* / **pieza** *f.* **de teatro**	**(Theater-)Stück**; **Drama**
las obras de García Lorca	die Dramen García Lorcas
La obra tiene lugar en el Madrid de la postguerra.	Das Stück spielt im Madrid der Nachkriegszeit.
¿De qué trata la obra?	Wovon handelt das Stück?
dramaturgo / **-a**	**Stückeschreiber(in)**; **Dramatiker(in)**
comedia *f.* – **tragedia** *f.*	**Komödie** – **Tragödie**
Acto 1 *m.* , **Escena** *3 f.*	1. **Akt**, 3. **Szene** / **Auftritt**
argumento *m.* / **trama** *f.*	**Handlung**
El argumento es el siguiente: ...	Die Handlung ist die folgende: ...
acción *f.*	**Handlung**; **Aktion**
La acción de la obra tiene lugar / transcurre en ...	Das Stück spielt in ...
No hay mucha acción en la obra.	In dem Stück passiert nicht viel.
tema *m.*	**Thema**
personaje *m.*	(handelnde) **Person** (in einem Stück); **Figur**
papel *m.*	**Rolle**

papel de carácter	Charakterrolle
(papel) protagonista / secundario	Haupt- / Nebenrolle
hacer / interpretar / representar el papel de malo	die Rolle des Schurken spielen
héroe / **heroína** – **malo** / **-a**	**Held(in)** – **Schurke; der** / **die Böse**
El héroe de la obra es ...	Der Held des Stücks ist ...
diálogo *m.*	**Dialog**
monólogo *m.* / **soliloquio** *m.*	**Monolog**
el famoso soliloquio de Hamlet	Hamlets berühmter Monolog
actuar / **interpretar**	**spielen**
¿Quiénes actúan?	Welche Schauspieler spielen mit?
interpretar un papel	eine Rolle spielen; schauspielern
Interpreta el papel de manera convincente.	Er / Sie spielt die Rolle überzeugend.
interpretación *f.*	**Spiel; Darstellung**
buena interpretación	gute schauspielerische Leistungen
actor / **actriz**	**Schauspieler** / **Schauspielerin**
actriz especializada en determinados personajes	Charakterdarstellerin
primer(a) actor / actriz	Hauptdarsteller(in)
actor / actriz de reparto	Nebendarsteller(in)
compañía *f.* de teatro	**Ensemble; Theatergruppe**
el **reparto**	die **Besetzung** / **Mitwirkenden**
el **público** – los **espectadores**	das **Publikum** – die **Zuschauer**
El público estaba entusiasmado.	Das Publikum war begeistert.
aplauso *m.*	**Applaus; Beifall; Klatschen**
crítico / **-a**	(Theater- / Film-)**Kritiker(in)**
una **crítica** / **reseña**	eine **Kritik** / **Besprechung**
éxito *m.* – **fracaso** *m.*	**Erfolg** – **Reinfall** / **Flop**
un exitazo – un fracaso total	ein Riesenerfolg – ein totaler Reinfall
un **Oscar** (*pl.* oscars) – un **Goya**	ein **Oscar** *(Filmpreis)* – ein **Goya** *(spanischer Filmpreis)*
Ganó / Recibió un Oscar / Goya por ...	Er bekam / erhielt einen Oscar / Goya für ...

Diferentes géneros cinematográficos / ***tipos de películas***
película de acción (= Actionfilm) • *película de amor / romántica* (Liebesfilm) • *película bélica / de guerra* (= Kriegsfilm) *película de terror / miedo* (= Horrorfilm) • *película histórica* (= historischer Film) • *película de ciencia ficción* (= Science-Fictionfilm) • *película de suspense* (= Thriller) • *película policiaca* (Krimi) • *película del oeste / vaqueros* (Western / Wildwestfilm) • *película de capa y espada / de espadachines* (= Mantel- und Degenfilm) • *película de romanos* (= Römerfilm) • *película de piratas* (= Piratenfilm) • *(película) musical* m. (= Musical[film]) • *superproducción* f. (= Monumentalfilm) • *documental* m. (= Dokumentar- / Kulturfilm) • *(película de) dibujos* m. pl. *animados* (= Zeichentrickfilm)

El ***festival de teatro clásico de Mérida*** *tiene lugar en julio y es uno de los más prestigiosos de España. Para el cine español las referencias más importantes son el* ***festival de cine de San Sebastián****, que se celebra en septiembre, y los* ***premios Goya****, que se entregan en enero / febrero.*

Arquitectura
Architektur

→ 5.1 Pisos y casas

A través de la España musulmana, las bóvedas de la arquitectura morisca fueron introducidas en Europa, donde habrían de convertirse en uno de los elementos característicos de la arquitectura gótica.
(*Carlos Fuentes, escritor mexicano, nacido en 1928*)

arquitecto / **-a** – **arquitectura** f.	**Architekt(in)** – **Architektur**
arquitectónico	**architektonisch; baulich**

Estilos m. ***arquitectónicos*** **(= Baustile)**
románico (= romanisch) • *gótico* (= gotisch) • *mudéjar* (= ein in Spanien vom 13. bis zum 16. Jahrhundert vorherrschender Baustil, der Elemente der christlichen Kunst mit arabischer Ornamentierung vereinte) • *renacentista* (= Renaissance) • *barroco* (= Barock) • *churrigueresco* (= eine in Spanien auftretende extreme Form des Barocks) • *colonial* (= amerikanischer Kolonialstil des 17. / 18. Jahrhunderts) • *neoclásico* (= klassizistisch) • *neogótico* (= neugotisch) • *modernista* (= Jugendstil) • *art deco* • *Bauhaus* • *postmodernismo* (= spätes 20. Jahrhundert)

diseñar – **diseño** *m.* / **proyecto** *m.*	**entwerfen** – **Entwurf; Gestaltung**
los diseños para el nuevo edificio	die Entwürfe für das neue Gebäude
Frank Gehry diseñó el museo Guggenheim de Bilbao.	F. G. entwarf / gestaltete / schuf das Guggenheim-Museum in Bilbao.
ganar un concurso de arquitectura	einen Architektur**wettbewerb gewinnen**
proyecto *m.* – **proyectista** *m.* / *f.*	**Planung** – **Planer(in)**
oficina de proyectos	Planungsbüro
en proyecto	im Planungsstadium
plano *m.* – **planta** *f.*	**Plan** / **Entwurf** – **Grundriss**
obra *f.*	**Baustelle; Baumaßnahme**
plazo de ejecución de una obra	Bauzeit
permiso *m.* **de obra(s)** / **construcción**	**Baugenehmigung**
Han concedido el permiso de obras.	Die Baugenehmigung wurde erteilt.
construir (– construyo – construí, construyó –construido)	**bauen**
Están construyendo un bloque de apartamentos nuevo.	Sie bauen einen neuen Wohnblock.
construcción *f.*	**Bau; Bau(-); (das) Bauen**
industria de la construcción	Bauindustrie
la construcción de un puente	der Bau / das Bauen einer Brücke
plazo de construcción	Bauzeit
construcción en acero / estructura metálica	Stahlkonstruktion
materiales de construcción	Baumaterialien / -stoffe

los planos de construcción	die Baupläne
en construcción	im Bau
edificar (c>que) – **edificio** *m.*	**bauen – Gebäude**
En este terreno van a edificar próximamente.	Auf diesem Grundstück wird demnächst gebaut.
El edificio está todavía en construcción.	Das Gebäude ist noch im Bau.
El edificio es arquitectónicamente estable.	Die Bausubstanz ist in Ordnung.
edificación *f.* – **edificable**	**Erbauung / Bau / Gebäude – bebaubar**
Tales edificaciones son imponentes.	Solche Gebäude sind imposant / eindrucksvoll.
reglamento para la edificación / construcción	Bauordnung
terreno edificable	bebaubares Grundstück
aparejador(a) / maestro / -a de obras	**Baumeister(in)**
promotor(a) inmobiliario / -a	*(etwa)* **Grundstücksspekulant(in)**
contratista *m. / f.* **(de obras)**	**Bauunternehmer(in)**
(empresa *f.***) constructora** *f.*	**Bauunternehmen**
casa *f.*	**Haus**
casa adosada	Reihenhaus
fachada *f.*	**Fassade**
pared *f.*	**Wand; Mauer**
ventana *f.*	**Fenster**
albañilería *f.* – **albañil**	**Mauerwerk – Maurer**
ladrillo *m.*	**Ziegelstein; Backstein**
piedra *f.* – **estuco** *m.* – **vidrio** *m.* / **cristal** *m.*	**Stein – Stuck – Glas**
mortero *m.* / **argamasa** *f.*	**Mörtel**
cemento *m.*	**Zement**
hormigón *m.* **(armado)** / *LAm* **concreto** *m.*	**(Stahl-)Beton**
prefabricado	**in Fertigbauweise errichtet**
torre *f.*	**Turm**
torre de pisos / viviendas	Hochhaus
arco *m.* (triunfal)	(Triumph-)**Bogen**
columna *f.* (corintia / jónica / dórica)	(korinthische / ionische / dorische) **Säule**
pilar *m.*	**Pfeiler; Stütze**

Arquitectura religiosa **(= Kirchenarchitektur)**
nave f. *central* – *nave lateral* (= Haupt- / Mittel- / Längsschiff – Seitenschiff) • *nave* f. *transversal* (= Querschiff) • *coro* m. / *presbiterio* m. (= Chor / Altarraum) • *cúpula* f. (= Kuppel) • *aguja* f. / *chapitel* m. (= spitzer Kirchturm / Turmspitze) • *claustro* m. (= Kreuzgang; Klostergang)

Literatura
Literatur

La poesía es el punto de intersección entre el poder divino y la libertad humana. (*Octavio Paz, poeta mexicano, 1914 – 1998*)

la literatura – **literario**	**die Literatur** – **literarisch**
crítica literaria – crítico literario	Literaturkritik / Literaturkritikerin – Literaturkritiker
historia de la literatura	Literaturgeschichte
género literario	Literaturgattung
narrativa *f.* – **narrativo**	**Narrativik / Erzählkunst / Erzählliteratur – erzählend / Erzähl-**
El relato corto es una parte de la narrativa.	Die Kurzgeschichte ist ein Teil der Narrativik.
narración *f.*	**Erzählung**
narración descriptiva	beschreibende Erzählung
narrador(a) en primera persona	**Ich-Erzähler(in)**
literatura *f.* **novelesca** / **de ficción**	**Erzähl- / Romanliteratur**

Tipos de narrativa **(= Arten von Erzählliteratur)**
novela f. (= Roman) • *novela picaresca* (= Schelmenroman) • *novela histórica* (= historischer Roman) • *biografía* f. *novelada* (= biografischer Roman) • *novela gótica* (= Schauerroman) • *novela policiaca* (= Kriminalroman) • *novela / obra* f. *de suspense* (= Thriller) • *novela romántica* (= sentimentaler Liebesroman / Schnulze) • *novela corta* (= Novelle) • *cuento* m. (= Märchen / Kurzgeschichte) • *relato* m. *breve* (= Kurzgeschichte) • *literatura* f. *trivial* (= Trivialliteratur) • *ciencia-ficción* f. (= Sciencefiction) • *literatura de pacotilla* (= Schundliteratur) • *novelón* m. (= Schundroman) • *novela de perra gorda / de a peseta* (= Groschenheft)

fábula *f.*	**Fabel**
cuento *m.* **(popular)**	**(Volks-)Märchen**
los cuentos de los hermanos Grimm	die Märchen der Gebrüder Grimm
leyenda *f.*	**Legende**
saga *f.*	**Sage; Saga**
biografía *f.*	**Biografie; Lebensbeschreibung**
autobiografía *f.*	**Autobiografie**
biógrafo / **-a**	**Biograf(in)**
(auto)biográfico	**(auto)biografisch**
diario *m.*	**Tagebuch**
ensayo *m.*	**Essay**
el ensayo de Montaigne "Sobre la amistad"	Montaignes Essay „Über die Freundschaft"
drama *m.*	**Drama**
la evolución del drama moderno	die Entwicklung des modernen Dramas
comedia *f.* – **tragedia** *f.*	**Komödie** – **Tragödie**
tragicomedia *f.*	**Tragikomödie**
cómico – **trágico**	**komisch** – **tragisch**

descanso cómico	befreiende Komik
acotación *f.* **escénica**	**Bühnenanweisung**
sátira *f.* – **satírico**	**Satire – satirisch**
parodia *f.* – **paródico**	**Parodie – parodistisch**
prosa *f.*	**Prosa; Prosa-**
poesía *f.* / **lírica** *f.*	**Lyrik; (Vers-)Dichtung**
una antología de poesía moderna	eine Anthologie moderner Lyrik
poeta *m.* / *f.* **lírico** / **-a** – **poetisa lírica**	**Lyriker(in) – Lyrikerin**
épica *f.* – **épico**	**Epik / epische Dichtkunst – episch**
poesía épica	Epik
epopeya *f.* – **cantar** *m.* **de gesta**	**Epos – Heldenepos / -gedicht**

Tipos de poesía **(= Arten von Lyrik)**
poema m. / *poesía* f. (= Gedicht) • *poesía* f. *de circunstancias* (= Gelegenheitsgedicht) • *romance* m. (= die typischste Art von Lyrik in Spanien, die aus achtsilbigen Versen besteht, deren ungeraden Verse sich nicht reimen, während die geraden Verse durchweg dieselbe Assonanz aufweisen) • *copla* f. (= Strophe / vierzeiliges Gedicht mit achtsilbigen Versen, wobei im Unterschied zu dem *romance* bei mehreren aufeinander folgenden *coplas* sich die Assonanz von *copla* zu *copla* ändern kann) • *seguidilla* f. (= wie die copla ein vierzeiliges Gedicht, das meist aus einer Alternanz von zwei fünfsilbigen und zwei siebensilbigen Versen besteht) • *balada* f. (= Ballade) • *soneto* m. (= Sonett) • *quintilla* f. (= fünfzeiliges Gedicht mit achtsilbigen Versen)

verso *m.*	**Vers**
en verso	in Versform
estrofa *f.*	**Strophe**
estribillo *m.*	**Refrain**
rimar – **rima** *f.*	**(sich) reimen – Reim**
"Alegría" rima con "mediodía".	„Alegría" reimt sich auf „mediodía".
estructura *f.* **(de la rima)**	**Reimschema**
metro *m.*	**Metrum; Versmaß**
poeta *m.* / *f.* – **poético**	**Dichter(in) – dichterisch / poetisch**
poeta / poetisa laureado / -a	Hofdichter(in)
licencia poética	dichterische Freiheit
escritor(a)	**Schriftsteller(n)**
autor(a)	**Autor(in); Verfasser(in)**
novelista *m.* / *f.*	**Romanautor(in)**
estilo *m.*	**Stil**
interpretación *f.*	**Interpretation; Auslegung**
interpretar un texto	einen Text interpretieren
contenido *m.* **y forma** *f.*	**Inhalt und Form**
estructura *f.* **(profunda)**	**(Tiefen-)Struktur**
argumento *m.* / **trama** *f.* – **episodio** *m.*	**Handlung – Nebenhandlung / Episode**
escenario *m.*	**Schauplatz; Zeit und Ort der Handlung**

ambiente *m.*	**Atmosphäre**
color(ido) *m.* **local**	**Lokalkolorit**
punto *m.* **de vista**	**Erzählperspektive**
estilo *m.* **indirecto libre**	**erlebte Rede**
monólogo *m.* **interior**	**innerer Monolog**
(escena *f.***) retrospectiva** *f.*	**Rückblende**
suspense *m.*	**Spannung**
clímax *m.* / **punto** *m.* **culminante**	**Höhepunkt**
final *m.* **sorprendente**	**überraschender Schluss**
un **recurso retórico**	ein **rhetorisches Mittel**
lenguaje *m.* **figurado** / **metafórico** / **simbólico**	**Bilder(sprache); Metaphorik**
metáfora *f.* – **alegoría** *f.*	**Metapher** – **Allegorie**
una palabra usada metafóricamente	ein metaphorisch gebrauchtes Wort
ironía *f.*	**Ironie**
(hacer un) **juego de palabras** / **retruécano** *m.*	(ein) **Wortspiel** (machen)
plagiar – **plagio** *m.*	**plagiieren** – **Plagiat**
Se le ha acusado / Ha sido acusado de plagio.	Man hat ihn des Plagiats beschuldigt.
romántico / **-a**	**romantisch; Romantiker(in)**

"Ismos" m. pl. ***literarios*** **(= literarische „Ismen")**
romanticismo (= Romantik) • *realismo* (= Realismus) • *naturalismo* (= Naturalismus) • *expresionismo* (= Expressionismus) • *posmodernismo* (= Postmoderne)

"Mi marido es un personaje de novela: piensa como Don Quijote y come como Sancho Panza."

Tiempo libre y descanso
Freizeit und Erholung

1 Días de fiesta y vacaciones
Feiertage und Urlaub

2 Ocasiones para festejar
Festliche Anlässe

3 Relaciones sociales
Gesellschaftlicher Umgang

4 Espectáculos y diversiones
Vergnügungen

5 Viajes y turismo
Reisen und Tourismus

6 Alojamiento
Unterkunft

7 De compras
Einkaufen

8 Deportes
Sportarten

9 Aficiones
Hobbys

10 Beber y fumar
Trinken und Rauchen

Días de fiesta y vacaciones
Feiertage und Urlaub

Como estoy descansando, no tengo tiempo para trabajar.
(*Miguel de Unamuno, escritor y filósofo español, 1864–1936*)

vacaciones *f. pl.*	**Urlaub; Ferien**
El señor Castro está de vacaciones.	Herr Castro ist auf / in Urlaub.
¿Qué vas a hacer en las vacaciones de verano?	Was machst du in den Sommerferien?
Los niños tienen vacaciones en Semana Santa.	Die Kinder haben an Ostern Ferien.
veranear – **veraneo** *m.*	**den Sommer(urlaub) verbringen – Sommeraufenthalt**
descansar – **descanso** *m.*	**eine Pause machen / sich ausruhen – Pause / Unterbrechung**
Creo que deberíamos descansar un poco / hacer un pequeño descanso.	Ich meine, wir sollten mal eine kleine Pause machen.
recreo *m.*	**Pause in der Schule**
Los niños están todavía en el recreo.	Die Kinder sind noch in der Pause.
tener (– tengo, tiene – tuve – tenido) / **tomarse el día libre**	**frei haben / nehmen**
¿Por qué no se toma el día libre?	Warum nehmen Sie sich nicht heute frei?
Nos dieron un día libre en el colegio.	Wir bekamen einen Tag schulfrei.
librar	**frei haben**
El viernes libro.	Ich habe Freitag frei.
fin *m.* **de semana**	**Wochenende**
Nos solemos ver los fines de semana.	Meist sehen wir uns am Wochenende.
Estaremos fuera el fin de semana.	Wir sind übers Wochenende weg / verreist.
día *m.* **festivo** / **de fiesta**	(gesetzlicher) Feiertag
El Viernes Santo es día festivo.	Karfreitag ist ein (gesetzlicher) Feiertag.
festividad *f.* religiosa	kirchlicher **Feiertag**
hacer (– hago – hice, hizo – hecho) **puente** *m.*	(einen zwischen zwei Feiertage fallenden Werktag als Feiertag gelten lassen)
Como el jueves era fiesta, hicimos puente.	Da Donnerstag Feiertag war, mussten wir am Freitag nicht arbeiten gehen.
carnaval *m.*	**Fasching; Karneval**
Cádiz estaba celebrando en esos días su carnaval.	Cádiz feierte damals gerade Karneval.
desfile *m.*	**Parade; Umzug**
el desfile de la victoria	die Siegesparade
procesión *f.* (religiosa)	**Prozession**
las procesiones de Semana Santa	die Prozessionen an Ostern

Navidades *f.* — **Weihnachten; (das) Weihnachtsfest**
¡Feliz Navidad! — Frohe / Fröhliche Weihnachten!
¿Dónde vas a pasar las Navidades? — Wo wirst du die Weihnachtstage verbringen?

el árbol de Navidad — Weihnachtsbaum
¿Vas a poner el **belén** / **nacimiento** / *LAm* **pesebre** estas Navidades? — Wirst du an diesem Weihnachten die **Krippe** aufbauen?
Año *m.* **Nuevo** — **Neujahr**
Os deseamos unas felices Navidades y un próspero Año Nuevo. — Wir wünschen euch frohe Weihnachten und ein gutes neues Jahr.

cabalgata *f.* — **Umzug mit geschmückten Wagen**
la cabalgata de los Reyes Magos — *(spanischer)* Dreikönigsumzug

Días de fiesta más importantes **(= Die wichtigsten Feiertage)**
Navidades f. (= Weihnachten) • *Nochebuena* f. (= Heiligabend) • *Navidad* (= 1. Weihnachtstag) • *Noche* f. *Vieja* (= Silvester) • *Año* m. *Nuevo* (= Neujahr) • *el Día de Reyes* (= Dreikönigstag)

El Día de Reyes (= Dreikönigstag) wird in Spanien größer gefeiert als in Deutschland. Bereits am Vorabend findet in allen Städten eine *cabalgata* (= Dreikönigsumzug) statt, der für die Kinder ein besonderes Ereignis ist. Sie können *Melchor, Gaspar* und *Baltasar* (der in Spanien der Farbige ist) sehen und bekommen viele Bonbons. In der Nacht bringen *los Reyes Magos* (= die Heiligen Dreikönige) den Kindern die Weihnachtsgeschenke nach Hause, die sie am nächsten Morgen suchen müssen.

Semana f. ***Santa*** (= Osterwoche) • *Domingo* m. *de Ramos* (= Palmsonntag) • *Jueves* m. *Santo* (= Gründonnerstag) • *Viernes* m. *Santo* (= Karfreitag) • *Domingo de Resurrección / de Pascua* (= Ostersonntag) • *Lunes* m. *de Pascua* (= Ostermontag)

Pascua f. (= Ostern / Osterfest / Weihnachten / Pfingsten) • ***pascual*** (= österlich / Oster- / Weihnachts-)
Unter *Pascua* versteht man vor allem Ostern. Es wird aber auch verallgemeinernd für die anderen Kirchenfeste verwendet.

el Día del Trabajo / el 1 de Mayo (= Maifeiertag / 1. Mai) • *el Día del Corpus* (= Fronleichnam)

Pentecostés m. (= Pfingsten) • *Domingo de Pentecostés* (= Pfingstsonntag) • *Lunes de Pentecostés* (= Pfingstmontag)

el Día de la Asunción / el 15 de agosto (= Maria Himmelfahrt) • *el Día de Santiago* (= Fest von Santiago, Patron von Spanien, am 25. Juli) • *el Día del Pilar* (= Fest der Muttergottes auf dem Pfeiler, Patronin von Spanien, am 12. Oktober) • *el Día de Todos los Santos* (= Allerheiligen) • *el Día de la Constitución* (= Tag der Verfassung am 6. Dezember) • *el Día de la Inmaculada* (= Fest der Unbefleckten Empfängnis am 8. Dezember)

Ocasiones para festejar

Festliche Anlässe

¿Hay misterio que celebrar? "Pues celebremos", dice el hombre; no dice "reflexionemos". El vientre es el encargado de cumplir con las grandes solemnidades. (*Mariano José de Larra, escritor español, 1809–1837*)

celebración *f.*	**Feier; Begehung; Abhaltung**
la celebración del matrimonio	Eheschließung
celebrar	**feiern; begehen**
celebrar un cumpleaños / un aniversario	einen Geburtstag / ein Jubiläum feiern
celebrar una fiesta	feiern
ceremonia *f.*	**Zeremonie; Feier**
la ceremonia de apertura	die Eröffnungsfeier
la ceremonia nupcial	die feierliche Trauung / Trauzeremonie
festejar – **festejos** *m.*	**feiern – öffentliche Feste**
fiesta *f.*	**Fest; Feier; Party**
fiesta popular	Volksfest
organizar una fiesta	ein Fest veranstalten
festividad *f.* – **festivo**	**Festlichkeit / Festtag – festlich / Fest-**
ambiente festivo	feierliche Atmosphäre
festival *m.*	**Fest(ival); Festwoche(n)**
el Festival de Cine de San Sebastián	die Filmfestspiele von San Sebastian
un festival internacional de la canción	ein internationales Liederfestival
feria *f.*	**Volksfest; (Jahr-)Markt; Messe**
La Feria de Sevilla es en abril.	Das Volksfest Sevillas ist im April.
verbena *f.*	**(abendliches) Volksfest**
la Verbena de la Paloma	Volksfest Madrids
romería *f.*	**Volksfest zu Ehren der Hl. Jungfrau**
banquete *m.*	**Festessen; Festmahl**
un banquete de boda	ein Hochzeitsmahl
cumpleaños *m. sg. / pl.*	**Geburtstag**
¿Qué le vas a regalar para su cumpleaños?	Was schenkst du ihm / ihr zum Geburtstag?
¡Feliz cumpleaños!	Herzlichen Glückwunsch zum Geburtstag!
santo *m.*	**Namenstag**
aniversario *m.*	**Jahrestag**
Nuestra empresa celebra su cincuenta aniversario.	Unsere Firma feiert ihr fünfzigjähriges Jubiläum / Bestehen.
el décimo aniversario de su muerte	sein / ihr zehnter Todestag
jubileo *m.* – **jubilar**	**Jubiläum / Jubeljahr – Jubiläums-**
bodas *f. pl.* de **plata** – **bodas** *f. pl.* **de oro**	**Silberhochzeit – goldene Hochzeit**
Acaban de celebrar sus bodas de oro.	Sie haben gerade ihre goldene Hochzeit gefeiert.

Relaciones sociales
Gesellschaftlicher Umgang

→ 1.10 Relaciones humanas

Ningún bien se disfruta sin compañía.
(*Séneca, filósofo hispanolatino, 4 a. de C. – 65*)

saludar – **saludo** *m.*	**(be)grüßen** – **Gruß** / **Begrüßung**

Wenn in Spanien zwei Frauen vorgestellt werden, küssen sie sich zweimal, einmal auf jede Wange. Das Gleiche gilt, wenn die vorgestellten Personen eine Frau und ein Mann sind. Zwei Männer aber begrüßen sich mit Handschlag und, wenn sie sich schon kennen, klopfen sie sich oft ein paar Mal schnell und kräftig auf den Rücken. Bei der ersten Begegnung kann man verschiedene Begrüßungsformeln benutzen, je nach Situation:
Hola, ¿qué tal? (= Hallo, wie geht's?) • *¿Cómo está usted?* (= Wie geht es Ihnen?) • *¡Encantado / -a (de conocerlo / -a)!* (= Sehr angenehm!) • *¡Tanto / mucho gusto (en conocerlo / -a)!* (= Es freut mich sehr [Ihre Bekanntschaft zu machen]!)

acompañar – **compañía** *f.*	**begleiten** – **Gesellschaft** / **Umgang** / **Begleitung**
Mi sobrina me hace compañía.	Meine Nichte leistet mir Gesellschaft.
Viene en compañía de su marido.	Sie kommt in Begleitung ihres Mannes.
una mala compañía	schlechter Umgang
acompañar a un amigo	einen Freund begleiten
visitar – **visita** *f.*	**besuchen** – **Besuch**
Teníamos pensado visitarte.	Wir hatten vor, dich zu besuchen.
Mis padres me han hecho una visita.	Meine Eltern haben mich besucht.
Hoy tenemos visita.	Heute haben wir Besuch.
ir (– voy – iba – fui – ido) **a ver**	**besuchen; aufsuchen**
Mañana iré a verte.	Morgen werde ich dich besuchen.
encontrarse (o>ue)	**zusammenkommen, sich treffen**
Nos encontramos todos los jueves.	Wir treffen uns jeden Donnerstag.
quedar	**sich verabreden**
Hemos quedado a las siete.	Wir haben uns für sieben Uhr verabredet.
He quedado con Miguel.	Ich bin mit Miguel verabredet.
salir (-g-) **con alguien**	**mit jemand (aus)gehen**
Antes salía con ella.	Sie war mal seine Freundin.
citarse – **cita** *f.*	**sich verabreden** – **Verabredung** / **Termin**
Tengo una cita de negocios.	Ich habe eine berufliche Verabredung.
fiesta *f.*	**Party; Fest; Feier**
dar / hacer / tener / celebrar una fiesta	eine Party geben / machen / haben / feiern

Celebraron la victoria con una gran fiesta.	Sie feierten den Sieg mit einem großen Fest.
¿Estuviste en la fiesta de Fin de Año de Jorge?	Warst du auf Jorges Silvesterparty?
confirmar la asistencia a una fiesta	die Teilnahme an einem Fest bestätigen
reunión *f.*	**Treffen; Zusammenkunft**
una reunión familiar	ein Familientreffen
una reunión de amigos	Treffen mit Freunden
baile *m.*	**Tanzveranstaltung / -abend / -party; Tanz; Ball**
Hay un baile esta noche en el club.	Im Klub wird heute Abend getanzt.
¿Me concede el próximo baile?	Darf ich (Sie um den nächsten Tanz) bitten?
Esta noche vamos a un baile.	Wir gehen heute Abend auf einen Ball.
recepción *f.*	**Empfang**
una recepción en honor del presidente	ein Empfang zu Ehren des Präsidenten
acudir a una recepción	an einem Empfang teilnehmen
anfitrión(a)	**Gastgeber(in)**
hospitalidad *f.* – **hospitalario**	**Gastfreundschaft** – **gastfreundlich**
Le agradecemos su hospitalidad.	Wir sind Ihnen für Ihre Gastfreundschaft dankbar.
invitar – **invitación** *f.*	**einladen / zahlen** – **Einladung**
Hoy invito yo.	Heute zahle ich.
Hemos recibido una invitación de boda.	Wir haben eine Hochzeitseinladung bekommen.
anular una invitación	eine Einladung absagen
invitado / -a	**Gast**
Tenemos con frecuencia invitados a cenar.	Wir haben oft Gäste zum Abendessen.
Al invitado de honor se le sirve el primero.	Der Ehrengast wird zuerst bedient.
agasajar – **agasajo** *m.*	**(gut) bewirten** – **Bewirtung**
La anfitriona agasaja a los invitados.	Die Gastgeberin bewirtet die Gäste.
homenajear – **homenaje** *m.*	**ehren** – **Ehrung**
brindar – **brindis** *m.*	**jemandem zutrinken** – **Toast / Trink spruch**
Brindaron a la salud de los novios.	Man trank / brachte einen Toast auf das Brautpaar.

Brindis usuales **(= Gebräuchliche Trinksprüche)**
¡A tu salud! (= Auf dein Wohl!)
¡Salud! (= Prost! / Prosit! / Zum Wohl!)
¡Por ti! (= Auf dich!)
¡Por nuestra colaboración! (= Auf unsere Zusammenarbeit!)
¡Por tu nuevo trabajo! (= Auf deinen neuen Job!)

Espectáculos y diversiones
Vergnügungen

→ 11.5 Teatro y cine

No ha menester (el pueblo) que el Gobierno lo divierta, pero sí que lo deje divertirse. (*G. M. de Jovellanos, político y escritor español, 1744–1811*)

circo *m.*	**Zirkus**
Todos los circos tienen un payaso.	Jeder Zirkus hat einen Clown.
cantar – **cantante** *m. / f.*	**singen** – **Sänger(in)**
orquesta *f.*	**Kapelle; Band; Orchester**
Contrataron una orquesta famosa.	Die hatten eine berühmte Kapelle / Band.
grupo *m.* **de música**	**Band; Musikgruppe**
un grupo de música rock	eine Rockband
banda *f.*	**Kapelle; Orchester**
una banda militar	eine Militärkapelle
una banda municipal	eine städtische Kapelle
una banda de rock	eine Rockband
bailar – **baile** *m.*	**tanzen** – **Tanz**
Los sábados por la noche vamos a bailar.	Samstags abends gehen wir tanzen.
casino *m.* → 1.10 Relaciones humanas	**(Spiel-)Kasino; Spielbank**
concurso *m.*	**(Wett-)Kampf; Wettbewerb; Quiz**
concurso de belleza	Schönheitswettbewerb
feria *f.*	**Volksfest; (Jahr-)Markt; Messe**
feria de muestras	Musterschau; Messe
fiesta *f.* **mayor** / **del pueblo**	**Jahrmarkt; Volksfest**
parque *m.* **de atracciones**	**Vergnügungspark; Freizeitpark**
parque *m.* **temático**	**thematisch gestalteter Freizeitpark**
El parque temático de Isla Mágica está en Sevilla.	Der thematisch gestaltete Freizeitpark Isla Mágica ist in Sevilla.

Atracciones f. ***de feria*** **(= Jahrmarktsattraktionen)**
el tiovivo (= Karussell) • *la noria* (= Riesenrad) • *la montaña rusa* (= Achterbahn) • *la barraca de feria* (= Nebenattraktion / Schaubude) • *la barraca de tiro al blanco* (= Schießstand / Schießbude) • *la tómbola* (= Spielbude) • *los coches / autos de tope / de choque* (= Autoskooter) • *el tren fantasma / de la bruja* (= Geisterbahn)

espectáculo *m.*	**Schau; Schauspiel; Vorstellung; Veranstaltung**
espectáculo de variedades	Varietee
espectáculo infantil	Schau für Kinder
Prohibidos los espectáculos callejeros.	Musizieren verboten.
teatro *m.*	**Theater**
teatro al aire libre	Freilichtbühne
teatro de marionetas	Puppenspiel; Marionettenspiel
teatro de guiñol	Kasperletheater

teatro ambulante — Kirmestheater; Wanderbühne
cine *m.* — **Kino**
ir al cine — ins Kino gehen

ver una película en el cine — einen Film im Kino anschauen
ópera *f.* — **Oper**
zarzuela *f.* — **spanisches volkstümliches Singspiel; spanische Operette**

concierto *m.* — **Konzert**
cabaret *m.* / **nightclub** *m.* — **Nachtlokal; Nachtklub**
Vieron el espectáculo de un cabaret. — Sie sahen sich die Show in einem Nachtklub an.

discoteca *f.* — **Diskothek**
pista *f.* **de baile** — **Tanzfläche**
tabla(d)o *m.* **flamenco** — **Flamencolokal; Flamencobühne**
Los turistas van con frecuencia a un tablao flamenco. — Die Touristen gehen oft in ein Flamencolokal.

La corrida de toros **(= Stierkampf)**
la plaza de toros (= Stierkampfarena) • *el ruedo* (= Arena) • *el burladero* (= Unterschlupf für die Stierkämpfer) • *el / la torero / -a* (= Stierkämpfer / -in) • *el capote* (= Stierkämpfermantel) • *la muleta* (= das rote Tuch) • *el traje de luces* (= Stierkämpferanzug) • *la montera* (= Stierkämpferhut) • *el estoque* (= Degen) • *el banderillero* (= Banderillero) • *la banderilla* (= Banderilla / Wurfpfeile) • *el picador* (= Lanzenreiter) • *la garrocha / la vara* (= Lanze)

desfile *m.* / **pase** *m.* **de modas** — **Mode(n)schau**
museo *m.* — **Museum**
museo de cera — Wachsfigurenkabinett
exposición *f.* — **Ausstellung**
La exposición universal de 1992 se celebró en Sevilla. — 1992 fand die Weltausstellung in Sevilla statt.
hipódromo *m.* — **Hippodrom; Rennbahn**
canódromo *m.* — **Hunderennbahn**

"Por favor, ¿me puede decir qué línea de metro va hasta la plaza de toros?"

Viajes y turismo
Reisen und Tourismus

→ 19 Medios de transporte

El andar tierras y comunicar con diversas gentes hace a los hombres discretos.
(*Miguel de Cervantes, escritor español, 1547–1616*)

viajar – **viaje** *m.* / *LAm* **pasaje** *m.*	**reisen** – **Reise** / **Fahrt**
viajar por el país	im Land herumreisen
ir a la agencia de viajes	zum Reisebüro gehen
prospectos de viajes	Reiseprospekte
un viaje en barco por el Guadalquivir	eine Schifffahrt auf dem Guadalquivir
el viaje de ida y vuelta	die Reise / Fahrt hin und zurück
un viaje alrededor del mundo	eine Weltreise
¡Buen viaje!	Gute Reise!
viajero / **-a**	**Reisende(r); Fahrgast; Passagier**
turismo *m.* – **turista** *m.* / *f.* – **turístico**	**Tourismus** – **Tourist(in)** – **touristisch**
La isla vive de los turistas / del turismo.	Die Insel lebt von den Touristen / vom Tourismus.
oficina de turismo	Verkehrsamt
turismo masivo / de masas	Massentourismus
reservar – **reserva** *f.*	**buchen** / **reservieren** – **Buchung** / **Reservierung**
reservar una habitación / un vuelo	ein Zimmer / einen Flug reservieren
reservar un viaje organizado	eine Pauschalreise buchen
anular – **anulación** *f.*	**abbestellen** / **stornieren** – **Abbestellung** / **Stornierung**
Hemos anulado la reserva.	Wir haben die Reservierung rückgängig gemacht.
cancelar – **cancelación** *f.*	**streichen** / **ausfallen** – **Streichung**
El vuelo fue cancelado.	Der Flug wurde gestrichen.
excursión *f.*	**Ausflug; Schulreise; kurze Reise**
hacer una excursión	einen Ausflug machen
Mis alumnos han estado de excursión una semana en Galicia.	Meine Schüler haben eine Woche lang Galicien besucht.
excursión a pie	Wanderung
excursionista *m.* / *f.*	**Wanderer** / **Wanderin**
acampar – **cámping** *m.* / **acampada** *f.*	**zelten** – **Camping(platz)**
caminar – **caminata** *f.*	**wandern** – **Wanderung**
dar una caminata	eine Wanderung machen
senderismo *m.*	(*Sport*) **Wanderung**
hacer senderismo	wandern
visitar – **visita** *f.*	**besuchen** / **besichtigen** – **Besuch** / **Führung** / **Besichtigung**
mi última visita a Madrid	mein letzter Besuch in Madrid
una visita guiada / con guía por el palacio	eine Führung durch den Palast

visitar los monumentos	die Bauwerke besichtigen
una visita a la ciudad	eine Stadtrundfahrt
horas de visita	Öffnungszeiten
guía *f.*	**(Fremden- / Reise-)Führer**
una guía de Granada	ein Führer von Granada
guía *m. / f.*	**Reiseleiter(in)**
propina *f.*	**Trinkgeld**
¿Qué propina le has dado?	Wieviel Trinkgeld hast du ihm / ihr gegeben?
estancia *f. / LAm* **estadía** *f.*	**Aufenthalt**
los gastos de estancia en un hotel	die Aufenthaltskosten in einem Hotel
mi estancia en Barcelona	mein Aufenthalt in Barcelona
itinerario *m.* / **ruta** *f.*	**Reiseplan / -ablauf / -route**
programar un itinerario	einen Reiseplan aufstellen
¿Qué ruta sigue este autobús?	Welche Reiseroute hat dieser Bus?
destino *m.*	**Reiseziel; Zielbahnhof / -flughafen**
Ha abandonado el país con un destino desconocido.	Er / Sie hat das Land mit unbekanntem Ziel verlassen.
lugar *m.* **de veraneo**	**Sommerurlaubsort**
Las playas son lugares de veraneo.	Strände sind Urlaubsorte.
llegada *f.* – **salida** *f.*	**Ankunft – Abreise / Abfahrt / Abflug**
el panel de llegadas	die Ankunftstafel / -anzeige
el panel de salidas	die Abfahrtstafel / -anzeige
retraso *m.*	**Verspätung; Verzögerung**
La huelga está causando grandes retrasos.	Der Streik führt zu enormen Verspätungen.
aduana *f.* – **aduanero / -a**	**Zoll; Zoll- / Zollbeamte(r)**
Si no tiene nada que declarar en la aduana, salga usted por la otra puerta.	Wenn Sie am Zoll nichts anzumelden / zu verzollen haben, gehen Sie durch die andere Tür hinaus.
trámites de aduana	Zollabfertigung
derechos de aduana	Zoll(abgabe)
tienda *f.* **libre de impuestos**	**Dutyfreeshop**
He traído algunas cosas libres de impuestos de Barajas.	Ich habe einige zollfreie Sachen von Barajas (= Madrider Flughafen) mitgebracht.
consulado *m.* **(general)** – **cónsul** *m. / f.*	**(General-)Konsulat – Konsul**
Se puede renovar el pasaporte en el consulado.	Man kann seinen Pass auf dem Konsulat verlängern lassen.
embajada *f.* – **embajador(a)**	**Botschaft – Botschafter(in)**
la Embajada Alemana en Madrid	die deutsche Botschaft in Madrid
visado *m.* / *LAm* **visa** *f.*	**Visum**
solicitar un visado	ein Visum beantragen
solicitud para un visado	Antrag auf ein Visum
pasaporte *m.*	**(Reise-)Pass**
Mi pasaporte está caducado.	Mein (Reise-)Pass ist abgelaufen.
pasar por el control de pasaportes	durch die Passkontrolle gehen
válido	**gültig**
Este visado es válido durante 90 días.	Dieses Visum ist 90 Tage gültig.

carné *m.* **de identidad**	**Personalausweis**
vacuna *f.*	**(Schutz-)Impfung**
vacuna de la viruela	Pockenschutzimpfung
certificado *m.* **de vacunación**	**Impfzeugnis**
seguro *m.*	**Versicherung**
seguro de pérdidas	Versicherung gegen den Verlust
un seguro de equipaje	(eine) Gepäckversicherung
un seguro de cancelación	(eine) Reiserücktritt(s)versicherung
cambiar – **cambio** *m.*	**wechseln** / **umtauschen** – *(Geld)* **Umtausch**
cambiar euros en dólares	Euro in Dollars umtauschen
tipo de cambio	Wechselkurs
oficina de cambio	Wechselstube
cheque *m.* **de viaje**	**Reisescheck**
Me gustaría hacer efectivo un cheque de viaje.	Ich möchte einen Reisescheck einlösen.
equipaje *m.*	**Gepäck**
¿Quiere **facturar** su equipaje?	Möchten Sie Ihr Gepäck **einchecken**?
carrito *m.* **para el equipaje**	**Kofferkuli**
bulto *m.*	**Gepäckstück**
¿Cuántos bultos lleva usted?	Wie viele Gepäckstücke haben Sie dabei?
consigna *f.*	**Gepäckschließfach** / **-aufbewahrung**
bolsa *f.*	**Tasche**
una bolsa plegable	eine zusammenfaltbare Tasche
bolsa de viaje	Reisetasche
maleta *f.* / *LAm* **valija** *f.*	**Koffer**
Hay sitio para cuatro maletas.	Es ist Platz für vier Koffer.
reclamar	**reklamieren; sich beschweren**
reclamar la pérdida de una maleta	einen Kofferverlust melden
oficina *f.* **de reclamaciones**	**Reklamationstelle**

"La verdad es que me imaginaba la Giralda de Sevilla de otra manera."

Alojamiento
Unterkunft

Y sucedió que, mientras ellos estaban allí, se le cumplieron los días del alumbramiento, y dio a luz a su hijo primogénito y lo envolvió en pañales y lo acostó en un pesebre porque no tenían sitio en el alojamiento. (*La Biblia*)

alojarse / **hospedarse** – **alojamiento** *m.*	**absteigen** / **übernachten** – **Unter-Unterkunft** / **Übernachtung** / **(Nacht-)Quartier**
El alojamiento en un hotel es caro.	Hotelzimmer sind teuer.
hotel *m.* – **hotelero**	**Hotel** – **Hotel-**
alojarse en un hotel	in einem Hotel wohnen
cadena hotelera	Hotelkette *(Meliá, Hilton, Sheraton)*
hostal *m.*	**günstiges Hotel**; *(bessere Kategorie)* **Pension**
un hostal de dos estrellas	eine Zwei-Sterne-Pension
pensión *f.*	*(niedrige Kategorie)* **Pension**
Algunas pensiones sólo ofrecen el alojamiento y el desayuno.	Manche Pensionen bieten nur Übernachtung und Frühstück.
fonda *f.*	**Gasthof** / **-haus**
motel *m.*	**Motel**
casa *f.* **de huéspedes**	**Gasthaus**
albergue *m.* **juvenil**	**Jugendherberge**
acampar – **cámping** *m.*	**zelten** – **Campingplatz**
parador *m.* **nacional**	**staatliches Hotel**

Los paradores nacionales de turismo sind eine Kette staatlicher Hotels, die in der Ausstattung der oberen Hotelklasse entsprechen und fast immer in historisch bedeutsamen Gebäuden (Burgen, Schlössern, Palästen) untergebracht sind.

habitación *f.*	**Zimmer**
habitación libre	freies Zimmer
Lo siento, pero no tenemos ahora mismo ninguna habitación libre.	Leider haben wir zur Zeit keine Zimmer frei.
habitación individual / doble	Einzel- / Doppelzimmer
una habitación con baño / ducha	ein Zimmer mit Bad / Dusche
¿Quiere usted una habitación con cama de matrimonio o con dos camas individuales?	Möchten Sie ein Zimmer mit Doppelbett oder ein Zweibettzimmer?
reservar – **reserva** *f.*	**buchen** / **reservieren** – **(Zimmer-)Reservierung**
reservas de habitaciones	(Zimmer-)Reservierungen
Hemos reservado una habitación en el Hotel Plaza.	Wir haben ein Zimmer im Hotel Plaza gebucht / reservieren lassen.
completo – **libre**	**ausgebucht** / **belegt** – **frei**
Lo siento, el hotel está completo.	Leider sind wir vollkommen ausgebucht.

anular	**abbestellen; stornieren**
Hemos anulado la reserva de nuestra habitación.	Wir haben unsere Zimmerbestellung rückgängig gemacht.
adelanto *m.* / **dinero** *m.* **por adelantado**	**Anzahlung**
Algunos hoteles exigen dinero por adelantado al reservar una habitación.	Manche Hotels verlangen bei der Zimmerbestellung eine Anzahlung.
suplemento *m.*	**Aufschlag; Aufpreis**
Hay que pagar suplemento por una habitación con vistas al mar.	Für ein Zimmer mit Seeblick wird ein Aufpreis erhoben.
pensión *f.* **completa**	**Vollpension**
media pensión *f.*	**Halbpension**
inscribirse	**sich (am Empfang) anmelden**
llegar (g>gue) – **llegada** *f.*	**ankommen – Ankunft**
¿A qué hora llegará usted?	Um welche Zeit werden Sie ankommen?
marcharse / **irse** (– voy – iba – fui – ido)	**abreisen**
¿Cuándo quiere usted marcharse?	Wann wollen Sie abreisen?
dejar la habitación libre	**das Zimmer frei lassen / räumen**
A las 12 hay que dejar la habitación libre.	Das Zimmer muss bis 12 Uhr geräumt sein.
recepción *f.*	**Empfang**
Diga en la recepción si ...	Sagen Sie am Empfang Bescheid, wenn ...
En la recepción había un mensaje para mí.	Am (Hotel-)Empfang war eine Nachricht für mich.
recepcionista *m.* / *f.*	**Empfangschef / -dame**
Deje usted las llaves al recepcionista.	Hinterlassen Sie Ihre Schlüssel beim Empfangschef.
conserje *m.* / *f.*	**(Hotel-)Portier**
vestíbulo *m.* / **hall** *m.*	**(Hotel-)Halle**
desayuno *m.*	**Frühstück**
sala de desayunos	Frühstücksraum
habitación con desayuno	Übernachtung mit Frühstück
¿Me puede subir el desayuno a la habitación?	Können Sie mir das Frühstück aufs Zimmer bringen?
comida *f.* / *LAm, Andal* **almuerzo** *m.*	**Mittagessen**
cena *f.*	**Abendessen**
¿A qué hora se sirve la cena?	Um wie viel Uhr ist Abendessen?
servicio *m.* **de habitaciones**	**Zimmerservice**
Llamé al servicio de habitaciones y pedí un bocadillo.	Ich rief den Zimmerservice an und bestellte ein belegtes Brötchen.
despertar (e>ie)	**wecken**
Por favor, ¿nos puede despertar a las seis?	Könnten Sie uns bitte um sechs wecken?
molestar	**stören**
Por favor, no molesten.	Bitte nicht stören.

De compras
Einkaufen

Compré pocas copas, pocas copas compré, y como compré pocas copas, pocas copas pagué. (*Trabalenguas* = Zungenbrecher)

Frases útiles	**(= Nützliche Redensarten)**
Estoy buscando ...	Ich suche ...
¿Tienen ustedes ...?	Haben / Führen Sie ...?
¿Dónde puedo encontrar ...?	Wo finde ich ...?
¿Cuánto cuesta ...?	Was kostet ...?
comprar – **compra** *f.*	**kaufen** / **einkaufen** – **Einkauf**
comprar al contado	auf einmal bezahlen
comprar a plazos	auf Raten / Kredit kaufen
Lo hemos comprado a plazos.	Wir haben es auf Raten gekauft.
ir a la compra / ir a hacer la compra	auf den Markt / in ein Lebensmittelgeschäft gehen
ir de compras	einen Einkaufsbummel machen
Tengo la compra en el coche.	Ich habe meine Einkäufe im Auto.
bolsa de la compra – canasto de la compra	Einkaufstasche – Einkaufskorb
carro de la compra	Einkaufswagen
vender – **venta** *f.*	**verkaufen** – **Verkauf**
vender a plazos	auf Raten / Kredit verkaufen
venta por correspondencia	Versandhandel / -geschäft
casa de ventas por correspondencia	Versandhaus
catálogo de venta	Versandhauskatalog
tienda *f.* – **tendero** / **-a**	**Geschäft** / **Laden** – **Krämer(in)**
ir a la tienda	in ein Lebensmittelgeschäft gehen
ir de tiendas	einen Einkaufsbummel machen
comercio *m.*	**Geschäft; Laden; Handel**
centro *m.* **comercial**	**Einkaufszentrum**
grandes almacenes *m. pl.*	**Kaufhäuser; Warenhäuser**
grandes almacenes como El Corte Inglés	große Kaufhäuser wie „El Corte Inglés"
hipermercado *m.*	**großer Supermarkt**
mercado *m.*	**Markt; Markthalle**
ir al mercado	auf den Markt gehen
mercadillo *m.*	**Flohmarkt; Jahrmarkt**
mercadillo de beneficencia	Wohltätigkeitsbasar
rastro *m.*	**Flohmarkt**
puesto *m.*	**Kiosk; Stand**
puestos callejeros	Straßenstände
cliente *m.* / *f.* / **-a**	**Kunde** / **Kundin**
mostrador *m.*	**Ladentisch**
Pregunte usted en el mostrador.	Fragen Sie am Ladentisch.
dependiente / **-a**	**Verkäufer(in)** *(in Laden, Kaufhaus usw.)*
artículo *m.*	**Ware; Artikel**

marca *f.*	**Marke**
las marcas que están de moda	die Marken, die in Mode sind
probador *m.*	**Umkleidekabine**
escaparate *m.* / *LAm* **vitrina** *f.* / *CSur* **vidriera** *f.*	**Schaufenster**
servicio *m.* **al cliente**	**Kundendienst**
El número de teléfono de nuestro sevicio al cliente es ...	Unsere Kundenbetreuung erreichen Sie unter der Nummer ...
Nuestro servicio al cliente es inigualable.	Unser Kundendienst ist unübertroffen.
caja *f.* – **tique** *m.*	**Kasse** – **Kassenzettel**
Pague usted, por favor, en la caja.	Zahlen Sie bitte an der Kasse.
Para descambiar un artículo hace falta el tique de compra.	Um eine Ware umtauschen zu können, braucht man den Kassenzettel.
recibo *m.*	**Quittung**
pagar (g>gue) – **pago** *m.*	**zahlen** – **Zahlung**
pagar en efectivo	bar zahlen
pago en efectivo	Barzahlung
pagar con tarjeta	mit der Karte zahlen
pagar con un cheque	mit einem Scheck zahlen
depósito *m.* / **señal** *f.*	**Anzahlung**
hacer un depósito	eine Anzahlung leisten
dar una señal	eine Anzahlung leisten
ahorrar – **ahorro** *m.*	**sparen** – **Ersparnis** / **Sparen**
Puede ahorrar hasta un 40 por ciento.	Sie können bis zu 40 Prozent sparen.
ofrecer (c >zc) – **oferta** *f.*	**anbieten** – **Angebot**
oferta especial	Sonderangebot
Estos artículos están de oferta.	Diese Waren sind heruntergesetzt / im Angebot.
descontar (o>ue) – **descuento** *m.*	**abrechnen** / **abziehen** / **ermäßigen** – **Rabatt** / **Skonto** / **Preisermäßigung**
el 5 por ciento de descuento para los clientes fijos	5 Prozent Rabatt für die Stammkunden
rebajar – **rebaja** *f.*	**herabsetzen** / **ermäßigen** – **Preisnachlass** / **Rabatt** / **Ermäßigung**
hacer una rebaja	Rabatt gewähren
las rebajas de verano	Sommerschlussverkauf
las rebajas de invierno	Winterschlussverkauf
un artículo rebajado	eine heruntergesetzte Ware
Lo he comprado en las rebajas.	Ich habe es im Schlussverkauf bekommen.
ganga *f.*	**günstiges Angebot**; **Sonderangebot**
Es una ganga.	Es ist spottbillig.
A / Por ese precio fue una ganga.	Zu / Bei diesem Preis war es ein „Schnäppchen".
liquidar – **liquidación** *f.*	**ausverkaufen** – **Ausverkauf**
liquidación total	Räumungsverkauf

Tipos de tiendas f. **(= Arten von Geschäften)**
tienda de confecciones (= Konfektionshaus) • *tienda de modas* (= Modegeschäft) •

tienda de antigüedades (= Antiquitätengeschäft) • *tienda de regalos* (= Geschenkeladen) • *tienda de artesanía* (= Kunstgewerbeladen) • *tienda de música* (= Musikalienhandlung / Musikladen) • *tienda de deportes* (= Sportgeschäft) • *tienda de electrodomésticos* (= Elektrogeschäft) • *tienda de comestibles* / *tienda de ultramarinos* / LAm *el colmado* / LAm *la fiambrería* / LAm *la pulpería* (= Lebensmittelgeschäft)

galería *f.* **de arte**	**Kunstgalerie**
marchante *m.* / *f.*	**Kunsthändler(in)**
casa *f.* **de fotos**	**Fotogeschäft**
juguetería *f.*	**Spielwarengeschäft**
zapatería *f.*	**Schuhgeschäft**
boutique *f.*	**Boutique; Modegeschäft**
joyería *f.*	**Juwelier**
librería *f.* – **librero** / **-a**	**Buchhandlung** – **Buchhändler(in)**
librería de segunda mano / de viejo	Antiquariat
papelería *f.*	**Schreibwarenhandlung** / **-geschäft**
Eso se puede conseguir en casi todas las papelerías.	Man kriegt es in den meisten Schreibwarengeschäften.
quiosco *m.* / **puesto** *m.* **de periódicos**	**Zeitungskiosk**
vendedor(a) de periódicos	**Zeitungshändler(in)**
floristería *f.*	**Blumengeschäft**
Hay una floristería en la calle principal.	In der Hauptstraße ist ein Blumengeschäft.
peluquería *f.*	**Friseur(salon)**
estanco *m.*	**Tabak- und Briefmarkenladen**
En los estancos también se puede echar la bonoloto.	In den Tabakgeschäften kann man auch den Lottoschein abgeben.
supermercado *m.*	**Supermarkt**
panadería *f.*	**Bäckerei**
confitería *f.* / **pastelería** *f.*	**Konditorei**
carnicería *f.* / *LAm* **chanchería** f. / *Col, CR, Ven* **pesa** *f.* / *Ec* **tercena** *f.*	**Metzgerei**
charcutería *f.*	**Wurstwaren(geschäft)**
frutería *f.*	**Obstgeschäft**
pescadería *f.*	**Fischgeschäft**
perfumería *f.*	**Parfümerie**
farmacia *f.* – **farmacéutico** / **-a**	**Apotheke** – **Apotheker(in)**
Eso lo puede comprar en cualquier farmacia.	Das bekommen Sie in jeder Apotheke.
droguería *f.*	**Drogerie**

In den spanischen *droguerías* verkauft man weder Süßigkeiten noch Babynahrung. Letztere wird in Apotheken und Supermärkten angeboten.

Deportes
Sportarten

El fútbol español es un cojo que necesita dos muletas: el Barcelona y el Madrid. (*Pablo Porta, presidente de la Federacion Española de fútbol desde 1975 hasta 1984*)

deporte *m.* – **deportivo**	**Sport / Sportart – sportlich / Sport-**
El fútbol es el deporte más popular en España.	Fußball ist Spaniens beliebtester Sport.
¿Qué deportes practica usted?	In welchen Sportarten sind Sie aktiv?
Es una pena que usted no practique ningún deporte.	Es ist schade, dass Sie keinen Sport treiben.
club deportivo	Sportverein
deportista *m. / f.*	**Sportler(in)**
deportividad *f.*	**Fairness; Sportlichkeit**
juego *m.*	**Spiel**
los Juegos Olímpicos	die olympischen Spiele
jugador(a) – **jugada** *f.*	**Spieler(in) – Zug**
partida *f.*	**Partie**
¿Echamos una partida de ajedrez?	Wollen wir eine Partie Schach spielen?
partido *m.*	**(Wett-)Spiel; (Wett-)Kampf**
un partido de fútbol	ein Fußballspiel
un partido de tenis	ein Tennismatch
competición *f.* – **torneo** *m.*	**Wettbewerb – Turnier**
mitin *m.* **de atletismo**	**(Leichtathletik-)Sportfest**
desafiar – **desafío** *m.*	**herausfordern – Herausforderung**
aspirante *m. / f.*	**Herausforderer / Herausforderin**
contrincante *m. / f.*	**Gegenspieler(in)**
ganar – **perder** (e>ie)	**gewinnen – verlieren**

Lugares donde se celebran los acontecimientos deportivos **(= Orte sportlichen Geschehens)**
instalaciones f. *deportivas* (= Sportstätten) • *campo* m. *de deporte* (= Sportplatz) • *lugar* m. *del encuentro* (= Austragungsort) • *estadio* m. (= Stadion) • *terreno* m. *de juego* (Fußball = Spielfeld) • *campo* m. *de fútbol* (= Fußballplatz) • *campo* m. / *cancha* f. *de baloncesto* (= Basketballplatz) • *campo* m. *de balonmano* (= Handballplatz) • *campo* m. *de balonvolea / de voleibol* (= Volleyballplatz) • *campo* m. / *pista* f. *de tenis* (= Tennisplatz) • *frontón* m. (= Frontonfeld) *campo* m. *de golf* (= Golfplatz) • *velódromo* m. (= Radrennbahn / Hallenbahn) • *gimnasio* m. (= Turnhalle) • *ring* m. / *cuadrilátero* m. (= Boxring)

campeonato *m.*	**Meisterschaft; Wettkampf**
el Campeonato del Mundo de Fútbol	die Fußballweltmeisterschaft
campeón(a) (mundial)	**(Welt-)Meister(in)**
segundo / **-a**	**Zweite(r); Zweitplazierte(r)**
récord *m.* **(mundial)**	**(Welt-)Rekord**

marcar / batir / ostentar un récord	einen Rekord aufstellen / schlagen / halten
favorito / -a	**Favorit(in)**
aficionado / -a – profesional *m. / f.*	**Amateur(-) – Profi(-)**
carrera *f.*	**Rennen; (Wett-)Lauf; Rennsport**
la carrera de los 100 metros lisos	der 100-Meter-Lauf
Le eché una carrera.	Ich bin mit ihm / ihr um die Wette gelaufen.
carrera de relevos	Staffellauf
carrera de coches	Autorennsport
coche / piloto de carreras	Rennwagen / -fahrer(in)
circuito de carreras	Rennbahn / -strecke
pista *f.*	**(Renn-)Bahn; Piste; Rennstrecke**
atletismo *m.*	**Leichtathletik**
El atletismo es uno de los deportes más antiguos.	Die Leichtathletik ist eine der ältesten Sportarten.
patinar – patinaje *m.*	**Schlittschuh / Rollschuh laufen – Schlittschuh- / Rollschuhlauf(en)**
patinaje sobre hielo	Schlittschuhlauf(en)
patinaje sobre ruedas	Rollschuhlauf(en)
patinaje artístico	Eiskunstlauf
esquiar	**Skilaufen; Skifahren**
En invierno vamos con frecuencia a esquiar.	Im Winter gehen wir oft Skifahren.
navegar (g>gue)	**Segeln**
natación *f.*	**Schwimmen**
buceo *m.*	**Tauchen**
submarinismo *m.*	**Unterwassersport**
boxeo *m.* – **lucha** *f.*	**Boxen – Ringen**
rugby *m.*	**Rugby**
Algunos términos futbolísticos	**(= Einige Fußballausdrücke)**
equipo *m.* **de fútbol**	**Fußballmannschaft**
delantero / -a – líbero *m.*	**Stürmer(in) – Libero**
centrocampista *m. / f.*	**Mittelfeldspieler(in)**
defensa *m. / f.* – **defensa** *f.*	**Verteidiger(in) – Verteidigung**
portero / -a	**Torwart / Torfrau**
El portero hizo una parada excelente.	Der Torwart bot eine Glanzparade.
capitán (del equipo)	**(Mannschafts-)Kapitän**
entrenador(a)	**Trainer(in)**
el entrenador nacional	Nationaltrainer
árbitro *m.* – **juez de línea / linier** *m.*	**Schiedsrichter – Linienrichter**
partido *m.* / **encuentro** *m.* **de fútbol**	**Fußballspiel**
un partido amistoso	ein Freundschaftsspiel
un partido en casa / en propio campo	ein Heimspiel
un partido fuera / en campo contrario	ein Auswärtsspiel
victoria *f.* – **derrota** *f.*	**Sieg – Niederlage**
una victoria en campo contrario / a domicilio	ein Auswärts- / Heimsieg
su primera victoria en seis encuentros	sein / ihr erster Sieg in sechs Spielen

en el **primer** / **segundo tiempo**	in der **ersten** / **zweiten Halbzeit**
centrar – **centro** *m.*	**flanken** – **Flanke**
un centro desde la derecha	eine Flanke von rechts
Centró desde la izquierda.	Er / Sie flankte von links.
Su **cabezazo** *m.* dio en el **larguero**.	Sein / Ihr **Kopfball** ging an die (Quer-)**Latte**.
Raúl metió el **gol** del empate.	Raúl erzielte den Ausgleichs**treffer**.
gol de oro	erstes, das Spiel entscheidende und beendende Tor in der Verlängerung (*golden goal*)
un **empate** sin goles	ein torloses **Unentschieden**
gol **en propia portería** *f.* / **meta** *f.*	ein **Eigen**tor
el **área** *f.* **de penalty** / **de castigo** → 1.13 *el* alma *f.*	**Strafraum**
lanzamiento *m.* **de penalty**	**Strafstoß**
Consiguieron un **lanzamiento directo**.	Sie erhielten einen **Freistoß**.
Estaba en **fuera de juego**.	Er / Sie war (im) **Abseits**.
expulsar	**verweisen; vom Platz stellen**
Fue expulsado del terreno de juego.	Er wurde vom Platz gestellt.
Le mostraron la **tarjeta roja** / **amarilla** por hacer una **falta** a Manolo.	Er sah die **rote** / **gelbe Karte** wegen eines **Fouls** an Manolo.
la **prórroga**	die **Verlängerung**
la primera / segunda / tercera **división**	die erste / zweite / dritte **Liga**
el **campeón de liga** / **copa**	der **Fußball-** / **Pokalmeister**
Algunos términos del mundo del tenis	**(= Etwas Tenniswortschatz)**
pista *f.* **de tenis**	**Tennisplatz**
línea *f.* **de fondo** / **de banda**	**Grund-** / **Seitenlinie**
raqueta *f.* **(de tenis)**	**(Tennis-)Schläger**
juego **individual** / **de dobles** / **de dobles mixto**	**ein Einzel-** / **Doppel-** / **gemischtes Doppel**spiel
saque *m.* / **servicio** *m.*	**Aufschlag**
perder el servicio	den eigenen Aufschlag verlieren
as *m.* / **punto** *m.* **de saque**	**(Aufschlag-)Ass**
Consiguió nueve puntos de saque en el primer **set**.	Im ersten **Satz** schlug er / sie neun Asse.
falta *f.* **doble**	**Doppelfehler**
golpe *m.* **directo** / **del revés**	**Vorhand-** / **Rückhandschlag**
volea *f.*	**Flugball**
quince – **cero**	**fünfzehn** – **null**
deuce *m.* / **iguales**	**Einstand**
ventaja *f.*	**Vorteil**
punto *m.* **de set** – **punto** *m.* **de partido**	**Satzball** – **Matchball**
muerte *f.* **súbita**	**Tiebreak**
Van tres a cero en la muerte súbita.	Es steht drei zu null im Tiebreak.
entrenador(a) de tenis	**Tennistrainer(in)**

Aficiones
Hobbys

Yo no entiendo cómo la gente tiene ganas de trabajar en verano ...
Yo no tengo ganas de nada ahora. Salgo un poco, tomo el sol, oigo música y ... ah, sí, leo libros de ciencia ficción ... y basta, ¿qué más quiere usted?
(*Antonio Buero Vallejo, dramaturgo español, 1916 – 2000*)

afición *f.*	**Hobby; Zuneigung**
Entre mis aficiones se encuentran ...	Zu meinen Hobbys gehören ...
Tengo afición por el teatro.	Mich interessiert Theater.
La apicultura es una afición productiva.	Die Imkerei ist ein lohnendes / dankbares Hobby.
pasatiempo *m.*	**Zeitvertreib; Hobby**
mi pasatiempo favorito	meine Lieblingsbeschäftigung
interesar(se) – **interés** *m.*	**(sich) interessieren** – **Interesse**
¿Por qué cosas siente usted interés?	Was für Interessen haben Sie?
Me interesan principalmente la música y el tenis.	Meine Hauptinteressen sind Musik und Tennis.
Ahora dedica la mayor parte de su tiempo a sus intereses literarios.	Den größten Teil seiner / ihrer Zeit widmet er / sie jetzt ihren literarischen Aktivitäten.
actividad *f.*	**Betätigung; Tätigkeit; Beschäftigung**
¿Cuál es tu actividad favorita?	Was ist deine Lieblingsbeschäftigung?
actividades artísticas	künstlerische Betätigungen

Trabajos manuales y artísticos **(= Handarbeit und Kunsthandwerk)**
labores f. (= Nadel- / Handarbeiten) • *costura* f. (= Nähen) • *punto* m. (= Stricken) • *ganchillo* m. / *croché* m. (= Häkeln) • *tejer* (= Weben) • *hilado* m. (= Spinnen) • *bordado* m. (= Sticken) • *corte* m. *y confección* f. (= Schneidern) • *floristería* f. (= Blumenstecken) • *alfarería* f. (= Töpfern) • *trabajo* m. *con el mimbre* (= Korbflechten) • *carpintería* f. (= Holzarbeiten) • *trabajo* m. *con el metal* (= Metallarbeiten) • *bricolaje* m. (= Heimwerken)

esparcimiento *m.*	**Entspannung; Freizeitbeschäftigung**
El cine le sirve de esparcimiento.	Zur Entspannung geht er / sie ins Kino.
relajarse	**sich entspannen**
Se relaja pintando.	Beim Malen entspannt er / sie sich.
entretenerse (– entretengo, entretiene – entretuve – entretenido)	**sich unterhalten / die Zeit vertreiben**
Se entretiene haciendo crucigramas.	Er / Sie verbringt die Zeit mit Kreuzworträtseln.
entretenimiento *m.*	**Unterhaltung; Zeitvertreib; Beschäftigung**
distraerse (– distraigo – distraje – distraído)	**sich unterhalten / die Zeit vertreiben**
Se distrae arreglando relojes viejos.	Zur Unterhaltung repariert er / sie alte Uhren.

distracción *f.*	**Unterhaltung; Zeitvertreib; Beschäftigung**
ocio *m.*	**Freizeit; Muße**
mi tiempo de ocio	meine Freizeit
tiempo *m.* **libre** / **de ocio**	**Freizeit**
¿Qué haces en tu tiempo libre?	Was machst du in deiner Freizeit?
dedicarse (c>que) **a**	**sich widmen; sich befassen mit**
dedicarse a coleccionar algo	sich mit dem Sammeln von etwas befassen
Se dedica a todo tipo de actividades benéficas.	Er / Sie widmet sich allen möglichen wohltätigen Aufgaben.
ser (– soy – era – fui – sido) **aficionado a algo**	**etwas betreiben**
Es muy aficionado a la música.	Er / Sie hört viel Musik.
practicar (c>que) **un deporte**	**einen Sport treiben**
Practico todas las semanas el tenis.	Ich spiele jede Woche Tennis.

Lo que la gente colecciona **(= Was die Leute so sammeln)**
sellos m. (= Briefmarken) • *postales* f. (= Postkarten) • *tarjetas* f. *de teléfono* / *telefónicas* (= Telefonkarten) • *monedas* f. (= Münzen) • *autógrafos* m. (= Autogramme) • *antigüedades* f. (= Antiquitäten) • *libros* m. *antiguos* (= alte Bücher) • *cajas* f. *de cerillas* (= Streichholzschachteln) • *chapas* f. *de cerveza* (= Kronkorken) • *posavasos* m. sg. / pl. (= Bierdeckel) • *pins* m. / *insignias* f. (= Anstecknadeln) • *mariposas* f. (= Schmetterlinge)

gustar	**etwas gern tun**
Me gusta oír música.	Ich höre gern Musik.
Le gusta hacer crucigramas.	Er / Sie löst gern Kreuzworträtsel.
Le gusta mucho leer.	Er / Sie liest sehr gern.
pasar el tiempo	**die Zeit verbringen**
Pasamos mucho tiempo jugando a las cartas.	Wir verbringen viel Zeit mit Kartenspielen.
pescar (c>que) – **pesca** *f.*	**angeln / fischen – Angeln / Fischen**
Va a pescar para relajarse.	Zur Entspannung geht er / sie angeln.

Actividades al aire libre **(= Aktivitäten im Freien)**
jardinería f. (= Gartenarbeit) • *apicultura* f. (= Imkerei) • *footing* m. (= Joggen) • *senderismo* m. (= Wandern) • *alpinismo* m. (= Bergsteigen) • *escalada* f. (= Klettern) • *observación* f. *de las aves* (= Vogelbeobachtung) • *ciclismo* m. (= Radfahren) • *montar a caballo* (= Reiten) • *caza* f. (= Jagd) • *esquí* m. (= Skilaufen) • *patinaje* m. *sobre ruedas* (= Rollschuhlaufen) • *patinaje* m. *sobre hielo* (= Schlittschuhlaufen) • *navegación* f. (= Segeln) • *surfing* m. / *surf* m. (= Windsurfen) • *esquí* m. *acuático* (= Wasserskilaufen) • *buceo* m. (= Tauchen) • *submarinismo* m. (= Unterwassersport) • *paracaidismo* m. (= Fallschirmspringen) • *vuelo* m. *sin motor* (= Segelfliegen) • *vuelo* m. *con ala delta* (= Drachenfliegen) • *parapente* m. (= Gleitschirm)

Beber y fumar
Trinken und Rauchen

→ 3.2 Bebidas, 7.3 Abuso de drogas y alcohol

El vino templado con agua da esfuerzo al corazón, color al rostro, quita la melancolía, alivia el camino, da coraje al más cobarde, templa el hígado, y hace olvidar todos los pesares. (*V. Espinel, escritor español, 1550–1624*)
Fumar puede ser causa de una muerte lenta y dolorosa. (*Advertencia que aparece en los paquetes de tabaco.*)

beber – **bebida** *f.*	**trinken** – **Getränk** / **Trinken**
Bebes como un cosaco.	Du säufst wie ein Loch.
bebidas alcohólicas / no alcohólicas	alkoholische / alkoholfreie Getränke
Está un poco bebido.	Er ist ein bisschen angetrunken.
bebedor(a)	**Trinker(in); Säufer(in)**
emborracharse – **borrachera** *f.*	**sich betrinken** / **betrunken werden** – **(Alkohol-)Rausch**
Cogió una borrachera.	Er / Sie betrank sich.
borracho / **-a** – **sobrio**	**Betrunkene(r)** / **Trinker(in)** / **Säufer(in)** / **betrunken** – **nüchtern**
estar borracho / *LAm* tomado	besoffen / betrunken sein
alcoholismo *m.* – **alcohólico** / **-a**	**Alkoholismus** – **Alkohol-** / **Alkoholiker(in)**
abstemio / **-a**	**Abstinenzler(in)**
resaca *f.*	**Kater**
tener resaca	einen Kater haben
tomar	**nehmen; trinken**
Tome usted otra.	Trinken Sie doch noch einen.
Vamos a tomarnos la penúltima.	Trinken wir noch einen, bevor wir gehen.
copa *f.*	**alkoholisches Getränk**
¿Vamos a tomar una copa?	Gehen wir einen trinken?
trago *m.*	**Schluck (Alkohol)**
echar un trago	einen Schluck nehmen
cerveza *f.*	**Bier**
Prefiero la cerveza de barril.	Ich trinke lieber Bier vom Fass.
clara *f.*	**„Radler"** (= Bier mit Limonade oder Sprudel)
caña *f.*	**(Glas) Bier vom Fass**
vino *m.*	**Wein**

Tipos de vino **(= Weinsorten)**
tinto (= Rotwein) • *blanco* (= Weißwein) • *rosado* / *clarete* (= Rosé) • *moscatel* (= Muskatellerwein) • *dulce* (= Dessertwein) • *mosto* (= Most) • *mistela* f. (= Gemisch aus Most und Weingeist) • *málaga* (= Malagawein) • *espumoso* (= Schaumwein) • *jerez* (= Sherry) • *fino* (= heller, trockener Sherry) • *manzanilla* f. (= herber fino) • *amontillado* (= Sherry, der durch lange Reifung von *fino* in Eichenfässern gewonnen wird) • *oloroso* (= dunkler, kräftiger Sherry) • *vino de mesa* (= Tischwein) • *crianza* (= Wein mit

mindestens sechs Monaten Fassreife) • *reserva* (= Qualitätsrotwein mit mindestens drei Jahren Fass- und Flaschenreife) • *gran reserva* (= Qualitätswein, der zwei Jahre im Eichenfass und drei Jahre in der Flasche gelagert sein muss)

champán *m.*	**Champagner**
cava *m.*	**Sekt**
año *m.*	*(Wein)* **Jahrgang**

Denominación de Origen (DO) ist die Bezeichnung für Wein eines geprüften Typs und Qualitätsstandards aus einer bestimmten Region, z.B.: *Rioja, Ribera del Duero, Penedés, Valdepeñas, Jumilla, Cariñena.*

sangría *f.*	**Sangria**
licor *m.*	**Likör**
anís *m.*	**Anislikör**
pacharán *m.*	**Schlehenlikör**
aguardiente *m.*	**Schnaps**
coñá *m.* / **brandy** *m.*	**Kognak; Weinbrand**
güisqui *m.*	**Whisky**
Por favor, un güisqui doble.	Bitte einen doppelten Whisky.
ron *m.* – **ginebra** *f.*	**Rum – Gin**
vodka *m.* – **tequila** *m.*	**Wodka – Tequila**

Expresiones relacionadas con la bebida **(= Ausdrücke im Zusammenhang mit Trinken)**
¡Salud! (= Prost!) • *¡A tu salud!* (= Zum Wohl!) • *estar como una cuba / tener una tajada como un piano* (= stockbetrunken sein) • *estar piripi* (= betrunken sein) • *estar alegre* (= beschwipst sein) • *coger una cogorza / una tajada / una papa / una curda* (= betrunken werden) • *empinar el codo* (= gern einen heben) • *ser una esponja* (= ein großer Trinker sein)

camarero / **-a**	**Kellner(in)**

Para tomar una copa (= um einen zu trinken), geht man in Spanien *a un bar* (= in eine Kneipe), in der man auch frühstücken oder *tapas* (= Appetithappen) essen kann. Eine spanische *bar* hat normalerweise eine lange Theke, an der man stehen oder auf einem Hocker etwas essen oder trinken kann. Beachten Sie, dass in Spanien die Tische nicht geteilt werden. Wenn ein Gast an einem Tisch sitzt, heißt es, dass der ganze Tisch besetzt ist, man setzt sich nicht dazu. Beim Zahlen wird nur eine Rechnung gebracht und die Gäste müssen hinterher den Betrag teilen oder auch nicht.

fumar – **fumador(a)**	**rauchen – Raucher(in)**
No fumo.	Ich rauche nicht / bin Nichtraucher(in).
fumar(se) un cigarro	eine Zigarette rauchen
fumar pasivamente	passives Rauchen

Prohibido fumar.	Rauchen verboten.
zona de (no) fumadores	(Nicht-)Raucherbereich
compartimento para no fumadores	Nichtraucherabteil
(no) fumador(a)	(Nicht-)Raucher(in)
tos de fumador	Raucherhusten
fumador(a) empedernido / -a	Kettenraucher(in)
cigarro *m.* / **cigarrillo** *m.*	**Zigarette**
cigarro con filtro	Filterzigarette
cigarro alto / bajo en nicotina	Zigarette mit hohem / niedrigem Nikotingehalt
un paquete / una cajetilla de cigarros	eine Packung / Schachtel Zigaretten
encender / apagar un cigarro	eine Zigarette anzünden / ausmachen
cigarrillo liado a mano	selbst gedrehte Zigarette
tabaco *m.*	**Tabak**
un cartón de tabaco	eine Stange Zigaretten
paquete de tabaco	Zigarettenschachtel
tabaco negro / rubio	schwarzer / heller Tabak
tabaco de pipa	Pfeifentabak
máquina de tabaco	Zigarettenautomat
rapé *m.*	**Schnupftabak**
puro *m.* – **pipa** *f.*	**Zigarre** – **Pfeife**
una caja de puros	eine Kiste Zigarren
Él fuma en pipa.	Er raucht Pfeife.
pitillera *f.*	**Zigarettenetui**
boquilla *f.* para cigarrillos	**Zigarettenspitze**
papel *m.* **de liar**	**Zigarettenpapier**
colilla *f.*	**Kippe**
estanco *m.*	**Tabak(waren)laden**
nicotina *f.*	**Nikotin**
Es adicto a la nicotina.	Er ist nikotinsüchtig.
mechero *m.* / **encendedor** *m.*	**Feuerzeug**
cerillas *f.*	**Streichhölzer**
caja de cerillas	Streichholzschachtel
calada *f.*	**Zug**
cenicero *m.*	**Aschenbecher**

"Yo prefiero la cerveza de barril."

El universo
Das Weltall

1 **Estrellas y planetas**
Sterne und Planeten

2 **Investigación espacial**
Raumforschung

Estrellas y planetas
Sterne und Planeten

El mundo es un absurdo animado que rueda en el vacío, para asombro de sus habitantes. (*Gustavo Adolfo Bécquer, escritor español, 1836–1870*)

el origen del **universo**	die Entstehung der **Welt**
El universo no tiene ni fronteras ni centro.	Das Weltall hat weder Grenze noch Mittelpunkt.
el **cosmos**	der **Kosmos**; das **Weltall**
el **espacio sideral**	der **Weltraum**; das **(Welt-)All**
a la velocidad de la luz	**mit Lichtgeschwindigkeit**
una distancia de ... **años luz**	eine Entfernung von ... **Lichtjahren**
la **galaxia** – **Vía** *f.* **Láctea**	die **Galaxis** / **Galaxie** – **Milchstraße**
nebulosa *f.* (galáctica)	**(galaktischer) Nebel**
astro *m.* / **cuerpo** *m.* **celeste**	**Himmelskörper**
estrella *f.*	**Stern**
estrella *f.* **nova** / **supernova** *f.*	**(Super-)Nova**
estrella *f.* **fugaz**	**Sternschnuppe**
lluvia *f.* **de estrellas**	**Sternschnuppen**
púlsar *m.* – **cuásar** *m.*	**Pulsar** – **Quasar**
cometa *m.*	**Komet**
meteoro *m.* – **meteorito** *m.*	**Meteor** – **Meteorit**
planeta *m.*	**Planet**
La Tierra es el tercer planeta partiendo del Sol.	Die Erde ist von der Sonne aus der dritte Planet.

Los nueve planetas del sistema solar **(= Die neun Planeten im Sonnensystem)**
Mercurio (= Merkur) • *Venus* (= Venus) • *Tierra* (= Erde) • *Marte* (= Mars) • *Júpiter* (= Jupiter) • *Saturno* (= Saturn) • *Urano* (= Uranus) • *Neptuno* (= Neptun) • *Plutón* (= Pluto)

órbita *f.*	**(Umlauf-)Bahn**
una órbita circular / elíptica	eine kreisförmige / elliptische Bahn
girar – **giro** *m.*	**(um)kreisen** – **Umkreisung**
La Tierra gira alrededor del Sol.	Die Erde umkreist die Sonne.
rotar – **rotación** *f.*	**sich drehen** – **Achsendrehung**
rotar alrededor de un eje	sich um eine Achse drehen
dar (– doy – di – dado) **vueltas** alrededor del Sol	sich um die Sonne **drehen**
satélite *m.*	**Satellit**; **Trabant**
La Luna es el satélite de la Tierra.	Der Mond ist der Trabant der Erde.
el **Sol** – la **Luna**	die **Sonne** – der **Mond**
luna creciente / menguante	zunehmender / abnehmender Mond
luna llena / nueva	Voll- / Neumond
cuarto *m.* **creciente** / **menguante**	**erstes** / **letztes Viertel**
eclipse *m.* **de sol** / **de luna**	**Sonnen-** / **Mondfinsternis**

Expresiones y dichos con sol, luna y estrellas **(= Ausdrücke mit Sonne, Mond und Sternen)**
vivir en la luna (= nicht in der Wirklichkeit leben) • *estar en la luna* (= mit den Gedanken abschweifen) • *quedarse uno a la luna de Valencia* (= in der Ungewissheit bleiben) • *luna de miel* (= Flitterwochen) • *como un sol* (= bildhübsch) • *arrimarse al sol que más calienta* (= ein Opportunist sein) • *no dejar a uno ni a sol ni a sombra* (= jemandem keine Ruhe lassen) • *tener dos ojos como dos soles* (= ein Paar bildschöne Augen haben) • *ver las estrellas* (= vor Schmerz die Engel im Himmel singen hören) • *haber nacido con buena / mala estrella* (= unter einem günstigen / ungünstigen Stern geboren sein) • *Unos nacen con estrella y otros estrellados.* (= Die einen haben immer Glück, die anderen immer Pech.)

constelación *f.*	**Sternbild; Konstellation**
La Osa Mayor es una constelación conocida.	Der Große Wagen / Bär ist ein bekanntes Sternbild.
cráter *m.*	**Krater**
atmósfera *f.*	**Atmosphäre**
campo *m.* **magnético**	**Magnetfeld**
gravitación *f.* – (fuerza de la) **gravedad**	**Gravitation** – **Schwerkraft**
La gravedad en el ecuador es más pequeña que en los polos.	Die Schwerkraft ist am Äquator geringer als an den Polen.
la teoría de Newton sobre la gravitación	Newtons Gravitationstheorie
la **fuerza de atracción** de la tierra	die **Anziehungskraft** der Erde
observatorio *m.*	**Observatorium; Sternwarte**
(la) astronomía	**(die) Astronomie**
(la) cosmología	**(die) Kosmologie**
el relato de **la creación** en la Biblia	die **Schöpfungsgeschichte** in der Bibel
la **teoría de la explosión inicial**	die **Urknalltheorie**
un **agujero negro**	ein **schwarzes Loch**
la teoría de la **relatividad** de Einstein	Einsteins **Relativitäts**theorie

"Mira, cariño, la Osa Mayor y la Osa Menor son las constelaciones más fáciles de reconocer."

Investigación espacial
Raumforschung

Éste es un paso pequeño para un hombre y un salto gigante para la humanidad. (*Palabras del astronauta Neil Armstrong al pisar la luna, 20 de julio de 1969*)

el **espacio** – **espacial**	der **(Welt-)Raum** / das **(Welt-)All** – **(Welt)Raum-**
la era espacial	das Zeitalter der Raumfahrt
programa espacial	Raumfahrtprogramm
misión / vuelo espacial	(Welt-)Raumflug
traje espacial	Raumanzug
vehículo espacial	Raumfahrzeug
nave espacial	Raumschiff; Raumfähre
cápsula espacial	Raumkapsel
módulo espacial	Raumfahrtmodul
sonda espacial	Raumsonde
estación / base espacial	(Welt-)Raumstation
basura espacial	Weltraummüll
medicina espacial	Raumfahrtmedizin
laboratorio espacial	Raumfahrtlaboratorium
tripulado – **sin tripulación** *f.*	**bemannt** – **unbemannt**
navegación *f.* **interplanetaria**	**(Welt-)Raumfahrt**
astronauta *m. / f.*	**Astronaut(in)**
cosmonauta *m. / f.*	**Kosmonaut(in)**
zona *f.* **de pruebas**	**Versuchsgelände**
base *f.* **de lanzamiento**	**(Raketen-)Abschussbasis**
plataforma *f.* **de lanzamiento**	**Start- / Abschussrampe**
lanzar (z>ce) **un cohete**	**eine Rakete starten**
cohete *m.* **portador**	**Trägerrakete**
la **cuenta atrás**	**Countdown**
(el) lanzamiento	**(das) Abheben; (der) Start**
Se ha llevado a cabo el lanzamiento.	Der Start ist erfolgt.
trayectoria *f.*	**Flugbahn**
acoplamiento *m.*	**Rendezvous**
maniobra de acoplamiento	Kopplungsmanöver
dar (– doy – di – dado) **la vuelta** (a la luna)	(den Mond) **umrunden**
vuelo *m.* **de reconocimiento**	**Vorbeiflug**
alunizar (z>ce) – **alunizaje** *m.*	**auf dem Mond landen** – **Mondlandung**
almohadilla de alunizaje	Landeteller
zona *f.* **de aterrizaje**	**Landezone**
módulo *m.* **lunar**	**Mond(lande)fähre**
recoger **muestras** *f.* **(de) minerales**	**Gesteinsproben** aufsammeln
interrumpir / **suspender una misión**	**einen Flug abbrechen**

Un fallo en el propulsor de corrección hizo que se suspendiera la misión.	Ein Fehler am Korrekturtriebwerk führte zum Abbruch des Fluges.
El alunizaje tuvo que ser interrumpido.	Die Mondlandung musste abgebrochen / abgesetzt werden.
reentrada *f.* / **reingreso** *m.* (en la atmósfera)	**Wiedereintritt** (in die Erdatmosphäre)
estación *f.* **terrestre**	**Bodenstation**
el **centro de control**	das **Kontrollzentrum**

Rakete: In der Raumfahrt *cohete* m., als militärische Waffe *misil* m.

cohete *m.* **de varias etapas** / **de varios pisos**	**Mehrstufenrakete**
retrocohete / cohete de freno	Bremsrakete
cohete de despegue	Booster; Startrakete
sistema *m.* **de propulsión**	**Antriebssystem**
propulsor *m.*	**(Raketen-)Triebwerk**
combustible *m.* / **carburante** *m.*	**Treibstoff**
hidrógeno *m.*	**Wasserstoff**
empuje *m.*	**Schub**
módulo *m.* **de mando**	**Kommandokapsel**
módulo de abastecimiento	Versorgungsteil
módulo de servicio	Betriebseinheit
peso *m.* / **carga** *f.* **útil**	**Nutzlast**
satélite *m.* (artificial)	(künstlicher) **Satellit**
satélite de comunicaciones	Nachrichtensatellit
satélite meteorológico	Wettersatellit
órbita *f.*	**Umlaufbahn; (Um-)Kreisen**
poner un satélite en órbita	einen Satelliten in eine Umlaufbahn bringen
la órbita de la Tierra	die Umlaufbahn der Erde
ingravidez *f.* / **falta** *f.* **de gravedad**	**Schwerelosigkeit**
radiación *f.*	**Strahlung**

"En la agencia espacial de turismono nos dijeron que nos recibirían con una fiesta de alunizaje."

La Tierra
Die Erde

Geología
Geologie

El Cuaternario: Esta corta Era geológica tiene una especial incidencia en el marco peninsular ya que las diversas fluctuaciones climáticas que se produjeron a nivel planetario, en este período modelaron muchas de las formas actualmente visibles en el relieve español.
(*Atlas de España El País / Aguilar*)

geología *f.* – **geológico**	**Geologie – geologisch**
geología aplicada a la ingeniería	Ingenieurgeologie
geología marina	Meeresgeologie
geología histórica	historische Geologie
procesos geológicos	geologische Vorgänge
edad geológica	Erdzeitalter
formación geológica	geologische Formation
mapa geológico	geologische Karte
toma geológica	geologische Aufnahme
geotecnia *f.* / **geotécnica** *f.*	**Ingenieurgeologie**
geotectónica *f.*	**Geotektonik**
geólogo / **-a**	**Geologe** / **Geologin**
geografía *f.*	**Geographie; geographische Beschaffenheit**

Weitere Wissenschaftsgebiete auf -*alogía* f. und -*ología* f.
geocronología (= Geochronologie) • *glaciología* (= Glaziologie) • *mineralogía* (= Mineralogie) • *paleontología* (= Versteinerungskunde) • *petrología* (= Petrologie) • *sismología* (= Erdbebenkunde) • *vulcanología* (= Vulkanologie)

la **historia** de la Tierra	die Erd**geschichte**
la **evolución** de la Tierra	die **Entwicklung** der Erde
el **núcleo** de la Tierra / terrestre	der Erd**kern**
el **interior** de la Tierra	das Erd**innere**
la **corteza** terrestre / **litosfera**	die Erd**kruste** / Erd**rinde**
la **hidrosfera**	**Fließzone**
plataforma *f.* / **planicie** *f.* **continental**	**Kontinentaltafel; Festland(s)sockel**
deriva *f.* **continental**	**Kontinentalverschiebung**
tectónica *f.* **de placas**	**Plattentektonik**
expansión *f.* **de los océanos** / **mares**	**Erweiterung der Ozeane**
capa *f.* / **estrato** *m.*	**Schicht; Stratum**
falla *f.*	**Verwerfung; (Schichten-)Bruch**
formación *f.* **rocosa**	**Gesteinsformation**
analizar **minerales** *m.*	**Mineralien** analysieren
recursos *m.* **minerales**	**Bodenschätze**
composición *f.*	**Zusammensetzung**
la **formación** de cristales	die **Bildung** von Kristallen
sedimentación *f.* – **sedimentos** *m.*	**Sedimentation – Sedimente**

depósito *m.* / **yacimiento** *m.*	**Ablagerung**
yacimientos de petróleo y gas natural	Öl- und Erdgasvorkommen
erosión *f.*	**Abtragung; Erosion**
erosión / descomposición	Verwitterung
fósil(es) *m.*	**Fossil(ien); Versteinerung**
fósil característico	Leitfossil
restos fosilizados / petrificados	Versteinerung(en)
fosilizarse (z>ce)	**fossilieren; versteinern**
petrificarse (c>que)	**versteinern**
datación *f.*	**Altersbestimmung**
datación radiocarbónica / por radiocarbono	Radiokarbondatierung
era *f.*	**Ära; (Erd-)Zeitalter**
época *f.*	**Epoche**
período *m.*	**Periode**
período glacial / de las glaciaciones	Eiszeit
período jurásico – terciario – cuaternario	Jura – Tertiär – Quartär
edad *f.*	**Zeit(alter)**
la edad de(l) bronce / hierro	die Bronze- / Eisenzeit
glaciar *m.*	**Gletscher**
deshielo *m.*	**Eisgang**
agua de deshielo	Schmelzwasser
morrena *f.* / **canchal** *m.*	**(End-)Moräne**
terremoto *m.* / *LAm, Andal* **temblor** *m.*	**Erdbeben**
la **escala de Richter** / **de Mercalli**	die **Richter-** / **Mercalli-Skala**
volcán *m.* – **volcánico**	**Vulkan – vulkanisch**
volcán en erupción	Vulkan in Tätigkeit / ausgebrochener Vulkan
actividad volcánica	vulkanische Tätigkeit
erupción *f.* (volcánica) – **eruptivo**	(Vulkan-)**Ausbruch – eruptiv; vulkanisch; jähzornig**
roca eruptiva	vulkanisches Gestein
topografía *f.* – **topógrafo** / **-a**	**Topografie – Topograf(in)**

"Este fósil está extraordinariamente bien conservado."

Metales y piedras preciosas
Metalle und Schmucksteine

Que no están los contentos en el oro, sino al revés, el oro en los contentos.
(*Félix Lope de Vega y Carpio, poeta y autor dramático español, 1562–1635*)

metal *m.* precioso	Edel**metall**
metales pesados / ligeros	Schwer- / Leichtmetalle
platino *m.*	**Platin**
oro *m.* – **dorar** – **dorado** *m.*	**Gold** – **vergolden** – **Vergoldung** / **vergoldet** / **golden** (Farbe)
de oro	golden (bestehend aus Gold); aus Gold
el Dorado	Eldorado (fabelhaftes Goldland, nach dem verschiedene spanische *conquistadores* [= Eroberer] im Amazonasgebiet erfolglos suchten)
áureo – **gualdo**	**golden** *(lit)* – **golden** *(her)*
la Leyenda áurea	die goldene Legende
plata *f.* – **platear** – **plateado** *m.*	**Silber** / *Lam* **Geld** – **versilbern** – **Versilberung** / **versilbert** / **silberfarben**
de plata	silbern; aus Silber

Beachten Sie den Unterschied zwischen *de oro / plata und dorado / plateado:*
de oro / plata (= aus Gold / Silber): *un reloj de oro / plata* (= eine goldene / silberne Uhr) • *una cadena de plata* (= eine silberne Halskette) • *una medalla de oro* (= eine Goldmedaille) • *una moneda de oro* (= eine Goldmünze) • *el becerro de oro* (= das Goldene Kalb) Im übertragenen Sinn: *las bodas de plata / oro* (= silberne / goldene Hochzeit) • *la Edad de Oro* (= das goldene Zeitalter) • *el Siglo de Oro* (= 16. / 17. Jh. in der spanischen Literatur) • *una regla de oro* (= eine goldene Regel)

dorado / plateado (= vergoldet / versilbert): *un reloj dorado / plateado* (= eine vergoldete; goldgelbe / versilberte; silberfarbene Uhr) • *dorado al fuego* (= feuervergoldet) • *pelo dorado / plateado* (= goldgelbe(s) / silbergraue(s) Haare / Haar) • *patatas doradas* (= goldbraun gebackene Kartoffeln) Im übertragenen Sinn: *mi sueño dorado* (= mein Lebenstraum).

mercurio *m.*	**Quecksilber**
bronce *m.*	**Bronze**; **bronzen**
la edad de(l) bronce	die Bronzezeit
(de) hierro *m.*	**Eisen**; **(eisern)**
la edad de(l) hierro	die Eisenzeit
mineral / mena de hierro	Eisenerz
(de) cobre *m.*	**Kupfer**; **(kupfern)**
zinc *m.* – **estaño** *m.*	**Zink** – **Zinn**
plomo *m.*	**Blei**
sin plomo	bleifrei; unverbleit
aluminio *m.*	**Aluminium**

alear – **aleación** *f.*	**legieren – Legierung**
acero *m.* **(inoxidable)**	**(Edel-)Stahl**
titanio *m.*	**Titan**
latón *m.*	**Messing**

Modismos con piedras preciosas y metales
Eres una joya. (= Du bist ein Schatz.) • *Ese compacto es una joya.* (= Diese CD ist wirklich Spitze.) • *Es un diamante en bruto.* (= Er / Sie hat eine raue Schale.) • *Eso me viene de perlas.* (= Das kommt mir wie gerufen.) • *Lo guarda como oro en paño.* (= Er / Sie hütet es wie einen Goldschatz.) • *No es oro todo lo que reluce.* (= Es ist nicht alles Gold, was glänzt.) • *Como amigo vale su peso en oro.* (= Als Freund ist er Gold wert.) • *Se ha hecho de oro.* (= Er / Sie ist steinreich geworden.) • *Su familia nada en oro.* (= Seine / Ihre Familie schwimmt im Geld.) • *Su palabra es (de) oro.* (= Ein Mann, ein Wort.) • *Le prometió / ofreció el oro y el moro.* (= Er / Sie versprach ihr / ihm das Blaue vom Himmel.) • *El oro / dinero lo puede todo.* (= Geld regiert die Welt.) • *El tiempo es oro.* (= Zeit ist Geld.) • *Está limpio como los chorros del oro / como una patena.* (= Es ist rein wie ein Spiegel / blitzsauber.) • *hablar en plata* (= die Sachen beim Namen nennen) • *Eres de hierro.* (= Du bist eisern.) • *¡Quítale hierro!* (= Halb so wild!) • *Allí se bate el cobre.* (= Dort geht man energisch vor. / Es geht hoch her.) • *Es un plomo.* (= Er / Sie ist ungemein langweilig / lästig.) • *¡Anda con pies de plomo!* (= Sei behutsam / Geh vorsichtig zu Werke.) • *El sol caía a plomo.* (= Es war eine Gluthitze.)

gema *f.* – **gemología** *f.*	**Edelstein / Gemme / Schmuckstein – Gemmologie / Edelsteinkunde**
piedra *f.* **preciosa**	**Edelstein**
tallado de piedras preciosas	Schleifen von Edelsteinen
piedras falsas / de imitación	unechter Schmuck
piedras (preciosas) sintéticas	künstliche Edelsteine
piedras semipreciosas	Halbedelsteine
diamante *m.* **tallado** / **en bruto**	**geschliffener Diamant / Rohdiamant**
abrillantar / labrar / montar un diamante	einen Diamanten facettieren / schleifen / fassen
joya *f.* – **joya(s)** / **alhaja(s)** *f.*	**Juwel; Edelstein – Schmuck(stück)**
las joyas de la corona inglesa	die britischen Kronjuwelen
Tuvo / Ha tenido que vender sus joyas.	Sie musste ihren Schmuck verkaufen.
Siempre lleva joyas / alhajas caras.	Er / Sie trägt immer teuren Schmuck.
Faltaban varias joyas.	Mehrere Schmuckstücke fehlten.
joyas de fantasía	Modeschmuck
esmeralda *f.*	**Smaragd**
rubí *m.* (*pl.* -íes)	**Rubin**
zafiro *m.*	**Saphir**
ámbar *m.* – **ambarino**	**Bernstein – bernsteinfarben**
perla *f.*	**Perle**
de perlas – ¡de perlas!	sehr passend / ausgezeichnet – prima! / toll!
un collar de perlas	eine Perlenkette
perlas de cultivo / cultivadas	Zuchtperlen
(de) color perla	perlenfarbig

Divisiones geográficas
Geographische Einteilungen

La singularidad geográfica de España: Por su situación en el SO del continente entre el océano Atlántico y el mar Mediterráneo, y muy próxima a áfrica – sólo 12 km la separan de ella – España es una verdadera encrucijada, lo que ha tenido siempre gran trascendencia. (*Atlas de España El País / Aguilar*)

longitud *f.* – **latitud** *f.*	(geographische) **Länge** – **Breite**
a 5 grados de longitud este	bei 5 Grad östlicher Länge
hemisferio *m.*	**Halbkugel; Hemisphäre**
zona *f.* **horaria**	**Zeitzone**
los **trópicos**	die **Tropen**
el trópico de Cáncer	der Wendekreis des Krebses
el **Viejo** / **Nuevo** / **Tercer Mundo**	die **Alte** / **Neue** / **Dritte Welt**
el **ártico** – el **Antártico**	die **Arktis** – die **Antarktis**
(en el) **Ecuador**	(am) **Äquator**
continente *m.* – **continental**	**Kontinent** / **Erdteil** – **kontinental**
en el continente	auf dem Kontinent
subcontinente	Subkontinent
Europa *f.* – **europeo** / **-a**	**Europa** – **europäisch** / **Europäer(in)**
Europa Occidental / Central / Oriental; del Este	West- / Mittel- / Osteuropa
de (la) Europa Occidental / del Este	west- / osteuropäisch
centroeuropeo / de (la) Europa Central	mitteleuropäisch; Mitteleuropäer
América *f.* – **americano** / **-a**	**Amerika** – **amerikanisch** / **Amerikaner(in)**
los vecinos norteamericanos de Cuba	Kubas amerikanische Nachbarn
las Américas	Nord-, Süd- und Mittelamerika
Norteamérica / América del Norte	Nordamerika
Suramérica / América del Sur	Südamerika
Centroamérica / América Central	Mittelamerika
Latinoamérica / América Latina	Lateinamerika

Los puntos cardinales **(= die Himmelsrichtungen)** werden großgeschrieben: *el Norte, el Sur, el Este y el Oeste* (= der Norden, der Süden, der Osten und der Westen), auch wenn sie Teil eines Eigennamens sind: *América / Corea del Sur* (= Südamerika / -korea). In den übrigen Fällen, z.B. als Teil eines Gebietes, als Richtung oder als Adjektiv, werden sie kleingeschrieben: *el sur de Argentina* (= Südargentinien) / *Voy hacia el norte.* (= Ich fahre / gehe nach Norden.) / *Madrid norte.*

Australia *f.* – **australiano** / **-a**	**Australien** – **australisch** / **Australier(in)**
el **África** *f.* → 1.13 *el* alma *f.* – **africano** / **-a**	**Afrika** – **afrikanisch** / **Afrikaner(in)**
el África musulmana	das moslemische Afrika
el **Asia** *f.* → 1.13 *el* alma *f.* – **asiático** / **-a**	**Asien** – **asiatisch** / **Asiate** / **Asiatin**

oeste *m.* – **occidental**	**Westen / West- – westlich / West-**
el mundo occidental	die westliche Welt
poniente *m.*	**Westen**
este *m.* – **Oriente** *m.*	**Osten; Ost-**
Europa del Este – europeo del este	Osteuropa – osteuropäisch / Osteuropäer
el Oriente Próximo – el Oriente Medio	der Nahe Osten – der Mittlere Osten
el Extremo / Lejano Oriente	der Ferne Osten
los estados del Lejano Oriente	die fernöstlichen Staaten
la costa este de España	die Ostküste Spaniens

Beachten Sie den Unterschied:
Vivían en Alemania del Este. (= in der DDR vor der Wiedervereinigung von 1990) • *Viven en el este de Alemania.* (= im Osten Deutschlands) • *Suráfrica / Sudáfrica* (= Südafrika) • *el sur de África* (= das südliche Afrika)

oriental	**östlich; orientalisch; Ost-**
Europa Oriental	Osteuropa
el Mediterráneo oriental	das östliche Mittelmeer
los países orientales	die orientalischen Länder
levante *m.* – **Levante** *m.* – **levantino**	**Osten – Morgenland – aus der spanischen Ostküste**
la costa levantina	die spanische Ostküste
septentrional / del norte	**nördlich; Nord-**
norte *m.* / **septentrión** *m.*	**Norden; Nord-**
el desnivel entre Norte y Sur	das Nord-Süd-Gefälle
el Polo Norte / Sur	der Nord- / Südpol
Se han mudado / trasladado al norte.	Sie sind nach Norden gezogen.
nórdico	**nordisch**
los Países Nórdicos / Escandinavos	die skandinavischen Länder
sur *m.* / **mediodía** *m.*	**Süden; Süd-**
Cádiz está (situada) al sur de Sevilla.	Cádiz liegt südlich von Sevilla.
Nuestro dormitorio da al sur.	Unser Schlafzimmer liegt nach Süden.
El viento sopla / viene del sureste.	Der Wind weht / kommt von Südwesten.
meridional / del sur	**südlich; Süd-**
los países meridionales / del sur	die südlichen Länder
el **área** *f.* → 1.13 *el* alma *f.*	**Gebiet; Gegend**
El área del Mar Muerto es una de las zonas más tórridas del mundo.	Das Gebiet um das Tote Meer ist eine der heißesten Gegenden der Welt.
un área / una zona montañosa	eine bergige / gebirgige Gegend
superficie *f.* – **territorio** *m.*	**Fläche – Gebiet / Territorium**
España tiene una superficie total de 504.782 km².	Spanien hat eine Gesamtfläche von 504.782 km².
los territorios ocupados	die besetzten Gebiete
en territorio alemán	auf deutschem Hoheitsgebiet
fuera de las aguas **territoriales**	außerhalb der **Hoheitsgewässer**
terreno *m.*	**Gelände; Terrain**
terreno accidentado / montañoso	unebenes / bergiges Gelände

4 Mares, lagos, ríos
Meere, Seen, Flüsse

Nuestras vidas son los ríos que van a dar a la mar, que es el morir.
(Jorge Manrique, poeta español, 1440–1479)

mar *m.* / *f.* – **marino** *m.*	**die See** / **das Meer** – **See-** / **Meer-** / **Seemann**

Mar ist im Allgemeinen ein männliches Substantiv. Für Seeleute ist es aber immer weiblich und für Lyriker meistens auch.

el Mar Mediterráneo	das Mittelmeer
el Mar Báltico	die Ostsee
mar interior	Binnenmeer
alta mar – en alta mar	hohe / offene See – auf hoher See
mar arbolada / gruesa / rizada / picada	steife / grobe / aufgeraute / stürmische See
flujos / corrientes marinos / -as	(Meeres-)Strömungen
bajamar *f.* – **pleamar** *f.*	**Ebbe** – **Flut**
la **marea**	die **Gezeiten**
marea alta / baja	Ebbe – Flut
Maremágnum *m.* / **maremagno** *m.*	**Weltmeer; Unendlichkeit; Durcheinander**
marejada *f.* – **marejadilla** *f.*	**hoher Seegang** – **leichter Seegang**
el **fondo** del mar	der Meeres**boden**
océano *m.*	**Ozean; Meer**
el Océano Atlántico / Pacífico / índico	der Atlantische / Pazifische / Indische Ozean
estrecho *m.*	**Meerenge**
el Estrecho de Gibraltar	die Straße von Gibraltar
golfo *m.*	**Golf; Meerbusen**
el Golfo Pérsico	der Persische Golf
bahía *f.* – **ensenada**	**Bucht** – **kleine Bucht**
cabo *m.*	**Kap**
el Cabo de Buena Esperanza	das Kap der Guten Hoffnung
la **costa**	die **Küste**
San Sebastián está situada en la costa norte de España.	San Sebastián liegt an der Nordküste Spaniens.
a dos kilómetros de la costa	zwei Kilometer von der Küste entfernt
(en la) **playa**	(am) **Strand**
(el) lago – **laguna** *f.*	**(der) See** – **Lagune** / **kleiner See** / **Salzwasserteich**
El Lago de Constanza se alimenta de 236 arroyos y ríos.	Der Bodensee wird von 236 Bächen und Flüssen gespeist.
embalse *m.* / **pantano** *m.* – **(re)presa** *f.*	**Stausee** – **Wehr**
estanque *m.* – **vivero** *m.* (de peces)	**Teich** / **Weiher** – **Fischteich**
piscina *f.* / *CSur* **pileta** *f.* (de natación) / *Mex* **alberca** *f.*	**Schwimmbecken; Schwimmbad**

río *m.* – **arroyo** *m.* / **riachuelo** *m.*	**Fluss** – **Bach**
el Rin / Danubio / Ebro	der Rhein / die Donau / der Ebro
El río fluye por una llanura / un llano.	Der Fluss fließt durch eine Ebene.
fluvial	**Fluss-**

Ría f. sind fjordähnliche, vom Meer überflutete und den Gezeiten ausgesetzte Mündungstäler galicischer Flüsse. Nördlich bzw. südlich vom Kap Finisterre gelegene *rías* heißen *rías altas* bzw. *rías bajas.*

margen *f.*	**Fluss-** / **Seeufer**
orilla *f.* / **ribera** *f.* (del mar / de un lago / río)	**Meeres-** / **See-** / **Flussufer**
a orillas / a la orilla del río / del mar	am Fluss / Meer
a orillas del Guadalquivir	an den Ufern des Guadalquivir
en la orilla / ribera occidental del lago Titicaca	am Westufer des Titicacasees
afluente *m.*	**Nebenfluss**
El Sil es un afluente del Miño.	Der Sil ist ein Nebenfluss des Miños.
desembocadura *f.* / **estuario** *m.*	*(Fluss)* **Mündung**
la desembocadura del Guadalquivir	die Mündung des Guadalquivir
delta *m.*	**Delta**
el Delta del Ebro	das Ebrodelta
cauce *m.*	**Fahrrinne**
lecho *m.*	**(Fluss-)Bett**
canal *m.*	*(künstlicher)* **Kanal**
el Canal de Panamá / Suez	der Panama- / Suezkanal
salto *m.* **de agua**	**Wasserfall**
catarata *f.* / **cascada** *f.*	**großer** / **kleiner Wasserfall**
Fueron a las Cataratas del Iguazú de viaje de bodas.	Sie machten ihre Hochzeitsreise zu den Iguazufällen.
la **corriente**	die **Strömung**
nadar contra (la) corriente	gegen den Strom schwimmen
manantial *m.* / **fuente** *f.*	**Quelle**
fuente termal	Thermalquelle
iceberg *m.*	**Eisberg**
El Titanic chocó contra / con un iceberg y se hundió.	Die Titanic stieß auf einen Eisberg und sank.
isla *f.* – **isleño** / **-a**	**Insel** – **Inselbewohner(in)**
Las Islas Galápagos son un parque natural.	Die Galapagos-Inseln sind ein Naturschutzgebiet.
península *f.*	**Halbinsel**
la Península Ibérica	die iberische Halbinsel
puerto *m.* – **porteño** / **-a**	**Hafen(stadt)** – **aus der Hafenstadt Buenos Aires**
Bilbao y Barcelona son dos de los puertos más grandes de España.	Bilbao und Barcelona sind zwei der größten Seehäfen Spaniens.
dársena *f. sg.* / **muelle(s)** *m.*	**die Hafenanlagen**
Su marido trabaja en los muelles / el muelle / el puerto.	Ihr Mann arbeitet im Hafen.

El campo
Die Landschaft

→ 14.6 La agricultura, 15.1 Animales, 15.2 Plantas

Los árboles no dejan ver el bosque, y gracias a que así es, en efecto, el bosque existe. (*José Ortega y Gasset, filósofo y ensayista español, 1883–1955*)

campo *m.* – **campiña** *f.*	**Land(schaft)** / **Feld** / **Acker** / **Weide** – **Landschaft** / **Ländereien** / **Kulturlandschaft**
Le encanta la campiña inglesa.	Er / Sie liebt die englische Landschaft.
vivir en el campo	auf dem Land leben
paseos por el campo	Wanderungen
los agricultores que trabajan en el campo	die Bauern, die auf den Feldern arbeiten
pueblo *m.* – **aldea** *f.*	**Dorf** – **kleines Dorf**
paisaje *m.* – **paisajístico**	**Landschaft** / *(malerisch)* **Landschaftsstück** – **landschaftlich**
un paisaje montañoso / ondulado	eine hügelige / wellige Landschaft
la belleza paisajística de Asturias	die landschaftliche Schönheit von Asturien
colinas *f.* **y valles** *m.*	**Berge und Täler**
montaña *f.*	*(hoher)* **Berg**
en la(s) montaña(s)	im Gebirge
Me gusta pasar las vacaciones en la montaña / sierra.	Ich mache gern Urlaub im Gebirge.
sierra *f.*	**Gebirge; Gebirgszug**
cadena *f.* **montañosa** / **cordillera** *f.*	**Gebirgskette**
monte *m.*	**Berg; Hochwald**

Monte wird für Bergnamen verwendet: *El Aconcagua y el Teide son respectivamente los montes más altos de América y España.* (= Der Aconcagua und der Teide sind jeweils die höchsten Berge Amerikas und Spaniens.)

pico *m.* / **cumbre** *f.* / **cima** *f.*	**(Berg-)Gipfel**
los **Alpes** – los **Pirineos**	die **Alpen** – die **Pyrenäen**
cañón *m.*	**Cañon** (= enges, tiefes Tal); **Schlucht**
barranco *m.* / *esp LAm* **quebrada** *f.*	**Schlucht**
acantilado *m.*	**Felswand** (am Meer)
cueva *f.* / **caverna** *f.* / **gruta** *f.*	**Höhle; Grotte**
meseta *f.*	**Hochebene; Plateau**
llanura *f.* / **llano** *m.* / *Arg* **pampa** *f.*	**Ebene; Flachland**
prado *m.* / **pastizal** *m.*	**Wiese**
pradera *f.* / **pastizal(es)** *m.*	**Grasland; Weideland**
terreno *m.* **baldío**	**Ödland**
estepa *f.*	**Steppe**
desierto *m.* – **desértico**	**Wüste** – **wüstenartig**

el Desierto de Atacama en el norte de Chile	die Wüste Atacama im Norden von Chile
humedal *m.*	**Feuchtgebiet**
pantano *m.* / **ciénaga** *f.* / **cenagal** *m.*	**Moor; Sumpf**
páramo *m.* / **brezal** *m.*	**Heide; Bergheide; (Hoch-)Moor**
arbustos *m.* / **matas** *f.*	**Sträucher; Gebüsch**
un paraje desprovisto de árboles en el que crecen pequeños arbustos y brezos	eine baumlose Gegend, in der niedrige Sträucher und Heidekraut wachsen
matorral(es) *m.*	**Dickicht; Büsche; Gebüsch**
una **playa** de arena	ein Sand**strand**
dunas *f.* (de arena)	(Sand-)**Dünen**
bosque *m.* – **bosquecillo** *m.* – **boscoso**	*(größerer)* **Wald** – *(kleinerer)* **Wald** – **waldreich / bewaldet**
un bosque tupido / impenetrable	ein dichter Wald
regiones / zonas boscosas / cubiertas de bosques	große Waldgebiete
Caperucita se encontró con el lobo feroz en el bosque.	Rotkäppchen begegnete dem bösen Wolf im Wald.
Los árboles no (te) dejan ver el bosque.	Man sieht den Wald vor lauter Bäumen nicht.
Fuimos a dar un paseo por el bosque.	Wir gingen im Wald spazieren.
arboleda *f.*	**Wäldchen; Baumallee**
selva *f.* (virgen)	**(Ur-)Wald**
la Selva Negra	der Schwarzwald
la selva tropical	der Regenwald
jungla *f.*	**Dschungel; Urwald**
claro *m.*	**Lichtung**
tierra *f.* **inculta** / **despoblada**	**Wildnis**
tierra(s) de cultivo / labrantío / labranza	Ackerland
zonas *f.* **rurales**	**ländliche Gegenden**
jardín *m.*	**Garten**
el jardín delantero / trasero	der Garten vor / hinter dem Haus
huerto *m.*	**Obstgarten**
huerta *f.*	*(großer)* **Gemüsegarten; bewässertes Obst- und Gemüseland**
bancal *m.*	**(Garten-)Beet**

Das Wort *huerta* als Bezeichnung für eine Region weist auf ein durch Kanäle bewässertes Obst- und Gemüseland hin, dessen Ursprung der durch die Araber überlieferten Landbaukultur zuzurechnen ist:
La huerta valenciana. (= Das fruchtbare Obstland um Valencia.)

viñedo *m.* – **viña** *f.*	**Weinberg – Weinberg / Weinstock**
seto *m.*	**Hecke**
parque *m.*	**Park**
parque nacional	*(geschützter)* Nationalpark
reserva *f.* **natural**	**Naturschutzgebiet**
cinturón *m.* / **verde**	**Grüngürtel**
espacio *m.* / **zona** *f.* / **área** *f.* (→ 1.13 *el* alma *f.*) **verde**	**Grünfläche**

La agricultura
Die Welt der Landwirtschaft

→ 14.5 El campo, 15.1 Animales, 15.2 Plantas

Vale más sembrar una cosecha nueva que llorar por la que se perdió.
(Alejandro Casona, dramaturgo español, 1903–1965)

agricultura *f.* – **agrícola**	**Landwirtschaft** – **landwirtschaftlich** / **Landwirtschafts-**
productos agrícolas	landwirtschaftliche Erzeugnisse
maquinaria agrícola	Landmaschinen
agricultor(a) / **labrador(a)** / **granjero** / **-a**	**Landwirt(in)**; **Bauer** / **Bäuerin**
campesino / **-a** – **rural**	**Bauer** / **Bäuerin**; **bäuerlich** – **ländlich**; **bäuerlich**
granja *f.* / *LAm* **quinta** *f.* / *Mex* **hacienda** *f.* / **rancho** *m.*	**landwirtschaftlicher Betrieb**
granja lechera – granja avícola	Milchviehhaltung – Geflügelfarm
esp LAm **alquería** *f.* / *Esp* **granja** *f.*	**Farmhaus**; **Bauernhaus**; **Gutshaus**
peón / **obrero** / **agrícola** – **jornalero** / **-a**	**Landarbeiter(in)** – **Tagelöhner(in)**
rancho *m.* / *LAm* **hacienda** *f.* / *CSur* **estancia** *f.*	(auf Viehzucht spezialisierter landwirtschaftlicher Großbetrieb)
la **tierra** – el **suelo**	die **Erde** – der **Boden**
tierra / suelo fértil / pobre	fruchtbare / karge Böden
tierra cultivable / de cultivo / de labor	Ackerland
tierras de regadío	Bewässerungsland
huerta *f.* → 14.5 El campo	**Bewässerungsland**
campo *m.*	**Feld**; **Acker**; **Weide**; **Wiese**
un campo de barbecho	ein brachliegendes Feld; eine Brache
trabajador(a) del campo	Landarbeiter(in)
pasto(s) *m.* / **pastizal(es)** *m.*	**Weide(land)**
ganado (vacuno) pastando / paciendo en los pastizales	Rinder, die auf grünen Weiden grasen
regar (e>ie) – **riego** *m.* / **irrigación** *f.*	**bewässern** – **Bewässerung**
sistema de riego	Bewässerungssystem
aspersor *m.*	**Sprinkler**; **Rasensprenger**
transvasar – **transvase** *m.*	(Wasser) **umleiten** – **Umleitung**
el transvase Tajo – Segura.	die Umleitung vom Tajo-Fluss in den Segura
estiércol *m.*	**Mist**; **Dung**; **(natürlicher) Dünger**
abono *m.* – **fertilizante** *m.*	**Dünger**; **Düngung** – **Dünger**
fertilizante vegetal / animal	pflanzlicher / tierischer Dünger
fertilizante químico / artificial	(Kunst-)Dünger
abonar / **fertilizar** (z>ce)	**düngen**
pesticida *m.* – **insecticida** *m.*	**Pestizid** – **Insektizid**
mala hierba *f.* / *LAm* **yuyo** *m.*	**Unkraut**
herbicida *m.* / *LAm* **matayuyos** *m.*	**Unkrautbekämpfungsmittel**
cultivar	**kultivieren**; **bebauen**; **bestellen**; **anbauen**

En Navarra se cultiva mucho espárrago.	In Navarra wird viel Spargel angebaut.
cultivo *m.*	**(An-)Bau; Bodenbewirtschaftung; Feldfrucht** (= das, was angebaut wird)
métodos de cultivo	Anbaumethoden
un cultivo de cereales / hortalizas	ein Getreide- / Gemüseanbau
cultivo ecológico	ökologische(r) Anbau / Landwirtschaft
cultivo intensivo / extensivo / alterno	intensive / extensive Bodenbewirtschaftung / Wechselwirtschaft
rotación de cultivos	Fruchtfolge; Fruchtwechsel
cultivo en terrazas / bancales	Terrassenkultur
plantar – **plantación** *f.* – **planta** *f.*	**(an- / be)pflanzen** – **Pflanzung** / **Plantage** – **Pflanze**
plantar trigo / cebada / centeno en un campo	auf einem Feld Weizen / Gerste / Roggen anbauen
una plantación de café / azúcar / tabaco	eine Kaffee- / Zucker- / Tabakplantage
sembrar (e>ie) / **sementar** – **siembra** *f.*	**säen** – **Saat**
semilla *f.* / **simiente** *f.*	**Samen; Saatgut**
grano *m.*	**Korn; Getreide**
cosechar – **cosecha** *f.*	**ernten** – **Ernte**
La cosecha de(l) trigo es en junio.	Die Weizenernte ist im Juni.
mala(s) cosecha(s)	Missernte(n)
El uso de pesticidas ha aumentado el rendimiento de las cosechas.	Der Einsatz von Pestiziden hat die Ernteerträge erhöht.
crecer (c>zc)	**wachsen**
El arroz no crece aquí.	Reis gedeiht hier nicht.
cría *f.* **industrial**	**Massentierhaltung**
criar gallinas / cerdos	**Hühner** / **Schweine** züchten / aufziehen
piscifactoría *f.*	**Fischzuchtbetrieb**
ganado *m.*	**Vieh**; *LAm* **Rindvieh**; **Viehbestand; Viehbestände**
cría de ganado	Viehzucht
Muchas granjas crían ganado.	Viele Farmen betreiben Viehzucht.
ganado vacuno / porcino / ovino	Rindvieh; Rinder / Schweine / Schafe
Aquí se ceba / engorda el ganado (vacuno).	Hier werden die Rinder gemästet.
El ganado pastaba en los prados.	Auf den Wiesen weidete das Vieh.
buey *m.* – **toro** *m.* – **vaca** *f.*	**Ochse** – **Stier** / **Bulle** – **Kuh**
ordeñar una vaca	eine Kuh melken
vacas lecheras	Milchkühe
la enfermedad de las vacas locas	Rinderwahnsinn
un **rebaño** de vacas / ovejas	eine Rinder**herde** / Schaf**herde**
pastor(a)	**Schafhirte** / **-hirtin; Schäfer(in)**
cerdo / **-a** / *LAm* **chancho** / **-a**	**Schwein; Sau**
piara *f.* – **pocilga** *f.*	**Schweineherde** – **Schweinestall**
caballo *m.* – **yegua** *f.*	**Pferd** – **Stute**
caballeriza *f.*	**Pferdestall**
asno *m.* / **burro** / **-a**	**Esel(in)**

avicultor(a)	**Geflügelzüchter(in)**
gallina *f.* – **gallo** *m.* – **gallinero** *m.*	**Henne / Huhn** *(Art)* – **Hahn – Hühnerstall**
corral *m.*	**Hühner- / Geflügelhof**
gallinas de corral	frei laufende Hühner
huevos de corral	Eier von frei laufenden Hühnern
conejo *m.* – **pato** *m.*	**Kaninchen – Ente**
pienso *m.* – **forraje** *m.*	**Viehfutter – Vieh- / Pferdefutter** *(besonders Grünfutter)*
El maíz se utiliza como pienso.	Mais wird als Viehfutter verwendet.
heno *m.* – **almiar** *m.* / *Arg* **parva** *f.*	**Heu – Heuschober**
paja *f.* – **pajar** *m.*	**Stroh – Strohhalm / Scheune**
granero *m.* / **troje** *m.*	**Scheune**
establo *m.* / **cuadra** *f.*	**(Kuh-)Stall**
cobertizo *m.* / **galpón** *m.*	**(Geräte-)Schuppen**
comedero *m.* – **abrevadero** *m.*	**Futtertrog – (Vieh-)Tränke**
pesebre *m.*	*(Bibel)* **Futterkrippe**
invernadero *m.*	**Gewächshaus**
silo *m.* – **ensilado** *m.* / **ensilaje** *m.*	**Silo – Silage**
segar (e>ie; g>gue) – **segador(a)**	**mähen – Mäher(in)**
arar – **arado** *m.*	**(be)ackern / pflügen – Pflug**
tractor *m.*	**Traktor**
trillar – **trilla** *f.* – **trillador(a)**	**dreschen – (das) Dreschen – Drescher(in)**
(máquina) **segadora** *f.* / **trilladora** *f.*	**Mäh- / Dreschermaschine**
cosechadora *f.* / **segadora-trilladora** *f.*	**Mähdrescher**
técnica *f.* **genética**	**(die) Gentechnik**
(alimentos *m. pl.***) transgenicos**	**„Transgenics“**
clonar una oveja	ein Schaf **klonen**

Modismos "agrícolas"

Quien bien siembra, bien recoge. (= Wie die Saat, so die Ernte.) • *Quien siembra vientos, recoge tempestades.* (= Wer Wind sät, wird Sturm ernten.) • *De pronto se plantó en Santiago.* (= Auf einmal tauchte er in Santiago auf.) • *Me dejó allí plantado.* (= Er ließ mich dort stehen.) • *Me planto ahí en menos que canta un gallo.* (= Im Nu / Schnell wie ein Augenblick bin ich da.) • *¡Al grano!* (= Zur Sache!) • *Me importa un rábano / pimiento / bledo / comino.* (= Das ist mir Wurst.) • *Eso no vale un rábano / pimiento.* (= Das ist keinen Pfifferling wert.) • *Mala hierba nunca muere.* (= Unkraut vergeht nicht.) • *No te hagas pajas mentales.* (= Zerbrich dir nicht den Kopf.) • *Es como buscar una aguja en un pajar.* (= Es ist, wie wenn man eine Stecknadel im Heuhaufen sucht.) • *Tienes que coger / tomar el toro por los cuernos.* (= Du musst den Stier bei den Hörnern packen.) • *Ha llegado hecho un toro.* (= Er ist wütend angekommen.) • *Siempre miro los toros desde la barrera.* (= Ich sehe der Gefahr immer vom sicheren Ort aus zu.) • *Ahora vienen las vacas flacas / gordas.* (= Jetzt kommen die mageren / fetten Jahre.) • *A caballo regalado, no se le mira el diente.* (= Einem geschenkten Gaul schaut man nicht ins Maul.) • *Me han dado gato por liebre.* (= etwa: Man hat mich beim Kauf betrogen.) • *Soy la oveja negra de la familia.* (= Ich bin das schwarze Schaf der Familie.)

La ciudad
Die Stadt

→ 5.1 Pisos y casas, 6.1 Comunidades, 7.1 Escasez de viviendas, 19.6 Tráfico

A mí se me hace cuento que empezó Buenos Aires: la juzgo tan eterna como el agua y el aire. (*José Luis Borges, escritor argentino, 1899–1986*)

población *f.*	**Bevölkerung; Ort(schaft); Dorf; Stadt; Einwohnerschaft;** *Chi* **Elendsviertel**
ciudad *f.* – **urbe** *f.* – **urbanita** *m. / f.*	**(größere) Stadt – Großstadt; Welt stadt – Stadtmensch**
en la ciudad – a la ciudad	in der Stadt – in die Stadt
Ciudad de México	Mexiko-Stadt
la ciudad y sus habitantes	die Stadt und ihre Bewohner
ir / viajar a la ciudad	in die Stadt fahren
estar en la ciudad / fuera de la ciudad	gerade in / aus der Stadt sein
una ciudad de provincia(s)	eine Provinzstadt; eine Stadt in der Provinz
una ciudad industrial	eine Industriestadt
ciudad satélite / dormitorio	Trabantenstadt; Schlafstadt
mi ciudad natal	meine Geburtsstadt
el centro urbano / de la ciudad	das Stadtzentrum
dentro de los límites de la ciudad	innerhalb der Stadtgrenze
a 10 kilómetros de los límites de la ciudad	10 Kilometer jenseits der Stadtgrenze
(el) plano de la ciudad	(der) Stadtplan

Ciudades jardín sind auf dem Reißbrett (= *tablero de dibujo*) entworfene, von Grüngürteln (= *cinturones verdes*) umgebene und von Grünflächen (= *espacios / zonas / áreas verdes*) durchsetzte Gartenstädte.

capital *f.*	**Hauptstadt**
villa *f.*	**(Klein-)Stadt; Städtchen**

Als Gegensatz zu *ciudad* bezeichnet *villa* in der Regel eine kleinere Stadt (*una pequeña villa* = eine Kleinstadt). Ursprünglich war *una villa* eine Besiedlung, die aufgrund ihrer Größe oder Wichtigkeit Sonderrechte und bestimmte Privilegien gegenüber *pueblos* und anderen kleineren oder nicht so bedeutenden Siedlungen hatte. Die *ciudad* besaß noch mehr Privilegien im Vergleich zu *villas*. Die Bezeichnungen stammen aus der Zeit der *Reconquista* f. (= Wiedereroberung, 8. bis 15. Jahrhundert) und der entsprechen den Wiederbevölkerung von verwüsteten Gebieten. Frühere Städte sind heute Kleinstädte und im Gegensatz dazu sind manche *villas* Großstädte geworden. So ist *Madrid*, das eine maurische Festung war und erst 1083 in die Hände der Christen gelangte, zuerst *una villa* gewesen, die sich zum Hof (1561) entwickelte und heute als Weltstadt zählt. Die Bezeichnungen *la Villa y Corte / la Villa del oso y el madroño* stehen für Madrid.

metrópoli(s) *f.* – **metropolitano** — **Metropole – haupt- / weltstädtisch**
Valencia es la tercera metrópoli más grande de España. — Valencia ist die drittgrößte Metropole Spaniens.
el área metropolitana de Caracas — der Großraum von Caracas
municipio *m.* — **Gemeinde; Stadtrat; Gemeinderat**
municipio / municipalidad — Stadtgemeinde
urbano / **municipal** — **städtisch; Stadt-**

„Städtisch" im Sinn von zu bestimmten Städten gehörend = *municipal*; im Sinn von mit Städten allgemein zusammenhängend = *urbano: los parques / hospitales / teatros municipales* (= die städtischen Parks / Krankenhäuser / Theater) • *el gobierno municipal* / LAm *la municipalidad* (= die Stadtregierung / -verwaltung) • *elecciones* f. pl. *municipales* (= Kommunalwahlen) • *vida* f. *urbana* (= das Leben in der Stadt) • *población* f. *urbana* (= die Stadtbevölkerung) • *ordenación* f. *urbana* (= Stadtplanung) • *desarrollo* m. *urbano* (= Stadtentwicklung) • *renovación* f. *urbana* (= Stadterneuerung) • *centro* m. *urbano* (= Stadtzentrum) • *casco* m. *urbano* (= Innenstadt)

ayuntamiento *m.* / *LAm* **concejo** *m.* **municipal** / *LAm* **municipalidad** *f.* — **Rathaus; Stadtrat; Stadtverwaltung**
ciudadano / **-a** — **Städter(in); Bürger(in)**
ciudadano del mundo — Weltbürger
centro *m.* (de la ciudad) – **barrio** *m.* — **Innenstadt – Stadtviertel**
los centros de las ciudades — die Innenstädte
el centro de Barcelona — die Innenstadt von Barcelona
¿Vas al centro? — Fährst / Gehst du in die (Innen-) Stadt?
un mapa del centro de Bogotá — eine Karte / ein Plan der Innenstadt Bogotas
en la zona centro — im Innenstadtbereich
barrios bajos — Slums
barrio chino — Rotlichtviertel
barriobajero / **-a** — **Slum- / Gettobewohner(in); grob; ordinär**
barriada *f.* — **Teil eines Viertels; Stadtviertel; Elendsviertel**
barriada de chabolas — Elendsviertel
zona *f.* / **barrio** *m.* **residencial** — **gehobenes Wohnviertel**
una zona / un área urbana deprimida — eine heruntergekommene Gegend
distrito *m.* — *(Verwaltung)* **Stadtteil**; *LAm* **Stadtgebiet** / **-bezirk**
urbanización *f.* — **Siedlung**
los **suburbios** — die **armen Vororte**
en las **afueras** / los **alrededores** de Lima — am **Stadtrand** von Lima
establecerse / asentarse en la **periferia** — sich an der **Peripherie** ansiedeln
un autobús **periférico** — ein **Stadtrand-** / **Vorstadt**bus
cercanías *f. pl.* — **Vorstadt; Umgebung**
tren de cercanías — Nahverkehrszug
avenida *f.* – **plaza** *f.* – **paseo** *m.* — **Allee – Platz – Promenade**
paseo marítimo — Seepromenade

Unterschied zwischen *calle* und *carretera*
Calles sind in der Stadt zwischen Häusern. Sie haben Bürgersteige (= *aceras* f.), Geschäfte usw.: *Vivimos en la calle Santiago.* Der deutschen Hauptstraße entspricht *calle mayor / principal: la tienda de discos de la calle Mayor.* *Carreteras* sind Landstraßen: *la carretera a / de Andalucía* (= die Straße nach Andalusien). Viele *carreteras*, die sich ursprünglich zwischen Orten befanden, sind heute durch das Wachsen der Städte mitten in der Stadt.

callejuela *f.* / **callejón** *m.*	**Gasse**
callejón sin salida	Sackgasse
servicios *m.*	**Einrichtungen**
servicios públicos	öffentliche Einrichtungen; (auch) öffentliche Toiletten
servicios de educación / investigación	Bildungs- / Forschungseinrichtungen
servicios culturales / médicos	kulturelle / medizinische Einrichtungen
demoler (o>ue) edificios antiguos	alte Häuser / Altbauten **abreißen**
mejorar las **condiciones de vida** en las ciudades	die **Lebensbedingungen** in den Städten verbessern
residir – **residente** *m.* / *f.*	**wohnen** – **wohnhaft** / **Ansässige(r)**
vecino / **-a**	**Bewohner(in); Einwohner(in)**
vecindario *m.*	**Einwohnerschaft**

"En realidad no vivo exactamente en el centro."

El medio ambiente
Die Umwelt

El respeto por el mundo natural fue lo que hizo que escogiera biológicas. Y luego el análisis de la realidad y de cómo iba el mundo me hizo interesarme en el ecologismo. (*Helena Fusté, bióloga y presidenta de Greenpeace España entre 1996 y 2001, nacida en 1951*)

medio *m.* **ambiente** – **entorno** *m.*	**Umwelt** – **Umwelt; Umgebung**
degradación del entorno	Umweltzerstörung
Usted también puede ayudar / contribuir a proteger el medio ambiente.	Auch Sie können zum Umweltschutz beitragen.
medioambiental – **ecológico**	**Umwelt- / umweltfreundlich** – **ökologisch**
polución / protección medioambiental	Umweltverschmutzung / -schutz
problemas / desastres medioambientales / ecológicos	Umweltprobleme / -katastrophen
conciencia ecológica	Umweltbewusstsein
organizaciones ecologistas como Greenpeace	Umweltorganisationen wie etwa Greenpeace
ecología *f.*	**Ökologie**
ecologismo *m.* – **ecologista** *m. / f.*	**Umweltschutz** – **Umweltschützer(in);** *(Politik)* **Grüne(r)**
diversidad *f.* **biológica**	**Artenvielfalt**
verde *m. / f.*	**grün; zu einer grünen Partei gehörig**
La importancia de los verdes como opción política ha aumentado.	Die Bedeutung der Grünen als politische Option hat zugenommen.
bosque *m.* – **selva** *f.*	**Wald** – **Ur- / Regenwald**
Las selvas están siendo destruidas.	Tropenwälder werden vernichtet.
deforestación *f.*	**Entwaldung**
desierto *m.* – **desértico**	**Wüste** – **wüstenartig**
Los desiertos aumentan / crecen.	Die Wüsten breiten sich aus.
capa *f.* **de ozono** – **agujero** *m.* **de ozono**	**Ozonschicht** – **Ozonloch**
Los clorofluorocarbonos (CFC) destruyen la capa de ozono.	FCKW zerstören die Ozonschicht.
el **efecto invernadero**	der **Treibhauseffekt**
energía *f.* **solar** / **nuclear** / **atómica**	**Sonnen- / Kern- / Atomenergie**
contaminación *f.* / **polución** *f.*	**Verschmutzung**
la contaminación del aire / agua / suelo	Luft- / Wasser- / Bodenverschmutzung
contaminación radioactiva	radioaktive Verseuchung; Strahlenverseuchung
contaminación acústica	Lärmbelästigung; Lärmbelastung
contaminante – **no contaminante**	**verseuchend / umweltschädlich** – **umweltfreundlich**
sustancias / agentes contaminantes	Schadstoffe
basura *f.* – **desperdicios** *m. pl.* / **residuos** *m. pl.*	**Müll** – **Abfälle**
recogida de basura(s)	Müllabfuhr
basura doméstica – bolsa de (la) basura	Hausmüll – Müllbeutel

residuos industriales	Gewerbeabfälle
residuos peligrosos / tóxicos / nucleares	Sonder- / Gift- / Atommüll
residuos *m. pl.* sólidos (urbanos)	feste Rückstände; Abfall; Müll
evacuación / destrucción de la basura	Abfallbeseitigung / -entsorgung
incineración de basuras / residuos	Müllverbrennung
La basura se quema a temperaturas altísimas.	Müll wird bei sehr hohen Temperaturen verbrannt.
vertedero *m.* (de basuras) / **basurero** *m.*	**Mülldeponie; Müllkippe**
Está empezando a escasear el espacio para vertederos.	Der Platz für Müllkippen wird knapp.
verter (– vierto – vertí, virtió – vertido) – **vertido** *m.*	**abladen** / **abkippen** – **(das) Abladen**
el vertido de residuos radioactivos en el mar / océano	die Versenkung / Verklappung von radioaktivem Müll im Ozean / Meer
biodegradable *m. / f.*	**biologisch abbaubar**
una **marea negra**	eine **Ölpest**; **ausgelaufenes Öl**
exceso *m.* **de abono**	**Überdüngung**
dióxido *m.* / **bióxido** *m.* **de carbono**	**Kohlendioxid**
Tenemos que reducir las emisiones de dióxido de carbono.	Wir müssen den Kohlendioxidausstoß verringern.
cambios *m.* **climáticos**	**Klimaveränderungen**
el **recalentamiento** de la Tierra	die **Erderwärmung**
Los vapores / gases de escape contribuyen al recalentamiento de la Tierra.	Auspuffgase tragen zur Erwärmung der Erdatmosphäre bei.
lluvia *f.* **ácida**	**saurer Regen**
desarrollo *m.* **sostenido**	**nachhaltige Entwicklung**
recursos *m.* **naturales**	**natürliche Ressourcen**
una **especie en peligro de extinción**	eine **vom Aussterben bedrohte Art**
la protección de las especies (en peligro de extinción)	der Artenschutz
hidrocarburos *m. pl.* / **recursos** *m. pl.* **energéticos**	**fossile Brennstoffe** / **Energieträger**
reciclar – **reciclado** *m.* / **reciclaje** *m.*	**wieder verwerten** / **verarbeiten; recyceln** – **Wiederverwertung** / **Recycling**
Muchos desperdicios se pueden reciclar.	Viele Abfallstoffe lassen sich wieder verwerten.
El reciclado reduce el derroche de materias primas.	Recycling bremst die Verschwendung von Rohstoffen.
papel reciclado	Recyclingpapier
contenedor *m.*	**Tonne**; (genormter) **Container**
contenedor de vidrio(s) / plástico(s) / papel	Glas- / Plastik- / Altpapiercontainer
gasolina *f.* **sin plomo**	**bleifreies Benzin**
botella(s) *f.* **retornable(s)**	**Mehrwegflasche(n)**
botellas no retornables	Einwegflaschen
envase(s) *m.* / **embalaje** *m.*	**Verpackung(smaterial)**
Las empresas están obligadas a recoger los envases.	Die Firmen sind zur Rücknahme der Verpackungen verpflichtet.

Tiempo y clima
Wetter und Klima

Un rayo de sol me trajo tu amor. (*Fórmula V, grupo pop español de los años 60–70*)

tiempo *m.* **(meteorológico)**	**Wetter**
¿Cómo está el tiempo hoy?	Wie ist denn das Wetter heute?
Hace buen / mal tiempo.	Es ist schönes / schlechtes Wetter.

Para expresar el tiempo que hace se utilizan las expresiones ***hace*** *y* ***hay****:*
Hoy hace calor / mucho calor / bochorno / (mucho) frío / fresco / templado / bueno / malo / un tiempo agradable. (= Heute ist es warm / heiß / schwül / (sehr) kalt / frisch / mild / gut / schlecht / angenehm.)
Hoy hace mejor (tiempo). (= Heute ist es besser geworden.)
Hace / Hay viento / sol / niebla. (= Es ist windig / sonnig / neb(e)lig.)

un tiempo horrible	ein furchtbares Wetter
si el tiempo lo permite	wenn die Witterung es zulässt
en un **día** maravilloso / despejado	an einem wolkenlosen **Tag**
Esperemos que salga el **sol**.	Hoffentlich kommt die **Sonne** raus.
Tuvimos mucho sol.	Wir hatten viel Sonne.
intervalos *m.* **soleados**	**sonnige Abschnitte; Aufheiterungen**
cielo *m.* **cubierto** / **despejado**	**bedeckter** / **wolkenloser Himmel**
rayo *m.* **de sol**	**Sonnenschein**
cálido (*clima*) / **caluroso** (*día / tiempo*) / **caliente** (*aire / agua*)	**heiß**
un golpe de aire caliente y húmedo / frío y húmedo	ein feuchtwarmer / feuchtkalter Luftstrom
realmente caluroso para la época del año	recht warm für die Jahreszeit
frío *m.*	**Kälte; kalt**
un día frío	ein kalter / unfreundlicher Tag
un **frente** frío / caliente	eine Kalt**luft-** / Warm**luftfront**
Hoy hace un frío que pela / corta.	Es ist heute eine schneidende Kälte.
calor *m.*	**Hitze**
una ola de calor	eine Hitzewelle
Parece que empieza a hacer más calor.	Es scheint wärmer zu werden.
templado	**mild; lauwarm**
humedad *f.* – **sequía** *f.*	**(Luft-)Feuchtigkeit** – **Trockenheit** / **Dürre**
seco – **húmedo**	**trocken** – **feucht** / **nass**
bochorno *m.* – **bochornoso**	**Schwüle** – **schwül** / **drückend heiß; beschämend** / **peinlich**
Hoy hace más bien bochorno.	Es ist heute ziemlich drückend.
refrescar (c>que) – **fresco** *m.*	**kühl werden** / **abkühlen** – **Kühle** / **kühl** / **frisch**
Ha refrescado.	Es ist kühler geworden.
Las tardes son agradablemente frescas.	Die Abende sind angenehm kühl.

Hoy hace fresco de verdad.	Es ist heute recht kühl / frisch.
La mañana está bien fresca hoy.	Es ist heute Morgen recht frisch.
helar (e>ie)	**frieren**
Parece que va a helar.	Es gibt wahrscheinlich Frost.
Hace un frío que hiela.	Es ist eiskalt.
por debajo / encima del **punto** *m.* **de congelación**	unter / über dem **Gefrierpunkt**
helada *f.* – **escarcha** *f.*	**Frost** – **Raureif**
Está cayendo una helada.	Es friert.
cubierto de escarcha	von Raureif bedeckt
un invierno **suave** / **duro**	ein **milder** / **strenger** Winter
el **Instituto de Meteorología**	das **Wetteramt**
el **mapa meteorológico**	die **Wetterkarte**
boletín *m.* / **parte** *m.* **meteorológico**	**Wetterbericht**
el **pronóstico del tiempo** (para mañana)	**die Wettervorhersage** (für morgen)
la **predicción** para mañana	die **Vorhersage** für morgen
termómetro *m.*	**Thermometer**
temperaturas *f.* medias	Durchschnitts**temperaturen**
sobre / bajo **cero**	über / unter **null**
temperaturas bajo cero / inferiores a cero grados	Temperaturen unter null
escala *f.* **Celsius** / **Fahrenheit**	**Celsius- / Fahrenheit-Gradeinteilung**
nublar(se) – **nube** *f.*	**sich bewölken** – **Wolke**
un cielo sin nubes	ein wolkenloser Himmel
Se ha nublado el día.	Der Himmel hat sich bewölkt.
nubosidad *f.*	**Bewölkung; Wolkenbildung**
nuboso / **nublado** / **encapotado** / **cubierto**	**bewölkt** / **wolkig** / **bedeckt**
Hoy (el día / el cielo) está muy nuboso.	Heute ist es sehr bewölkt.
El tiempo seguirá nublado.	Es wird bewölkt bleiben.
El cielo está encapotado.	Der Himmel ist bedeckt.
sereno	**heiter; wolkenlos**
primero **gris** y **lluvioso**, luego se irá aclarando	zunächst **trübe** und **regnerisch**, später aufheiternd
gota *f.*	**(Regen)Tropfen**
la gota fría	starke Regenfälle (im Herbst) an der Ostküste Spaniens, die zu heftigen Überschwemmungen führen
Sólo caerán un par de / cuatro gotas.	Es wird nur ein paar Tropfen regnen.
llover (o>ue) – **lluvia** *f.*	**regnen** – **Regen**
Probablemente lloverá.	Es wird wohl Regen geben / regnen.
lluvia ligera / torrencial	leichter / wolkenbruchartiger Regen
Llueve a cántaros / a chorros / a mares / a chuzos.	Es gießt in Strömen.
Llovía fuertemente / con fuerza.	Es regnete stark.
tiempo **lluvioso**	**regnerisches** Wetter; **Regen**wetter
un día lluvioso	ein verregneter Tag; ein Regentag

un **chaparrón** / **aguacero** / *LAm* **chubasco**	ein **(Regen-)Guss**; ein **Wolkenbruch**
chubascos *m.* aislados	(vereinzelte) **Regenschauer**
lloviznar	**nieseln**
llovizna *f.* / *LAm* **garúa** *f.*	**Nieselregen; Sprühregen**
nevar (e>ie) – **nieve** *f.*	**schneien – Schnee**
precipitación *f.*	**Niederschlag**
granizar (z>ce) – **granizo** *m.*	**hageln – Hagel**
niebla *f.* – **neblinoso**	**Nebel – neb(e)lig**
calina *f.* / **bruma** *f.* / **neblina** *f.*	**Dunst**
calinoso / **brumoso**	**diesig**
esmog *m.*	**Smog**
rocío *m.*	**Tau**
una **brisa** suave / fresca	eine leichte / frische **Brise**
viento *m.* – **ventoso**	**Wind – windig**
viento sur / del Este	Fön; Süd- / Ostwind
viento norte / del Oeste	Nörd- / Westwind
solano *m.* / **levante** *m.* – **poniente** *m.*	**Ostwind – Westwind**
mistral *m.* – **tramontana** *f.*	**Nordwestwind** *(am Mittelmeer)* – **Nordwind** *(am Mittelmeer)*
gregal *m.* – **garbino** *m.*	**Nordost- / Südwestwind**
cierzo *m.*	**Nord(ost)wind** im Ebro-Tal
terral *m.* – **marero** *m.*	(Winde, die jeweils vom Land zum Mittelmeer und umgekehrt wehen)
galerna *f.*	(steifer Nordwestwind an der nordspanischen Küste)
vendaval *m.*	**stürmischer Südwestwind**
tormenta *f.* / **tempestad** *f.*	**Unwetter; Gewitter; Sturm**
aviso de tormenta	Sturm(warnung)
temporal *m.*	**(See-)Sturm**
borrasca *f.*	**Gewitter**
un **rayo**	ein **(einschlagender) Blitz**; ein **Donnerschlag**
Cayó un rayo.	Der Blitz schlug ein.
trueno *m.* – **relámpago** *m.*	**Donner – Blitz / Wetterleuchten**
tronar (o>ue) – **relampaguear**	**donnern – blitzen**
Tronaba y relampagueaba.	Es donnerte und blitzte.
clima *m.*	**Klima**
un clima templado	ein gemäßigtes Klima
clima marítimo / oceánico	See- / Meeresklima
clima continental	Kontinental- / Land- / Binnenklima
clima tropical	tropisches Klima
Un cambio de clima le sentaría bien.	Ein Klimawechsel würde Ihnen / ihm / ihr gut tun.
climático	**klimatisch; Klima-**
el cambio climático	die globale / weltweite Klimaveränderung

Catástrofes naturales

Naturkatastrophen

Habemos de esperar buenos sucesos, mas no tener confianza dellos; porque la Fortuna es varia y no se deja regir por razón ni por fuerza. (*Joaquín Setanti, escritor moralista español, nacido en 1550*)

las víctimas de **catástrofes** *f.* / **desastres** *m.* **naturales**	die Opfer von **Naturkatastrophen**
cataclismo *m.*	**Naturkatastrophe; Erdumwälzung**
catastrófico	**katastrophal; verheerend; von einer Katastrophe heimgesucht**
la región fue / ha sido declarada zona catastrófica.	Die Gegend wurde zum Katastrophengebiet erklärt.
zona **catastrófica**	**Katastrophen**gebiet
siniestro *m.* **(natural)**	**(Natur)Katastrophe**
seísmo *m.* – **sismología** *f.*	**Erdbeben – Erdbebenkunde**
terremoto *m.* / *LAm, Andal* **temblor** *m.* (de tierra)	**Erdbeben**
un terremoto ligero / fuerte	ein kleineres / größeres Erdbeben
El terromoto provocó un corrimiento de tierras.	Das Erdbeben verursachte einen Erdrutsch.
LAm **remezón** *m.*	**kleineres Erdbeben**
epicentro *m.*	**Epizentrum**
volcán *m.* – **cráter** *m.* (del volcán)	**Vulkan – Vulkankrater**
una **erupción** violenta del Vesubio	ein gewaltiger **Ausbruch** des Vesuvs
lava *f.*	**Lava**
La ciudad quedó enterrada por una gruesa capa de lava y cenizas.	Die Stadt wurde unter einer dicken Lava- und Ascheschicht begraben.
alud *m.* / **avalancha** *f.*	**Lawine**
torbellino *m.* / **ciclón** *m.*	**Wirbelwind; Wirbelsturm**
un violento ciclón	ein heftiger Wirbelsturm
tornado *m.*	**Tornado; Wirbelsturm**
huracán *m.*	**Hurrikan; Orkan**
El huracán se llevó 500 vidas.	Der Hurrikan forderte 500 Todesopfer.
tifón *m.*	**Taifun**
El tifón dejó 300 víctimas mortales.	Dem Taifun fielen 300 Menschen zum Opfer.
inundar – **inundación** *f.*	**überfluten / überschwemmen Flut / Überschwemmung**
Una zona extensa resultó / quedó inundada.	Ein großes Gebiet wurde überflutet / überschwemmt.
El río inundó una enorme área / superficie.	Der Fluss überflutete ein riesiges Gebiet.
aviso de inundación	Hochwasser- / Flutwarnung
protección contra las inundaciones	Hochwasserschutz
zonas amenazadas de inundación	hochwassergefährdete Gebiete
crecida *f.*	**Hochwasser; Überschwemmung**
el diluvio (universal)	**die Sintflut**
maremoto *m.*	**Flutwelle**

Cientos de personas **se ahogaron**.	Hunderte von Menschen **ertranken**.
sequía *f.*	**Dürre(periode)**
un período de sequía devastadora	eine verheerende Dürreperiode
incendio *m.*	**Feuer; Brand**
un incendio devastador	eine Brandkatastrophe
Los incendios son ocasionados a menudo por un rayo.	Waldbrände werden oft durch Blitzschlag verursacht.
incendio provocado / intencionado	Brandstiftung
peligro de incendio	Brandgefahr
(plaga *f.* **de) langosta** *f.*	**Heuschrecke(nplage)**
hambruna *f.*	**Hungersnot; Hungerkatastrophe**
Hubo / Ha habido miles de **muertos de hambre**.	Tausende **verhungerten**.
devastar – devastador	**verwüsten – verheerend**
La ciudad quedó devastada por un terremoto.	Die Stadt wurde durch ein Erdbeben verwüstet.
La ciudad sufrió un terremoto devastador.	Die Stadt wurde von einem verheerenden Erdbeben heimgesucht.
causar grandes **destrozos** *m.*	große **Verwüstungen** anrichten
los **efectos secundarios** de la catástrofe	die **Nachwirkungen** der Katastrophe
La ciudad X fue con 34 **víctimas mortales** la más afectada.	Die Stadt X war mit 34 **Todesopfern** am stärksten betroffen.
los **afectados**	die **Betroffenen**
El **número de muertos** ha aumentado a 68.	Die **Zahl der Todesopfer** hat sich auf 68 erhöht.
Se estima que 600 personas **perdieron la vida**.	Man nimmt an, dass 600 Menschen **ums Leben gekommen sind**.
Según las estimaciones las **víctimas** ascienden a 15.	Den Schätzungen zufolge gab es 15 **Todesopfer**.
equipo *m.* **de rescate**	**Rettungsmannschaft; Bergungskommando**
Continúan las labores de rescate.	Die Bergungsarbeiten dauern noch an.
Sobrevivieron / **Han sobrevivido ilesos** / **indemnes** a la catástrofe.	Sie **überlebten** die Katastrophe **unversehrt**.
Los **daños materiales** se cifran en dos millones de euros.	Der **Sachschaden** wird auf zwei Millionen Euro geschätzt.
la Cruz Roja – la Media Luna Roja	**das Rote Kreuz – der Rote Halbmond**

"¡Qué maravilla sentir el suave rumor de las olas!"

Animales y organismos vivos
Lebewesen

1 Animales
Tiere

2 Plantas
Pflanzen

3 Formas de vida más sencillas
Einfachere Lebensformen

Animales
Tiere

→ 3.1 Comida, 14.6 La vida en la granja

Cuando mi perro me mira con cariño, leo en sus ojos la tristeza de la futura humanidad. (*Amado Nervo, poeta mejicano, 1870–1919*)

animal *m.*	**Tier**
animales mansos / salvajes	zahme / wilde Tiere
animales domésticos	Haustiere
animales de laboratorio	Versuchstiere
crueldad con los animales	Tierquälerei
sociedad protectora de animales	Tierschutzverein
protección de animales	Tierschutz
defensores de los animales	Tierschützer
el reino animal	das Tierreich
bestia *f.*	**Tier; Bestie; Vieh**
el hombre y la bestia	der Mann und die Bestie
bestia de carga	Lasttier
mamífero *m.*	**Säugetier**
piel *f.*	**Fell; Leder**
Muchos animales son cazados por su piel.	Viele Tiere werden wegen ihres Fells gejagt.
cachorro / **-a**	**Welpe; Jungtier**
cría *f.*	**Wurf; Jungtier**
perro / **-a**	**Hund** / **Hündin**
perro de caza – perro guardián	Jagdhund – Wachhund
perro de raza	Rassehund
perro de pelea	Kampfhund
perro amaestrado	dressierter Hund
perro callejero	Straßenköter
jauría *f.*	**Meute**
pastor *m.* **alemán**	**deutscher Schäferhund**
chucho *m.*	**Bastard; Promenadenmischung**
gato / **-a**	**Kater** / **Katze**
asno / **-a** / **burro** / **-a**	**Esel(in)**
Me he comportado como un burro.	Ich habe mich wie ein Esel verhalten.
mulo / **-a**	**Maulesel(in)**
Trabaja como un mulo.	Er arbeitet wir ein Tier.
caza *f.* (mayor / menor)	(Groß- / Nieder-)**Wild; Jagd**
coto de caza	Jagdrevier
reserva *f.*	**Wildreservat**
conejo / **-a**	**Kaninchen**
conejillo de Indias / *LAm* cobaya	**Meerschweinchen**
liebre *f.*	**Hase**
ciervo / **-a**	**Hirsch** / **Hirschkuh**
venado *m.*	**Reh**
corzo *m.*	**Rehbock**
jabalí *m.*	**Wildschwein**

zorro / **-a**	**Fuchs** / **Füchsin**
lobo / **-a**	**Wolf** / **Wölfin**
lince *m.*	**Luchs**
chacal *m.*	**Schakal**
león(a)	**Löwe** / **Löwin**
tigre / **tigresa**	**Tiger(in)**
leopardo *m.*	**Leopard**
pantera *f.*	**Panther**
oso / **-a**	**Bär(in)**
oso pardo / polar	Braun- / Eisbär
antropoide *m.*	**Menschenaffe**
mono / **-a**	**Affe** / **Äffin**
El hombre desciende del mono.	Der Mensch stammt vom Affen ab.
chimpancé *m.*	**Schimpanse**
orangután *m.* – **gorila** *m.*	**Orang-Utan** – **Gorilla**
elefante *m.*	**Elefant**
cebra *f.*	**Zebra**
hipopótamo *m.*	**Nilpferd**
rinoceronte *m.*	**Nashorn**
llama *f.*	**Lama**
jirafa *f.*	**Giraffe**
canguro *m.*	**Känguru**
camello *m.*	**Kamel**
dromedario *m.*	**Dromedar**
ratón *m.*	**Maus**
rata *f.*	**Ratte**
hámster *m.*	**Hamster**
ardilla *f.*	**Eichhörnchen**
castor *m.*	**Biberratte**
comadreja *f.*	**Wiesel**
marmota *f.*	**Murmeltier**
topo *m.*	**Maulwurf**
erizo *m.*	**Igel**
El erizo tiene púas.	Der Igel hat Stacheln.
el **ave** *f. (nombre genérico)* → 1.13 *el* alma *f.*	**Vogel**; **Geflügel**
aves migratorias	Zugvögel
aves cantoras	Singvögel
aves rapaces	Raubvögel
pájaro *m.*	**Vogel**
pájaro carpintero	Specht
Más vale pájaro en mano que ciento volando.	Der Spatz in der Hand ist besser als die Taube auf dem Dach.
pluma *f.*	**Feder**
Los búhos tienen patas fuertes, garras afiladas y plumas suaves.	Eulen haben kräftige Beine, scharfe Krallen und weiche Federn.
nido *m.*	**Nest**
gorrión *m.*	**Sperling**; **Spatz**
herrerillo *m.*	**Meise**
golondrina *f.*	**Schwalbe**
zorzal *m.*	**Drossel**

canario *m.*	**Kanarienvogel**
jilguero *m.*	**Stieglitz**
ruiseñor *m.*	**Nachtigall**
Cantas como un ruiseñor.	Du singst sehr gut.
mirlo *m.*	**Amsel**
alondra *f.*	**Lerche**
corneja *f.*	**Krähe**
cuervo *m.*	**Rabe**
búho *m.*	**Eule**
lechuza *f.*	**Schleiereule**
halcón *m.*	**Wanderfalke**
el **águila** *f.* → 1.13 *el* alma *f.*	**Adler**
gavilán *m.*	**Sperber**
paloma *f.*	**Taube**
tórtola *f.*	**Turteltaube**
codorniz *f.*	**Wachtel**
perdiz *f.*	**Rebhuhn**
vencejo *m.*	**Mauersegler**
pato / **-a**	**Enterich / Ente**
ganso / **-a**	**Gänserich / Gans**
cisne *m.*	**Schwan**
gaviota *f.*	**Möwe**
cigüeña *f.*	**Storch**
avestruz *m.*	**Strauß**
esconder la cabeza como un avestruz	den Kopf in den Sand stecken
papagayo *m.*	**Papagei**
loro *m.*	**grüner Papagei**
cacatúa *f.*	**Kakadu**
periquito *m.*	**Wellensittich**
pelicano *m.* / **pelícano** *m.*	**Pelikan**
pingüino *m.*	**Pinguin**
pez *m.*	**Fisch**
Aquí hay muchos peces.	Hier gibt es viele Fische.
peces de colores	Goldfische
pez espada	Schwertfisch
pez martillo	Hammerhai
Estoy pez.	Ich habe keinen Schimmer.
pulpo *m.*	**Oktopus**
medusa *f.*	**Qualle**
aleta *f.*	**Flosse**
escama *f.*	**Schuppe**
tiburón *m.*	**Hai(fisch)**
cachalote *m.*	**Pottwal**
ballena *f.*	**Wal(fisch)**
delfín *m.*	**Delfin**
foca *f.*	**Seehund**
morsa *f.*	**Polarmeerwalross**
caballito *m.* **de mar**	**Seepferdchen**
estrella *f.* **de mar**	**Seestern**
cangrejo *m.*	**Krebs**

caracola *f.*	**Seeschnecke**
almeja *f.*	**Muschel**
reptil *m.*	**Reptil; Kriechtier**
tortuga *f.* **de tierra** / **marina**	**Land- / Wasserschildkröte**
cocodrilo *m.*	**Krokodil**
lágrimas de cocodrilo	Krokodilstränen
lagarto *m.*	**Echse**
lagartija *f.*	**Zauneidechse**
camaleón *m.*	**Chamäleon**
salamanquesa *f.*	**Gecko; Eidechse**
salamandra *f.*	**Salamander**
serpiente *f.*	**Schlange**
víbora *f.*	**Viper**
caracol *m.*	**Schnecke**
rana *f.*	**Frosch**
sapo *m.*	**Kröte**
gusano *m.*	**Wurm**
lombriz *f.*	**Regenwurm**
araña *f.*	**Spinne**
telaraña *f.*	**Spinnwebe**
escorpión *m.*	**Skorpion**
insecto *m.*	**Insekt**
hormiga *f.*	**Ameise**
abejorro *m.*	**Hummel**
abejorro de San Juan / sanjuanero	Maikäfer
abeja *f.*	**Biene**
avispa *f.*	**Wespe**
polilla *f.*	**Motte**
mosca *f.*	**Fliege**
mosquito *m.*	**Mücke**
picadura de mosquito	Mückenstich
cigarra *f.*	**Zikade**
grillo *m.*	**Grille**
mariposa *f.*	**Schmetterling**
libélula *f.*	**Libelle**
pulga *f.*	**Floh**
piojo *m.*	**Laus**
cucaracha *f.*	**(Küchen-)Schabe; Kakerlake**
escarabajo *m.*	**Käfer**
escarabajo de la patata	(Kartoffel-)Käfer
escarabajo pelotero	Mistkäfer
mariquita *f.* / **bichito** *m.* **de luz**	**Marienkäfer**
chinche *f.*	**Wanze**
garrapata *f.*	**Zecke**
parásito *m.*	**Schmarotzer; Parasit**
sabandijas *f.*	**Ungeziefer**
ser una sabandija	ein Schuft / Mistkerl sein
veterinario / **-a**	**Tierarzt** / **Tierärztin**
zoo *m.* / **parque** *m.* **zoológico**	**Zoo; zoologischer Garten**
jaula *f.*	**Käfig**

Plantas
Pflanzen

→ 3.1 Comida, 14.5 El paisaje, 14.6 La vida en la granja

¡Árboles! / ¿Habéis sido flechas / caídas del azul? / ¿Qué terribles guerreros os lanzaron? / ¿Han sido las estrellas?
(*Federico García Lorca, dramaturgo y poeta español, 1898–1936*)

plantar – **planta** *f.*	**(an)pflanzen** – **Pflanze**
planta de jardín / cultivada / de maceta	Garten- / Kultur- / Topfpflanze
planta / flor silvestre	Wildpflanze / -blume
planta resistente al frío	eine winterharte Pflanze
reino *m.* **vegetal**	**das Pflanzenreich**
árbol *m.*	**Baum**
árboles de hoja caduca	Laubhölzer
árboles de hoja perenne	Nadelhölzer
fresno *m.*	**Esche**
el **haya** *f.* → 1.13 *el* alma *f.*	**Buche**
abedul *m.*	**Birke**
castaño *m.* – **castaña** *f.*	**Kastanienbaum** – **Kastanie; Marone**
sacar las castañas del fuego	die Kastanien aus dem Feuer holen
tilo *m.*	**Linde**
olmo *m.*	**Ulme**
álamo *m.* – **alameda** *f.*	**Pappel** – **(Baum-)Allee**
arce *m.*	**Ahorn**
morera *f.*	**Maulbeerbaum**
ciprés *m.*	**Zypresse**
roble *m.*	**Eiche**
encina *f.*	**Steineiche**
bellota *f.*	**Eichel**
palmera *f.*	**Palme**
sauce *m.* (llorón)	(Trauer-)**Weide**
tejo *m.*	**Eibe**
coníferas *f.*	**Nadelbäume**
bosque de coníferas	Nadelwald
pino *m.* – **pinar** *m.*	**Kiefer** – **Kiefernwald**
abeto *m.*	**Tanne**
Los pinos y los abetos son coníferas.	Kiefern und Tannen sind Nadelbäume.
eucalipto *m.*	**Eukalyptus**
piña *f.*	**(Tannen-)Zapfen**
flor *f.*	**Blume**
flores cortadas	Schnittblumen
ramo de flores	Strauß
aciano *m.*	**Kornblume**
girasol *m.*	**Sonnenblume**
narciso *m.*	**Osterglocke; (gelbe) Narzisse**
margarita *f.*	**Gänseblümchen; Margerite**

diente *m.* **de león**	**Löwenzahn; Pusteblume**
lirio *m.*	**Lilie**
lirio de los valles	Maiglöckchen
azucena *f.*	**(weiße) Lilie**
cardo *m.*	**Distel**
amapola *f.*	**Mohn(blume)**
clavel *m.*	**Nelke**
tulipán *m.*	**Tulpe**
fucsia *f.*	**Fuchsie**
rosa *f.*	**Rose**
nenúfar *m.*	**Seerose**
orquídea *f.*	**Orchidee**
gladiolo *m.*	**Gladiole**
geranio *m.*	**Pelargonie; Geranie**
petunia *f.*	**Petunie**
begonia *f.*	**Begonie**
azalea *f.*	**Azalee**
cactus *m.*	**Kaktus**
hierba *f.*	**Gras; Kraut**
mala hierba	Unkraut
gramíneas *f.*	**Gräser**
musgo *m.*	**Moos**
trébol *m.*	**Klee**
helecho *m.*	**Farn(kraut)**
sarmiento *m.*	**Wein(rebe); Ranke**
seta *f.* / **hongo** *m.* – **champiñón** *m.*	**Pilz / Schwamm – Champignon**
seta comestible	(Speise- / essbarer) Pilz
seta venenosa	Giftpilz
siempreviva *f.*	**eine immergrüne Pflanze**
raíz *f.* – **tallo** *m.*	**Wurzel** – *(Blume)* **Stiel**
tronco *m.* – **rama** *f.*	**(Baum-)Stamm – Ast / Zweig**
corteza *f.*	**Borke; Rinde**
hoja *f.*	**Blatt; Laub**
Los árboles están perdiendo las hojas.	Die Bäume werfen ihr Laub ab.
pétalo *m.*	**Blumen- / Blüten- / Kronblatt**
los pétalos de una rosa	die Blätter einer Rose
capullo *m.*	**Knospe**
sembrar (e>ie)	**säen**
brotar	**ausschlagen**
Los árboles están brotando.	Die Bäume schlagen aus.
estar (– estoy – estuve – estado) **en flor** *f.*	**in Blüte stehen**
Los árboles están en flor.	Die Bäume stehen in Blüte.
florecer (c>zc)	**blühen**
Los naranjos florecen en primavera.	Die Orangenbäume blühen im Frühling.
cuando florecen los cerezos	wenn die Kirschbäume blühen
flora *f.*	**Flora**
botánica *f.*	**Botanik; Pflanzenkunde**
jardín *m.* **botánico**	**botanischer Garten**

Formas de vida más sencillas
Einfachere Lebensformen

Los protozoos no son ni animales ni plantas. Pertenecen a un reino diferente.
(*El gran libro de consulta, El País*)

organismo *m.*	**Organismus**
organismo unicelular	Einzeller
microorganismos *m. pl.*	**Mikroorganismen; Kleinstlebewesen**
gen *m.*	**Gen; Erbfaktor**
el **código genético**	der **genetische Code**
información *f.* **genética**	**Erbinformation; genetische Information**
DNA (ácido *m.* **desoxirribonucleico)**	**DNS**
proteína *f.*	**Protein; Eiweiß(körper)**
aminoácido *m.*	**Aminosäure**
enzima *f.*	**Enzym**
célula *f.* – **celular**	**Zelle – Zell- / Zellular-**
división celular	Zellteilung
el núcleo de la célula	Zellkern
célula madre	Stammzelle
investigación sobre la célula madre	Stammzellenforschung
unicelular – **pluricelular**	**einzellig – mehrzellig**
animales unicelulares / pluricelulares	Ein- / Vielzeller
el **alga** *f.* → 1.13 *el* alma *f.*	**Alge**
esponja *f.*	**Schwamm**
protozoo *m.*	**Protozoon**
ameba *f.*	**Amöbe**
hongo *m.*	**Pilz**
levadura *f.*	**Hefe**
moho *m.*	**Schimmel(pilz)**
mildeu *m.* / **mildiu** *m.*	**Mehltau(pilz)**
liquen *m.*	**Flechte**
microbio *m.*	**Mikrobe**
bacteria *f.*	**Bakterie; Spaltpilz**
bacilo *m.*	**Bazillus; (Stäbchen-)Bakterie**
coco *m.*	**Kokke; Sporenmutterzelle**
virus *m.*	**Virus**
microbiología *f.*	**Mikrobiologie**

16

Ciencia
Wissenschaft

Física
Physik

→ 16.2 Química, 17.3 Electricidad y electrónica

Hombre sin ciencia, mas escrito de la cabeza hasta los pies con leyes y números, a modo de un barro fiel.
(*Leopoldo Marechal, poeta argentino, 1900–1970*)

física *f.*	**Physik**
física teórica	theoretische Physik
física de partículas (elementales)	Elementarteilchenphysik
física de los (cuerpos) sólidos	Festkörperphysik
física atómica	Atomphysik
física nuclear	Kernphysik
físico / **-a**	**physikalisch**; **physisch** / **Physiker(in)**
leyes *f.* **físicas**	**physikalische Gesetze**
investigación *f.* **básica**	**Grundlagenforschung**
mecánica *f.*	**Mechanik**
estática *f.* **y dinámica** *f.*	**Statik und Dynamik**
termodinámica *f.*	**Thermodynamik**
óptica *f.* – **óptico** / **-a**	**Optik** – **optisch** / **Optiker(in)**
acústica *f.* – **acústico**	**Akustik** – **akustisch**
La acústica es una ciencia.	Die Akustik ist eine Wissenschaft.
La acústica (= las propiedades acústicas) de esta sala es (son) excelente(s).	Die Akustik (= die akustischen Eigenschaften) dieses Saales ist (sind) ausgezeichnet.
la **teoría** de la relatividad de Einstein	Einsteins Relativitäts**theorie**
teórico / **-a**	**theoretisch**; **Theoretiker(in)**
experimento *m.*	**Experiment**; **Versuch**
realizar / llevar a cabo / hacer un experimento	einen Versuch ausführen / machen
experimental	**experimentell**; **Experimental-**
resultados experimentales	Versuchsergebnisse
demostrar algo experimentalmente	etwas experimentell beweisen
átomo *m.* – **atómico** / **nuclear**	**Atom** – **Atom-**
peso atómico	Atomgewicht
las propiedades del núcleo atómico	die Eigenschaften des Atomkerns
energía atómica / nuclear	Atom- / Kernenergie
materia *f.* **y energía** *f.*	**Materie und Energie**
antimateria *f.*	**Antimaterie**
electricidad *f.* – **eléctrico**	**Elektrizität** – **elektrisch**
corriente eléctrica	elektrischer Strom
una **carga** / **descarga** eléctrica	eine elektrische **Ladung** / ein elektrischer **Stromschlag**
cargado – **descargado** (eléctricamente)	(elektrisch) **geladen** – **leer** / **entladen**
(semi- / super-; supra-) **conductor** *m.*	(Halb- / Supra-)**Leiter**
magnetismo *m.*	**Magnetismus**
un **campo magnético**	ein **Magnetfeld**

ondas **electromagnéticas**	**elektromagnetische** Wellen
calor *m.*	**Wärme**
convertir el calor en energía	Wärme in Energie umwandeln
las leyes del **movimiento** de Newton	Newtons **Bewegungs**gesetze
el momento de **inercia** *f.*	das **Trägheit**smoment
aceleración *f.* – **desaceleración** *f.*	**Beschleunigung** – **Verlangsamung**
la **velocidad** de la luz	die Licht**geschwindigkeit**
un **cuerpo en reposo**	ein **ruhender Körper**
la **fuerza** ejercida / que actúa sobre un objeto	die auf einen Körper einwirkende **Kraft**
la **masa** de un objeto	die **Masse** eines Körpers
sólido *m.*	**fest**; **Festkörper**; **fester Körper**
líquido *m.*	**flüssig**; **Flüssigkeit**
sustancia sólida / líquida	fester / flüssiger Stoff
sustancia **gaseosa**	**gasförmige** Substanz
convertir algo en **vapor** *m.*	etwas in **Dampf** umwandeln
fluido *m.*	**fließend**; **Fluid(um)** (= flüssiger bzw. gasförmiger Körper)
dinámica de los fluidos	Strömungslehre
Los líquidos y los gases son fluidos.	Flüssigkeiten und Gase sind Fluide.
presión **hidráulica**	**hydraulischer** Druck
volumen *m.*	**Volumen**; **(Raum-)Inhalt**
partícula(s) *f.* **elemental(es)**	**(Elementar-)Teilchen**
electrón *m.*	**Elektron**
electrónico	**elektronisch**; **Elektronen-**
la estructura electrónica de un átomo	die Elektronenstruktur eines Atoms
electrónica *f.* – **electrostática** *f.*	**Elektronik** – **Elektrostatik**
protón *m.* – **neutrón** *m.*	**Proton** – **Neutron**
fotón *m.*	**Photon**
quark *m.*	**Quark** (= hypothetisches Elementarteilchen)
cuanto *m.* – **cuántico**	**Quant** – **Quanten-**
mecánica / teoría cuántica	Quantenmechanik / -theorie
transición cuántica / salto cuántico	Quantensprung
vacío *m.*	**Vakuum**
ondas *f.* longitudinales / transversales	Longitudinal- / Transversal**wellen**
longitud de onda	Wellenlänge
microonda *f.* – **microondas** *m.* *sg.* / *pl.*	**Mikrowelle** – **Mikrowelle(nherd)**
frecuencia *f.*	**Frequenz**
espectro *m.*	**Spektrum**
medir (– mido – medí, midió – medido) la corriente	den Strom / die (Strom-)Spannung **messen**
fuerza *f.* **centrífuga** / **centrípeta**	**Zentrifugal-** / **Zentripetalkraft**
densidad *f.*	**Dichte**
peso *m.* específico / **gravedad** *f.* específica	spezifisches **Gewicht**
la ley de la gravedad	das Schwerkraftgesetz
el centro de gravedad	der Schwerpunkt
equilibrio *m.* estable / inestable	stabiles / labiles **Gleichgewicht**

16
2

Química
Chemie

→ 16.1 Física

El hombre es una breve aventura química sin sentido.
(*Manuel Vicent, escritor español, nacido en 1936*)

química *f.* – **químico** *m.*	**chemisch** / **Chemie** / **Chemikerin** – **chemisch** / **Chemiker**
química orgánica / inorgánica	organische / anorganische Chemie
química analítica	analytische Chemie
fisicoquímica	physikalische Chemie
bioquímica	Biochemie
radioquímica / química de las radiaciones	Radio- / Strahlenchemie
las propiedades químicas del carbón	die chemischen Eigenschaften des Kohlenstoffs
producto(s) químico(s)	Chemikalie(n)
el uso de productos químicos tóxicos	der Einsatz giftiger Chemikalien
una reacción química	eine chemische Reaktion
(la) investigación química	(die) Chemieforschung
enlace químico / ligadura química	chemische Verbindung
la industria química	die Chemieindustrie
tecnología química	Chemotechnik
ingeniero / -a químico / -a	Chemieingenieur(in); Chemotechniker(in)
químico / -a farmacéutico / -a	Arzneimittelchemiker(in)
farmacéutico / **-a**	**pharmazeutisch**; **Pharmazeut(in)**; **Apotheker(in)**
la industria farmacéutica	die Pharmaindustrie
farmacología *f.* – **farmacológico**	**Pharmakologie** – **pharmakologisch**
una **ciencia** exacta	eine exakte **Wissenschaft**
instrumentos **científicos**	**wissenschaftliche** Instrumente
laboratorio *m.*	**Labor(atorium)**
ayudante de laboratorio	Laborant(in)
microscopio *m.* **electrónico**	**(Elektronen-)Mikroskop**
microscópico	**mikroskopisch (klein)**
pipeta *f.* – **bureta** *f.*	**Pipette** – **Bürette**
analizar (z>ce) una muestra / prueba	eine Probe **untersuchen**
análisis *m. sg. / pl.*	**Analyse(n)**; **Untersuchung(en)**
la **composición** de una sustancia	die **Zusammensetzung** eines Stoffes
sustancias *f.* **cancerígenas**	**krebserzeugende Stoffe**
las **propiedades** químicas de un elemento	die chemischen **Eigenschaften** eines Elements
un **compuesto** químico	eine chemische **Verbindung**
elaborar un compuesto químico	eine Verbindung eingehen
mezcla *f.* / *(farma)* **mixtura** *f.*	**Gemenge**; **Gemisch**
disolución *f. (proceso)* – **solución** *f. (resultado)*	**Lösung**

una solución diluida	eine verdünnte Lösung
una solución concentrada	eine konzentrierte Lösung
una solución saturada	eine gesättigte Lösung
hidrosoluble / **soluble** en agua	(wasser)**löslich**
disolver (– disuelvo – disolví – disuelto)	(sich) **auflösen** / **zersetzen**
cristales disueltos en agua	in Wasser aufgelöste Kristalle
La acetona es un **disolvente**.	Aceton ist ein **Lösungsmittel**.
componente *m.*	**Bestandteil**
un **derivado** (de hidrocarburo)	ein (Kohlenwasserstoff-)**Derivat**
fórmula *f.*	**Formel**
símbolo *m.*	**Symbol**; **Zeichen**
O es el símbolo del oxígeno.	O ist das Zeichen für Sauerstoff.
clasificación *f.* de los elementos	**Anordnung** der Elemente
el **sistema periódico**	das **Periodensystem**
ácidos *m.* **y bases** *f.*	**Säuren und Basen**
la disposición / colocación de los **átomos**	die Anordnung der **Atome**
peso **atómico**	**Atom**gewicht
molécula *f.*	**Molekül**
la estructura **molecular**	die **Molekular**struktur
isótopos *m.* radiactivos	radioaktive **Isotope**
hidrógeno *m.*	**Wasserstoff**
hidrocarburos *m.*	**Kohlenwasserstoffe**
empresa *f.* **petroquímica**	**petrochemisches Unternehmen**
refinería *f.* (de petroleo)	(Öl)**Raffinerie**
carbohidratos *m.* / **hidratos** *m.* **de carbono**	**Kohle(n)hydrate**
alcohol *m.*	**Alkohol**
combustión *f.* – **combustible** *m.*	**Verbrennung** – **brennbar**; **Brenn-** / **Treibstoff**
corrosión *f.* – **corroer** (-y-)	**Korrosion** – **korrodieren**
oxidación *f.* **y reducción** *f.*	**Oxidation und Reduktion**
punto *m.* **de ebullición**	**Siedepunkt**
hervir (– hiervo – herví, hirvió – hervido)	**sieden**
El oxígeno hierve a -183 grados.	Der Siedepunkt des Sauerstoffs liegt bei -183°C.
catalizador *m.*	**Katalysator**
actuar como catalizador	als Katalysator wirken
síntesis *f. sg. / pl.*	**Synthese**
sintetizar (z>ce) compuestos orgánicos	organische Verbindungen **synthetisch herstellen**
fibras *f.* **sintéticas**	**Chemiefasern**
electrólisis *f. sg. / pl.* – **electrodo** *m.*	**Elektrolyse** – **Elektrode**
tubo *m.* **electrónico** / **lámpara** *f.* **electrónica**	**Elektronenröhre**
ánodo *m.* – **cátodo** *m.*	**Anode** – **Kathode**
ion *m.*	**Ion**

Medicina
Medizin

→ 1.2 Partes del cuerpo, 4 La sanidad

Sólo el médico y el dramaturgo gozan del raro privilegio de cobrar las desazones que nos dan. (*Santiago Ramón y Cajal, médico español y premio Nobel de medicina, 1852–1934*)

(la) medicina interna	**(die) innere Medizin**
los órganos internos	die inneren Organe
medicina laboral / legal	Arbeits- / Rechtsmedizin
médico / **-a** → 4.4 En el médico – **doctor(a)**	**ärztlich; Arzt** / **Ärztin** – **Arzt** / **Ärztin; Doktor** *(als Anrede)*
costes / honorarios médicos	Ausgaben für medizinische Leistungen; ärztliche Honorare
negligencia médica	ärztliche Fahrlässigkeit
médico oficial	Amtsarzt / -ärztin
internista *m. / f.* / **(médico** / **-a) especialista** *m. / f.*	**Internist(in)** / **Facharzt** / **-ärztin**
practicante *m. / f.* / **-a**	**Arzthelfer(in)**
profesiones *f.* **relacionadas con la salud**	**Heilberufe**
cardiología *f.*	**Kardiologie**
dermatología *f.*	**Dermatologie**
ginecología *f.*	**Gynäkologie; Frauenheilkunde**
inmunología *f.*	**Immunologie**
el sistema **inmunitario**	das **Immunsystem**
inmunodeficiencia / deficiencia inmunitaria	Immunschwäche
neurología *f.*	**Neurologie**
oftalmología *f.*	**Ophthalmologie; Augenheilkunde**
patología *f.*	**Pathologie**
radiología *f.*	**Radiologie; Strahlenkunde**
diagnóstico **radiológico**	**radiologische** Diagnostik
reumatología *f.*	**Rheumatologie**
urología *f.*	**Urologie**

Bei den Bezeichnungen auf *-ología* lauten die Namen der betreffenden Fachärzte (= *especialistas*) auf *-ólogo* / *-a: urólogo* / *-a* (= Urologe / -gin). Die Adjektive haben die Endung *-ológico* / *-a: urológico* (= urologisch).

obstetricia *f.* / **tocología** *f.*	**Geburtshilfe**
(servicio *m.* / **sección** *f.* **de) maternidad** *f.*	**Entbindungsstation**
matrona *f.* / **comadrona** *f.* / **partera** *f.*	**Hebamme**
tocólogo / **-a**	**ärztliche(r) Geburtshelfer(in)**
pediatría *f.* – **pediatra** *m. / f.*	**Pädiatrie;** – **Kinderarzt** / **-ärztin**
ortopedia *f.* – **ortopédico**	**Orthopädie** – **orthopädisch**

endoscopia *f.* – **endoscopio** *m.* – **endoscópico**	**Endoskopie** – **Endoskop** – **endo-** **endoskopisch**
asistencia *f.* a / **cuidado** *m. de* (los) enfermos	Kranken**pflege**
clínica *f.* – **(poli-)clínico** *m.*	**Klinik** – **Klinikum** / **klinisch**
los resultados de los análisis clínicos / las pruebas clínicas	die Ergebnisse der klinischen Erprobung
diagnosticar (c>que) una enfermedad	eine Krankheit **diagnostizieren**
Le diagnosticaron / han diagnosticado (un) cáncer de pecho.	Bei ihr wurde Brustkrebs festgestellt.
diagnosis *f. sg. / pl.* – **diagnóstico** *m.*	**Diagnose** – **diagnostisch** / **Diagnostik**
los últimos aparatos diagnósticos	die neuesten diagnostischen Geräte
análisis *m. sg. / pl.* **de sangre** *f.*	**Blutprobe**; **Blutuntersuchung**
banco de sangre	Blutbank
vaso / coágulo **sanguíneo**	**Blut**gefäß / -gerinnsel
una **tomografía**	eine **(Computer-)Tomographie**
resonancia *f.* **magnética (nuclear)**	**Kernspintomographie**
tórax *m. sg. / pl.*	**Thorax**; **Brustkorb**
gastritis *f. sg. / pl.* – **gástrico**	**Magenleiden** – **gastrisch** / **Magen-**
el **tubo digestivo**	der **Magen-Darm-Trakt** / **-Kanal**
páncreas *m. sg. / pl.*	**Pankreas**; **Bauchspeicheldrüse**
el **intestino** grueso / delgado	der Dick- / Dünn**darm**
apéndice *m.* – **apendicitis** *f. sg. / pl.*	**Blinddarm** – **Blinddarmentzündung**
recto *m.* – **rectal**	**Rektum** / **Mastdarm** – **rektal**
las **vías urinarias**	die **Harnwege**
médula *f.* ósea / espinal	Knochen- / Rücken**mark**
la **columna vertebral**	die **Wirbelsäule**
el **sistema nervioso central**	das **Zentralnervensystem**
humores *m.* / **tejidos** *m.* **corporales**	**(Körper-)Flüssigkeiten** / **Gewebe**
glándula *f.* – **glandular**	**Drüse** – **Drüsen-**
ganglio *m.* **linfático**	**Lymphknoten**
reuma *m.* / **reúma** *m.*	**Rheuma**
reumatismo *m.* – **reumático** / **-a**	**Rheumatismus** – **rheumatisch**; **Rheumakranke(r)**
reumatismo articular / fiebre reumática	Gelenkrheumatismus
artritis *f. sg. / pl.* – **artrosis** *f. sg. / pl.*	**Arthritis** / **Gelenkentzündung** – **Arthrose**
el **asma** *f.* → 1.13 *el* alma *f.*	**Asthma**
asmático / **-a**	**asthmatisch**; **Asthmatiker(in)**
una enfermedad **laboral**	eine **Beruf**skrankheit
enfermedad **pulmonar**	**Lungen**krankheit
Murió de una embolia pulmonar.	Er / Sie starb an einer Lungenembolie.
Murió de un **fallo** renal.	Er / Sie starb an Nieren**versagen**.
diálisis *f. sg. / pl.*	**Dialyse(n)**; **Blutwäsche(n)**
trasplantes *m.* de hígado / riñón / órganos	Leber- / Nieren- / Organ**verpflanzungen** / **-transplantationen**
llevar a cabo / realizar un trasplante	eine Transplantation durchführen
trasplante cutáneo	Hauttransplantation / -übertragung
donador(a) / **receptor(a)** de un órgano	Organ**spender(in)** / **-empfänger(in)**
donante *m.* / *f.* **(de sangre)**	**Blutspender(in)**
radioterapia *f.*	**Strahlentherapie**
cirugía *f.* general / plástica	allgemeine / plastische **Chirurgie**

Matemáticas
Mathematik

La España islámica significó ciencia, medicina, matemáticas y astronomía, irradiadas desde Al Andalus hacia la España gótica y más allá de los Pirineos. (*Carlos Fuentes, escritor mexicano, nacido en 1928*)

matemática(s) *f.*	**Mathematik(wissenschaft)**
mate *fam*	Mathe(matik)
ir a un curso de matemática(s)	einen Mathematikkurs besuchen
escribir un trabajo de mate	eine Mathearbeit schreiben
aritmética *f.* – **aritmético**	**Arithmetik** / **Rechnen** – **arithmetisch**
progresión aritmética	arithmetische Progression
una operación aritmética	eine Rechenoperation
resolver / solucionar un problema aritmético	eine Rechenaufgabe lösen
geometría *f.* – **geométrico**	**Geometrie** – **geometrisch**
una figura geométrica	eine geometrische Figur
progresión geométrica	geometrische Progression
trigonometría *f.*	**Trigonometrie**
el **álgebra** *f.* → 1.13 *el* alma *f.*	**Algebra**
cálculo *m.* diferencial / integral	Differenzial- / Integral**rechnung**
cálculo de probabilidades	Wahrscheinlichkeitsrechnung
teoría *f.* **de conjuntos**	**Mengenlehre**
contar (o>ue)	**zählen**; **ausrechnen**; **berechnen**
El niño sabe contar hasta 8.	Das Kind kann bis 8 zählen.
cuenta *f.*	**Rechenaufgabe**; **Rechnung**
hacer cuentas	rechnen; abrechnen
Es bueno / malo haciendo cuentas.	Er kann gut / schlecht rechnen.
Has hecho todas las cuentas bien.	Du hast alles richtig gerechnet.
El camarero no ha incluido el café en la cuenta.	Der Kellner hat den Kaffee nicht berechnet.
hacer / resolver **problemas** *m.*	**Textaufgaben** bearbeiten / lösen
calcular	**(er- / aus)rechnen**
calcular la superficie de un cuadrado	die Fläche eines Quadrats ausrechnen
calcular una distancia	eine Entfernung ausrechnen
calcular / sacar la raíz cuadrada de un número	aus einer Zahl die (Quadrat-)Wurzel ziehen
cálculo *m.*	**(Be-)Rechnung**
efectuar cálculos	(Be-)Rechnungen durchführen
métodos de cálculo	Rechenarten / -methoden
si mis cálculos son correctos / exactos	wenn meine Berechnungen stimmen
las cuatro **operaciones** / **reglas fundamentales**	die **Grundrechenarten**
sumar / **adicionar**	**addieren**; **zusammenrechnen**
sumar números	Zahlen addieren / zusammenrechnen
restar / **sustraer** (– sustraigo – sustraje – sustraído) / **deducir** (– deduzco – deduje – deducido)	**subtrahieren**; **abziehen**

adición *f.* / **suma** *f.* – **sustracción** *f.* / **resta** *f.*	**Addition** – **Subtraktion**
hacer una suma / resta	Zahlen zusammenrechnen / abziehen
multiplicar (c>que) – **dividir**	**multiplizieren** – **dividieren**
memorizar la tabla de multiplicar	das Einmaleins auswendig lernen
multiplicación *f.* – **división** *f.*	**Multiplikation** – **Division**

55 + 44 = 99: *55 más 44 es igual a / son 99.*
55 más 44 son (igual a) / suman 99.
Si sumamos / Sumando 55 y / más 44, (ob)tenemos 99.
99 – 44 = 55: *99 menos 44 es igual a / son 55.*
Si a 99 le restamos / le restas 44 , (ob)tenemos / (ob)tienes / (nos / te) quedan 55.
Restándole 44 a 99, (ob)tenemos / (nos / te) quedan 55.
11 x 6 = 66: *11 (multiplicado) por 6 es igual a / son 66.*
11 veces 6 es igual a / son 66.
Si multiplicamos / Multiplicando 11 por 6, (ob)tenemos / nos sale / nos da 66.
Si multiplicas / Multiplicando 11 por 6 (ob)tienes / te sale / te da 66.
66 ÷ 11 = 6: *66 dividido por / entre 11 es igual a / son 6.*
Si dividimos / Dividiendo 66 por / entre 11, (ob)tenemos / nos sale / nos da 6.
Si divides / Dividiendo 66 por / entre 11 (ob)tienes / te sale / te da 6.

una **función** (matemática)	eine (mathematische) **Funktion**
una **unidad de medida**	eine **(mathematische) Größe**
finito – **infinito**	**endlich** – **unendlich**
constante *f.* – **variable** *f.*	**konstant** / **Konstante** – **veränderlich** / **Variable**
número *m.* **primo**	**Primzahl**
números primos menores que o iguales a 101	Primzahlen kleiner (oder) gleich 101
número cardinal / ordinal	Grund- / Ordnungszahl
un número de cuatro cifras	eine vierstellige Zahl
(número) **entero** *m.*	**ganze** Zahl
(número) **par** *m.* / **impar** *m.*	**gerade** / **ungerade** Zahl
cuadrado *m.*	**quadratisch**; **Quadrat-**
dos metros cuadrados	zwei Quadratmeter
144 es el cuadrado de 12.	144 ist das Quadrat von 12.
12^2 (= 12 al cuadrado) es igual a 144.	12 hoch 2 ist 144.
cubo *m.*	**dritte Potenz**; **Würfel**
2^3 (= 2 al cubo / el cubo de 2)	2 hoch 3 / die 3. Potenz von 2
potencia *f.*	**Potenz**
2 elevado a la cuarta potencia es igual a 16.	2 hoch 4 ist 16.
la **raíz cuadrada** / **cúbica**	die **Quadrat-** / **Kubikwurzel**
hallar la raíz cúbica	die dritte Wurzel ziehen
logaritmo *m.*	**Logarithmus**
fracción *f.* / **quebrado** *m.* decimal / común / ordinario / -a	Dezimal- / gemeiner **Bruch**
la fracción propia / impropia / el quebrado propio / impropio	der echte / unechte Bruch

cociente *m.*	**Quotient**
numerador *m.* – **denominador** *m.*	**Zähler** – **Nenner**
buscar el común denominador	einen gemeinsamen Nenner suchen
igual a	**gleich**
ecuación *f.*	**Gleichung**
resolver una ecuación con dos incógnitas	eine Gleichung mit zwei Unbekannten auflösen
círculo *m.*	**Kreis**
el centro de un círculo	der Mittelpunkt eines Kreises
circular	**kreisförmig; Kreis-**
diámetro *m.*	**Durchmesser**
circunferencia *f.*	**(Kreis-)Umfang**
la proporción de la circunferencia con el diámetro	das Verhältnis des Umfangs zum Durchmesser
tangente *f.*	**Tangente; Tangens**
rectángulo *m.* – **rectangular**	**Rechteck** – **rechteckig**
triángulo *m.* – **triangular**	**Dreieck** – **dreieckig**
cuadrángulo *m.* – **cuadrangular**	**Viereck** – **viereckig**
un **ángulo** de 90 grados	ein **Winkel** von 90 Grad
la **base** de una pirámide	die **Grundfläche** einer Pyramide

"Un momento, por favor."

Números
Zahlen

No sé si volveremos en un ciclo segundo como vuelven las cifras de una fracción periódica; pero sé que una oscura rotación pitagórica noche a noche me deja en un lugar del mundo.
(Jorge Luis Borges, escritor argentino, 1899–1986)

números *m.* **pares** / **impares** — **gerade / ungerade Zahlen**

Números cardinales **(= Die Grundzahlen)**
cero (Im Spanischen ist jede Zahl männlich.)
4 – 4 = 0: *Cuatro menos cuatro es igual a* ***cero****.*
3,06 = tres, coma, ***cero*** *seis*
En el número mil hay tres ***ceros****.* (= Die Zahl Tausend hat drei Nullen.)
La temperatura era de diez grados bajo ***cero****.* (= 10° unter Null)
Mi teléfono / habitación / número de cuenta es 7030. (= *siete,* ***cero****, tres,* ***cero***)
crecimiento ***cero*** (= Nullwachstum)
Nuestras posibilidades son prácticamente ***nulas****.* (= Unsere Chancen sind gleich Null.) • *El Athletic de Bilbao ha ganado 3:0 (tres [a]* ***cero****).* (= Athletic Bilbao hat 3:0 gewonnen.) • *Tenis:* 15:0 (= *quince a* ***nada***), 30:0 (= *treinta a* ***nada***), 40:0 (= *cuarenta a* ***nada***).
Modismo: Eres un ***cero*** *a la izquierda.* (= Du bist eine Null.)

(el) ***uno*** (= (die) Eins / einer) / ***un*** (= ein, vor männlichen Substantiven) / ***una*** (= eine, vor weiblichen Substantiven)
El ***uno*** *es un buen número.* (= Eins ist eine gute Zahl.) • *Quiero sólo* ***uno*** / ***una****.* (= Ich möchte nur einen / eine.) • ***una*** *mujer y* ***un*** *hombre* (= eine Frau und ein Mann)

dos (= zwei) • ***tres*** (= drei) • ***cuatro*** (= vier) • ***cinco*** (= fünf) • ***seis*** (= sechs) • ***siete*** (= sieben) • ***ocho*** (= acht) • ***nueve*** (= neun) • ***diez*** (= zehn) • ***once*** (= elf) • ***doce*** (= zwölf) • ***trece*** (= dreizehn) • ***catorce*** (= vierzehn) • ***quince*** (= fünfzehn)

dieciséis (= sechzehn) • ***diecisiete*** (= siebzehn) • ***dieciocho*** (= achtzehn) • ***diecinueve*** (= neunzehn) • ***veinte*** (= zwanzig) • ***veintiuno*** / ***veintiún*** / ***veintiuna*** (= einundzwanzig) • ***veintidós*** (= zweiundzwanzig) • ***veintitrés*** (= dreiundzwanzig) • ***veinticuatro*** (= vierundzwanzig) • ***veinticinco*** (= fünfundzwanzig) • ***veintiséis*** (= sechsundzwanzig) • ***veintisiete*** (= siebenundzwanzig) • ***veintiocho*** (= achtundzwanzig) • ***veintinueve*** (= neunundzwanzig) • ***treinta*** (= dreißig)

treinta y uno / ***un*** / ***una*** – ***treinta y dos ...*** (= einunddreißig – zweiunddreißig ...) • ***cuarenta*** (= vierzig) • ***cincuenta*** (= fünfzig) • ***sesenta*** (= sechzig) • ***setenta*** (= siebzig) • ***ochenta*** (= achtzig) • ***noventa*** –

noventa y uno / un / una (= neunzig – einundneunzig) • ***cien*** (= [ein] hundert) • ***ciento uno / un / una*** (= 101)

Cien verwendet man vor Substantiven, vor *mil* (= tausend) oder *millones* (= Millionen) sowie als alleinstehende Zahl:
cien latigazos (= hundert Peitschenhiebe) • *cien / cien mil / cien millones de euros* (= hundert / hunderttausend / hundert Millionen Euro) • *Tengo cien.* (= Ich habe hundert.)

Ciento verwendet man im Singular vor den Zahlen 101 (= *ciento uno / un / una*) bis 199 (= *ciento noventa y nueve*), sonst nur bei Prozentangaben und in feststehenden Wendungen:
ciento un dálmatas (= hunderteins Dalmatiner) • *el tanto por ciento* (= das Prozent) • *el 5% (por ciento)* (= 5 Prozent) • *ciento y la madre* (= eine Menge Leute) • *Tengo un ciento de ellos.* (= Ich habe um die hundert / viele davon.)

Ab der Zahl 200 (= *doscientos*) sind die Hunderter veränderlich und richten sich nach dem dazugehörigen Substantiv:
doscientos euros – ***doscientas monedas*** (= zweihundert Euro – zweihundert Münzen) • ***trescientos*** / ***-as*** (= dreihundert) • ***cuatrocientos*** / ***-as*** (= vierhundert) • ***quinientos*** / ***-as*** (= fünfhundert) • ***seiscientos*** / ***-as*** (= sechshundert) • ***setecientos*** / ***-as*** (= siebenhundert) • ***ochocientos*** / ***-as*** (= achthundert) • ***novecientos*** / ***-as*** (= neunhundert)

Mil (= [ein]tausend) bleibt bei genauen Zahlenangaben unverändert:
dos mil (= zweitausend), *quince mil* (= fünfzehntausend).
Die Pluralform wird nur bei ungefähren Mengenangaben verwendet:
unos miles de euros (= ein paar tausend Euro).
las mil y una noches (= tausendundeine Nacht) • *¡Allí había miles de personas!* (= Da waren Tausende [von Leuten]!)

Millón (= Million) wird vor einem Substantiv immer von der Präposition *de* begleitet: *dos millones de pesos* (= zwei Millionen Pesos).
En Madrid viven más de tres millones de personas. (= In Madrid leben mehr als drei Millionen Menschen.)
mil millones (= Milliarde) • *billón* (= Billion)

***Números ordinales* (= Die Ordnungszahlen)**
Ihr Geschlecht wird durch *-o* bzw. *-a* angegeben. Ausnahme: Vor männlichen Substantiven im Singular erscheinen nicht *primero* und *tercero*, sondern *primer* und *tercer.* ***Primero*** und ***tercero*** stehen allein und bedeuten der Erste / Dritte bzw. erstens / drittens:
¿En qué piso vives – en el primero o en el tercero? (= In welchem Stock wohnst du – im ersten oder im dritten?)

primero – **segundo** – **tercero**	**erstens** – **zweitens** – **drittens**
un billete de **primera** / **segunda** (clase)	eine Fahrkarte der **ersten** / **zweiten** Klasse
el **primer** día en la escuela	der **erste** Tag in der Schule
la **segunda** oportunidad	die **zweite** Chance

el **tercer** puesto	der **dritte** Platz
la **cuarta** fila	die **vierte** Reihe
el **quinto** aniversario	der **fünfte** Jahrestag
la **sexta** vez	das **sechste** Mal
en el **séptimo** cielo	im **siebten** Himmel
Allien: el **octavo** pasajero.	Allien: der **achte** Mitfahrer. *(Filmtitel)*
la **novena** sinfonía de Beethoven	die **neunte** Symphonie von Beethoven
un **décimo** de lotería	ein **Zehntellos** *(Lotterie)*
undécimo / **-a** – **duodécimo** / **-a**	**elfte(r)** / **elftens** – **zwölfte(r)** / **zwölftens**
decimotercer(o) / **-a** – **decimocuarto** / **-a**	**dreizehnte(r)** / **dreizehntens** – **vierzehnte(r)** / **vierzehntens**

Ab 15 verwendet man eher die Grundzahlen: *la fila (número) quince* (= die fünfzehnte Reihe), wobei in den Medien und bei offiziellen Ankündigungen meist die Ordnungszahlen verwendet werden.
Auch beim Datum stehen in der Regel die Grundzahlen. Beim ersten eines Monats findet man auch *primero: el dos de mayo, el siete de julio* usw.
Aber: *el primero / uno de octubre.*
Als Ziffern werden die Ordnungszahlen mit einem hochgestellten *o* bzw. *a* dargestellt (je nach Geschlecht): 5° *piso* (= 5. Stock), *la* 9^{a} *sinfonía de Beethoven* (= die 9. Symphonie von Beethoven).

Quebrados *m.* / ***Fracciones*** *f.* **(= Brüche)**
$^1/_2$ = *un medio* • $^3/_2$ = *tres medios* • $1^1/_2$ = *uno y medio*
$^1/_3$ = *un tercio* • $^2/_3$ = *dos tercios* • $2^1/_3$ = *dos y un tercio*
$^1/_4$ = *un cuarto* • $^3/_4$ = *tres cuartos*
$^4/_5$ = *cuatro quintos* • $3^3/_5$ = *tres y tres quintos* • $^{145}/_{360}$ = *145 partido por 360*

Decimales **(= Dezimalzahlen)**
2,684 = dos, coma, seiscientos ochenta y cuatro
0,259 = cero, coma, doscientos cincuenta y nueve

una vez	**einmal**

Dos veces *cinco es (igual a) / da diez.*
Tres veces *cinco es (igual a) / da quince.*
Cuatro veces *tres es (igual a) / da doce.*
Cinco veces *siete es (igual a) / da treinta y cinco.*
Seis veces *ocho es (igual a) / da cuarenta y ocho.*

Jahreszahlen
1900 = *mil novecientos*
1975 = *mil novecientos setenta y cinco*
1992 = *mil novecientos noventa y dos*
2005 = *dos mil cinco*

Medidas y pesos

Maße und Gewichte

No pesan los años, pesan los kilos. (*Lema publicitario de una compañía española de agua mineral*)

micra *f.* — **Mikrometer; Mikron**

Una micra sólo puede apreciarse con un microscopio. — Ein Mikron ist nur mit einem Mikroskop erkennbar.

milímetro *m.* – **centímetro** *m.* – **decímetro** *m.* — **Millimeter – Zentimeter – Dezimeter**

metro *m.* – **medir** (– mido – medí, midió – medido) — **Meter; Metermaß; Versmaß; U-Bahn** (Abk. für *metropolitano*) – **messen**

Avanzó unos metros y cayó al suelo. — Er / Sie / Es ist ein paar Meter gelaufen und dann zu Boden gefallen.

Necesito un metro para tomar medidas. — Ich brauche ein Metermaß um die Maße zu nehmen.

El metro de Bilbao es obra de Norman Foster. — Die U-Bahn von Bilbao ist das Werk von Norman Foster.

kilómetro *m.* — **Kilometer**

La velocidad límite en España es de 130 kilómetros por hora. — In Spanien gilt ein Tempolimit von 130 Stundenkilometern.

año *m.* **luz** — **Lichtjahr**

Las estrellas se encuentran a años luz de nosotros. — Die Sterne sind Lichtjahre von uns entfernt.

miligramo *m.* – **centigramo** *m.* – **decigramo** *m.* — **Milligramm – Zentigramm – Dezigramm**

gramo *m.* – **kilo(gramo)** *m.* — **Gramm – Kilo(gramm)**

Póngame medio kilo de tomates. — Geben Sie mir bitte ein Pfund Tomaten.

Pesa 90 (= noventa) kilos. — Er / Sie / Es wiegt 90 Kilo.

tonelada *f.* — **Tonne**

El camión puede transportar una carga máxima de 10 toneladas. — Der Lastwagen darf mit maximal 10 Tonnen beladen werden.

mililitro *m.* – **centilitro** *m.* – **decilitro** *m.* — **Milliliter – Zentiliter – Deziliter**

litro *m.* — **Liter**

medio litro de agua — ein halber Liter Wasser

un cuarto de litro de vino — ein Viertel Liter Wein

decalitro *m.* – **hectolitro** *m.* — **Dekaliter – Hektoliter**

metro *m.* **cuadrado** / **cúbico** — **Quadrat- / Kubikmeter**

el **área** *f.* → 1.13 *el* alma *f.* — **Ar**

hectárea *f.* — **Hektar**

Alte Maße und Gewichte

celemín m. (= Metze, Getreidemaß) • *fanega* f. (= Trockenmaß, 12 *celemines*) • *quintal* m. (= Zentner) • *arroba* f. (= zwischen 11,5 und 12,5 Kilo) • *cuarterón* m. (= $^{1}/_{4}$ arroba) • *vara* f. (= Elle / Yard)

Técnica
Technik

Materiales, herramientas, máquinas
Werkstoffe, Werkzeuge, Maschinen

Tarsis era tu socio en los negocios, pues tú (Tirso) eras rico en bienes de todo orden: plata, hierro, estaño y plomo recibías tú en pago. (*Ezequiel, hacia 586 a. de C.*)

(la) tecnología *f.* – **tecnológico**	**(die) Technik / Technologie – technisch / technologisch**
(la) alta tecnología	(die) Spitzentechnologie
Estamos equipados con alta tecnología.	Wir haben eine High-Tech-Ausstattung.
técnica *f.* – **técnico** *m.*	**Technik; Technikerin – technisch; Techniker**
ciencia y técnica	Wissenschaft und Technik
innovaciones técnicas	technische Neuerungen
ingeniería *f.*	**(angewandte) Technik; Ingenieurwesen**
el progreso de la ingeniería	technischer Fortschritt
la ingeniería / técnica alemana	die deutsche Technik
materia *f.*	**Stoff; Substanz**
materia prima	Rohstoff
material *m.*	**Material; Werkstoff**
(el) conocimiento de los materiales	(die) Werkstoffkunde
las propiedades de los materiales	Materialeigenschaften
elaborar / fabricar un material	ein Material bearbeiten
Este material se puede trabajar muy bien a máquina.	Dieses Material lässt sich leicht (maschinell) bearbeiten.
metal *m.*	**Metall(-)**
El derrumbe del puente se debió a la fatiga del metal.	Der Einsturz der Brücke war auf Metallermüdung zurückzuführen.
hierro *m.*	**Eisen**
plomo *m.*	**Blei**
estaño *m.*	**Zinn**
aleación *f.*	**Legierung**
los componentes de una aleación	die Bestandteile einer Legierung
acero *m.*	**Stahl**
una chapa de acero	ein Stahlblech
madera *f.*	**Holz**
una puerta de madera	eine Holztür
madera dura / blanda	Hart- / Weichholz
madera contrachapada / contrachapeada	Sperrholz
madera de construcción	(Nutz-)Holz; Bauholz
madera prensada / de conglomerado	Pressspan
puertas hechas con madera prensada	aus Pressspan gefertigte Türen
panel de madera	Spanplatte
cristal *m.*	**Glas(-)**
cerámica *f.*	**Keramik**
plástico *m.*	**Plastik(-); Kunststoff**

caucho *m.*	**Kautschuk**
goma *f.*	**Gummi**
La goma es un material muy elástico.	Gummi ist ein äußerst elastisches Material.
ser (– soy – era – fui – sido) **de**	**gemacht / hergestellt aus**
Es de cristal / plástico / acero.	Es ist aus Glas / Kunststoff / Stahl.
silicio *m.*	**Silicium**
célula solar de silicio	Siliciumsolarzelle
elasticidad *f.*	**Elastizität**
resistencia *f.*	*(z.B. Bruch-)***Festigkeit; Beständigkeit**
resistencia refractaria / al calor	Hitzebeständigkeit
resistencia a la corrosión	Korrosionsbeständigkeit
ductilidad *f.*	**Dehnbarkeit; Duktilität**
conductividad *f.*	**Leitfähigkeit / -vermögen**
semiconductor *m.*	**Halbleiter**
frágil	**spröde; zerbrechlich**
Este material es extremadamente frágil.	Dieses Material ist äußerst brüchig / spröde.
herramienta *f.*	**Werkzeug**
martillo *m.*	**Hammer**
cincel *m.*	**Meißel**
clavo *m.*	**Nagel**
alcayata *f.*	**Wandhaken**
tornillo *m.*	**Schraube**
destornillador *m.*	**Schraubenzieher**
rosca *f.*	**(Schrauben-)Gewinde**
tuerca *f.*	**Schraubenmutter**
perno *m.*	**Bolzen**
llave *f.* **inglesa**	**(verstellbarer) Schraubenschlüssel**
palanca *f.*	**Hebel**
limar – lima *f.*	**feilen – Feile**
taladrar – taladradora *f.* / **taladro** *m.*	**bohren – Bohrer / Bohrmaschine**
perforadora *f.* **neumática**	**Pressluftbohrer**
torno *m.* **de banco**	**Schraubstock**
tijeras *f. pl.*	**Schere**
tenazas *f. pl.*	**Beißzange; Kneifzange**
¿Dónde están mis tijeras / tenazas?	Wo ist meine Schere / Zange?
alicates *m. pl.*	**Kombizange; Drahtzange**
serrar (e>ie)	**sägen**
sierra *f.* / **serrucho** *m.*	**Säge; Fuchsschwanz**
sierra de arco – sierra circular	Bügelsäge – Kreissäge
el **hacha** *f.* →1.13 *el* alma *f.*	**Axt**
cepillo *m.* **de carpintero**	**Hobel**
máquina *f.*	**Maschine**
máquina para trabajar los metales	Metallbearbeitungsmaschine
máquina para trabajar la madera	Holzbearbeitungsmaschine
máquina de coser	Nähmaschine
máquina afiladora / rectificadora	Schleifmaschine
máquina de vapor	Dampfmaschine / -lokomotive
máquina-herramienta	Werkzeugmaschine

máquina cepilladora	Hobelmaschine
maquinaria *f.*	**Maschinerie; Maschinen; Maschinenpark; Maschineneinrichtungen**
la maquinaria de una fábrica	die Maschineneinrichtung einer Fabrik
la maquinaria de un reloj	das Uhrwerk
pieza de maquinaria	Maschinenteil
aparato *m.*	**Apparat; Gerät**
equipamiento *m. sg.*	**Ausrüstung; Geräte; Maschinen**
la construcción de maquinaria y equipamiento	der Bau von Maschinen und Anlagen
dispositivo *m.*	**Vorrichtung; Gerät**
La manivela es un dispositivo para poner algo en movimiento.	Die Kurbel ist eine zur Bewegungsübertragung dienende Vorrichtung.
mecanismo *m.*	**Mechanismus**
torno *m.*	**Drehbank / -maschine**
motor *m.*	**Motor**
motor eléctrico / electromotor	Elektromotor
motor de explosión	Verbrennungsmotor
motor de cuatro tiempos	Viertaktmotor
carburador *m.*	**Vergaser**
cilindro *m.*	**Zylinder**
pistón *m.*	**Kolben**
engranaje *m.*	**Getriebe**
rueda de engranaje	Zahnrad
fresadora de engranaje	Zahnradfräsmaschine
caja de engranaje / de cambios (coche)	Getriebe(gehäuse)
árbol *m.* **motor**	**(Antriebs-)Welle**
árbol de manivela	Kurbelwelle
árbol de levas	Nockenwelle
biela *f.*	**Pleuelstange**
volante *m.* **de impulsión**	**Schwungrad**
momento *m.* **de rotación**	**Drehmoment**
cojinete *m.* (esférico)	**(Kugel-)Lager**
ballesta *f.*	*(Auto)* **Feder**
válvula *f.* (de seguridad)	(Sicherheits-)**Ventil**
arandela *f.*	**Unterleg- / Dichtungsscheibe**
frenar – **freno** *m.*	**bremsen** – **Bremse**
utilizar el freno	die Bremse betätigen
Tuve que frenar en seco.	Ich musste scharf bremsen.
embragar (g>gue) – **embrague** *m.*	**kuppeln / anseilen – Kupplung(spedal)**
patente *f.*	**Patent**
patente solicitada	(zum) Patent angemeldet
marcha *f.*	(Auto) **Gang**
cambiar de marcha	umschalten
la marcha atrás	Rückwärtsgang
meter la tercera (marcha)	in den dritten Gang schalten
ir en primera (marcha)	im ersten Gang fahren

Fabricación
Fabrikproduktion

La introducción de las herramientas mecánicas en las fábricas, que obliga al obrero a repetir indefinidamente los mismos movimientos, produce la mecanización del alma del trabajador, y le arranca todo interés en la obra que produce. (*Ramiro de Maeztu, ensayista, diplomático y periodista español, 1874 –1936*)

fabricar (c>que) – **fabricación** *f.*	**herstellen / fertigen – Herstellung / Fabrikation**
fabricar un sinnúmero de productos	eine Vielzahl von Produkten herstellen
modo de fabricación	Fabrikationsmethode / -weise
proceso de fabricación	Fertigungsablauf
fabricante *m. / f.*	**Hersteller(in)**
los fabricantes de coches más importantes	die führenden Automobilhersteller
devolver al fabricante	es an die Herstellerfirma zurückschicken
manufacturar – **manufactura** *f.*	**fabrizieren / fertigen – Manufaktur / Fertigwaren aller Art**
manufacturas / productos manufacturados	Fertigwaren
hacer (– hago – hice, hizo – hecho)	**machen; erzeugen; herstellen**
Hacemos / fabricamos juguetes.	Wir stellen Spielwaren her.
producir (– produzco – produje – producido)	**herstellen; produzieren; erzeugen**
el acero producido en España	in Spanien hergestellter Stahl
artículo producido en grandes cantidades	ein Massenartikel
producción *f.* – **producto** *m.*	**Produktion / Herstellung / Fertigung – Produkt / Erzeugnis / Fabrikat**
producción en masa	Massenherstellung / -fertigung
producto acabado	Fertigerzeugnis
la producción de ropa de niños	die Produktion von Kinderkleidung
elaboración *f.*	**Verarbeitung; Anfertigung**
elaboración de grasas y aceites	Fett- und Ölverarbeitung
transformación *f.*	**Bearbeitung; Verarbeitung; Veredelung; Umarbeitung**
una industria de transformación	ein Verarbeitungsbetrieb
montar – **montaje** *m.*	**montieren – Montage**
planta / nave de montaje	Montagewerk / -halle
cadena / cinta de montaje	Montageband; Fließband
montaje automático regulado por ordenador	computergesteuerte Montage
mantenimiento *m.*	**Wartung; Instandhaltung**
industria *f.* – **industrial**	**Industrie – industriell**
productos industriales	Industrieerzeugnisse

la industria del automóvil	die Automobilindustrie
la industria de transformación	die verarbeitende Industrie
industria de construcción de máquinas	Maschinenbauindustrie
fábrica *f.*	**Fabrik**
obrero / -a de una fábrica	Fabrikarbeiter(in)
trabajador(a) de una fábrica	Fabrikarbeiter(in)
factoría *f.*	**Fabrik; Werk**
factoría algodonera	Baumwollfabrik
factoría de montaje	Montagefabrik
planta *f.*	**Anlage**
planta purificadora	Kläranlage
planta embotelladora	Flaschenfüllanlage
instalación *f.*	**Anlage; Einrichtung; Ausstattung**
instalaciones de producción	Fertigungs- / Produktionsanlagen
taller *m.*	**Werkstatt; Betrieb; Werk**
un taller de reparaciones	eine Reparaturwerkstatt
taller de pintura de carrocerías	Autolackierwerkstätte
funcionamiento *m.*	**Betrieb**
en funcionamiento	in Betrieb
(capacidad de) **rendimiento** *m.*	**Leistung**(sfähigkeit)
rendimiento absoluto	Wirkungsgrad
rendimiento de un trabajador por hora	Ausstoß pro Arbeitsstunde
rendimiento de una máquina	Maschinenwirkungsgrad
capacidad *f.* **productiva** / **productora**	**Leistungsfähigkeit** *(in Fertigung)*; **Produktionsleistung**
incrementar la capacidad productora en un 5 por ciento	die Produktionsleistung um 5 Prozent steigern
productividad *f.*	**Produktivität**
incrementar la productividad	die Produktivität erhöhen
cuota de productividad	Produktivitätsrate
mecanizar (z>ce) – **mecanización** *f.*	**mechanisieren – Mechanisierung**
mecánico / **-a**	**mechanisch; maschinell; Mechaniker(in)**
automatizar (z>ce) – **automatización** *f.*	**automatisieren – Automatisierung**
un proceso de producción automatizado	ein automatisierter Produktionsablauf
automático	**automatisch**
regulación / puesta a punto automática	automatische Regelung / Einstellung
proceso *m.*	**Prozess**
control del proceso	Prozesssteuerung
gasto *m.* / **coste** *m.*	**Kosten**
reducir los costes salariales	die Lohnkosten senken
reducir el gasto por unidad	die Stückkosten senken
cinta *f.* **transportadora**	**Förderband**
pieza *f.* **(de recambio)**	**(Ersatz-)Teil**
piezas intercambiables	auswechselbare Teile
montador / **ajustador**	**Monteur; (Maschinen-)Schlosser**
operario / **-a**	**(Maschinen-)Bediener(in)**
proveedor *m.*	**Zulieferer; Lieferant**

Electricidad y electrónica
Elektrizität und Elektronik

→ 16.1 Física

La electrónica nació después de la Primera Guerra Mundial debido al perfeccionamiento de los sistemas de telecomunicación: telegrafía y después telefonía "sin hilos". (*Gran Larousse universal*)

electricidad *f.*	**Elektrizität; (elektrischer) Strom**
compañía eléctrica / de la electricidad	Elektrizitätsgesellschaft
la factura de la electricidad / de la luz	Stromrechnung
eléctrico	**elektrisch**
una descarga eléctrica	ein elektrischer Schlag / Stromschlag
central eléctrica	Kraftwerk; Elektrizitätswerk
un aparato eléctrico	Elektroapparat
electrotécnica *f.* – **electrotécnico**	**Elektrotechnik** – **elektrotechnisch**
ingeniero / **-a electrotécnico** / **-a**	**Elektroingenieur(in)**
electricista *m. / f.*	**Elektriker(in)**
electrodomésticos *m. pl.*	**elektrische Haushaltgeräte**
contador *m.*	**(Strom-)Zähler**
generar electricidad	Elektrizität / Strom **erzeugen**
generador *m.*	**Generator**; **Lichtmaschine**
dinamo *f.*	**Dynamo**; *(Zug)* **Lichtmaschine**
batería *f.* (eléctrica)	(elektrische) **Batterie**
la batería de un coche	Autobatterie
pila *f.*	**Batterie** *(Radio)*
acumulador *m.*	**Akku(mulator)**
condensador *m.*	**Kondensator**
chispa *f.*	**Funke**
bujía *f.*	**Zündkerze**
cargar (g>gue) – **carga** *f.*	**aufladen** – **Aufladung**
una carga electroestática	eine elektrostatische Aufladung
(re)cargar una batería	eine Batterie (wieder)aufladen
carga de punta	Spitzenbelastung
corriente *f.*	**Strom**
corriente continua	Gleichstrom
corriente alterna	Wechselstrom
la corriente que pasa por un aparato	der durch ein Gerät fließende Strom
generador de corriente alterna	Wechselstromgenerator
intensidad de corriente	Stromstärke
corriente trifásica	Dreiphasenstrom; Drehstrom
corriente de alta / baja frecuencia	Hoch- / Niederfrequenzstrom
cortar la corriente	den Strom unterbrechen
230 **voltios** *m. pl.*	230 **Volt**
voltaje *m.* / **tensión** *f.*	**(Volt- / Netz-)Spannung**
alto voltaje / alta tensión	Hochspannung
cable de alta tensión	Hochspannungskabel
vatio *m.*	**Watt**
una bombilla de 100 vatios	eine 100-Watt-Birne

amperio *m.*	**Ampere**
un fusible de 30 amperios	eine 30-Ampere-Sicherung
amperaje *m.*	**Amperestärke**
convertidor *m.*	**Umformer**
transformador *m.*	**Transformator**
bobina *f.*	**Spule**
red *f.* **eléctrica**	**Stromnetz**
desconectar la corriente de la red eléctrica	den Strom am Hauptschalter abschalten
cable *m.*	**(Anschluss-)Kabel; Schnur; Leitung**
cable coaxial	Koaxialkabel
cable de tierra	Massekabel
cable conductor	Leitungskabel
cable de alta tensión	Hochspannungskabel
cable de emisión	Sendekabel
alargador *m.* / **alargadera** *f.*	**Verlängerungsschnur / -kabel**
cargado / con corriente	**stromführend**
el cable con corriente / la fase	die stromführende Ader / Phase
toma *f.* **de tierra**	**Erde; Erdung; Masse**
No habían hecho bien la toma de tierra de la lavadora.	Die Waschmaschine war nicht richtig geerdet.
circuito *m.*	**Stromkreis; Schaltkreis**
circuito integrado	integrierte(r) Schaltkreis / Schaltung
cortocircuito *m.*	**Kurzschluss**
apagón *m.*	**Stromausfall**
fusible *m.*	**Sicherung**
Han saltado los fusibles.	Die Sicherung ist raus(geflogen).
caja *f.* **de distribución**	**Verteilerdose**
enchufe *m.* (hembra) – **enchufe** *m.* (macho)	**Steckdose – Stecker**
enchufar – desenchufar	**einstecken / anschließen – (den Stecker) herausziehen / ausstecken**
enchufar la televisión	den Fernseher einstecken
¿Dónde se enchufa / conecta el altavoz?	Wo schließt man den Lautsprecher an?
No puede funcionar. No está enchufado.	Es kann nicht funktionieren. Es ist ja nicht angeschlossen / eingesteckt.
desenchufar la televisión	den Fernseher ausstecken
adaptador *m.*	**Adapter; Zwischenstecker**
un adaptador de cuatro enchufes	eine Vierfachsteckdose
ladrón *m. fam*	**Mehrfachsteckdosenkupplung**
botón *m.*	**Druckschaltknopf**
botón selector	Umschaltknopf
interruptor *m.*	**(Leitungs-)Schalter; Unterbrecher**
pulsar un interruptor	einen Schalter an- / ausknipsen
encender (e>ie) – **apagar** (g>gue)	**einschalten / anmachen – ausschalten / ausmachen / auslöschen**
encender / poner la televisión	den Fernseher einschalten
apagar / quitar la televisión	den Fernseher ausschalten
encender la luz / *fam* darle a la luz	das Licht anmachen

apagar la luz	das Licht ausmachen
cortar / **desconectar**	**abschalten**
cortar la luz	den Strom abschalten
lámpara *f.* **incandescente**	**Glühlampe**
bombilla *f.*	**Glühbirne**
lámpara *f.* / **tubo** *m.* **fluorescente**	**Leuchtstofflampe** / **-röhre**; **Neonröhre**
aislar – **aislamiento** *m.*	**isolieren** – **Isolierung**
cinta *f.* **aislante**	**Isolierband**
Murió **electrocutado**.	Er erhielt einen tödlichen **Stromschlag**.
electrónica *f.* – **electrónico**	**Elektronik** – **elektronisch**
procesamiento electrónico de datos	elektronische Datenverarbeitung; EDV
ordenadores y otros aparatos electrónicos	Computer und andere elektronische Geräte
(la) microelectrónica	**(die) Mikroelektronik**
(micro)chip *m.*	**(Mikro-)Chip**
microprocesador *m.*	**Mikroprozessor**
transistor *m.*	**Transistor; Transistorradio**
amplificar (c>que) – **amplificador** *m.*	**verstärken** – **Verstärker**
digital	**digital; Digital-**
digitalizar (z>ce) – **digitalización** *f.*	**digitalisieren** – **Digitalisierung**

"Desde hace poco tenemos nuestro propio generador de electricidad."

Recipientes
Behälter

Si el cántaro da en la piedra, o la piedra en el cántaro, mal para el cántaro.
(*Ramón J. Sénder, escritor español, 1901–1982*)

recipiente *m.*	**Behälter**
envase *m.*	**Verpackung; Behälter**
envase retornable	Pfandflasche
(envase) tetrabrick	Tetrapack
contenedor *m.*	*(genormter)* **Container**
contener (– contengo, contiene – contuve – contenido)	**enthalten**
La caja contiene piezas de repuesto.	Die Kiste enthält Ersatzteile.
contenido *m.*	**Gehalt**; *(Raum)* **Inhalt**
empaquetar	**einpacken; verpacken** (= zu einem Packet machen)
Ya he empaquetado los libros.	Ich habe die Bücher schon eingepackt.
empacar (c>que) *esp LAm*	**(ein)packen**
Ya he empacado las maletas.	Ich habe schon meine Koffer gepackt.
embalar – **embalaje** *m.*	**verpacken** – **Verpackung(smaterial)**
embalar las cosas para la mudanza	die Sachen für den Umzug verpacken
meter	**hineinpacken / -stecken**
meterlo en una caja de cartón	es in einen Pappkarton packen
paquete *m.*	**Paket; Packung**
un paquete de galletas	eine Packung Kekse
paquete postal	Postpaket
caja *f.*	**Schachtel; Kiste; Kasten; Dose**
caja de cartón	Karton; Pappschachtel
caja fuerte	Tresor
caja de pinturas	Farbkasten
una caja de cerveza	ein Kasten Bier
una caja de vino	eine Kiste Wein
una caja de metal / una lata	eine Blechdose
cajón *m.*	*(große Holz-)***Kiste; Schublade**
el **arca** *f.* → 1.13 *el* alma *f.*	*(große Holz-)***Kiste; Truhe**
cofre *m.*	**Truhe; Arg,** *Col* **Schmuckkästchen**
saco *m.*	**Sack;** *LAm* **Jacke / Sakko**
un saco de patatas	ein Sack Kartoffeln
mochila *f.*	**Rucksack**
bolso *m.*	**Handtasche**
bolsa *f.*	**Tragetasche; Tüte**
una bolsa de papel / de plástico	eine Papier- / Plastiktüte
una bolsa de leche	eine Tüte Milch
cesta *f.* / **cesto** *m.*	**Korb**
maleta *f.*	**Koffer; Schulranzen**
maletín *m.*	**Diplomatenkoffer**

cartera *f.*	**Aktentasche; Brieftasche; Geldtasche; Schulranzen**
archivador *m.*	**Aktenordner**
carpeta *f.*	**Aktendeckel; Mappe**
sobre *m.*	**(Brief-)Umschlag**
jarra *f.* / **jarro** *m.*	**Krug**
cántaro *m.*	**Henkelkrug**
jarrón *m.*	**Vase**
maceta *f.*	**Blumentopf**
vaso *m.* – **vasija** *f.*	**Wasserbecher, Glas – Gefäß**
cafetera *f.*	**Kaffeekanne / -maschine**
tetera *f.*	**Teekanne**
termo *m.*	**Isolierkanne; Thermosflasche**
garrafa *f.* – **botella** *f.*	**Karaffe – Flasche**
bote *m.* / **tarro** *m.* / **frasco** *m.*	**zylindrischer Behälter; Büchse; Parfümflasche**
un frasco / bote / tarro / de colonia	eine Kölnischwasserflasche
un bote / tarro de cristal	ein Glasfläschchen
un bote de pintura	eine Farbdose
bota *f.*	**(lederne) Weinflasche**
botijo *m.* / *Andal* **búcaro** *m.*	**Wasserkrug (mit Henkel)**
lata *f.*	**Blechkanne; Blechbüchse; Blechdose**
una lata de pintura	eine Farbdose
una lata de judías	eine Büchse / Dose Bohnen
una lata de gasolina	Benzinkanister
una lata de aceite	Ölkanne
dar la lata a alguien	jemanden belästigen
¡Qué lata!	Wie langweilig!
tarrina *f.*	*(Margarine, Eis)* **Becher**
bidón *m.*	**Blechbehälter; Kanne; Kanister; Eisenfass**
un bidón de gasolina	Benzinkanister
un bidón de aceite	Ölfass
palangana *f.*	**Waschschüssel**
cubo *m.*	**Eimer**
el cubo de la basura	Mülleimer
cuba *f.*	**(Wein-)Fass**
barril *m.*	**Fass**
un barril de cerveza	ein Fass Bier
barrica *f.*	**Fass** *(mittlere Größe)*
tonel *m.*	**Fass; Tonne**
El jerez se deposita en toneles / cubas / barricas de roble.	Sherry wird in Eichenfässern gelagert.
depósito *m.*	**Tank**
depósito de gasolina	Benzintank
depósito de aceite	Öltank
llenar el depósito	den Tank voll machen
echar	**gießen; schütten**
echar el líquido en un cubo	die Flüssigkeit in einen Eimer gießen
escanciar	**einschenken**

Información y comunicación
Information und Kommunikation

Fuentes de información
Nachschlagemöglichkeiten

→ 18.7 Ordenadores

Jesucristo tendría buenos medios de información y, sin embargo, le salió un Judas. (*Manuel Fraga Iribarne, político español y presidente de la Xunta de Galicia, nacido en 1922*)

libro *m.* **de consulta**	**Nachschlagebuch / -werk**
diccionario *m.*	**Wörterbuch; Lexikon**
Lo voy a mirar en el diccionario.	Ich werde es im Wörterbuch nachschlagen.
diccionario de voces extranjeras	Fremdwörterbuch
diccionario de sinónimos	Synonymlexikon
diccionario de refranes	Sprichwörterlexikon

El DRAE (= *Diccionario de la Real Academia Española*) ist das amtliche Wörterbuch der Spanischen Akademie. *La Real Academia* wurde 1713 unter dem Motto *limpia, fija y da esplendor* (= reinigt, bestimmt und gibt Glanz) gegründet und wacht seitdem über die Reinheit und Einheitlichkeit der spanischen Sprache.

enciclopedia *f.*	**Enzyklopädie; (Konversations-) Lexikon**
una entrada en una enciclopedia	ein Eintrag in einem Lexikon
suplemento *m.* / **anexo** *m.*	*(Lexikon)* **Nachtragsband**
registrar – **registro** *m.*	**eintragen / anmelden / aufzeichnen** – **Register / Index**
registrar una marca de fábrica	ein Markenzeichen eintragen lassen
registro civil	Personenstandsregister; Standesamt
registro mercantil	Handelsregister
registro de la propiedad	Grundbuch
índice *m.*	**Inhaltsverzeichnis; Register; Index**

El índice Expurgatorio (= Index librorum prohibitorum) war ein Verzeichnis der Bücher, die die Kirche verboten oder zensiert hatte.

boletín *m.*	**Bericht;** *Arg* **Extrablatt**
boletín de información / informativo	Lagebericht
Boletín Oficial del Estado / BOE	Gesetzblatt; *(etwa)* Bundesgesetzblatt; Reichgesetzblatt
almanaque *m.*	**Almanach**
el almanaque mundial del año 2000	der Weltalmanach 2000
manual *m.*	**Handbuch**
consultar el manual	im Handbuch nachsehen
anuario *m.*	**Jahrbuch**
catálogo *m.*	**Katalog**

atlas *m.*	**Atlas**
bibliografía *f.*	**Bibliographie; Schriftenverzeichnis; Literatur**
estudiar la bibliografía especializada	die Fachliteratur studieren
directorio *m.*	**Adressbuch**
guía *f.* **telefónica**	**Telefonbuch**
biblioteca *f.* – **bibliotecario** / **-a**	**Bibliothek – Bibliothekar(in)**
sacar un libro de la biblioteca	ein Buch aus der Bibliothek entleihen
biblioteca pública	öffentliche Bibliothek
biblioteca de consulta	Präsenzbibliothek
biblioteca audiovisual	Mediothek
hemeroteca *f.*	**Zeitungsarchiv**
archivo *m.*	**Archiv**
ficha *f.*	**Katalog- / Archivzettel; Karteikarte**
microfilm *m.* – **microficha** *f.*	**Mikrofilm – Mikrofiche**
fotocopiar – **fotocopia** *f.*	**fotokopieren – Fotokopie**
investigar (g>gue)	**forschen**
hojear un libro	in einem Buch **blättern**
ojear un artículo	einen Artikel **überfliegen**
buscar (c>que) un nombre determinado	einen bestimmten Namen **suchen**
información *f.*	**Information; Mitteilung; Bericht**
buscar una información	eine Information suchen
demanda de información	Informationsanfrage
petición de información / de datos	Informations- / Datenabruf
dato *m.* – **datos**	**Angabe – Angaben / Daten**
la autopista de datos	die Datenautobahn
banco de datos	Datenbank
procesamiento de datos	Datenverarbeitung
verificación de datos	Datenprüfung
transmitir datos	Daten übertragen
realidad *f.* **virtual**	**virtuelle Realität**
servicio *m.* **por línea**	**Online-Dienst**
Internet *f.*	**Internet**
un texto copiado / bajado / descargado de Internet	ein aus dem Internet kopierter / heruntergeladener Text
correo *m.* **electrónico**	**elektronische Post; E-Mail**
carta *f.* **electrónica**	**elektronischer Brief**
CD-ROM *m.* **(memoria sólo de lectura)**	**CD-ROM**
navegar (g>gue) – **navegación** *f.* **por la red**	**surfen – Net-Surfing**
explorador *m.* / **buscador** *m.*	**Suchmaschine**
hojeador *m.* – **navegador** *m.*	**Browser**
hipertexto *m.*	**Hypertext**
enlace *m.* / **salto** *m.* **hipertextual**	**Link**
página *f.* **incial** / **página-hogar** *f.*	**Homepage**
multimedia *m.*	**Multimedia**
interactivo	**interaktiv**
cibernauta *m.* / *f.* / **internauta** *m.* / *f.*	**Internetbenutzer(in)**

Los libros y el mundo editorial
Bücher und Verlagswesen

→ 11.7 Literatura

Qué pena morirse, con la de libros que le quedan a uno por leer.
(*Marcelino Menéndez Pelayo, historiador y filólogo español, 1856–1912*)

libro *m.*	**Buch**
libros técnicos	Sachbücher
puesto / stand de libros	Bücherstand
club del libro – asociación de amigos del libro	Buchklub – Buchgemeinschaft
libros de segunda mano	Bücher aus zweiter Hand
libro de bolsillo	Taschenbuch
lanzar un libro al mercado	ein Buch auf den Markt bringen
librero / **-a**	**Buchhändler(in)**
tomo *m.*	**Band**
un diccionario de / en dos tomos	ein zweibändiges Lexikon
encuadernar – **encuadernación** *f.*	**(ein)binden** – **Einband**
encuadernar en rústica	broschieren
encuadernación en tela	(in) Leinen (gebunden)
tapa *f.* / **pasta** *f.*	**Bucheinband**
un libro con pastas duras	ein Buch mit festem Einband
lomo *m.*	**Buchrücken**
la **(sobre)cubierta**	der **Schutzumschlag**
la **solapa** de la sobrecubierta	die Umschlag**klappe**
el texto de la solapa	der Klappentext
la **portada** / *LAm* la **carátula**	die **Titelseite**
prólogo *m.* / **prefacio** *m.*	**Vorwort**
introducción *f.*	**Einleitung**
índice *m.*	**Inhaltsverzeichnis**
página *f.*	**(Buch-)Seite**
nota a pie de página	Fußnote
apéndice *m.*	**Anhang**
glosario *m.*	**Glossar**; **Wörterverzeichnis**
autor(a) – **lector(a)**	**Autor(in)** – **Leser(in)**
seudónimo *m.*	**Schriftstellername**; **Pseudonym**
traducir (– traduzco – traduje – traducido)	**übersetzen**; **übertragen**
traducido por José María Valverde	übersetzt von José María Valverde
traducción *f.* – **traductor(a)**	**Übersetzung** – **Übersetzer(in)**
una traducción al / del danés	eine Übersetzung ins Dänische / aus dem Dänischen

ISBN (= *número de identificación internacional,* vom englischen *International Standard Book Number*): International eingeführtes Identifikationsmerkmal für jedes Buch. In 3-19-204084-X steht 3 für Deutschland, 19 für Max Hueber Verlag, 204084 für den Titel *Schnellkurs Spanisch* und X als Prüfziffer.

adaptar – **adaptación** *f.*	**bearbeiten** – **Bearbeitung**
la adaptación de una novela para la televisión	die Fernsehbearbeitung eines Romans
abreviar / **compendiar** / **resumir**	**kürzen**
una versión abreviada	eine gekürzte Fassung
copyright *m.* / **derecho** *m.* **de la propiedad intelectual**	**Copyright; Urheberrecht**
derechos *m. pl.* **de autor**	**Autorenhonorar**
publicar (c>que)	**herausgeben; veröffentlichen; publizieren; verlegen**
El libro salió / fue publicado el pasado mes de mayo.	Das Buch ist im vergangenen Mai erschienen.
publicación *f.*	**Veröffentlichung; Herausgabe**
manuscrito *m.*	**Manuskript**
un manuscrito mecanografiado	ein maschinengeschriebenes Manuskript
editar	**verlegen; herausgeben**
volver a editar	neu auflegen
editorial *f.*	**Verlag; Verlags-**
una editorial de libros para la enseñanza	ein Schulbuchverlag
casa editorial	Verlagshaus
éxito editorial	Bucherfolg
editor *m.*	**Verleger; Herausgeber**
edición *f.*	**Ausgabe; Auflage**
una edición de bolsillo	eine Taschenbuchausgabe
edición de pastas duras	gebundene Ausgabe
edición de lujo	Prachtausgabe; Luxusausgabe
una edición de 5.000 ejemplares	eine Auflage von 5.000 Exemplaren
edición corregida	verbesserte Ausgabe
edición príncipe	Erstauflage
una edición limitada	limitierte Auflage
segunda edición	zweite Auflage
dirigir una edición	eine Ausgabe lektorieren / redigieren
lectorado *m.*	**Lektorat**
lector(a)	**Lektor(in); Redakteur(in)**
autoedición *f.*	**Desktop-Publishing**
incunable *m.*	**Inkunabel, Wiegendruck**
componer (– compongo – compuse – compuesto)	*(Buchdruck)* **setzen**
componer / ir a las cajas un libro	ein Buch setzen
tipógrafo / **-a** / **cajista** *m.* / *f.*	**Setzer(in)**
tipográfico	**typografisch; Buchdruck-; drucktechnisch**
corregir (– corrijo – corregí, corrigió – corregido) – **corrección** *f.*	**korrigieren** – **Korrektur**
corrección de pruebas	Korrektur
corrector(a) de pruebas	**Korrektor(in)**
pruebas *f.* **de imprenta**	**(Druck-)Fahnen**
compaginación *f.* / **ajuste** *m.*	**Umbruch**
paginación *f.*	**Seitenangabe; Paginierung**

cianotipia *f.* / **copia** *f.* **azul**	**Blaupause**
error *m.* – **errata** *f.*	**Fehler – Druckfehler**
error de composición / de molde	Satzfehler
error / errata de imprenta	Druckfehler
cambios *m. pl.* **del autor**	**Autorkorrektur**
imprimir – **impresión** *f.*	**drucken – Druck / Abdruck**
imprimir en papel sin ácido	auf säurefreiem Papier drucken
una impresión grande y clara	großer und deutlicher Druck
imprenta *f.*	**Druckerei**
El libro está en la imprenta / imprimiéndose.	Das Buch ist in Druck gegangen.
fecha *f.* **de publicación**	**Erscheinungstermin**
ejemplar *m.*	**Exemplar**
cinco ejemplares del libro	fünf Exemplare des Buches
ejemplar de prueba	Vorausexemplar; Probeexemplar
feria *f.* **del libro**	**Buchmesse**
devoluciones *f.* / **libros** *m.* **devueltos**	**Remittenden**
agotado	**vergriffen**
El libro está agotado.	Das Buch ist vergriffen.
bestséller *m.*	**Bestseller**
un autor bestséller	ein Bestseller(autor)

Ein sehr spannendes Buch *se lo bebe uno* (= man trinkt es), auch *se lo devora uno* (= man frisst es).

"Pues mi mamá ya me ha hecho socio del Círculo de Lectores ..."

La prensa
Die Presse

El periodista debe escribir a gran velocidad porque si no corre el riesgo de que, al llegar al último renglón, ya no tenga actualidad el primero.
(*Fernando Fernán Gómez, actor y escritor español, nacido en 1921*)

los **medios de comunicación**	die **Massenmedien**
prensa *f.*	**Presse**
libertad de prensa	Pressefreiheit
censura de prensa	Pressezensur
dar una rueda de prensa	eine Pressekonferenz geben
prensa amarilla / sensacionalista	Sensationspresse
periodismo *m.* – **periodista** *m. / f.*	**Journalismus** – **Journalist(in)**
periódico m.	**Zeitung**
un periódico de cobertura nacional	eine überregionale Zeitung
un periódico local	eine Lokalzeitung
vendedor(a) de periódicos	Zeitungsverkäufer(in); Zeitungshändler(in)
quiosco / puesto de periódicos	Zeitungskiosk / -stand
periodístico	**journalistisch**; **Journalisten-**; **Zeitungs-**
un acontecimiento periodístico	ein Medienereignis
diario *m.*	**Tageszeitung**
diario de la mañana / matutino	Morgenzeitung
diario de la tarde / vespertino	Abendzeitung
semanario *m.*	**Wochenzeitung** / **-zeitschrift**
revista *f.*	**Magazin; Zeitschrift**
revista femenina	Frauenzeitschrift
revista de información	Nachrichtenmagazin
revista de moda	Modezeitschrift
revista ilustrada	Illustrierte
revista del corazón	„Regenbogenpresse"
revista especializada	Fachzeitschrift
publicación *f.* **periódica**	**Zeitung**; **Zeitschrift**; **Revue**
una publicación mensual	Monatszeitschrift

Die spanische Presse spielte eine sehr wichtige Rolle nach dem Tod von General Franco (1975) und während *la Transición* (= Übergang). In dieser Übergangszeit, im Jahr 1976, wurde *El País* gegründet, *un periódico de tendencia liberal de izquierda* (= eine linksliberale Zeitung), die heute die größte Auflage in Spanien hat. Andere wichtige Zeitungen sind: *ABC – consevador y monárquico* (= konservativ und monarchisch) • *El Mundo – conservador* (= konservativ) • *La Vanguardia – periódico catalán conservador* (= konservative katalanische Zeitung)

In Spanien haben auch *las revistas del corazón* (= die Zeitungen der „Regenbogenpresse"), wie z.B. *Hola, Lecturas, Semana, Diez Minutos* usw. riesige Auflagen. Diese Zeitschriften schenken ihre Aufmerksamkeit dem

Klatsch (= *cotilleo*) und zahlen hohe Geldsummen für Exklusivberichte (= *exclusivas*).

noticia *f.*	**Nachricht**
agencia de noticias	Nachrichtenagentur
según las noticias de la prensa	Pressenachrichten zufolge
Según noticias recibidas desde Barcelona ...	Aus Barcelona wird gemeldet ...
El País ha conseguido esa noticia.	„El País" hat diese Nachricht erhalten.
dar una noticia	eine Meldung bringen
una noticia de última hora	eine letzte Meldung
informar – **información** *f.*	**berichten** / **melden** – **Bericht** / **Meldung** / **Ereignis**
información gráfica	Bildbericht
cubrir una información	über ein Ereignis berichten
Desde Lima nos ha sido informado que ...	Aus Lima wird gemeldet, dass ...
artículo *m.* – **articulista** *m.* / *f.*	**Artikel** – **Artikelschreiber(in)**
el periodista que escribió el artículo	der Journalist, der den Artikel schrieb
un articulista famoso	ein berühmter Artikelschreiber
reportaje *m.* – **reportero** / **-a**	*(längerer)* **Bericht** / **Reportage** – **Berichterstatter(in)** / **Reporter(in)**
un reportaje sobre fiestas populares	eine Reportage über Volksfeste
crónica *f.* – **cronista** *m.* / *f.*	*(aktueller)* **Bericht** – **Berichterstatter(in)**
crónica local	Lokalnachrichten
columna *f.* – **columnista** *m.* / *f.*	**Spalte** / **Kolumne** – **Kolumnist(in)**
Es columnista de El País.	Er / Sie arbeitet bei „El País" als Kolumnist(in).
anunciar – **anuncio** *m.*	**bekannt geben** / **verlautbaren** / **anzeigen** – **Anzeige** / **Reklame**
Anunció su dimisión.	Er / Sie kündigte seinen / ihren Rücktritt an.
anunciar algo en un periódico	eine Anzeige in die Zeitung setzen
anuncio publicitario	Werbeanzeige
sección de anuncios	Anzeigenteil
portada *f.*	*(Magazin)* **Titelseite**
noticia de portada	Titelgeschichte
la **primera página**	*(Zeitung)* die **Titelseite**
titular *m.*	**Schlagzeile; Überschrift**
con grandes titulares	mit fetten Schlagzeilen
editorial *m.*	**Leitartikel**
sección *f.*	**Teil**
sección de deportes / de economía	Sport- / Wirtschaftsteil
cartas *f.* **al director**	**Leserbriefe**
esquela *f.* **mortuoria**	**Todesanzeige**
oferta *f.* / **bolsa** *f.* **de empleo**	**Stellenangebot**
suplemento *m.*	**Beilage**
edición *f.* **internacional**	**internationale Ausgabe**

director(a)	**Direktor(in); Leiter(in); Herausgeber(in)**
redacción *f.* – **redactor(a)** (jefe)	**Redaktion** – **(Chef-)Redakteur(in)**
redactor(a) de asuntos económicos	Wirtschaftsredakteur(in)
destacar (c>que) una noticia	eine Story groß **herausstellen**
un(a) **colaborador(a)** de El Mundo	ein(e) „El Mundo"-**Mitarbeiter(in)**
corresponsal *m. / f.*	**Korrespondent(in)**
El **pie de foto** dice ...	Die **Bildunterschrift** lautet ...
recorte *m.* **de periódico**	**Zeitungsausschnitt**
plazo *m.* (de entrega)	*(Manuskriptabgabe)* (letzter) **Termin**
cierre *m.* **de (la) edición**	**Redaktionsschluss**
rotativa *f.*	**Rotationsmaschine**
ejemplar *m.*	**Exemplar**
tirada *f.*	**Auflage**
una tirada de 3 millones	eine Auflage von 3 Millionen
suscribirse (– suscribo – suscribí – suscrito)	**abonnieren**
suscribirse a un periódico	eine Zeitung im Abonnement beziehen
suscriptor(a) – **suscripción** *f.*	**Abonnent(in)** – **Abonnement**
portavoz *m. / f.*	**(Presse-)Sprecher(in)**
quiosco *m.* / **puesto** *m.* **de periódicos**	**Zeitungskiosk**
quiosquero / **-a**	**Kioskverkäufer(in)** / **-besitzer(in)**

Viele Zeitungskioske sind in Spanien wie kleine Buchhandlungen, in denen man nicht nur Zeitungen und Zeitschriften, sondern auch Romane und Hefte kaufen kann. Zeitungen kommen übrigens jeden Tag heraus, auch an Wochenenden und Feiertagen, außer am 25. Dezember, am 1. Januar und am Karsamstag.

"¿Qué piensa usted de la libertad de prensa?"

Radio y televisión
Rundfunk und Fernsehen

→ 11.5 Teatro y cine, 18.3 La prensa

Cada noche 15 millones de españoles ven la tele. El consumo televisivo no depende sólo de la oferta; la televisión es una forma de ocio.
(*El Mundo, periódico español*)

radio *f.* / *LAm m.*	**Rundfunk(-); Radio(-); Hörfunk**
escuchar / oír la radio	Radio hören
Lo he oído en la radio.	Das habe ich im Radio gehört.
aparato de radio	Rundfunk- / Radiogerät
estación de radio(difusión)	Rundfunkanstalt
televisión *f.* / *fam* **tele** *f.*	**Fernsehen**
¿Qué ponen esta noche en la tele(visión)?	Was gibt's heute Abend im Fernsehen?
ver / mirar la tele(visión)	fernsehen
televisión por cable	Kabelfernsehen
televisor *m.* – **televisivo**	**Fernsehapparat** – **Fernseh-**
un programa televisivo	eine Fernsehsendung
televidente *m.* / *f.*	**Fernsehzuschauer(in)**
televisar	**im Fernsehen bringen** / **übertragen**
La ceremonia fue televisada en directo / en diferido.	Die Feier wurde direkt / als Aufzeichnung übertragen.
(re)transmitir – **retransmisión** *f.*	*(Rundfunk / Fernsehen)* **übertragen** – **Übertragung**
la retransmisión del concierto	die Übertragung des Konzerts
emitir – **emisora** *f.* – **emisión** *f.*	*(Rundfunk / Fernsehen)* **senden** / **ausstrahlen** – **Sender** – **Sendung**
Ese programa fue emitido el lunes pasado.	Diese Sendung wurde vorigen Montag gesendet / ausgestrahlt.
muchas horas de emisión	viele Stunden Sendezeit
empezar / cerrar la emisión	die Sendung beginnen / beenden
cierre de (la) emisión	Sendeschluss
canal *m.*	**(Fernseh-)Kanal**; **Programm**
cambiar de canal	das Programm wechseln
zapear – **zapping** *m.*	**zappen** – **Zappen**
sintonizar (z>ce) una emisora de radio	einen Radiosender einstellen

Die Spanier verbringen viele Stunden vor dem Fernsehapparat (= *aparato de televisión* / *televisor*), den man auch *caja tonta* (= blöde Kiste) nennt. In vielen spanischen Häusern läuft *la caja tonta* die ganze Zeit, sogar wenn die Familie am Esstisch sitzt, obwohl niemand richtig zuschaut. Unverzichtbarer (= *indispensable*) Bestandteil der Programmplanung sind amerikanische Serien (= *series*), *los culebrones* (= lateinamerikanische Serien), die in Spanien ebenfalls sehr populär sind, *los programas de entrevistas* (= Talkshows), *concursos* (= Quizsendungen) und *los programas del corazón* (= Boulevardsendungen), die in jedem Programm übertragen werden.

programa *m.* (de radio / TV)	(Rundfunk- / Fernseh-)**Sendung**
un programa en directo / en diferido	eine Live-Sendung / aufgezeichnete Sendung
un programa abierto con participación telefónica de los televidentes / radioyentes	Anruf-Sendung
telediario *m.* / **noticias** *f. pl.* / *LAm* **noticioso** *m.* **informativo**	*(Fernsehen)* **Nachrichtensendung**
diario *m.* **hablado**	*(Radio)* **Nachrichtensendung**
documental *m.*	**Dokumentarfilm**
publicidad *f.*	**Werbung**
un **anuncio** / *LAm* **aviso** *m.*	ein **Werbespot**
telefilme *m.*	**Fernsehfilm**
serie *f.* / **comedia** *f.* **televisiva**	**Fernsehserie** / **-komödie**
culebrón *m.*	**lateinamerikanische Serie**
concurso *m.*	**Quizsendung**
cámara *f.* **oculta**	**versteckte Kamera**
programa *m.* **educativo**	**Unterhaltung, die bildet / informiert**
episodio *m.*	**Folge** (einer Fernsehserie)
reponer (– repongo – repuse – repuesto) – **reposición** *f.*	**wiederholen** – **Wiederholung**
entrevista *f.* – **entrevistador(a)**	**Interview** – **Interviewer(in)**
moderador(a)	*(Debatte)* **Moderator(in)**
locutor(a)	**Ansager(in)**; **Sprecher(in)**
presentador(a)	**Moderator(in)**; **Talkmaster(in)**
el presentador del telediario	der Nachrichtensprecher
comentarista *m.* / *f.*	**Kommentator(in)**
comentarista deportivo	*(Sportübertragung)* Sportreporter(in)
pinchadiscos *m.* / *f.*; *sg.* / *pl.*	**Diskjockey**
el **hombre** / la **mujer del tiempo**	**Person, die das Wetter ansagt**
productor(a) – **patrocinador(a)**	**Produzent(in)** – **Sponsor(in)**
radioyente *m.* / *f.*	**(Rundfunk-)Hörer(in)**
audiencia *f.*	**Einschaltquote**
la hora de mayor audiencia	Haupteinschaltzeit
índice de audiencia alto / bajo	hohe / niedrige Einschaltquoten
radio-despertador *m.*	**Radiowecker**
magnetófono *m.* / **magnetofón** *m.*	**Tonbandgerät**
caset(e) *m.*	**Kassettenrekorder**
cinta *f.* / **casete** *f.*	**Kassette**
vídeo *m.*	**Video(-)**; **Videokassette**; **Videorekorder**
DVD (*de-uve-de*) *m.*	**DVD** / **-Player**
micrófono *m.*	**Mikrofon**
una buena / mala **recepción** *f.*	guter / schlechter **Empfang**

El servicio postal
Der Postdienst

No le escribe nunca porque la pereza le esconde la pluma, la tinta o el block. (*Carlos Pezoa Véliz, poeta chileno, 1879–1908*)

correo *m.*	**Post**
Lo enviaremos por correo.	Wir schicken es mit der Post.
¿Ha llegado ya el correo?	Ist die Post schon da?
por correo separado	mit getrennter Post
correo nacional	Inlandspost
a vuelta de correo	postwendend
tren correo	Postzug
correo aéreo / marítimo	Luft- / Seepost
(oficina *f.* **de) correos** *m.*	**Post(filiale / -amt)**
apartado / *LAm* casilla de correos	Postfach
llevar una carta a correos	einen Brief auf die Post bringen
postal	**Post-**
franqueo / tarifa postal	Postgebühren
giro postal	Postanweisung
empleado / -a de correos	**Postbeamter / -beamtin**
cartero / -a	**Briefträger(in)**
lista *f.* / **listado** *m.* **de direcciones**	**Adressenliste**

Nach der Ordenaza Postal (= Dienstordnung der Post) umfassen die Dienstleistungen der spanischen Post: *Los Servicios postales* (= Briefpostdienste) und *los Servicios bancarios* (= Postbankservice), wie z.B. *Giro* m. *Postal* (= Postüberweisung), *Cobro* m. *de Efectos* (= Wertpapiere), *Cheque* m. *Postal* (= Postscheck) und *Caja* f. *Postal de Ahorros* (= Postsparkasse).

carta *f.*	**Brief**
carta certificada / *LAm* registrada	Einschreiben
carta por vía aérea	Luftpostbrief
echar una carta	einen Brief einwerfen
carta de propaganda	Werbebrief
Mi carta tardó diez días en llegar.	Mein Brief war zehn Tage unterwegs.
paquete *m.* / *Arg, Col, Chi, Pe* **encomienda** *f.* / *Col, Mex* **recomendado** *m.*	**Paket**
paquete pequeño	Päckchen
envolver / abrir un paquete	ein Paket / Päckchen packen / auspacken
un paquete bomba	Paketbombe
(**tarjeta** *f.*) **postal** *f.*	**Postkarte**
impreso *m.*	**Drucksache**
telegrama *m.*	**Telegramm**
repartir / **distribuir** (-y-)	**zustellen**
millones de cartas sin repartir	Millionen nicht zugestellter Briefe
reparto *m.*	**Zustellung**
enviar – **envío** *m.*	**schicken** – **Sendung**

envío urgente	Eilsendung
enviar algo contra rembolso	etwas per Nachnahme schicken
reexpedir / enviar a las nuevas señas / a la nueva dirección	nachsenden
enviar una carta certificada	einen Brief per Einschreiben schicken
recibir	**bekommen; erhalten**
Ayer recibimos un paquete.	Gestern haben wir ein Paket bekommen.
por vía *f.* **aérea** / **por avión** *m.*	**mit / per Luftpost**
Lo enviaremos por avión.	Wir schicken es per Luftpost.
correspondencia *f.*	**Briefwechsel; Korrespondenz**
correspondencia en lista de correos / *LAm* cartas detenidas	postlagernd
bono *m.* **de respuesta** / **cupón** *m.* **internacional**	**internationaler Antwortschein**
buzón *m.*	**Briefkasten**
echar una carta (al buzón)	einen Brief einwerfen
sello *m.* / *LAm* **estampilla** *f.*	**Briefmarke**
matasellos *m.*	**Poststempel**
El matasellos es de Cádiz.	Der Brief ist in Cádiz abgestempelt.
franqueo *m.*	**Porto**
dirección *f.* / **señas** *f. pl.*	**Adresse; Anschrift**
código *m.* **postal**	**Postleitzahl**
destinatario / **-a** – **remitente** *m.* / *f.*	**Empfänger(in)** – **Absender(in)**
En caso de no encontrarse al destinatario, devuélvase al remitente.	Falls unzustellbar, bitte an Absender zurück.

"Es nuestro cartero especial para cartas urgentes."

Teléfono y fax
Telefon und Fax

De nación a nación se puede transmitir la voz humana. Por los aires, etéreamente, de continente en continente, van los pensamientos del hombre. (*José Martínez Ruiz "Azorín", escritor español, 1873–1967*)

teléfono *m.* – **telefónico**	**Telefon – Telefon-**
Nuestro teléfono está estropeado.	Unser Telefon ist gestört.
Lo llaman por teléfono.	Sie werden am Telefon verlangt.
coger el teléfono	ans Telefon / an den Apparat gehen; den Hörer abnehmen
durante una llamada telefónica	während eines Telefongesprächs
tarifa telefónica	Telefongebühren
teléfono inalámbrico	schnurloses Telefon
teléfono móvil / celular	Funk- / Mobiltelefon; Mobilfunk
móvil *m.*	**Handy**
llamar por teléfono – **llamada** *f.* telefónica	anrufen – Anruf / Telefonat
La he llamado a la oficina.	Ich habe sie im Büro angerufen.
¿Te puedo llamar más tarde?	Kann ich dich später zurückrufen?
Muchas gracias por llamarme.	Vielen Dank für Ihren / deinen Anruf.
hacer una llamada telefónica	ein Telefongespräch führen
Llámame cuando vuelvas.	Ruf mich an, wenn du zurück bist.
Recibimos / Tuvimos algunas llamadas.	Wir bekamen / hatten ein paar Anrufe.
llamada urbana	Ortsgespräch
llamada a cobro revertido	R-Gespräch
hablar por teléfono	**telefonieren**; **am Telefon sprechen**
Está hablando con su madre por teléfono.	Er / Sie telefoniert gerade mit seiner / ihrer Mutter.
telefonear	**anrufen**
Tengo que telefonear un momento a la oficina.	Ich muss kurz im Büro anrufen.
telefonazo *m. fam*	**Anruf**; **Telefonat**
Pégame un telefonazo cuando vuelvas.	Ruf mich an, wenn du zurückkommst.
conferencia *f.*	**Ferngespräch**
colgar – **descolgar** (o>ue, g>gue)	**einhängen** / **auflegen** – **abnehmen**
Me ha colgado el teléfono.	Er / Sie hat mir den Hörer aufgelegt.
Han dejado el teléfono descolgado.	Sie haben den Hörer nicht aufgelegt.
número *m.* **de teléfono**	**Telefonnummer**
Me puede llamar a este número de teléfono.	Sie können mich unter dieser Nummer anrufen / erreichen.
Se ha equivocado usted de número.	Sie sind falsch verbunden.
(número de) teléfono gratuito	gebührenfrei anrufbare Nummer
(número de) teléfono secreto	Geheimnummer
prefijo *m.*	**Vorwahl**

Cómo se dicen los números de teléfono **(= Wie man Telefonnummern spricht)**
Desde Alemania el prefijo de España es el 0034 (cero, cero, treinta y cuatro). Desde España el prefijo de Sevilla es el 95 (noventa y cinco). Nuestro número de teléfono es el 38 47 06 (treinta y ocho, cuarenta y siete, cero, seis). Nuestro número de fax es el 734 6117 (siete, treinta y cuatro / setecientos treinta y cuatro, sesenta y uno, diecisiete).

guía *f.* **telefónica** / **de teléfonos**	**Telefonbuch**
una entrada en la guía telefónica	ein Eintrag im Telefonbuch
listín *m.* **(telefónico)** / *LAm* **directorio** *m.* **de teléfonos**	**Telefonbuch**
páginas *f. pl.* **amarillas**	**Gelbe Seiten; Branchentelefonbuch**
información *f.*	**Telefonauskunft**
abonado / **-a**	**(Telefon-)Kunde** / **Kundin**
marcar (c>que) un número	eine Nummer **wählen**
tono *m.* / **señal** *f.*	**Freizeichen; Wählton; Rufton**
Nuestro teléfono no tiene tono / no da señal.	Unser Telefon hat kein Freizeichen.
comunicar (c>que)	*(Telefon)* **besetzt sein**
Está comunicando.	Die Nummer ist besetzt.
cruce *m.* / **interferencia** *f.*	**Interferenz**

Frases utilizadas al hablar por teléfono **(= Am Telefon benutzte Redensarten)**
Diga. / Dígame. (wenn man den Hörer abnimmt = Sagen Sie. / Sagen Sie mir.) • *¿Está Pepe?* (= Ist Pepe da?) • *¿De parte de quién?* (= Wer ist am Apparat?) • *¿Es usted la Sra. Gómez?* (= Sind Sie Frau Gómez?) • *Sí, soy yo.* (= Ja, ich bin's.) • *Por favor, ¿puedo hablar con Carlos?* (= Kann ich bitte Carlos sprechen?) • *Un momento, le pongo con él.* (= Moment, ich verbinde Sie mit ihm.) • *Un momento, por favor.* (= Einen Augenblick bitte.) • *Por favor, no se retire.* (= Bleiben Sie bitte am Apparat.) • *¿Puede hablar un poquito más alto, por favor?* (= Können Sie bitte ein bisschen lauter sprechen?) • *Se ha cortado.* (= Die Verbindung wurde unterbrochen.)

conexión *f.*	**Verbindung**
línea *f.* telefónica	**Leitung**
La conexión / línea está muy mal.	Die Verbindung / Leitung ist sehr schlecht.
Las líneas están saturadas.	Man kommt nicht durch.
instalar una nueva línea telefónica	einen neuen Anschluss einrichten lassen
línea comunitaria	Gemeinschaftsanschluss
pinchar / **intervenir** (– intervengo, interviene – intervine – intervenido) **un teléfono**	**ein Telefon anzapfen**
escuchas *f. pl.* **telefónicas**	**Abhörposten**
servicio *m.* **telefónico**	**Servicetelefon; telefonischer Beratungsdienst**

extensión *f.*	**Nebenstelle; Apparat**
Tengo la extensión 244.	Ich habe Apparat 244.
(aparato) supletorio *m.*	*(privat)* **Nebenstelle**
auricular *m.*	**(Telefon-)Hörer**
contestador *m.* **automático**	**Anrufbeantworter**
mensaje *m.*	**Nachricht**
mandar un mensaje	eine SMS senden
cabina *f.* **telefónica**	**Telefonzelle**
teléfono *m.* **público**	**öffentlicher Fernsprecher**
teléfono de monedas o de tarjeta	Münz- oder Kartentelefon
locutorio *m.* (telefónico)	**Telefonkabine**
central *f.* **telefónica**	**Fernsprechamt**
tarjeta *f.* **telefónica**	**Telefonkarte**
centralita *f.*	**(Telefon-)Zentrale; Vermittlung**
telefonista *m. / f.*	**Telefonist(in)**
télex *m.*	**Fernschreiben; Telex**
(tele)fax *m.*	**(Tele-)Fax; (Tele-)Faxgerät**
¿No han recibido nuestro fax?	Haben Sie unser Fax nicht erhalten?
¿Podrían mandarlo / enviarlo por fax?	Könnten Sie es per Fax schicken?
Le voy a dar mi número de fax.	Ich gebe Ihnen meine Faxnummer.
Le mandaremos por fax nuestra oferta.	Wir faxen Ihnen unser Angebot.
compañía *f.* **telefónica**	**Telefongesellschaft**

"Cariño, dame, por favor, la tarjeta telefónica que tienes en el bolso."

Ordenadores
Computer

→ 18.1 Fuentes de información

Errar es humano, pero para enredar realmente las cosas hace falta un ordenador. (*Anónimo, aparecido en un almanaque inglés de 1978*)

ordenador *m.* / *esp LAm* **computadora** *f.* / *esp LAm* **computador** *m.*	**Computer; Rechner**
ordenador personal	Personalcomputer; PC
ordenador de bolsillo / agenda electrónica / PDA	Notizbuch(computer) / PDA
clases asistidas por ordenador / clases con apoyo informático	computergestützter Unterricht
juego de ordenador	Computerspiel
(ordenador) **portátil** *m.*	**Laptop; tragbarer Computer**
(la) informática / *esp LAm* **computación**	(die) **Informatik**
informático / *esp LAm* **computacional**	**Informatik- / Computer-**
pirata informático	Hacker
lenguaje informático / jerga informática	Computerjargon
conocimientos de informática	Computerkenntnisse / -verstand
interactivo	**interaktiv**
procesamiento *m.* / **tratamiento** *m.* **de textos**	**Textverarbeitung**
un programa de procesamiento de textos	ein Textverarbeitungsprogramm
microprocesador *m.*	**Mikroprozessor**
un microprocesador defectuoso	ein fehlerhafter Mikroprozessor
datos *m. pl.*	**Daten**
consultar datos	Daten abfragen
introducir datos en el ordenador	Daten in den Computer eingeben
(sistema de) procesamiento de datos	Datenverarbeitung(sanlage)
intercambio de datos	Datenaustausch
transferencia de datos	Datenübertragung / -transfer
recuperación de datos	Datenwiedergewinnung
protección de datos	Datenschutz
compresión de datos	Datenkomprimierung
programar – **programa** *m.*	**programmieren** – **Programm**
depurar un programa	ein Programm austesten / korrigieren
iniciar un programa	ein Programm initialisieren
programa de libre distribución	Gratissoftware
programa compartido	Shareware
programador(a)	**Programmierer(in)**
programación *f.*	**Programmieren; Programmierung**
hardware *m.* / **soporte** *m.* **físico**	**Hardware**
software *m.* / **soporte** *m.* **lógico**	**Software**
paquete *m.* **integrado**	**Softwarepaket; Programmpaket**
error *m.* **de programa(ción)**	**Programmfehler; Macke**

corregir un error	einen Fehler beheben
bloquearse el ordenador	**abstürzen**
sistema *m.* **operativo**	**Betriebssystem**
estación *f.* **de trabajo**	**Arbeitsplatz(rechner)**
conectado / **en línea** – **desconectado**	**angeschlossen** / **on-line** – **nicht angeschlossen** / **off-line**
teclado *m.*	**Tastatur**
monitor *m.*	**Monitor**; **Display**
pantalla *f.*	**Bildschirm**
cambiar el texto en la pantalla	den Text am Bildschirm ändern
pantalla de cristal líquido	Flüssigkristallanzeiger
ratón *m.*	**Maus**
disquete *m.*	**Diskette**
disquetera *f.* / **mecanismo** *m.* **de arrastre de disquetes**	**Diskettenlaufwerk**
disco *m.* **duro**	**Festplatte**; **Harddisk**
lector *m.* **de CD-ROM** *m.*	**CD-ROM-Laufwerk**
módem *m.*	**Modem**
impresora *m.* **de tinta** / **láser**	**(Tintenstrahl-** / **Laser-)Drucker**
impresora termográfica	Thermoprinter
imprimir – **impresión** *f.*	**ausdrucken** – **Ausdruck**
escáner *m.* – **escanear**	**Scanner** – **(ein)scannen**
interfaz *f.* / **interface** *m.*	**Schnittstelle**
puerto *m.* serie / paralelo	serieller / paralleler **Anschluss**
puerto para mando de juegos	Joystick-Anschluss
arrancar (c>que)	**(ur)laden**
apagar (g>gue) – **encender** (e>ie)	**an-** / **einschalten** – **ab-** / **ausschalten**
suspender	**den Bildschirmschoner aktivieren**
subir / **cargar** (g>gue)	**laden**
bajar / **descargar** (g>gue)	**herunterladen**
bajar / descargar un fichero de la red	eine Datei aus dem Netz herunterladen
instalar – **instalación** *f*	**installieren** – **Installation**
palabra *f.* **de acceso** / **contraseña** *f.*	**Passwort**; **Kennwort**
acceder – **salir** (-g-)	**(sich) anmelden** – **(sich) abmelden**
entrada *f.* – **salida** *f.*	**Eingabe** – **Ausgabe**
(sub)directorio *m.*	**(Unter-)Verzeichnis**
(sub)carpeta *f.*	**(Unter-)Ordner**
Windows XP™ utiliza carpetas para organizar los archivos.	Windows XP™ benutzt Ordner um die Dateien zu organisieren / verwalten.
maletín *m.*	**Aktenkoffer**
fichero *m.* / **archivo** *m*	**Datei(-)**
crear un archivo	eine Datei anlegen / erstellen
abrir / cerrar un archivo	eine Datei öffnen / schließen
administrador de archivos	Dateiverwaltung
compresión de ficheros / datos	Dateikomprimierung
mover archivos	Dateien verschieben
comprimir un archivo	eine Datei **komprimieren**
acceso *m.* a Internet	**Zugang** zum Internet
acceso a datos	Datenzugriff
abandonar un programa	ein Programm **verlassen**

formatear	**formatieren**
desplazarse hacia delante / atrás	vor- / zurück**rollen**
seleccionar	**hervorheben; markieren**
editar	**editieren; bearbeiten**
buscar y reemplazar	**suchen und ersetzen**
recuperar	**wiederherstellen**
copiar	**kopieren**
copia *f.* **de seguridad**	**Sicherungskopie**
borrar	**löschen**
arrastrar y colocar (c>que)	**„ziehen und fallen lassen"** (= Transport von Text- / Bildteilen mit der Maus)
insertar	**einfügen**
archivar / **grabar**	**sichern; schützen; (ab)speichern**
almacenar – **almacenamiento** *m.*	**speichern** – **Speicherung**
datos almacenados en el disco duro	auf der Festplatte gespeicherte Daten
capacidad de almacenamiento	Speicherkapazität
memoria *f.*	**(Arbeits-)Speicher**
ROM (memoria permanente)	**ROM**
RAM (memoria de acceso aleatorio)	**RAM**
expansión de la memoria	Speichererweiterung
memoria intermedia	Puffer(speicher)
memoria auxiliar / de trabajo	Zwischenspeicher
capacidad de memoria	Speicherkapazität
escritorio *m.*	**Schreibtisch; Desktop**
menú *m.* **Control**	**Menüsteuerung**
menú inicial	Startmenü
menús directos	Kurzmenüs
menú desplegable	Pop-up-Menü; Balkenmenü
(listado / menú de) **órdenes** *f.*	**Befehl**(szeile / -smenü)
barra *f.* **de título**	**Titelleiste**
barra de menús	Menüleiste
barra de herramientas	Symbolleiste
barra de desplazamiento	Rollbalken, Scrollbalken
cuadro *m.* **de diálogo**	**Dialogfeld**
cuadro emergente	hervorgehobenes Fenster
activar / **habilitar**	**aktivieren** / **einschalten**
desactivar / **deshabilitar**	**deaktivieren** / **aus-/abschalten**
ventana *f.* **de aplicación**	**Anwendungsfenster**
ventana activa / inactiva	aktives / inaktives Fenster
cursor *m.* / **punto** *m.* **de inserción**	**Pfeiltaste; Cursor**
puntero *m.*	**Zeiger**
(opción) **por defecto**	**Standard**(einstellung)
pulsar el botón "buscar"	auf der Schaltfläche „Suchen" **anklicken**
icono *m.*	**Bildsymbol**
doble pulsación / hacer doble clic sobre un icono	auf ein Bildsymbol doppelklicken
tabulador *m.*	**Tabulator**
papelera *f.* **de reciclaje**	**Papierkorb**

configuración *f.*	**Konfiguration**
tecla *f.* de mayúsculas	Umschalt**taste**
teclas de función	Funktionstasten
teclas de movimientos del cursor	Pfeiltasten; Cursortasten
pulsar / dar a la tecla de Intro / retorno	die Eingabe- / Returntaste drücken
control *m.* / **Ctrl**	**Steuerung** / **Strg**
barra *f.* **espaciadora**	**Leertaste**
ejecutar una orden	einen Befehl **ausführen**
caracteres *m. pl.*	**Zeichen**
formato *m.*	**Format**
parámetro *m.*	**Parameter**
algoritmo *m.*	**Algorithmus**
espacio *m.* **en blanco**	**Leerzeichen**
ajuste *m.* **de líneas automático**	**Proportionalschrift**
marca *f.* **de párrafo**	**Absatzmarke**
verificador *m.* **ortográfico**	**Rechtschreibhilfe**
activar el verificador ortográfico	die Rechtschreibhilfe aktivieren
actualizar (z>ce)	**aktualisieren**
una versión actualizada del software	eine aktualisierte Fassung der Software; ein Update
mejorar	**verbessern**
una versión mejorada	verbesserte Version
soporte *m.* **técnico**	**technische Unterstützung**
usuario / **-a**	**Anwender(in); Benutzer(in)**
interfaz del usuario	Benutzeroberfläche
lenguaje-máquina *m.*	**Maschinensprache**
reconocimiento *m.* **óptico de caracteres**	**optische Zeichenerkennung**
lector *m.* **óptico**	**optischer Abtaster**
código *m.* **de barras**	**Strichcode; Streifencode; Balkencode**
reconocimiento *m.* **de la voz**	**Spracherkennung**
Internet *f.*	**Internet**
en Internet	im Internet
dirección (de) Internet	Internetadresse
la red	**das Netz(werk); Network**
buscar (c>que) en Internet / en la red	das Netz / Internet durchsuchen
compañías *f.* en (la) red	im Netz / Internet vertretene Firmen
la web; **la malla** / **telaraña mundial**	**das Netz; das Web**
diseñar la web de una compañía	den Internetauftritt einer Firma gestalten
diseñador(a) de páginas web	Webpage-Designer(in)
sitio *m.* **web** / **portal** *m.*	**Website**
visitar un sitio (web)	eine Website besuchen
página *f.* web	**Webseite**
portada *f.* / **página** *f.* **inicial**	**Start-** / **Ausgangsseite im WWW**
diseñar una portada / una página inicial	eine Homepage entwerfen / gestalten
acceso(s) *m.* / **visita(s)** *f.*	**Zugriffe** (auf eine Internet-Seite)
navegar (g>gue) / **(surfear)**	**browsen; surfen**
navegar en / por Internet	im Internet surfen

ciberespacio *m.*	**Cyberspace**
cibernauta *m. / f.* / **internauta** *m. / f.*	**Internetbenutzer(in) / -surfer(in)**
conexión *f.* **por línea conmutada**	**Einwahl**
línea *f.* **alquilada** / **dedicada**	**Standleitung**
línea / conexión **ADSL** (línea de suscripción asimétrica digital)	**ADSL**-Verbindung / Anschluss (= Abk. für „Asymmetric Digital Subscriber Line")
proveedor *m.*	**Betreiber** / **Anbieter** (eines Internet-Zugangs)
proveedor de servicios en línea	Online-Dienst- / Internet-Anbieter
tarifa *f.* **plana**	**Pauschaltarif zum Surfen im Internet**
navegador *m.* / **explorador** *m.*	**Web Browser** (Programm zum Verwalten, Finden und Ansehen von Internet-Dateien)
favoritos *m. pl.* / **marcapáginas** *m. sg.*	**Favoriten** (im Internet Explorer™) / **Lesezeichen** (im Netscape Navigator™)
móvil *m.* **con acceso a Internet**	**internetfähiges Handy / Mobiltelefon**
terminal *m.*	**Terminal; Dateneingabestation**
módem *m.*	**Modem**
sistema *m.* **central** / *Arg* **anfitrión**	**Host** (= Zentralrechnersystem)
nodo *m.*	**Knoten(punkt)**
paso *m.* / **camino** *m.* (de acceso) / **localización** *f.*	**Pfad**
enlace *m.* **para transmisión de datos**	**Datenverbindung**
codificar (c>que) – **decodificar** (c>que)	**kodieren – dekodieren**
cifrar – **descifrar**	**verschlüsseln – entschlüsseln**
caché *m.* / **copia** *f.* **de visitas**	**Cache; temporärer Zwischenspeicher**
portapapeles *m. sg.*	**Zwischenablage**
buscador *m.*	**Suchmaschine**
búsqueda *f.* **de texto íntegro** / **completo**	**Volltextsuche**
búsqueda sencilla / avanzada	einfache / erweiterte Abfrage
hacer / realizar una búsqueda	eine Suche durchführen / machen
palabra *f.* **clave**	**Suchwort; Stichwort**
digitalizar (z>ce) – **digital**	**digitalisieren – digital; Digital-**
revista digital / electrónica	digitale Zeitschrift
periódico digital / electrónico	digitale Zeitung
hipertexto *m.*	**Hypertext**
enlace *m.* / **vínculo** *m.* / **link** *m.*	**Link** (interaktiver Verweis auf andere Informationen in demselben oder einem anderen Dokument)
hipervínculo *m.* / **-enlace** *m.* / **-nexo** *m.*	**Hyperlink** (Verbindung von einer Internetseite zu einer anderen)
anclaje *m.* / **ancla** *f.* (→ 1.13 *el* alma *f.*)	**Anker**
código *m.* **de país**	**Länderkennung** (z. B. „.de" für Deutschland)

dominio *m.*	**Domain**
dominio *m.* **educativo** (.edu = punto edu)	*(in Internetadressen)* **Bildungseinrichtung**
@ (arroba *f.*)	at; *(in E-Mail-Adressen)* bei
el signo **arroba**	das ***at*-Zeichen**; der **Klammeraffe**
correo *m.* **(electrónico)** – **correo** *m.* **tradicional**	**E-Mail**; **E-Mail-Nachricht** – **herkömmliche Post**
e-mail *m.* / *fam* **emilio** *m.* / **mensaje** *m.* (electrónico)	**E-Mail(-Nachricht)**
servidor *m.* **de correo (electrónico)**	**Mailserver** (Rechner, über den der E-Mail-Verkehr abgewickelt wird)
buzón *m.* **(de correo electrónico)**	**elektronischer Briefkasten**
mensaje *m.* **de voz**	**Voicemail**
anexo *m.* / **(documento** *m.***) adjunto**	**(E-Mail-)Anlage**
emoticón *m.* / **emoticono** *m.*	**Emoticon** (= Symbol, das die Stimmungslage des Absenders einer E-Mail illustriert)
carita *f.* **sonriente** / **signo** *m.* **de sonrisa** / **smiley**	**Smiley** (= „Lächeln"-Symbol in E-Mails)
bombardeo *m.* **publicitario** / **espam** *m.*	**unerwünschte Reklame-E-Mails**
bombadear a alguien con publicidad	jemanden mit unerwünschten E-Mails überhäufen
etiqueta *f.* **de Internet** / **de (la) red; redetiqueta** *f.*	**Internet-Verhaltenskodex**
cibercafé *m.* – **cibercentro** *m.* / **cíber** *m.*	**Internetcafé** – **Internetladen**
conectarse – **desconectarse**	**sich einloggen** – **sich ausloggen**
conexión – **desconexión**	**Anschluss** – **Abschalten**
chat *m.* – **chateo** *m.* – **chatear**	**Chat** (= Konversation über das Internet) – (das) **Chatten** – **chatten**
sala de chat / para chatear	Chat room
apuntarse / suscribirse a / meterse en un grupo de chat	in einer Chat-Group mitmachen
grupo *m.* **de noticias**	**Newsgroup** (= Diskussionsgruppe im Internet)
listas *f.* **de distribución**	**Mailing Lists**
ataque *m.* **verbal**	**Flame** (verbaler Angriff auf anderen Newsgroup-Teilnehmer)
envío *m.*	**Zuschrift an eine Newsgroup im Internet**
preguntas *f.* **(más) frecuentes**	**häufig gestellte Fragen** / **FAQ(s)**
galleta *f.* / **espía** *m.* / **anzuelo** *m.* / **cookie** *m.* / **cuqui** *m.*	**Cookie**
pirata *m.* / *f.* **informático** / **-a**	**Hacker**
piratear	(den Kopierschutz) **knacken**
fonopirata *m.* / *f.*	**Phracker** / **Phreaker** (phone hacker / phone freak: Person, die sich per Telefon/PC in das Telefonnetz hackt)

intruso *m.* / **-a cráquer** *m.* / *f.* / **revientasistemas** *m. sg.* / **saboteador** *m.*	**Cracker(in)** (= jemand, der illegal in ein Computersystem eindringt)
virus *m.* **(informático)**	**(Computer-)Virus**
el virus borra tu disco duro	der Virus löscht deine Festplatte
protección *f.* **antivirus**	**Schutz gegen Viren**
software *m.* **antivirus**	**Antivirenprogramm(e)** / **-software**
bulos *m.* / **mensajes falsos de virus**	**Hoaxes** (Scherzviren, Ketten-E-Mails, die vorgeben, vor Viren zu warnen)
parche *m.*	**Flicken** (= Fehlerbehebungsroutine für von Anwendern und Herstellern nach Auslieferung einer Software festgestellte Fehler)
troyano *m.* / **caballo** *m.* **de Troya**	**Trojanisches Pferd**
gusano *m.*	**Wurm**
cortafuegos *m. sg.*	**Firewall** (= Schutzmechanismus gegen Zugriffe aus dem Internet)
servicios *m.* **en línea**	**Online-Dienste**
negocio *m.* **electrónico**	**Internetgeschäft**; **Internetfirma**
comercio *m.* **electrónico**	**elektronischer Handel**
comercio *m.* **(por) móvil**	**elektronischer Handel über mobile Geräte**
servidor *m.* **seguro**	**sicherer** (d. h. verschlüsselter) **Server**
transacción *f.* **segura**	durch Verschlüsselung **sichere elektronische** (Bank)**Transaktion**
pago *m.* **electrónico**	**elektronischer Zahlungsverkehr**
banca *f.* **Internet** / **electrónica** / **virtual**; **banco** *m.* **en casa**	**Onlinebanking** / **Banktransaktionen online von zu Hause aus**
firma *f.* **digital**	**digitale Unterschrift** / **Signatur**
contraseña *f.*	**Passwort**; **Kennwort**
aprendizaje *m.* **telemático**	**elektronisches Lernen** (= Fernunterricht über das Internet)
teletrabajo *m.*	**Tele(heim)arbeit**
teletrabajador(a)	**Tele(heim)arbeiter(in)**
material *m.*/ **software** *m.* **educativo**	**Lernsoftware**
programas *m. pl.* **compartidos** / **software** *m.* **de libre distribución** / **de dominio público**	**frei kopierbare Software**
multimedia *m.* / *f.* / **multimedios** *m. pl.*	**Multimedia**
anillo *m.* **de webs** / **webs** *f. pl.* **en anillo**	**Webring**

Medios de transporte
Transportmittel

Vehículos motorizados y tráfico
Kraftfahrzeuge und Straßenverkehr

→ 12.5 Viajes y turismo

08.00 Me naturalizo en lugar denominado Diagonal-Paseo de Gracia. Soy arrollado por autobús número 17 Barcelona-Vall d´Hebron. Debo recuperar la cabeza que ha salido rodando de resultas de la colisión. Operación dificultosa por la afluencia de vehículos. 08.01 Arrollado por un Opel Corsa. 08.02 Arrollado por una furgoneta de reparto. 08.03 Arrollado por un taxi. (*Eduardo Mendoza, escritor español, nacido en 1943*)

vehículo *m.*	**(Kraft-)Fahrzeug**
un **medio de transporte** eficiente	ein effizientes **Transportmittel** / **Verkehrsmittel**
coche *m.* / **automóvil** *m.* / *LAm* **carro** *m.*	**Auto; Wagen**
Normalmente voy en coche.	Meistens fahre ich mit dem Wagen.
Se tarda una hora en coche.	Mit dem Auto dauert es eine Stunde.
alquiler de coches – coche de alquiler	Autovermietung – Mietwagen
coche descapotable / *LAm* convertible	Kabriolett
coche deportivo	Sportwagen
coche de carreras	Rennwagen
turismo *m.*	**Personenwagen; PKW**
autobús *m.* / **autocar** *m.* / *Can, Cu, PR* **guagua** *f.*	**(Reise-)Bus**
camión *m.*	**Lastwagen; Lkw; Laster**
camión cisterna	Tankzug; Sattelschlepper
camionero / **-a**	**Lkw-Fahrer(in); Fernfahrer(in)**
camioneta *f.* / *CR, Guat, Pan* **pick up** *m.* / *CAm* **cazadora** *f.*	**Kleinlasttransporter**
furgoneta *f.*	**(geschlossener) Lieferwagen; Kombi**
moto *f.*	**Motorrad**
moto con sidecar	Motorrad mit Beiwagen
motocicleta *f.*	**Kleinmotorrad**
motocicleta todo terreno	Geländemaschine / -motorrad
vespa *f.* / **escúter** *m.*	**Motorroller**
vespino *m.* / *f.*	**Moped**
ciclomotor *m.*	**Mofa**
ir en coche (– voy – iba – fui – ido)	**fahren**
Nunca voy al trabajo en coche.	Ich fahre nie mit dem Auto zur Arbeit.
llevar a alguien	**jemanden fahren** / **mitnehmen**
¿Te llevo a casa (en coche)?	Soll ich dich nach Hause fahren?
¿Me puede llevar?	Können Sie mich mitnehmen?
conducir (– conduzco – conduje – conducido) / *LAm* **manejar**	**fahren** *(d.h. am Steuer sitzen)*
Ella conduce muy bien.	Sie fährt sehr gut.
conductor(a)	**Fahrer(in)**
un conductor que se da a la fuga después de un accidente	ein unfallflüchtiger Fahrer

automovilista *m. / f.*	**Autofahrer(in)**
ocupante *m. / f.*	**Insasse; Fahrgast**
autoescuela *f.*	**Fahrschule**
velocidad *f.*	**Geschwindigkeit**
exceso de velocidad	allzu große Geschwindigkeit
Me pusieron una multa por exceso de velocidad.	Ich bekam einen Bußgeldbescheid wegen zu schnellen Fahrens.
ir a una velocidad media de 90 kilómetros a la / por hora	mit einer Dauer- / Reisegeschwindigkeit von 90 km/h fahren
veloz / **rápido** – **lento**	**schnell** – **langsam**
arrancar (c>que) / **poner** (– pongo – puse – puesto) **en marcha**	**starten**
acelerar – **frenar**	**beschleunigen** / **Gas geben** – **bremsen**
adelantar	**überholen**
desplazarse (z>ce) – **desplazamiento** *m.*	**sich begeben** / **reisen** / **pendeln** – **Ortsveränderung**
Tengo que desplazarme todos los días 30 kilómetros para ir a trabajar.	Ich fahre jeden Tag 30 km zur Arbeit.
gastos de desplazamiento	Fahrtkosten
hacer autoestop *m.* / **dedo** *m.*	**per Anhalter fahren; trampen**
autoestopista *m. / f.*	**Anhalter(in); Tramper(in)**
viaje *m.*	**Fahrt; Reise**
Tuvimos un viaje muy tranquilo.	Wir hatten eine ruhige Fahrt.
autopista *f.*	**Autobahn**
una autopista de tres carriles	eine dreispurige Autobahn
peaje *m.*	**Autobahngebühr; Maut**
una autopista de peaje	eine Maut-Autobahn
autovía *f.*	**Schnellstraße**
carretera *f.* → 14.7 La ciudad	**Straße** *(als Verkehrsweg)*
carretera nacional	Staatsstraße; Bundesstraße
carretera secundaria	Straße II. Ordnung
carretera comarcal	Landstraße
transportar mercancías por carretera	Waren auf der Straße befördern
transitar – **tránsito** *m.*	**durchfahren** / **-gehen** – **Durchgangsverkehr** / *LAm* **Verkehr**
ronda *f.* / **carretera** *f.* **de circunvalación**	**Ring; Umgehungsstraße**
calle *f.*	**Straße**
calle de tránsito	Durchgangs- / Durchfahrtsstraße
calle principal / secundaria	Haupt- / Nebenstraße
calle de dirección única / de sentido único	Einbahnstraße
callejón *m.* **sin salida**	**Sackgasse**
calzada *f.*	**Pflasterstraße; Fahrbahn**
curva *f.* – **recta** *f.*	**Kurve** – **Gerade**
La carretera hace ahí una curva.	Die Straße macht da eine Kurve.
cruce *m.*	**(Straßen-)Kreuzung**
parar en un cruce	an einer Kreuzung (an)halten
semáforo *m.*	**Verkehrsampel**
parar en un semáforo en rojo	an einer roten Ampel halten

virar / **dar** (– doy – di – dado) **la vuelta**	**wenden**
torcer (o>ue; c>za, zo) / **girar** / *LAm, Andal* **doblar**	**ein- / abbiegen**
Gire / Tuerza a la derecha al llegar al semáforo.	Biegen Sie an der Ampel rechts ab.
carril *m.*	**(Fahr-)Spur**
camino *m.*	**Weg**
el camino más rápido a Cádiz	der schnellste Weg nach Cádiz
rodeo *m.*	**Umweg**
Hemos dado un rodeo.	Wir haben einen Umweg gemacht.
atajo *m.*	**Abkürzung**
desvío *m.*	**Umleitung**
en la **esquina**	an der **Ecke**
acera *f.* / *RPl* **vereda** *f.*	**Bürgersteig; Gehsteig**
paso *m.* **de peatones** / **de cebra**	**Fußgängerüberweg; Zebrastreifen**
Peligro por **obras** *f. pl.*	Achtung **Baustelle**
seguridad *f.* **vial**	**Verkehrssicherheit**
tráfico *m.* / **circulación** *f.* / *LAm* **tránsito** *m.*	**Verkehr**
tráfico pesado	Schwerverkehr
tráfico circular / glorieta / rotonda	Kreisverkehr
ninguna retención de tráfico	*(Radio)* keine Verkehrsstörungen
obstrucción del tráfico	Verkehrshindernis
tráfico en las horas puntas	Berufsverkehr; Stoßverkehr
señal *f.* **de tráfico**	**(Verkehrs-)Zeichen**
atasco *m.* / **embotellamiento** *m.*	**Stau**
atascos en las horas puntas	Staus während der Hauptverkehrszeiten
Aquí se suelen formar atascos.	Hier kommt es regelmäßig zu Staus.
quedar atrapado en un atasco	im Stau steckenbleiben
congestionarse – **congestión** *f.*	**verstopft sein** – **Stockung; Verstopfung**
calles congestionadas	verstopfte Straßen
caos *m.* en las carreteras	**Chaos** auf den Straßen
corte *m.* **de carretera**	**Straßensperrung**

La Dirección General de Tráfico (= Verkehrsbehörde) benutzt verschiedene Farben, um über die Verkehrslage und den Straßenzustand zu berichten. *Nivel de servicio blanco* (= Verkehrsituation: weiß) heißt, dass die Straßen und der Verkehr vollkommen normal sind. *Nivel de servicio verde* (= grün) bedeutet, die Situation ist fast normal. *Nivel de servicio amarillo* (= gelb) zeigt, man muss vorsichtig fahren, es kann z.B. eine Spur gesperrt sein. *Nivel de servicio rojo* (= rot) signalisiert schwere Probleme, wie z.B. einen Stau oder eine Straßensperrung mit Umleitung. *Nivel de servicio negro* (= schwarz) heißt, die Straße ist total gesperrt.

el **área** *f.* → 1.13 *el* alma *f.* **de servicio**	**(Autobahn-)Raststätte**

bar *m.* **de carretera**	**Fernfahrerlokal**
gasolina *f.* – **gasolinera** *f.*	**Benzin – Tankstelle**
avería *f.*	**Panne**
taller *m.* / **estación** *f.* **de servicio**	**Werkstatt**
Mi coche está en el taller.	Mein Auto ist in der Werkstatt.
neumático *m.* / **cubierta** *f.* / **llanta** *f.*	**(Luft-)Reifen**
rueda *f.*	**Rad; Reifen**
rueda de repuesto	Ersatzreifen / -rad
comprobar la presión de las ruedas	den Reifendruck prüfen
cambiar una rueda / el aceite	einen Reifen / das Öl wechseln
reventón *m.*	**geplatzter Reifen; Reifenpanne**
arreglar	**reparieren**
¿Lo puede arreglar usted?	Können Sie es reparieren?
reparación *f.* / **arreglo** *m.*	**Reparatur**
revisión *f.*	**Inspektion**
Mi coche acaba de pasar la revisión.	Mein Auto war gerade zur Inspektion.
aparcar (c>que) / **estacionar** / *LAm* **parquear**	**parken**
No puede aparcar aquí.	Hier können Sie nicht parken.
una señal de prohibido aparcar	ein Parkverbotschild
aparcamiento *m.* / **estacionamiento** *m.* / *LAm* **playa** *f.*	**Parkplatz; Parken**
el vigilante de un aparcamiento	ein Parkplatzwächter
parquímetro *m.*	**Parkuhr**
parquin *m.* / **garaje** *m.* **de aparcamientos**	**Parkhaus**
zona *f.* **azul**	**Kurzparkzone**
policía *m.* / *f.* **municipal**	**Polizei; städtische(r) Polizist(in)**
guardia *m.* / *f.* (de tráfico)	Verkehrs**polizist(in)**
infracción *f.* **de tráfico**	**Verkehrsverstoß** / **-delikt**
multa *f.*	**Strafzettel**
grúa *f.* (de tráfico)	**Abschleppwagen**
cepo *m.*	**Parkkralle**
saltarse	**überspringen; überfahren**
Se saltó una señal de stop / un semáforo.	Er / Sie überfuhr ein Stoppschild / eine Ampel.
conducir (– conduzco – conduje – conducido) **temerariamente**	**rücksichtslos fahren**
conducir borracho	betrunken fahren
control *m.* **de alcoholemia**	**Alkoholtest, „Blastest"**
control *m.* **radar**	**Radarkontrolle**
accidente *m.* **de tráfico** / **de carretera** / **de circulación**	**Verkehrsunfall**
muertos en accidente de carretera	Verkehrstote
provocar un accidente	einen Unfall verursachen
atropellar a alguien	jemanden **überfahren**
permiso *m.* / **carné** *m.* **de conducir** / *LAm* **licencia** *f.* **de manejar**	**Führerschein**
documentación *f. sg.* / **papeles** *m. pl.* **del coche**	**Auto-** / **Fahrzeugpapiere**

2 Transporte por ferrocarril
Beförderung mit der Eisenbahn

Una locomotora tiene mucho de mujer. Tiene su porte. Cuando viene hacia nosotros parece un busto que por su sola gallardía ha de abrirse paso.
(*Jorge Ferretis, escritor mejicano, 1902–1962*)

ferrocarril *m.* / **vía** *f.* **férrea**	**Eisenbahn**
nacionalizar los ferrocarriles	die Eisenbahnen verstaatlichen
privatizar los ferrocarriles	die Eisenbahnen privatisieren
ferroviario / **-a**	**Eisenbahner(in); Eisenbahn-**
huelga ferroviaria / de trenes	Eisenbahnerstreik
línea / trayecto ferroviario	Eisenbahnlinie / -strecke
un nudo / centro ferroviario importante	ein wichtiger Eisenbahnknotenpunkt
carril *m.* / **vía** *f.*	**Schiene**
descarrilar – **descarrilamiento** *m.*	**entgleisen** – **Entgleisung**
El tren descarriló en una curva.	Der Zug entgleiste in einer Kurve.

Die spanische Staatsbahn heißt *RENFE* (= *Red Nacional de Ferrocarriles Españoles*). Zwei der berühmtesten Züge in Spanien sind der *TALGO* (= *Tren Articulado Ligero Goicoechea Oriol*) und der *AVE* / *TAV* (= *Tren de Alta Velocidad*).

tren *m.*	**Zug**
ir / viajar en tren	mit dem Zug / der Bahn fahren
coger / *esp LAm* tomar un tren	einen Zug nehmen
¿Cuándo sale el próximo tren para Huelva?	Wann geht der nächste Zug nach Huelva?
tren de mercancías	Güterzug
tren de cercanías	Nahverkehrszug
(tren) expreso / rápido	Schnellzug
Tren de Alta Velocidad / AVE	Hochgeschwindigkeitszug
tren directo	ein durchgehender Zug
servicio *m.* **de trenes**	**Zugverkehr; Zugverbindung**
un servicio directo	eine Direktverbindung
El lunes no habrá servicio de trenes entre Sevilla y Córdoba.	Zwischen Sevilla und Córdoba werden am Montag keine Züge verkehren.
servicio de vaivén	Pendelzug

Expresiones con la palabra "tren" **(= Ausdrücke mit „Zug")**
No me puedo permitir ese tren de vida. (= Ich kann nicht so viel ausgeben.) • *llevar un gran tren de vida / vivir a todo tren* (= auf großem Fuß leben) • *estar como un tren* (= sehr gut aussehen) • *ir a todo tren* (= sehr schnell gehen / fahren)

vagón *m.* / *LAm* **carro** *m.*	**Eisenbahnwagen**
coche-cama *m.* / *LAm* **coche-dormitorio** *m.*	**Schlafwagen**

litera *f.*	**Bett** (im Liegewagen)
coche-restaurante *m.* / *LAm* **vagón-restaurante** *m.*	**Speisewagen**
coche-bar *m.*	**Büfettwagen**
locomotora *f.*	**Lokomotive**
locomotora eléctrica	Elektrolok(omotive)
locomotora de vapor / Diesel	Dampf- / Diesellok(omotive)
maquinista *m.* / *f.*	**Lok(omotiv)führer(in)**
compartimento *m.* / *LAm* **compartimiento** *m.*	**Abteil**
compartimento de primera / de segunda clase	Erster- / Zweiter-Klasse-Abteil
compartimento para fumadores	Raucherabteil
el compartimento reservado	das Sonderabteil
reservar un **asiento**	einen **Platz** reservieren
Ese asiento está ocupado.	Dieser Platz ist besetzt.
revisor(a)	**Schaffner(in)**
estación *f.*	**Bahnhof**
estación central / principal	Hauptbahnhof
parar / detenerse en una estación	an einem Bahnhof halten
terminal *f.*	**Endstation**
andén *m.*	**Bahnsteig**
vía *f.*	**Gleis**
Prohibido cruzar la vía.	Betreten der Gleise verboten.
raíl *m.*	**Schiene**
paso *m.* **a nivel**	**Bahnübergang**
el paso a nivel con barrera	der beschrankte Bahnübergang
sala *f.* **de espera**	**Wartesaal**
altavoz *m.* / *LAm* **altoparlante** *m.*	**Lautsprecher**
mozo *m.* **de estación** / *Arg* **changador** *m.* / *Col* **altozanero** *m.*	**Gepäckträger**
equipaje *m.*	**Gepäck**
carrito del equipaje	Kofferkuli
¿Dónde puedo dejar mi equipaje?	Wo kann ich mein Gepäck abstellen?
consigna *f.*	**Gepäckaufbewahrung**
la **oficina de objetos perdidos**	das **Fundbüro**
billete *m.* / *LAm* **boleto** *m.*	**Fahrkarte**
subida / aumento del precio del billete	Fahrpreiserhöhung
un billete de ida y vuelta	Rückfahrkarte
Por favor, dos billetes en primera para Jaén sólo de ida.	Bitte zweimal erste Klasse einfach nach Jaén.
días *m.* **azules**	**besondere Tage mit Fahrpreisermäßigung**
ventanilla *f.* / **despacho** *m.* **de billetes** / *LAm* **boletería** *f.*	**Fahrkartenschalter**
ventanilla de información	Auskunftsschalter
reservar – **reserva** *f.*	**reservieren** – **(Platz-)Reservierung**
recargo *m.* / **suplemento** *m.*	**Zuschlag**
la **señal de partida**	das **Abfahrtsignal**
subirse a un tren	in einen Zug **einsteigen**
bajarse de un tren	(aus einem Zug) **aussteigen**

viajar – **viaje** *m.*	**reisen** – **Fahrt**; **Reise**
un viaje en tren	eine Bahnfahrt
un viaje de ida / de vuelta	Hin- / Rückreise
el viaje de ida y vuelta	die Hin- und Rückfahrt
un viaje confortable	eine bequeme Fahrt
no viajar a / en las horas punta	außerhalb der Stoßzeiten reisen
trayecto *m.* / **recorrido** *m.*	**Strecke**; **Weg**
duración del trayecto / recorrido	Fahrzeit
recorrer un trayecto	eine Strecke zurücklegen
reducir a la mitad la duración del recorrido	die Fahrzeit auf die Hälfte verkürzen
itinerario *m.*	**Dienstfahrplan**
cambio de itinerario	Fahrplanänderung
transbordo *m.*	**(das) Umsteigen**
En Bobadilla hay que hacer transbordo.	Man muss in Bobadilla umsteigen.
cambiar de tren	**umsteigen**
¿Dónde tengo que cambiar de tren para ir a Colonia?	Wo muss ich nach Köln umsteigen?
enlazar (z>ce) – **enlace** *m.*	**Anschluss haben** – **Anschluss**
Este tren enlaza en Córdoba con el AVE que va hacia Madrid.	Dieser Zug hat in Córdoba Anschluss an den Hochgeschwindigkeitszug nach Madrid.
conexión *f.* / *LAm* **combinación** *f.*	**Verbindung**
perder (e>ie) el tren	den Zug **verpassen** / **versäumen**
Casi pierdo el tren.	Ich habe beinah den Zug verpasst.
con una **parada** en Cáceres	mit einem **Zwischenaufenthalt** in Cáceres
salir (-g-) – **salida** *f.*	**abfahren** – **Abfahrt**
El tren sale por / de la vía número 7.	Der Zug fährt von Gleis 7 ab.
llegar (g>gue) – **llegada** *f.*	**ankommen** – **Ankunft**
Los trenes llegan normalmente a su hora.	Normalerweise kommen die Züge pünktlich an.
la hora prevista de llegada	die vorgesehene Ankunftszeit
horario *m.* **de trenes**	**Fahrplan**; **Kursbuch**
Según el horario el tren debe llegar a las 6:35.	Der Zug soll fahrplanmäßig um 6.35 Uhr ankommen.
panel *m.* **de llegadas** / **de salidas**	**Ankunfts-** / **Abfahrtstafel**
puntual	**pünktlich**
El tren llegó / fue puntual.	Der Zug war pünktlich.
retrasarse / **demorarse** – **adelantarse**	**sich verspäten** – **zu früh ankommen**
retraso *m.* / **demora** *f.*	**Verspätung**
El tren viene con retraso.	Der Zug hat Verspätung.
El tren sufre un retraso / una demora de 10 minutos.	Der Zug hat 10 Minuten Verspätung.
Hoy vienen muchos trenes con retraso.	Viele Züge haben heute Verspätung.
pasajero / **-a**	**Fahrgast**; **Reisende(r)**; **Passagier**

Transporte aéreo
Beförderung mit dem Flugzeug

Seis minutos después, el avión emprendió una larga carrera por la pista para elevarse hacia el cielo. Siete minutos después, no logró despegar del suelo ... Ocho minutos después, al llegar al final de la pista, siguió rodando hasta estrellarse contra un muro. Y nueve minutos después, una llamarada luminosa y alegre envolvió todo el aparato.
(Álvaro de Laiglesia, humorista español, 1918–1981)

volar (o>ue) – **vuelo** *m.*	**fliegen – Flug**
volar en (la) clase turista	in der Touristenklasse fliegen
Tiene miedo a volar.	Er / Sie hat Angst vor dem Fliegen.
La duración del vuelo es de seis horas.	Die Flugzeit beträgt sechs Stunden.
la última subida de los precios de los vuelos	die letzte Erhöhung der Flugpreise
un vuelo directo	Direktflug; Flug ohne Zwischenlandung
vuelo regular / de línea – vuelo chárter	Linienflug – Charterflug
vuelo interior	Inlandflug
avión *m.*	**Flugzeug**
viajar / ir en avión	mit dem Flugzeug reisen / fliegen
hacer más seguros los viajes en avión	das Fliegen sicherer machen
Este avión es muy rápido.	Dieses Flugzeug ist sehr schnell.
un avión supersónico	ein Überschallflugzeug
avión de pasajeros	Verkehrsflugzeug
avión de reacción / jet	Düsenflugzeug; Jet
jumbo *m.*	**Jumbojet; Großraumflugzeug**
portaaviones *m.*	**Flugzeugträger**
aerobús *m.*	**Airbus**
aéreo	**Luft-**
Murió en un accidente aéreo.	Er / Sie kam bei einem Flugzeugabsturz ums Leben.
enviar mercancías por vía aérea	Waren auf dem Luftweg versenden
compañía *f.* **aérea**	**Luftfahrtgesellschaft**
línea *f.* **aérea**	**Luftverkehrslinie**
red de líneas aéreas	Luftverkehrsnetz
aeropuerto *m.*	**Flughafen**
¿Te recojo en el aeropuerto?	Soll ich dich am Flughafen abholen?
aeródromo *m.*	**Flugplatz**
helicóptero *m.*	**Hubschrauber**
helipuerto *m.*	**Hubschrauberlandeplatz**
terminal *f.*	**Abfertigungsgebäude am Flughafen**
la terminal de equipajes	Gepäckhalle
la terminal de llegada / de salida	Ankunfts- / Abflughalle
horario *m.* **de vuelos**	**Flugplan**
llegada(s) *f.* – **salida(s)** *f.*	**Ankunft – Abflug**

La hora prevista de llegada es la 1:05, pero el vuelo llegará con retraso.	Die fahrplanmäßige Ankunftszeit ist 1.05 Uhr, aber der Flug wird verspätet eintreffen.
cancelar	**streichen; ausfallen lassen**
El vuelo 452 fue cancelado.	Flug 452 wurde gestrichen.
anular una reserva	eine Reservierung **stornieren**
destino *m.*	**Zielflughafen; Reiseziel**
escala *f.*	**Zwischenlandung**
hacer escala	zwischenlanden
vuelo sin escala(s) / directo	Non-Stop-Flug
control *m.* **de seguridad**	**Sicherheitskontrolle**
facturar	**aufgeben; einchecken**
¿A qué hora tenemos que facturar el equipaje?	Wann müssen wir das Gepäck einchecken / aufgeben?
mostrador *m.* **de facturación**	**(Fluggast-)Abfertigungsschalter**
maleta *f.* / *LAm* **valija** *f.*	**Koffer**
equipaje *m.*	**Gepäck**
exceso de equipaje / de peso	*(Gepäck)* Übergewicht
equipaje de mano	Handgepäck; Bordtasche; Kabinengepäck
Sólo puede llevar a bordo un bulto (de equipaje de mano).	Sie können nur ein Stück Handgepäck mit an Bord nehmen.
embarcar (c>que)	**einsteigen; am Bord gehen**
Tienen que embarcar por la puerta número 12.	Sie müssen am Ausgang 12 einsteigen.
tarjeta *f.* **de embarque**	**Bordkarte**
un / una **menor sin compañía**	ein **Kind ohne Begleitung** (Erwachsener)
pasajero / **-a**	**Fluggast; Passagier**
un pasajero en lista de espera	ein Passagier auf Warteliste
cinturón *m.* **de seguridad**	**Sicherheitsgurt**
Por favor, abróchense los cinturones.	Bitte schnallen Sie sich an.
máscar(ill)a *f.* **de oxígeno**	**Sauerstoffmaske**
chaleco *m.* **salvavidas**	**Schwimmweste**
compartimento *m.* **para el equipaje de mano**	**über dem Sitz befindliches Gepäckfach**
cabina *f.* **de pilotaje**	**Cockpit; Pilotenkabine**
cabina *f.* **de pasajeros**	**Passagierraum**
tripulación *f.*	**Besatzung; Flugmannschaft**
personal *m.* **de tierra**	**Bodenpersonal**
piloto *m.* / *f.*	**Pilot(in); Flugzeugführer(in)**
azafata *f.* / **asistente** *m.* / *f.* **de vuelo**	**Steward(ess); Flugbegleiter(in)**
despegar (g>gue) – **aterrizar** (z>ce)	**starten – landen**
pista *f.* de aterrizaje y despegue	Start- und Lande**bahn**
altitud *f.* **de vuelo**	**Flughöhe**
cinta *f.* **(de entrega) de equipajes**	**(Gepäck-)Ausgabeband; Gepäckband**
torre *f.* **de control**	**Kontrollturm**
controlador(a) *m.* **aéreo** / **-a**	**Fluglotse**
secuestrar – **secuestro** *m.*	**entführen – Entführung**
secuestrador(a) aéreo / **-a**	**Flugzeugentführer(in)**

Transporte marítimo y fluvial
Beförderung auf dem Wasserweg

¡Qué semejante / el viaje del mar al de la muerte, / al de la eterna vida!
(Juan Ramón Jiménez, poeta español, premio Nobel de literatura, 1881–1958)

mar *m.* / *f.* → 14.4 Mares, lagos, ríos – **marítimo**	**See** – **See-** / **Meer-** / **Marine-**
hacerse a la mar	zur See gehen
en alta mar	auf hoher See
mar gruesa	schwere See
por mar / por vía marítima	auf dem Seeweg
transportar por vía marítima	verschiffen
en **aguas** internacionales	in internationalen **Gewässern**
en las aguas territoriales marroquíes	in den marokkanischen Hoheitsgewässern
río *m.* – **fluvial**	**Fluss** – **Fluss-**
navegación fluvial	Binnen-, Flussschifffahrt
por vía fluvial	auf dem Flussweg
embarcación *f.*	**Wasserfahrzeug**; **Schiff**
barco *m.*	**Schiff**
a bordo de un barco	an Bord eines Schiffes
Los inmigrantes ilegales fueron devueltos en barco a sus países de origen.	Die Flüchtlinge wurden in ihre Heimatländer mit dem Schiff zurückgeschickt.
Los libros me los envían por barco desde EEUU.	Ich lasse mir die Bücher per Schiff aus den USA schicken.
buque *m.*	**großer Schiff**
una flota de 23 buques	eine Flotte von 23 Schiffen
bote *m.*	**Boot**
barca *f.*	**Barke**; **(Fischer-)Boot**

Las pateras sind einfache Schiffe, in denen die Immigranten aus Afrika die spanische Südküste zu erreichen versuchen.

nave *f.* – **naval**	**Schiff** – **Marine-** / **See-**
navegar (g>gue) – **navegable**	**schiffen** / **segeln** – **schiffbar**
navegar a toda vela	mit vollen Segeln fahren
Nuestro barco navega mañana.	Unser Schiff läuft morgen aus.
un barco que navega bajo una bandera de conveniencia	ein Schiff, das unter einer Billigflagge fährt
aguas navegables	Fahrwasser
navegante *m.* – **navegación** *f.*	**Schiffer** / **Seefahrer** – **Schifffahrt** / **Schiff**
cerrado a la navegación	für die Schifffahrt gesperrt
náutica *f.* – **náutico**	**Schifffahrtkunde** / **Nautik** – **nautisch** / **Schifffahrts-**
remar – **remo** *m.*	**rudern** – **Ruder** / **Rudern**
astillero *m.*	**Werft**

***Tipos de embarcaciones* (= Arten von Wasserfahrzeugen)**
el transatlántico (= Ozeandampfer) • *el barco de pasajeros* (= Passagierschiff) • *el barco de vapor* (= Dampfschiff, Dampfer) • *el vapor de ruedas* (= Raddampfer) • *el transbordador* / *el ferry* (= Fähre) • *el buque de carga* / *el carguero* (= Frachtschiff / Frachter) • *el buque mercante* (= Handelsschiff) • *el carguero portacontenedores* (= Containerschiff) • *el petrolero* (= Öltanker) • *el superpetrolero* (= Riesentanker) • *el buque cisterna* (= Flüssiggastanker) • *el buque rompehielos* (= Eisbrecher) • *el buque frigorífico* / *el (barco) congelero* (= Kühlschiff) • *el pesquero de arrastre* (= Hecktrawler) • *el barco de pesca* / *pesquero* (= Fischerboot) • *el barco ballenero* (= Walfänger) • *el remolcador* (= Schlepper) • *el barco del práctico (del puerto)* (= Lotsenboot) • *el barco de recreo* (= Vergnügungsdampfer) • *el bote salvavidas* (= Rettungsboot) • *el (barco) patrullero* (= Patrouillenboot) • *el (barco) guardacostas* (= Küstenwachschiff) • *el (barco) fueraborda* (= Motorboot) • *el yate* (= Jacht) • *el barco de vela* (= Segelboot) • *el barco de remos* (= Ruderboot) • *la canoa* (= Kanu / Paddelboot) • *la balsa* (= Floß)

botar – **botadura** *f.*	**vom Stapel laufen** – **Stapellauf**
El alcalde asistió a la botadura del barco.	Der Bürgermeister war beim Stapellauf anwesend.
crucero *m.*	**Kreuzfahrt**
hacer un crucero	eine Kreuzfahrt machen
viaje *m.*	**Reise**
viaje por mar / marítimo	Seereise
el Titanic en su viaje inaugural	die Titanic auf ihrer Jungfernfahrt
pasaje *m.*	**Überfahrt**
reservar un pasaje para América	eine Schiffsreise nach Amerika buchen
pasajeros de tercera clase	**Passagiere**, die im Zwischendeck reisen
polizón *m.*	**blinder Passagier**
embarcar (c>que) – **desembarcar**	**sich einschiffen** – **von Bord gehen** / **an Land gehen**
embarque *m.* – **embarcadero** *m.*	**Einschiffung** / **An-Bord-Gehen** – **Ladeplatz** / **Landungsbrücke**
aviso de embarque	Verschiffungsbescheinigung
a bordo del barco	**an Bord** des Schiffes
llegar (g>gue) **a tierra**	**an Land kommen**
encallar / **varar**	**auf Grund laufen; stranden**
zozobrar	**kentern**
hundirse – **hundimiento** *m.*	**sinken** – **Versenkung**
El transbordador zozobró y se hundió.	Die Fähre kenterte und sank.
irse (– voy – iba – fui – ido) **a pique**	**scheitern; untergehen**
El capitán se fue a pique con su barco.	Der Kapitän ging mit seinem Schiff unter.
El Titanic **chocó** contra un iceberg.	Die Titanic **lief gegen** einen Eisberg.
naufragar (g>gue) – **naufragio** *m.*	**Schiffbruch erleiden** – **Schiffbruch**
Naufragaron.	Sie erlitten Schiffbruch.
sumergible – **insumergible**	**tauchfähig; Tauch-** / **Unterseeboot** – **unsinkbar**
cambiar de **rumbo** *m.*	den **Kurs** ändern

perder el rumbo	vom Kurs abkommen
corregir el rumbo	den Kurs berichtigen
proa *f.* – **popa** *f.*	**Bug** – **Heck**
babor *m.* – **estribor** *m.*	**Backbord** – **Steuerbord**
puerto *m.* – **muelle** *m.*	**Hafen** – **Kai**
atracar (c>que) en el muelle	am Kai **anlegen**
anclar – *el* **ancla** *f.* → 1.13 *el* alma *f.*	**(ver)ankern** – **Anker**
estar anclado / fondeado	vor Anker liegen
echar (el) ancla / lev(ant)ar (el) ancla	(den) Anker werfen / lichten
tripulación *f.*	**Mannschaft; Besatzung**
marinero	*(Fischfang)* **Seemann; Matrose**
marino	**Seemann; Matrose; Marinesoldat**
capitán	**Kapitän**
contramaestre	**Bootsmann**
grumete	**Schiffsjunge**
(radio)telegrafista *m. / f.*	**Funker**
patrón (de barco)	**Schiffseigner; Schiffspatron / -führer**
naviero / **armador**	**Reeder**
práctico	**Lotse**
cubierta *f.*	**Deck**
camarote *m.* / *RPl* **cucheta** *f.*	**Kabine**
puente *m.* **de mando**	**Brückendeck**
bodega *f.*	**Laderaum**
mástil *m.*	**Mast**
timón *m.*	**Steuerruder**
marearse en un barco	**seekrank werden**
pirata – **piratería** *f.*	**Pirat** – **Piraterie**
faro *m.* – **farero** / **-a**	**Leuchtturm** – **Leuchtturmwärter(in)**
esclusa *f.*	**Schleuse**
presa *f.*	**Wehr**
pantano *m.* / **embalse** *m.*	**Stausee**

Dichos y expresiones relacionados con la navegación
(= Ausdrücke aus dem Seefahrerwortschatz)
llover a mares (= in Strömen regnen) • *llorar a mares* (= sich die Augen ausweinen) • *la mar de* (= in Hülle und Fülle) • *Tiene la mar de suerte.* (= Er hat immer Glück.) • *A río revuelto, ganancia de pescadores.* (= Im Trüben ist gut fischen.) • *Cuando el río suena, agua lleva.* (= An jedem Gerücht ist was Wahres dran.) • *No llegará la sangre al río.* (= Es wird halb so schlimm werden.) • *¡Pelillos a la mar!* (= Schwamm drüber!) • *embarcarse en algo* (= sich auf etwas einlassen) • *tomar otro rumbo* (= einen neuen Kurs einschlagen) • *Los negocios han tomado un rumbo favorable.* (= Die Geschäfte haben eine günstige Wendung genommen.) • *Todo va viento en popa.* (= Alles geht glänzend.) • *llevar el timón* (= am Ruder sitzen) • *llegar a buen puerto* (= gut ausgehen) • *tener el práctico a bordo* (= im Sterben liegen) • *marinero de agua dulce* (= Landratte) • *Donde hay patrón, no manda marinero.* (= Besser zum Schmied, als zum Schmiedchen gehen.)

Transporte público
Öffentlicher Nahverkehr

Si fuera cierto que el viajar enseña, los revisores de billetes serían los hombres más sabios del mundo. (*Santiago Rusiñol, pintor y escritor español, 1861–1931*)

el **metro**	die **U-Bahn**
estación de metro	U-Bahnhof
¿Dónde está la estación de metro más cercana / próxima?	Wo ist der nächste U-Bahnhof?
El metro es la forma más rápida de desplazarse por la ciudad.	Am schnellsten kommt man in der Stadt mit der U-Bahn herum.
ir / viajar en metro	mit der U-Bahn fahren
un metro hacia la Puerta del Sol	eine U-Bahn zur Puerta del Sol
trayecto *m.*	**Überfahrt**; **Strecke**; **Weg**
un trayecto de media hora	eine halbstündige Fahrt
Los niños menores de 4 años no pagan el trayecto.	Kinder bis zu 4 Jahren fahren frei.
recorrido *m.*	**Fahrstrecke**; **Dienstfahrplan**
ferrocarril *m.* / **tren** *m.* **suburbano**	**S-Bahn**
El ferrocarril suburbano es bueno para los trayectos largos.	Die S-Bahn ist gut für längere Fahrten.
usuario / **-a** del metro	U-Bahn-**Fahrgast**
ferrocarril *m.* **elevado**	**Hochbahn**

Dem spanischen *transporte público* bzw. *transporte urbano* entsprechen im Deutschen die Begriffe öffentlicher (Personen-)Nahverkehr bzw. öffentliche Verkehrsmittel. Entsprechend: *usar los transportes públicos* (= öffentliche Verkehrsmittel benutzen), *un sistema de transportes públicos eficaz* (= ein leistungsfähiges System von öffentlichen Verkehrsmitteln).

tranvía *m.*	**Straßenbahn**
funicular *m.*	**Standseilbahn**; **Drahtseilbahn**; **Schwebebahn**
monocarril *m.*	**Einschienenbahn**
autobús *m.* / *Can, Cu, PR* **guagua** *f.*	**Bus**
Voy al trabajo en autobús.	Ich fahre mit dem Bus zur Arbeit.
autobús de dos pisos	Doppeldecker(bus)
Los autobuses pasan cada cinco minutos.	Die Busse verkehren alle fünf Minuten.
el autobús de la línea número 6	die Buslinie 6
el autobús circular	Bus im Ringverkehr
parada *f.* **de(l) autobús**	**Bushaltestelle**
parada discrecional / eventual	Bedarfshaltestelle
microbús *m.* / *Arg* **colectivo** *m.*	**Kleinbus**
trolebús *m.*	**Oberleitungsbus**; **Obus**
conductor(a) / **chófer** *m.* / *f.* / *LAm* **chofer** *m.* / **choferesa** *f.*	**Fahrer(in)**
autocar *m.*	**Reisebus**
parar / llamar un **taxi**	ein **Taxi** heran- / herbeiwinken

un trayecto en taxi	eine Taxifahrt
parada de taxi	Taxistand
taxista *m. / f.*	**Taxifahrer(in)**
taxímetro *m.*	**Taxiuhr, Taxameter**
poner en marcha / parar el taxímetro	die Taxiuhr ein- / ausschalten
bajada *f.* **de bandera**	**Grundgebühr**
un **suplemento** de 2 euros	ein **Zuschlag** / **Aufschlag** von 2 Euro
propina *f.*	**Trinkgeld**
dar una propina al taxista	dem Taxifahrer ein Trinkgeld geben
billete *m.* / *LAm* **boleto** *m.*	**Fahrkarte**
billete para recorrido corto	Kurzstreckenkarte
máquina de billetes	Fahrkartenautomat
El precio del billete depende del recorrido.	Der Preis einer Fahrkarte hängt von der Länge der Fahrt ab.
El conductor del autobús cobra los billetes.	Der Busfahrer kassiert das Fahrgeld.
billete de precio único	Einheits- / Pauschalfahrpreis
un aumento del precio de los billetes	eine Fahrpreiserhöhung
viajar sin billete	schwarzfahren
Los que viajan sin billete se arriesgan a pagar una multa bastante elevada.	Schwarzfahrern droht eine hohe Geldstrafe.
billete para un día	Tageskarte
bonobús *m.*	**Streifenkarte**
picar (el bonobús)	stempeln

Algunas expresiones útiles	**(= Nützliche Redensarten)**
Por favor, ¿cómo se va a la Plaza de España?	Wie komme ich bitte zum Plaza de España?
¿De qué andén sale el metro hacia Las Ramblas?	Von welchem Bahnsteig geht es zu den Ramblas?
Siga el letrero que pone línea circular.	Folgen Sie dem Schild zum Ringverkehr.
Tome la línea principal en dirección este.	Fahren Sie mit der Hauptlinie in Richtung Osten.
¿Va esta línea de metro a ...?	Fährt diese U-Bahn nach ...?
Esta línea de metro pasa por la Puerta del Sol.	Diese U-Bahn fährt über la Puerta del Sol.
¿Dónde tengo que cambiar de autobús / metro para ir a ...?	Wo muss ich nach ... umsteigen?
¿Qué autobús / metro va a ...?	Welche(r) Bus / U-Bahn fährt nach ...?
¿Me puede decir, por favor, cuándo tengo que bajarme?	Können Sie mir bitte sagen, wann ich aussteigen muss?
Hay cinco estaciones / paradas hasta la Plaza de Cataluña.	Zum Plaza de Cataluña sind es fünf Stationen.
El dos / La línea dos lo deja allí.	Da kommen Sie mit der Linie 2 hin.
La escalera mecánica no funciona.	Die Rolltreppe ist außer Betrieb.

La economía
Die Wirtschaft

20
1

Teoría y política económicas
Wirtschaftstheorie und -politik

Los economistas siguen con el aura intocada y son cada vez más temidos por los peatones de la historia, porque son los reales jardineros del real árbol de la ciencia del bien y del mal; el bien de la prosperidad y el mal de la pobreza. (*Manuel Vázquez Montalbán, escritor español, 1939 – 2003*)

económico	**wirtschaftlich; Wirtschafts-; ökonomisch; preiswert; Finanz-**
sistema económico	Wirtschaftssystem
situación económica	wirtschaftliche Lage
la producción económica	die Wirtschaftsleistung
la política económica	die Wirtschaftspolitik
el mundo económico	die Finanzwelt
el aumento del crecimiento económico	die Steigerung des Wirtschaftswachstums
¿Es viable económicamente?	Ist es wirtschaftlich sinnvoll?
economista *m. / f.*	**Volkswirt(schaftler)(in); Wirtschaftswissenschaftler(in)**
economía *f.*	**Wirtschaft; Sparsamkeit**
la economía (nacional)	die (Volks-)Wirtschaft
economía dirigida	(zentrale) Planwirtschaft
economía (social) de mercado libre	(soziale) Marktwirtschaft
una recuperación lenta de la economía	eine langsame Erholung der Wirtschaft
economía sumergida	Schattenwirtschaft
el sector **servicios** *m. pl.*	der **Dienstleistungs**bereich / -sektor
la **oferta** y la **demanda**	**Angebot** und **Nachfrage**
bienes *m. pl.*	**Güter; Vermögen**
bienes de inversión / de equipo	Investitionsgüter
bienes de consumo	Ge- / Verbrauchsgüter
mercancía *f. / LAm* **mercadería** *f.*	**Ware**
las fuerzas del **mercado**	die **Markt**kräfte
participación en el mercado	Marktanteil
en el mercado mundial	auf dem Weltmarkt
la libre **competencia**	freier **Wettbewerb**
competencia desleal	unlauterer Wettbewerb
regulación *f.* / **control** *m.* (estatal)	(staatliche) **Regulierung** / **Kontrolle**
supresión de los controles estatales	Aufhebung staatlicher Kontrollen
factores de **producción** *f.*	**Produktions**faktoren
coste(s) de producción	Produktionskosten
propiedad **privada**	**Privat**eigentum
propiedad privada en los medios de producción	Privateigentum an den Produktionsmitteln
economía privada / sector privado	Privatwirtschaft
empresa *f.* (estatal / privada)	(staatliches / Privat-)**Unternehmen**
empresariado *m.* **libre**	**freies Unternehmertum**
empresario / **-a**	**Unternehmer(in)**

beneficio *m.* **empresarial**	**Unternehmergewinn**
aumentar al máximo los beneficios	die Gewinne maximieren
acumular **capital** *m.*	**Kapital** bilden
prosperidad *f.* / **bienestar** *m.*	**Wohlstand**
riqueza *f.*	**Reichtum**
crear riqueza	Vermögen bilden
el **patrimonio** nacional	das Volks**vermögen**
el **total de** (demandas / ingresos)	**Gesamt**(nachfrage / -einkommen)
producto *m.* **nacional bruto** / **PNB**	**Bruttosozialprodukt**
balanza *f.* comercial	Handels**bilanz**
balanza de pagos	Zahlungsbilanz
un **presupuesto** nacional equilibrado	ein ausgeglichener Staats**haushalt**
el déficit presupuestario	das **Haushaltsdefizit**
tapar el déficit presupuestario	Haushaltslöcher stopfen
financiación *f.* **deficitaria**	**Defizitfinanzierung**
la **deuda** nacional	die Staats**schuld** / **-verschuldung**
medidas *f.* **económicas** / **de austeridad**	**Sparmaßnahmen**
recortes *m. pl.*	**Sparmaßnahmen**
recortes de presupuesto	Haushaltskürzungen / -stopp
racionamiento *m.*	**Rationierung**
cortar / reducir las **subvenciones**	**Subventionen** abbauen
eliminar las **barreras comerciales**	**Handelsschranken** beseitigen
intercambio comercial	Handelsaustausch / -verkehr
bajar los **intereses**	die **Zinsen** senken
hacer subir los intereses	die Zinsen in die Höhe treiben
aumentar la **productividad**	die **Produktivität** erhöhen
el **nivel de vida**	der **Lebensstandard**
el **coste de la vida**	die **Lebenshaltungskosten**
alza de **los gastos**	**Kosten**steigerungen
el **poder adquisitivo**	die **Kaufkraft**
precio *m.* **de venta al público** / **PVP**	**Verbraucherpreis**; **Ladenpreis**
consumo *m.* – **consumidor(a)**	**Verbrauch** / **Konsum** – **Verbraucher(in)**
(in)estabilidad *f.*	**(In-)Stabilität**
las fluctuaciones de la **coyuntura económica**	das Auf und Ab der **Konjunktur**
período *m.* **de prosperidad**	**Aufschwung**
un **retroceso** / una **caída** de la economía	ein **Rückgang** der **Konjunktur**
recesión *f.*	**Rezession**; **Konjunkturrückgang**
la (gran) **depresión económica**	die **Weltwirtschaftskrise** (*1929*)
inflación *f.* – **deflación** *f.*	**Inflation** – **Deflation**
la tasa de inflación	die Inflationsrate
inflación latente	schleichende Inflation
inflación galopante	galoppierende Inflation
una tasa de inflación de dos cifras	eine zweistellige Inflationsrate
recesión *f.* **con inflación**	**Stagflation**

Los negocios
Das Geschäftsleben

→ 12.7 De compras, 20.3 Dinero y finanzas

Una cosa es la amistad, y el negocio es otra cosa. (*Adelardo López de Ayala, dramaturgo y político español, 1828–1879*)

negocio *m.*	**Geschäft; Geschäfts-**
Los negocios van bien / van como la seda.	Die Geschäfte gehen gut.
Los negocios van mal.	Die Geschäfte laufen schlecht.
Hacemos muchos negocios con ellos.	Wir haben viel mit ihnen zu tun.
¿Está usted aquí en viaje de negocios?	Sind Sie geschäftlich hier?
una cita de negocios	ein geschäftlicher Termin
Es la encargada de nuestros negocios en África.	Sie ist für unser Afrikageschäft zuständig.
sentido / olfato para los negocios	Geschäftssinn; Riecher für Geschäfte
hombre / mujer de negocios	**Geschäftsmann / -frau**
comerciante *m. / f.*	**Kaufmann / -frau; Händler(in)**
comerciante de armas	Waffenhändler(in)
comerciante al por mayor / al por menor	Groß- / Einzelhändler(in)
detallista *m. / f.*	**Einzelhändler(in)**
comercio *m.*	**Handel(sverkehr)**
cámara de comercio	(Industrie- und) Handelskammer
Ministerio de Comercio	Handelsministerium
comercial	**kaufmännisch; kommerziell; Handels-**
intereses comerciales	kommerzielle Interessen
español comercial	Handelsspanisch
feria comercial / de muestras	(Handels-)Messe; Ausstellung
comerciar	**handeln; Handel treiben**
comerciar en vinos	Weinhandel treiben
ramo *m.*	**Branche; Gewerbe**
Trabaja en el ramo textil.	Er / Sie arbeitet in der Textilbranche.
el ramo del mueble	die Möbelbranche
mercancía *f.* / *LAm* **mercadería** *f.* (de calidad)	(Qualitäts-)**Ware**
artículo *m.*	**(Waren-)Artikel**
un artículo con salida	ein gut gehender (Waren-)Artikel
Este artículo es un éxito.	Dieser Artikel ist ein Renner.
propietario / -a	**Besitzer(in); Eigentümer(in)**
tendero / propietario de una tienda	Ladenbesitzer
empresa *f.*	**Firma; Unternehmen**
una empresa con dificultades económicas	ein in Schwierigkeiten geratenes Unternehmen
concentración de empresas	Unternehmenskonzentration
una empresa de exportación floreciente / próspera	ein florierendes Exportunternehmen

compañía *f.*	**Gesellschaft**
una (compañía) multinacional	ein multinationaler Konzern / Multi
compañía comercial	Handelsgesellschaft
sociedad *f.*	**Gesellschaft**
sociedad filial	Tochtergesellschaft
sociedad colectiva	offene Handelsgesellschaft
sociedad sin ánimo de lucro	gemeinnützige Gesellschaft
sociedad en comandita (S. en C.)	Kommanditgesellschaft (KG)
sociedad anónima (S.A.)	Aktiengesellschaft (AG)
sociedad limitada (S.L.)	Gesellschaft mit beschränkter Haftung (GmbH)

Die Abkürzung S.A. nach spanischen Firmennamen bedeutet, dass es sich um eine *sociedad anónima* handelt, d.h. eine Gesellschaft, die etwa einer Aktiengesellschaft entspricht. Die Abkürzung *S.L.* deutet auf eine GmbH-ähnliche Gesellschaftsform hin. *Cía.* nach spanischen Namen heißt *compañía: Casa López y Cía.* (= Firma López & Co.)

consorcio *m.*	**Konzern**
General Motors y otros grandes consorcios	General Motors und andere Riesenkonzerne
cooperativa *f.*	**Genossenschaft**
industrial *m.* / *f.*	**Industrielle(r); industriell; Industrie-**
accionista *m.* / *f.* – **acción** *f.*	**Aktionär(in)** – **Aktie**
aumento de valor / plusvalía para los accionistas	Wertsteigerung für Aktionäre
director(a)	**Direktor(in)**
la **junta directiva**	der **Vorstand**
miembro de la junta directiva	Vorstandsmitglied
el **consejo de administración**	der **Aufsichtsrat (einer AG)**
presidente / **-a**	**Vorstandsvorsitzende(r)**
gerente *m.* / *f.* / **jefe** / **-a**	**Leiter(in)**
gerente del departamento de ventas	Leiter(in) der Verkaufsabteilung
jefe / -a de personal	Personalchef(in)
jefe de ventas	Verkaufsdirektor
gerencia *f.*	**Führung; Leitung**
gestión *f.* **de empresas**	**Unternehmensführung**
una gestión convincente	ein überzeugender Führungsstil
ejecutivo / **-a**	**leitende(r) Angestellte(r); Manager(in)**
muchos ejecutivos de primera	mehrere Spitzenmanager
vender	**verkaufen**
el arte de vender	die Kunst des Verkaufens
métodos de venta agresivos	aggressive Verkaufsmethoden
venta *f.*	**Verkauf; Umsatz; Vertrieb**
hacer subir las ventas	die Umsätze in die Höhe treiben
las últimas cifras de ventas	die neuesten Verkaufs- / Umsatzzahlen

caída / retroceso / disminución de las ventas	Umsatzrückgang
Las ventas han caído / disminuido de una forma alarmante.	Die Umsätze sind stark / dramatisch zurückgegangen.
una campaña de venta muy agresiva	eine sehr aggressive Werbekampagne
beneficio *m.* / **ganancia** *f.*	**Gewinn; Erträge**
Los beneficios han subido vertiginosamente.	Die Erträge sind sprunghaft angestiegen.
sacar beneficios / ganacias	Gewinne erzielen
Los beneficios de explotación han aumentado.	Die Betriebsgewinne sind gestiegen.
un margen de beneficios grande / pequeño	große / kleine Gewinnspannen
vendedor(a) – **comprador(a)**	**Verkäufer(in)** / **Händler(in)** – **Käufer(in)**
nuestro equipo de vendedores	unser Vertreterstab / Außendienst
dependiente / **-a**	*(Laden)* **Verkäufer(in)**
representante *m.* / *f.*	**Vertreter(in); Repräsentant(in)**
representante de comercio	(Handels-)Vertreter(in)
viajante *m.* / *f.*	**(Handels-)Vertreter(in)** / **-reisende(r)**
un(a) **posible** cliente / -a	ein(e) **potenzielle(r)** Kunde / Kundin
una **comisión** del 25 por ciento	eine **Provision** von 25 Prozent
Se han gastado millones en **sobornos** / comisiones ilegales.	Sie haben **Schmiergelder** / illegale Provisionen in Millionenhöhe bezahlt.
venta *f.* **al por mayor** – **al por menor**	**Großhandel** – **Einzelhandel**
mayorista *m.* / *f.* – **minorista** *m.* / *f.*	**Großhändler(in)** – **Einzelhändler(in)**
distribuir (-y-) mercancías	Waren **vertreiben** / **ausliefern**
nuestros **distribuidores** en el extranjero	unsere **Vertriebspartner** im Ausland
distribución *f.* **exclusiva** / **concesión** *f.*	**Alleinvertretung** / **-vertrieb**
acuerdo / convenio de distribución	Vertriebsvereinbarung
la sociedad **distribuidora**	die **Vertriebs**gesellschaft
según los términos del **contrato**	gemäß den **Vertrag**sbestimmungen
comprar – **compra** *f.*	(an- / ein)**kaufen** – **Einkauf**
compraventa *f.*	**Ein- und Verkauf**
volumen *m.* **de ventas**	**Umsatz**
El volumen de ventas ha aumentado un 9 por ciento.	Der Umsatz ist um 9 Prozent gestiegen.
un **movimiento** de ventas de un billón y medio	einen **Umsatz** von 1,5 Billionen
rentable – **ruinoso**	**gewinnbringend** / **rentabel** – **Verlust-**
rentabilidad *f.*	**Rentabilität**
trabajar **cubriendo gastos**	**kostendeckend** arbeiten
en números rojos	**in den roten Zahlen**

perder (e>ie) – **pérdida** *f.*	**verlieren** – **Verlust**
sufrir enormes pérdidas	enorme Verluste erleiden
Tienen que hacer frente a grandes pérdidas.	Es drohen ihnen große Verluste.
saldo *m.* (comercial)	**Saldo**
saldo positivo / negativo	positiver / negativer Saldo
lista de **precios** *m.*	**Preis**liste
precio de compra / de coste	Einkaufspreis
precio de venta al público (PVP)	Einzelhandels- / Ladenpreis
subir / bajar los precios	die Preise erhöhen / senken
reducir drásticamente los precios	die Preise / Kosten drastisch senken
regatear para conseguir el mejor precio	um den besten Preis **feilschen**
etiqueta *f.* con el precio	**Preisschild**
encarecer (c>zc) – **encarecimiento** *m.*	**verteuern** – **Verteuerung**
Los precios **excesivos** lo dejaron fuera del mercado.	Er war durch **überhöhte** Preise nicht mehr wettbewerbsfähig.
cobrar un precio excesivo	jemandem zu viel abverlangen
artículos excesivamente caros	zu teure / überteuerte Waren
descuento *m.*	**Diskont**; **Rabatt**
con un descuento del 25 por ciento	mit einem Rabatt von 25 Prozent
una **imitación**	ein der Konkurrenz nachempfundenes Produkt ohne Originalität
una **competencia** fuerte / feroz	eine heftige / scharfe **Konkurrenz**
competencia salvaje	Verdrängungswettbewerb
eliminar a un **competidor**	einen **Konkurrenten** / **Mitanbieter** aus dem Markt verdrängen
entrar en **liquidación** *f.* / **liquidar** un negocio	in **Liquidation** gehen; ein Geschäft **auflösen**
ofrecer (c>zc) – **oferta** *f.*	**anbieten** – **Angebot**
hacer una oferta por algo	für etwas ein Angebot abgeben
(oferta de) **traspaso** *m.*	**Übernahme**(angebot)
demanda *f.*	**Nachfrage**
adquisición *f.*	**Neuerwerbung**; **Übernahme**
adquisición de una empresa	Firmenaufkauf
fusión *f.*	**Fusion**
sala *f.* **de exposiciones**	**Ausstellungsraum**
Estamos dispuestos a comprar algunos PCs nuevos.	**Wir wollen** eine Reihe neuer PCs kaufen.
hacer un **pedido** a una casa	(einen) **Auftrag** an eine Firma erteilen
efectuar / llevar a cabo un pedido	einen Auftrag ausführen
suministrar – **suministro** *m.*	**liefern** – **Lieferung**
¿Nos puede suministrar este artículo?	Können Sie uns diesen Artikel liefern?
el suministro de mercancías	die Lieferung von Waren
suministrador(a)	**Lieferant(in)**; **Vertreter(in)**; **Liefe rungs-**
empresa suministradora	Lieferfirma
abastecer (c>zc) – **abastecedor(a)**	**liefern** / **versorgen** – **Lieferant(in)**
distribuir (-y-) – **distribución** *f.*	**ausliefern** – **Absatz** / **Vertrieb**
distribuir desde el almacén	vom Lager (aus)liefern

enviar algo	etwas **versenden**
envío *m.* (de mercancías)	(Waren-)**Sendung** / **Lieferung**
papeles de envío	Versandpapiere / -dokumente
lista *f.* **de contenido**	**Packliste**
almacén *m.*	**Lager(haus)**
surtido *m.*	**Sortiment**; **Auswahl**
surtido de géneros	Warensortiment
gran surtido	reiche Auswahl
surtido escaso	beschränkte Auswahl
existencias *f. pl.*	**Vorrat**; **Lagerbestände**
De ese modelo (no) tenemos existencias.	Das Modell ist (nicht) vorrätig.
Nuestras existencias se están agotando / acabando.	Unsere Bestände gehen langsam zur Neige.
existencias en almacén	Lager- / Warenbestand
inventariar – **inventario** *m.*	**Bestand aufnehmen** – **Inventar** / **Bestandsliste**
hacer inventario	Bestand aufnehmen
garantizar (z>ce) – **garantía** *f.*	**garantieren** (für) – **Garantie(schein)**
una garantía de dos años	eine zweijährige Garantie
La garantía no cubre eso.	Das fällt nicht unter die Garantie.
licencia *f.*	**Lizenz**
conceder / denegar una **concesión**	eine **Konzession** erteilen / verweigern
importación *f.* – **exportación** *f.*	**Import** – **Export**
importar – **exportar**	**importieren** – **exportieren**
importador *m.* – **exportador** *m.*	**Importeur** – **Exporteur**
boicotear – **boicoteo** *m.* / **boicot** *m.*	**boykottieren** – **Boykott**

"Nuestra oferta de mercancías es hoy un poco reducida."

Dinero y finanzas
Geld und Finanzwesen

→ 6.9 Impuestos, 20.2 Los negocios

El dinero no puede hacer que seamos felices, pero es lo único que nos compensa de no serlo. (*Jacinto Benavente, dramaturgo español, premio Nobel de literatura, 1866–1945*)

(ganar mucho / -a) **dinero** *m.* / *LAm* **plata** *f.*	(viel) **Geld** (verdienen)
una gran / pequeña cantidad de dinero	ein großer / kleiner Geldbetrag
Hay poco dinero.	Das Geld ist knapp.
No llevo dinero.	Ich habe kein (Bar-)Geld bei mir.
Tengo poco dinero disponible.	Ich bin ziemlich knapp bei Kasse.
100 euros **en efectivo**	100 Euro **in bar**
¿Paga usted en efectivo?	Zahlen Sie bar?
caja *f.* **(registradora)**	**(Registrier- / Laden-)Kasse**
cajero *m.* **automático**	**Geldautomat**

Die Hunderter (200 bis 900) verändern sich je nach Geschlecht: *Tenemos seiscient**as** mil **libras** en el banco.* (= Wir haben 600.000 Pfund auf der Bank.) • *Son doscient**os euros**.* (= Das macht dann 200 Euro.) • *Sólo tenía trescient**os** cuarenta **pesos** en el bolsillo.* (= Ich / Er / Sie hatte nur 340 Pesos in der Tasche.) • *un billete de quinient**os euros*** (= ein Fünfhunderteuroschein)

cobrar	**einnehmen; kassieren; verdienen; berechnen**
¿Cuánto ha cobrado por el trabajo?	Was hat er / sie / haben Sie für die Arbeit berechnet?
Lo puede **cargar** usted a mi cuenta.	**Belasten** Sie es meinem Konto.
gastos *m.* de **banco** / **bancarios**	**Bank**spesen / -gebühren
costar (o>ue) – **costes** *m.*	**kosten** – **Kosten**
Cuesta / costó 5.000 euros.	Es kostet / kostete 5.000 Euro.
cambiar un billete de cien dólares	einen Hundertdollarschein **wechseln**
¿Me puede cambiar cien euros?	Können Sie mir hundert Euro wechseln?

Nombres de las monedas de los países latinoamericanos
(= Die Währungen in den lateinamerikanischen Ländern)
El balboa es la moneda de Panamá. • El bolívar es la moneda de Venezuela. • El colón es la moneda de El Salvador y Costa Rica. • El córdoba es la moneda de Nicaragua. • El guaraní es la moneda de Paraguay. • El inti es la moneda de Perú. • El lempira es la moneda de Honduras. • El peso es la moneda de Argentina, Bolivia, Colombia, Cuba, Chile, la República Dominicana, Méjico y Uruguay. • El quetzal es la moneda de Guatemala. • El sucre es la moneda de Ecuador.

pagar (g>gue)	**(be)zahlen**
pagar las mercancías	Waren bezahlen
pagar al taxista	den Taxifahrer bezahlen
pagar una cuenta	eine Rechnung bezahlen
Ha pagado todas sus deudas.	Er / Sie hat alle seine / ihre Schulden bezahlt.
pagar con un cheque / **con la tarjeta de crédito**	**mit Scheck** / **Kreditkarte bezahlen**
pagar **al contado** / *LAm* **en concreto** – pagar **a plazos**	**auf einmal** bezahlen – **auf Raten** bezahlen
El primer plazo hay que pagarlo en mayo.	Die erste Rate ist im Mai fällig.
liquidar / **saldar** una cuenta	eine Rechnung **begleichen** / **ausgleichen**
liquidación *f.* / **pago** *m.* de una cuenta pendiente	**Bezahlen** / **Ausgleichen** einer offenen Rechnung
cartera *f.* / **billetero** *m.* / **billetera** *f.*	**Brieftasche**
monedero *m.*	**Portmonee; Geldbeutel**

Tener o no tener (dinero), ésa es la cuestión **(= [Geld] Haben oder nicht haben, das ist hier die Frage)**
nadar en la abundancia (= im Geld schwimmen) • *Poderoso caballero es don dinero.* (= Geld regiert die Welt.) • *El dinero hace milagros.* (= Für Geld ist alles zu haben.) • *El dinero llama al dinero.* (= Wo Geld ist, kommt Geld dazu.) • *El dinero hace al hombre.* (= Geld macht den Mann.) • *estar / andar a la cuarta pregunta* (= wenig Geld haben) • *estar sin un cuarto / no tener ni un duro / no tener ni una gorda* (= kein Geld haben) • *tener* Esp *pasta* / LAm *plata* (= Kohle haben)

gastar dinero	Geld **ausgeben**
gastar millones en vehículos	Millionen für Fahrzeuge ausgeben
gastos *m.*	**Ausgaben; Aufwendungen**
gastos generales	Gemeinkosten
prestar dinero a alguien	jemandem Geld **leihen**
pedir prestado	**(sich) Geld von jemandem leihen**
tomar algo prestado	(sich etwas) ausleihen
préstamo *m.* / **empréstito** *m.*	**Darleh(e)n**
préstamo para una vivienda	Baudarleh(e)n
conceder / devolver un **crédito**	einen **Kredit** gewähren / zurückzahlen
crédito / préstamo hipotecario	Baudarleh(e)n
ahorrar dinero	Geld **sparen**
fomentar el **ahorro**	die **Spartätigkeit** fördern
índice de ahorro	die Sparquote
factura *f.*	**(Waren-)Rechnung**
pagar la factura	die Rechnung bezahlen / begleichen
recibo *m.*	**Quittung**
abrir una **cuenta** en un banco	bei einer Bank ein **Konto** eröffnen
depositar / meter dinero en una cuenta	Geld auf ein Konto einzahlen
transferir / girar dinero a una cuenta	Geld auf ein Konto überweisen

cuenta corriente	Girokonto
cuenta de ahorro	Sparkonto
cuenta con dinero a plazo fijo	Festgeldkonto
cuenta de ahorro-vivienda	Bausparkonto
cartilla *f.* **de ahorro**	**Sparbuch**
transferencia *f.* (bancaria)	**Überweisung**
transacción *f.* (bancaria)	**Transaktion**
código *m.* **bancario**	**Bankleitzahl**
depósito *m.* **bancario**	**Bankeinlage**
sacar (c>que) / **retirar** dinero	Geld **abheben**
Me gustaría sacar 400 euros.	Ich möchte 400 Euro abheben.
caja *f.* **de ahorros**	**Sparkasse**
banco *m.*	**Bank**
el banco central	die Zentralbank
banquero / **-a**	**Bank(i)er** / **Bankerin**
director(a) de sucursal	**Zweigstellenleiter(in)**
El Bundesbank ha bajado los **tipos de interés**.	Die Bundesbank hat die **Leitzinsen** gesenkt.
el **Banco de España**	die **spanische Zentralbank**
la **reserva nacional**	die **Staatsreserve**
el **tesoro público**	die **Staatskasse**
el **Ministerio de Economía y Hacienda**	das **Finanzministerium**
el / la ministro / -a de Economía y Hacienda	der / die Finanzminister(in)
la política **monetaria**	die **Geld(markt)-** / **Währungs**politik
el Sistema Monetario Europeo	das europäische Währungssystem
la Unión Monetaria	die Währungsunion
crear una **moneda** común	eine gemeinsame **Währung** schaffen
la política **fiscal**	die **Finanz**politik
La libra esterlina fue **devaluada** en un 5 por ciento.	Das Pfund Sterling wurde um 5% **abgewertet**.
una **devaluación** del 10 por ciento	eine zehnprozentige **Abwertung**
valor *m.* **al cambio**	**Wechsel-** / **Devisenkurse**
divisa *f.*	**Devise**
mercado de divisas	Devisenbörse
reserva de divisas	Devisenbestand
invertir (– invierto – invertí, invirtió – invertido) – **inversor(a)** – **inversión** *f.*	**investieren** – **Investor(in)** – **Investition**
invertir millones en un proyecto	Millionen in ein(em) Projekt investieren
una inversión muy lucrativa	eine höchst lukrative Geldanlage
nuestra situación **financiera**	unsere **finanzielle** Lage
cuando uno no puede hacer frente a sus obligaciones financieras	wenn man seinen finanziellen Verpflichtungen nicht nachkommen kann
mi capacidad financiera	meine Finanzkraft
los mercados financieros	die Finanzmärkte
el pasado año financiero	das vorangegangene Geschäftsjahr

financiar un proyecto	ein Projekt **finanzieren**
solvente – **insolvente**	**zahlungsfähig** / **flüssig** – **zahlungsunfähig**
evitar la **insolvencia**	die **Zahlungsunfähigkeit** abwenden
activo *m. sg.* **y pasivo** *m. sg.*	**Aktiva und Passiva**
ingresos *m. pl.* per cápita	Pro-Kopf-**Einkommen**
ingresos disponibles	verfügbares Einkommen
la **bolsa**	die **Börse**
lonja *f.*	**Warenbörse**
acciones *f.* – **valores** *m. pl.*	**Aktien** – **Wertpapiere**
valores sin cotización	nicht notierte Wertpapiere
valores de renta fija	festverzinsliche Wertpapiere
bonos *m.* **del estado**	**Staatsschuldscheine**
bonos convertibles	Wandelschuldverschreibungen
fondos *m.* **de inversión**	**Investmentfonds**
especular – **especulador(a)**	**spekulieren** – **Spekulant(in)**
el **alza** *f.* → 1.13 *el* alma *f.* – **baja** *f.*	*(Börse)* **Hausse** – **Baisse**
especular a la baja	auf die Baisse spekulieren
dividendo *m.*	**Dividende; Gewinnanteil**
máximos **beneficios** *m.*	maximale **Erträge**
corredor(a) / **agente** *m.* / *f.* **de bolsa**	**Börsenmakler(in)**
administrador(a) de valores	**Effektenverwalter(in)**
administrador(a) de fondos	**Fondsverwalter(in)**
hundimiento *m.* **de la bolsa**	**Zusammenbruch der Börse** / **Börsenkrach**

"¿Sería tan amable de hacerme una transferencia bancaria a mi cuenta en Suiza?"

Publicidad
Werbung

Castilla y León es historia, arte, monumentos, tradición. Pero también diversión, actualidad. Ven a Castilla y León. Vamos a demostrarte que no todos los fines de semana son iguales.
(*Publicidad de la Junta de Castilla y León*)

(la) publicidad – publicitario	**(die) Werbung / Reklame – Werbe- / Werbungs- / Reklame-**
hacer la publicidad más eficaz	(die) Werbung wirksamer gestalten
publicidad engañosa	irreführende Werbung
la industria publicitaria	die Werbeindustrie / -branche
agencia publicitaria	Werbeagentur
departamento de publicidad	Werbeabteilung
jefe / -a de (la sección de) publicidad	Werbeleiter(in)
creación publicitaria	Werbekonzeption
objetivos publicitarios	Werbeziele
campaña publicitaria	Werbekampagne / -feldzug
medios publicitarios	Werbemittel; Werbeträger
eslogan publicitario	Werbeslogan; Werbespruch
material publicitario	Werbematerial / -unterlagen
publicidad / venta por teléfono	Werbung / Verkauf per Telefon
publicidad / venta directa / personal	Direktwerbung; Direktmarketing
Tienen un presupuesto muy alto para publicidad.	Sie geben viel für Werbung aus / haben einen großen Werbeetat.
publicidad subliminal	unterbewusste Werbung
publicidad encubierta	Schleichwerbung
publicista *m. / f.*	**Publizist(in)**
anunciar un producto	für ein Produkt **Reklame machen**
anunciante *m. / f.*	**Inserent(in)**
anuncio *m.*	**(Werbe-)Anzeige; Werbespot; Reklame**
anuncios de televisión / de radio	(Rundfunk / Fernsehen) Werbespots
sección de anuncios	Anzeigenteil
anuncio luminoso	Lichtreklame
poner anuncios	Anzeigen schalten
una serie de anuncios	eine Anzeigenserie
anuncio por palabras	Kleinanzeige
tarifa / precio de los anuncios	Anzeigentarif(e) / -preise
propaganda *f.*	**Werbung; Reklame; Propaganda**
propaganda comercial	Geschäftsreklame
artículos de propaganda	Reklamewaren / -artikel
hacer mucha propaganda	viel Reklame machen
los **clientes** de una agencia publicitaria	die **Kunden** einer Werbeagentur
asesoría *f.* **publicitaria**	**Kundenetat** (einer Werbeagentur)
asesor(a) del cliente	**Kundenberater(in) / -betreuer(in)**
presupuesto *m.* / **estimación** *f.* **de gastos**	**Kostenvoranschlag**

director(a) artístico / -a	**künstlerische(r) Leiter(in) einer Werbeagentur**
redactor(a) publicitario / -a	**(Werbe-)Texter(in)**
texto *m.* **publicitario**	**Werbetext**
Escribe buenos textos publicitarios.	Er / Sie schreibt gute Werbetexte.
creativo	**kreativ; schöpferisch; gestaltend**
marketing *m.* / **mercadotecnia** *f.*	**Marketing**
orientado a la venta	**marktorientiert**
análisis *m. sg. / pl.* / **estudio** *m.* **de mercado**	**Marktforschung**
promoción *f.*	**Verkaufsförderung**
promoción de ventas	Verkaufs- / Absatzförderung
promocionar un producto	für ein Produkt **Werbung machen**
Las **relaciones públicas** son muy importantes.	(Die) **Öffentlichkeitsarbeit** ist sehr wichtig.
Buscaron un experto en relaciones públicas para mejorar su imagen.	Sie holten sich einen PR-Fachmann um ihr Image aufzupolieren.
la **personalidad** de nuestra empresa	die **Identity** unseres Unternehmens
la **imagen** de nuestra empresa	unser Firmen-**Image**
logotipo *m.*	**(Firmen-)Signet / Logo**
el **prestigio** de una empresa	ideeller **Firmenwert**; der **gute Name einer Firma**
fidelidad *f.* (del consumidor) **a una marca**	**Markentreue** (der Verbraucher)
la obsesión por las marcas	die Markenbesessenheit
carpeta *f.* **informativa para la prensa**	**Pressemappe** (*mit Infomaterial*)
prueba *f.* **fotográfica**	**Fototermin**
prospecto *m.* / **folleto** *m.* **publicitario**	**Werbeschrift; Prospekt**
hoja *f.* **publicitaria**	**Werbezettel; Handzettel**
propaganda *f.* **por correo**	**Infopost; Postwurfsendungen**
propaganda *f.* **comercial**	**Reklamesendungen**
espacio *m.* **para anuncios**	**Reklame- / Plakatwand**
cartel *m.* **anunciador**	**Plakat**
Prohibido fijar carteles.	Plakatieren verboten.
columna *f.* **anunciadora**	**Litfaßsäule**
exhibición *f.*	**Auslage; Ausstellung**
la exhibición de los géneros en el escaparate	Schaufensterauslage
distribuir (-y-) **vales** *m.*	**(Werbe-)Gutscheine verteilen**
un vale de 5 euros	ein 5 Euro Gutschein
regalo *m.* **de propaganda**	**Werbegeschenk**
aceptación *f.* **de un producto**	**Rücklauf**
acogida *f.* positiva / negativa	positives / negatives **Echo**
destinatarios *m. pl.* (de un producto)	**Zielgruppe**
mercado *m.* **de prueba**	**Testmarkt**
grupo *m.* **de edad**	**Altersgruppe**

Seguros
Versicherungen

Nuestra vida se ha convertido en un negocio para las compañías de seguros y nuestra muerte en otro para los servicios funerarios. (*Anónimo*)

seguro *m.*	**Versicherung**
contratar / firmar un seguro / una póliza de seguro	eine Versicherung abschließen
Tengo un seguro de enfermedad privado.	Ich bin privat krankenversichert.
la cuota / la tarifa del seguro	der Versicherungstarif / -beitrag
seguro de vida / de invalidez	Lebens- / Invaliditätsversicherung
seguro de / contra accidentes	Unfallversicherung
seguro contra incendios	Feuerversicherung
seguro del hogar	Hausratversicherung
seguro del automóvil / del coche	Kraftfahrtzeugversicherung
seguro a todo riesgo	Vollkaskoversicherung
seguro obligatorio con suplementos	Teilkaskoversicherung
seguro obligatorio	Haftpflichtversicherung
póliza de seguro	Versicherung(spolice / -schein)
conceder un seguro	Versicherungsschutz gewähren
asegurarse contra un riesgo	sich gegen ein Risiko **versichern**
¿Estamos asegurados contra robo?	Sind wir gegen Diebstahl versichert?
riesgo asegurable	versicherbares Risiko
asegurado / **-a**	**Versicherungsnehmer(in)**
(compañía) aseguradora *f.*	**Versicherer**
agente *m.* / *f.* / **corredor(a)** de seguros	Versicherungs**vertreter(in)**
cobertura *f.* de un seguro	Versicherungs**schutz**
tarjeta de cobertura	Deckungskarte / -zusage
Este seguro **cubre** (– cubro – cubrí – cubierto) los daños a terceros.	Diese Versicherung **deckt** Schäden an Dritten.
rellenar un **formulario**	ein **Formular** ausfüllen
según los **términos** de la póliza	gemäß den Versicherungs**bedingungen**
leer con cuidado la **letra pequeña**	das **Kleingedruckte** sorgfältig lesen
cuota *f.* **anual**	**Jahresprämie; jährlicher Beitrag**
pagar las cuotas del seguro	die Versicherungsbeiträge zahlen
satisfacer (– satisfago – satisfice, satisfizo – satisfecho) una demanda	einen Schaden / Anspruch **regulieren**
satisfacción *f.* **de una demanda**	**Regulierung eines Schadens**
daños *m.* producidos por un acto de violencia	durch höhere Gewalt verursachte **Schäden**
pagar los daños	Schadenersatz leisten
indemnizar (z>ce) – **indemnización** *f.*	**ersetzen** – **Schadensersatz** / **Schmerzensgeld** / **Entschädigung**
cobrar un seguro	eine Versicherung **ausbezahlt bekommen**

6 Bienes inmuebles
Immobilien

→ 5.1 Pisos y casas, 7.1 Escasez de viviendas, 11.6 Arquitectura

Casa mía, casa mía, por muy pequeña que seas, pareces una abadía.
(*Refrán castellano*)

bienes *m.* **inmuebles** / **raíces**	**Immobilien; Grundstücke**
invertir dinero en bienes inmuebles / raíces	Geld in Immobilien anlegen
inmobiliario	**Immobilien-; Grundstück-; Boden-**
Está en el negocio inmobiliario.	Er / Sie ist im Immobiliengeschäft.
mercado inmobiliario	der Immobilien- / Grundstücksmarkt
sociedad inmobiliaria	Immobilien- / Grundstücksgesellschaft
promotora inmobiliaria	Immobilienfördergesellschaft
inversión inmobiliaria	Investition in Immobilien
crédito inmobiliario	Bodenkredit
precios en el mercado inmobiliario	Grundstücks- / Immobilienpreise
(agencia) inmobiliaria *f.*	**Immobilienbüro**
propiedad *f.*	**Eigentum; Grundstück; Besitz**
propiedad rural	Landbesitz
delito contra la propiedad	Eigentumsvergehen
administrador(a) de la propiedad	Grundstücksverwalter(in)
administración de la propiedad	Grundstückverwaltung
Propiedad privada. Prohibido el paso.	Privatgrundstück. Betreten verboten.
propietario / **-a de un terreno**	**Grundstückseigentümer(in)**
agente *m.* / *f.* **de la propiedad (inmobiliaria)** / **corredor(a) de fincas**	**Immobilien- / Grundstücksmakler(in)**
terreno *m.*	**ein Stück Land; ein Grundstück**
Ese terreno está a la venta.	Dieses Grundstück ist zu verkaufen.
un terreno (no) edificado	ein (un)bebautes Grundstück
un terreno no urbanizado	ein unerschlossenes Gelände
especulador(a) de terrenos	Grundstücksspekulant(in)
tierras *f. pl.*	**Ländereien; Landbesitz**
Poseen muchas tierras.	Sie besitzen viele Ländereien.
finca *f.*	**Grundstück; Grundbesitz**
finca urbana	Grundstück in der Stadt
finca rústica	Landgut
parcelar – **parcela** *f.*	**parzellieren** – **Parzelle**
solar *m.*	**Baugrundstück; Bauplatz; Gelände**
el solar / terreno para la nueva escuela	das Gelände für die neue Schule
una **extensión** de 10.000 hectáreas	ein **Gebiet** von 10.000 Hektar; 10.000 Hektar **Land**
una **franja de tierra**	ein **schmaler Streifen (Land)**
registro *m.* **de la propiedad**	**Grundbuch**
catastro *m.* – **catastral**	**Grundbuch** – **Grundbuch-**

inscribir en el catastro	ins Grundbuch eintragen
tener una tierra **en arrendamiento** *m.*	ein Grundstück **in Pacht** haben
derecho *m.* **de propiedad**	**Eigentumsrecht an einem Haus haben**
tasar – **tasador(a)** – **tasación** *f.*	**schätzen** – **Schätzer(in)** – **Schätzung**
alquilar / **arrendar** (e>ie) una casa a alguien	ein Haus an jemanden **vermieten** / von jemandem **mieten**
Se alquila.	Haus zu vermieten.
alquiler *m.*	**Miete**
ordenanzas *f. pl.* / **reglamento** *m.* **para la edificación**	**Bauordnung**
permiso *m.* **de construcción**	**Baugenehmigung**
notario / **-a**	**Notar(in)**
escritura *f.*	**Eigentumsnachweis**
título *m.* **de propiedad**	**Eigentumsurkunde**
hipotecar (c>que) – **hipoteca** *f.*	**belasten** / **eine Hypothek aufnehmen** – **Hypothek** / **Grundschuld**
hipotecar una casa	ein Haus mit einer Hypothek belasten
hipotecado	mit Hypotheken belastet
hipotecario	**hypothekarisch; Hypotheken-; Pfand-**
altos intereses hipotecarios	hohe Hypothekenzinsen
deuda hipotecaria	Pfandschuld
título hipotecario	Pfandbrief
crédito hipotecario	Hypothekenkredit
especular – **especulación** *f.*	**spekulieren** – **Spekulation**
especulador(a)	**Spekulant(in)**

Sin palabras.

Profesiones y cargos
Berufe und Funktionsbezeichnungen

El trabajo de labrador es el trabajo natural del hombre,
el único que aquieta las pasiones y vigoriza el cuerpo.
(*Armando Palacio Valdés, novelista español, 1853–1938*)

vocación *f.*	**Berufung**
Su verdadera vocación no era dirigir, sino componer.	Seine / Ihre eigentliche Berufung war nicht das Dirigieren, sondern das Komponieren.
ejercer una **profesión**	einem **Beruf** nachgehen
ejercer una profesión liberal	freiberuflich tätig sein
familia, casa y **trabajo** *m.*	Familie, Haushalt und **Beruf**

Profesión **(= Beruf)**
¿Qué profesión tiene? (= Was macht er / sie beruflich?) • *Es carnicero.* (= Er ist Metzger.) • *Profesión: sus labores / ama de casa* (= Beruf: Hausfrau)

Las *profesiones liberales* sind die freien bzw. hochqualifizierten oder besonders hoch angesehenen Berufe, z.B. *la enseñanza* (= Unterrichtswesen), *la abogacía* (= Anwaltschaft), *la medicina* (= Medizin). Entsprechend: *Ella es abogada.* (= Sie ist Rechtsanwältin von Beruf.)

director(a) de un colegio	*(Schule)* **Direktor(in); Leiter(in)**
maestro / **-a**	**Lehrer(in)** *(Grundschule)*
profesor(a)	**Lehrer(in)** *(höhere Schule)*
profesor de matemáticas en un instituto	Mathematiklehrer an einem Gymnasium
profesor de autoescuela	Fahrlehrer
instructor(a)	**Lehrer(in)** *(meist beim Sport)*
instructor / profesor de natación	Schwimmlehrer
instructor / profesor de esquí	Skilehrer
instructor de vuelo	Fluglehrer
catedrático / **-a**	**Professor(in); Lehrstuhlinhaber(in)**
decano / **-a**	**Dekan(in)**
rector / **-a**	**Rektor(in)**
presidente / **-a**	**der** / **die Vorsitzende**
Es presidenta del comité.	Sie ist Vorsitzende des Ausschusses.
Fue elegida presidenta.	Sie wurde zur Vorsitzenden gewählt.
vicepresidente / **-a**	**Vizepräsident(in); stellvertretende(r) Vorsitzende(r)**
jefe / **-a** / *LAm* **patrón(a)**	**Chef(in)**
¿Quién es aquí el jefe?	Wer hat hier das Sagen?
jefe / director de un departamento	Leiter einer Abteilung
jefe de policía	Polizeichef / -präsident
jefe de administración	Verwaltungschef
comisionado / **-a** / **delegado** / **-a** (del partido)	(Partei-)**Funktionär(in)**
inspector(a)	**Inspektor(in); Prüfer(in)**

inspector de Hacienda	Steuerprüfer
encargado / **-a**	**Beauftragte(r); Geschäftsführer(in); Werkführer(in); (Unter-)Abteilungsleiter(in)**
funcionario / **-a**	**Beamte(r)**
empleado / **-a**	**Angestellte(r)**
contratado / **-a**	**befristete(r) Angestellte(r)**
los **autónomos**	die **Selbstständigen**
capataz *m.* / **maestro** *m.* **de obras**	**Vorarbeiter; (Werk-)Meister**
obrero / **-a**	**Arbeiter(in); Fabrikarbeiter(in)**
obrero no cualificado	ungelernter Arbeiter
obrero cualificado	gelernter Arbeiter
obrero / -a especializado / -a	Facharbeiter(in)
trabajador(a)	**Arbeiter(in)**
trabajador del campo	Landarbeiter
trabajador temporero	Saisonarbeiter
trabajador eventual	Gelegenheitsarbeiter
peón *m.*	**Hilfsarbeiter; ungelernter Arbeiter;** *LAm* **Landarbeiter**
peón caminero	Straßenarbeiter
jornalero / **-a**	**Tagelöhner(in)**
jornalero del campo	Saisonlandarbeiter
aprendiz(a)	**Lehrling; Auszubildende(r)**
aprendiz de carpintero	Zimmermannslehrling
entrar de aprendiz	in die Lehre treten
portero / **-a**	**Hausmeister(in); Pförtner(in)**
proveedor(a)	**Zulieferer / Zulieferin**
repartidor(a)	**Lieferant(in)**
repartidor de cerveza	Bierfahrer
repartidor del periódico / de periódicos	Zeitungs(aus)träger; Zeitungszusteller
camarero – **camarera**	**Kellner – Kellnerin / Zimmermädchen** *(Hotel)*
minero *m.*	**Bergmann**
(des)cargador *m.* **de muelle** / **estibador** *m.*	**Hafen- / Dockarbeiter; Schauermann**
pescador *m.*	**Fischer; Angler**
cazador – **cazadora**	**Jäger – Jägerin / Lederjacke /** *CAm* **Lieferwagen**
pastor(a)	**Schäfer(in); Hirte / Hirtin**
labrador(a) / **agricultor(a)**	**Bauer / Bäuerin**
artesano / **-a**	**Handwerker(in)**

Traditionelle Handwerksberufe

panadero / *-a* (= Bäcker / -in) • *pastelero* / *-a* (= Konditor / -in) • *zapatero* / *-a* (= Schuster / -in) • *albañil* m. (= Maurer) • *carnicero* / *-a* (= Fleischer / -in; Metzger /-in) • *ebanista* m. / f. (= Kunst- / Möbeltischler / -in) • *carpintero* / *-a* (= Zimmermann; Bautischler / -in; Tischler / -in; Schreiner / -in) • *herrero* m. (= Schmied) • *cestero* / *-a* (= Korbmacher / -in) • *cerrajero* / *-a* (= Schlosser / -in) • *deshollinador* / *-a* (= Schornsteinfeger / -in) • *relojero* / *-a* (= Uhrmacher / -in) • *orfebre* m. / f. (= Gold- / Silberschmied) • *pintor* / *-a*

(= Maler / -in) • *empapelador / -a* (= Tapezierer / -in) • *modista* m. / f. (= Damenschneider / -in; Näher / -in) • *modisto* m. (= Modeschöpfer) • *sastre / -a* (= Herrenschneider / -in) • *peletero / -a* (= Kürschner / -in) • *peluquero / -a* (= Friseur / Friseuse) • *fontanero* m. (= Klempner; Installateur) • *cristalero* m. (= Glaser) • *electricista* m. / f. (= Elektroinstallateur / -in)

contable *m. / f. / LAm* **contador(a)**	**Buchhalter(in)**
interventor(a)	**Wirtschaftsprüfer(in)**
cajero / -a	**Kassierer(in)**

***Asesor / asesora* und *consejero / consejera* (= Berater / Beraterin für ein spezielles Fachgebiet)**
asesor(a) de empresa (= Unternehmensberater / -in) • *consejero / -a político / -a* (= politische / -r Berater / -in) • *asesor(a) técnico / -a* (= technische / -r Berater / -in) • *asesor(a) de pensiones* (= Rentenberater / -in) • asesor(a) *jurídico / -a* (= juristische / -r Berater / -in) • *consejero / -a científico / -a* (= wissenschaftliche / -r Berater / -in) • *consejero / -a económico / -a* (= Wirtschaftsberater / -in) • *asesor(a) fiscal* (= Steuerberater / -in) • *consejero / -a comercial* (= Handelsberater / -in)

taquimecanógrafo / -a	**Stenotypist(in)**
secretario / -a	**Sekretär(in)**
secretaria de dirección	Chefsekretärin; Assistentin
archivero / -a	**Archivar(in); Archivbeamter / -beamtin**
bibliotecario / -a	**Bibliothekar(in)**
telefonista *m. / f.*	**Telefonist(in)**
recepcionista *m. / f.*	**Empfangschef / -dame**
botones *m. sg. / pl.*	**Laufbursche; Page** *(Hotel)*
dependiente / -a	**Verkäufer(in)** *(Laden, Kaufhaus usw.)*
vendedor(a) ambulante	**(Straßen-)Verkäufer(in)**
vendedor(a) de helados	Eisverkäufer(in)

***Empleado / empleada* (= Angestellte / -r bzw. Mitarbeiter / -in)**
empleado / -a de banco (= Bankangestellte / -r) • *empleado / -a de oficina / oficinista* m. / f. (= Büroangestellte / -r) • *empleado / -a público / -a* (= Angestellte / -r im öffentlichen Dienst) • *funcionario / -a de correos* (= Postbeamter / -beamtin) • *un(a) antiguo(a) empleado(a)* (= ein / -e frühere / -r Mitarbeiter / -in)

investigador / -a	**Forscher(in)**
ingeniero / -a	**Ingenieur(in)**
ingeniero industrial	Bauingenieur(in)
abogado / -a	**Anwalt / Anwältin**
notario / -a	**Notar(in)**
médico *m. / f. /* **médica** *f.*	**Arzt / Ärztin**
veterinario / -a	**Tierarzt / -ärztin**
farmacéutico / -a	**Apotheker(in)**
enfermero / -a	**(Kranken-) Pfleger / Schwester**
auxiliar *m. / f.* **de enfermería**	**Pfleger(in)**
arquitecto / -a	**Architekt(in)**

periodista *m. / f.*	**Journalist(in)**
delineante *m. / f.*	**technische(r) Zeichner(in)**
programador / -a	**Programmierer(in)**
diseñador(a)	**Designer(in)**
diseñador de modas / modisto	Modeschöpfer
joyero / -a	**Juwelier(in)**
piloto *m. / f.*	**Pilot(in)**
asistente *m. / f.* **social**	**Sozialarbeiter(in)**
intérprete *m. / f.*	**Dolmetscher(in)**
traductor(a)	**Übersetzer(in)**
inventor(a)	**Erfinder(in)**
detective *m. / f.*	**Detektiv(in)**
torero / -a	**Stierkämpfer(in)**
modelo *m. / f.*	**Dressman; Mannequin; Fotomodell**
deportista *m. / f.* (profesional)	(Profi-)**Sportler**

Guardas *m. / f.* **und *vigilantes*** *m. / f.* **sind Männer oder Frauen, die an öffentlichen Orten aufpassen oder Dienstleistungen erbringen**
vigilante de playa / piscina (= Bademeister / -in) • *guardacoches* sg. / pl. (= Parkwächter / -in) • *vigilante de museo* (Museumswärter / -in) • *guarda jurado* (= vereidigte / -r Wächter / -in) • *guarda / vigilante nocturno* (= Nachtwächter / -in) • *guarda de seguridad* (= Sicherheitsbeauftrage / -r) • *guardabosques* sg. / pl. / *guarda forestal* (= Förster / -in) • *guardaespaldas* sg. / pl. (= Leibwächter / -in) • *guardaagujas* sg. / pl. (= Weichensteller / -in) • *guardavía / vigilante de vía* (= Streckenwärter / -in)

el **ama** *f.* → 1.13 *el* alma *f.* **de casa**	**Hausfrau**
el **ama** *f.* → 1.13 *el* alma *f.* **de llaves**	**Haushälterin; Wirtschafterin**
mayordomo *m.*	**Hausverwalter; Hausdiener**
cocinero / -a	**Koch / Köchin**
limpiadora *f.*	**Raumpflegerin; Reinigungskraft**
criada *f.* / **asistenta** *f.*	**Dienstmädchen**
chófer *m. / f. / LAm* **chofer**	**Chauffeur(in)**
jardinero / -a	**Gärtner(in)**
institutriz *f.*	**Gouvernante; Hauslehrerin**
trabajar de **au pair** *f.*	als **Au-pair**-Mädchen arbeiten
canguro *m. / f.*	**Babysitter(in)**

Im Spanischen sagt man oft *el hombre / la mujer, el chico / la chica, el señor / la señora + de +* Tätigkeit, wenn man Beschäftigungen bezeichnet, für die man keine bestimmte Ausbildung braucht:
el chico / la chica de los recados (= Bursche / Mädchen für alles) • *el señor / la señora de los lavabos* (= Toilettenmann / -frau) • *el hombre del butano / butanero* (= Gaslieferant) • *el hombre de la luz* (= Stromableser) • *el señor de los periódicos* (= Zeitungsverkäufer) • *la mujer de la limpieza* (= Raumpflegerin / Putzfrau)

8 En la oficina

Im Büro

Gregorio se acostumbró a encontrar cada mañana, en el mismo lugar de la mesa, el trabajo que habría de realizar durante el día, y a dejarlo ultimado en ese punto convenido. Escribía primero cartas comerciales, siempre el mismo modelo, adjuntaba las facturas y lacraba los sobres con el sello de la Casa. (*Luis Landero, escritor español, nacido en 1948*)

oficina *f.*	**Büro**; **Amtsraum**; **Geschäft**
oficina colectiva	Großraumbüro
jefe / -a de oficina	Bürovorsteher(in) / -leiter(in)
horas de oficina	Dienst- / Arbeitsstunden
después del cierre de la oficina	nach Dienstschluss
edificio de oficinas	Bürogebäude
artículos de oficina	Bürobedarf
trabajo de oficina	Bürotätigkeit; Büroarbeit
oficinista *m. / f.*	**Büroangestellte(r)**
despacho *m.*	**Büro**; **Arbeitszimmer**; **Schalter**; **Abfertigung**
el despacho del jefe	das Chefzimmer
sus **superiores**	seine / ihre / Ihre **Vorgesetzten**
mis **compañeros** / **-as de trabajo**	meine **(Arbeits-)Kolleg(inn)en**
sus **subordinados** / **-as**	seine / ihre / Ihre **Untergebenen** / **Mitarbeiter(innen)**
el / la **recepcionista**	der **Herr** / die **Dame am Empfang**
concertar (e>ie) una **cita**	einen **Termin** vereinbaren
Tengo una cita con el señor Ramos.	Ich habe einen Termin bei Herrn Ramos.
Un tal señor Cruz quiere **ver**lo / la.	Ein Herr Cruz möchte Sie sprechen.
entrevista *f.*	**Unterredung**; **Besprechung**
entrevistarse con alguien	mit jemand eine **Unterredung** haben
celebrar una **reunión**	eine **Sitzung** / **Besprechung** abhalten
Todavía están en la reunión.	Sie sind noch in der Besprechung / Sitzung.
junta *f.*	**Versammlung**; **Sitzung**; **Rat**
sala de juntas	Sitzungszimmer
sala de **conferencias** *f.*	**Konferenz**zimmer
tarjeta *f.* **de visita**	**Visiten-** / **Geschäftskarte**
comida *f.* **de trabajo**	**Arbeitsessen**
vale *m.* para la comida	Essen(s)**marke**
escritorio *m.* / **mesa** *f.* **de despacho** / *Pe* **carpeta**	**Schreibtisch**
lámpara de escritorio / de mesa	Schreibtischlampe
el sillón del escritorio / del despacho	der Schreibtischsessel
hacer el **borrador** de una carta	einen Brief **entwerfen**
el borrador de una carta	ein Briefentwurf

redactar un contrato	einen Vertrag **abfassen**
máquina *f.* **de escribir**	**Schreibmaschine**
pasar / **escribir** (– escribo – escribí – escrito) **a máquina** / **mecanografiar** una carta	einen Brief **auf der Maschine schreiben**
¿Puede escribir esto directamente a máquina?	Könnten Sie dies direkt tippen?
No necesita pasarlo otra vez a máquina.	Sie brauchen es nicht noch einmal zu tippen.
¿Cuánto tiempo tardará en pasar el contrato a máquina?	Wie lange wird es dauern, den Vertrag zu tippen?
escribir el acta de la reunión a máquina	das Protokoll der Sitzung tippen
una carta mecanografiada	ein maschine(n)geschriebener Brief
mecanógrafo / **-a**	**Stenotypist(in)**
ordenador *m.* / *esp LAm* **computadora** / *esp LAm* **computador**	**Computer**; **Rechner**
error *m.* **tipográfico**	**Tippfehler**
papel *m.* **para máquina de escribir**	**Schreibmaschinenpapier**
interfono *m.*	**Wechselsprechgerät**
dictar cartas a una secretaria	einer Sekretärin Briefe **diktieren**
dictado por X y firmado en su ausencia	nach Diktat verreist
dictáfono *m.*	**Diktiergerät**; **Diktafon**
tomar notas al **dictado**	ein **Diktat** aufnehmen
taquigrafiar algo	etwas **stenografieren**
Tráigame, por favor, el **expediente** del Sr. Gómez.	Bringen Sie mir bitte die **Akte** Gómez.
Estas cosas ya pueden ser **archivadas**.	Diese Sachen können schon in die **Ablage**.
fotocopiadora *f.*	**Fotokopierer**
fotocopiar – **fotocopia** *f.*	**fotokopieren** – **Fotokopie**
Todavía tengo que fotocopiar algunas cosas.	Ich muss noch einiges fotokopieren.
una fotocopia del documento	eine Fotokopie des Dokuments
hacerse (– hago – hice, hizo – hecho) **cargo** de trabajo extra	zusätzliche Arbeit **übernehmen**
hacer **horas** *f.* **extra(ordinaria)s**	**Überstunden** machen
Lo siento, ahora mismo estoy **ocupado**.	Im Moment bin ich leider **beschäftigt**.
material *m.* **de oficina**	**Büromaterial**
clip *m.* / *Chi* **broche** *m.* / *CAm, PR* **atache** *m.*	**Büroklammer**
grapar	**zusammenheften**
grapar papeles	Papiere zusammenheften
grapa *f.* – **grapadora** *f.* / *LAm* **abrochador** *m.*	**Heftklammer** – **Heftmaschine** / **Hefter**
taladradora *f.* / **perforadora** *f.* **de papel**	**Locher**
bloc *m.*	**Notizblock**
cuaderno *m.* **(de notas)** / **libreta** *f.*	**Notizbuch**

cuaderno de anillas	Ringbuch
agenda *f.* **(de mesa)**	**(Tisch-)Kalender**
archivo *m.* – **archivador** *m.*	**Aktenschrank / Archiv – Aktenordner**
clasificador *m.*	**Belegordner**
fichero *m.*	**Kartei**
carpeta *f.*	**Aktenmappe; Schreibunterlage**
tablón *m.* **de anuncios**	**Anschlagtafel; schwarzes Brett**
chincheta *f.*	**Reißzwecke; Reißnagel**
escribir (– escribo – escribí – escrito)	**schreiben**
papel *m.* **de escribir**	**Schreibpapier**
lápiz *m.* / **lapicero** *m.*	**Bleistift**
lápiz marcador	Markierstift
sacapuntas *m. sg. / pl.*	**Bleistiftspitzer**
bolí(grafo) *m.*	**Kugelschreiber; Kuli**
mina *f.*	**(Kugelschreiber- / Bleistift-)Mine**
rotulador *m.*	**Filzstift; Filzschreiber**
pluma *f.* **(estilográfica)**	**Füll(feder)halter; Füller**
escrito con **tinta** *f.*	mit **Tinte** geschrieben
cartucho *m.*	**(Tinten-)Patrone**
goma *f.* **(de borrar)**	**Radiergummi**
Tipp-ex™ *m.* / **líquido** *m.* **corrector**	**Tipp-ex™; Korrekturflüssigkeit**
Tipp-ex™ *m.* / **hoja** *f.* **de papel correctora de errores**	**Tipp-ex™; Korrekturstreifen**
sello *m.*	**Stempel(abdruck); Briefmarke**
tampón *m.*	**Stempelkissen**
Fixo™ *m.* / **cinta** *f.* **adhesiva** / **celo(fán)** *m.*	**Tesafilm™; Klebefilm**

"Lo siento, pero nuestro jefe siempre tiene a estas horas una reunión."

Relaciones laborales
Beziehungen zwischen den Tarifpartnern

→ 6.10 La Seguridad Social, 7.2 Desempleo

El grupo obrero ha sido un decisivo factor del cambio y un grupo con una clara función estabilizadora a través de sus organizaciones políticas y sindicales. (*En Tiempo de historia, El postfranquismo*)

labor *f.* – **laboral**	**Arbeit; Werk – Arbeits-**
relación laboral	Arbeitsverhältnis
legislación laboral	Arbeitsrecht / -gesetze
la **clase obrera** / **trabajadora**	die **Arbeiterschaft**
agitación en la clase trabajadora	Unruhe in der Arbeit(nehm)erschaft
el **personal** / la **plantilla**	die **Belegschaft**
la plantilla de una empresa	die Arbeiterschaft einer Firma

Las relaciones laborales bezeichnet die Beziehungen zwischen der Unternehmensleitung (= *la dirección de una empresa*) und den Mitarbeitern (= *los empleados*), zwischen Arbeitgebern (= *la patronal*) und Gewerkschaften (= *los sindicatos*). *La empresa perdía dinero y las relaciones laborales eran malas.* (= Das Unternehmen machte Verluste und die Beziehungen zwischen Betriebsleitung und Belegschaft waren schlecht.)

sindicato *m.*	**Gewerkschaft; Gewerkschaftsbund**
pertenecer a un sindicato	einer Gewerkschaft angehören; gewerkschaftlich organisiert sein
miembro de un sindicato	Gewerkschaftsmitglied
entrar en un sindicato / **sindicarse** (c>que)	**in eine Gewerkschaft eintreten**
trabajador (no) **sindicado**	(nicht) **gewerkschaftlich** organisierter Arbeiter
sindicalismo *m.* – **sindicalista** *m. / f.*	**Gewerkschaftsbewegung – Gewerkschafter(in) / gewerkschaftlich**
sindical	**Gewerkschafts-**
dirigente sindical	Gewerkschaftsführer(in)
delegado sindical	Betriebsratsmitglied
comité *m.* **de empresa**	**Betriebsrat**

Die wichtigsten spanischen Einheitsgewerkschaften mit verschiedener politischer Richtung sind: *U.G.T (Unión General de Trabajadores), CC.OO. (Comisiones Obreras)* und *C.N.T. (Confederación Nacional de Trabajadores).*

Während der Diktatur von Francisco Franco (1939–1975) wurden *los sindicatos obreros* (= Gewerkschaften) verboten und durch *el sindicato vertical* (= vertikale Gewerkschaft) ersetzt. In diesen vertikalen Gewerkschaften saßen Arbeiter und Arbeitgeber. Sie waren von großer Bedeutung für die Kontrolle des spanischen Sozial- und Wirschaftslebens.

huelga *f.*	**Streik**
hacer una huelga en contra de una empresa	eine Firma bestreiken
Los mineros están de / en huelga.	Die Bergarbeiter streiken.
La huelga ha paralizado los transportes públicos.	Der Streik hat den öffentlichen Nahverkehr lahm gelegt.
una huelga en el sector público	ein Streik im öffentlichen Dienst
una huelga ilegal	ein wilder Streik
una huelga por solidaridad	ein Solidaritätsstreik
huelga de brazos lentos	Bummelstreik
huelga de brazos caídos	Sitzstreik
organizar una huelga de advertencia	Warnstreiks organisieren / durchführen
convocar una huelga general	einen (General-)Streik ausrufen
declarar la huelga	den Streik erklären
declararse / ponerse en huelga	in Streik treten; die Arbeit niederlegen
poner término a una huelga	einen Streik beenden
evitar una huelga	einen Streik abwenden
desconvocar una huelga	einen Streik beilegen
huelguista *m. / f.*	**Streikende(r)**; **Streik-**
esquirol *m. / f.*	**Streikbrecher(in)**
votación *f.* para ir a la huelga	**Urabstimmung**
corte *m.* **de carreteras** por los huelguistas	**Straßensperre** von Streikenden
reducción *f.* de plantilla / personal	Personal**abbau**
cierre *m.* **patronal**	**Aussperrung**
los trabajadores afectados por el cierre patronal	die von der Aussperrung betroffenen Arbeiter
conflicto *m.*	**Auseinandersetzung**; **Kraftprobe**

Formar piquete de huelga nennt man das Aufstellen von Streikposten, *un piquete* ist ein Streikposten und *atravesar el cordón de piquetes* heißt, dass man sich als Streikbrecher (= *esquirol*) betätigt.

salario *m.* mínimo interprofesional	Mindest**lohn**
exigir / pedir aumentos de salario	Lohnerhöhungen fordern
un salario por hora más alto	ein höherer Stundenlohn
congelación de los salarios	Einfrieren der Löhne
un aumento en los salarios a **destajo** *m.*	eine Erhöhung des **Akkord**lohns
sobresueldo *m.* / **plus** *m.*	**zusätzlich** (zu Lohn / Gehalt) **gewährte Leistungen**
gratificación *f.*	**Bonus**; **Prämie**
la gratificación / la paga extra (ordinaria) de Navidad	die Weihnachtsgeld
una reducción de la **jornada laboral**	eine Verkürzung der **Arbeitszeit**

hacer **horas** *f.* **extra(ordinaria)s**	**Überstunden** machen
el dinero por las horas extras	Überstundentarife / -lohn
vacaciones *f. pl.* **pagadas**	**bezahlter Urlaub**
mejorar las **condiciones de trabajo**	die **Arbeitsbedingungen** verbessern
seguridad *f.* **en el trabajo**	**Sicherheit am Arbeitsplatz**
igualdad *f.* **de oportunidades**	**Chancengleichheit**
la discriminación *f.* **positiva**	**positive Diskriminierung**
ascender – **ascenso** *m.*	**befördern** – **Beförderung**
Me han ascendido a jefe de sección.	Ich bin zum Abteilungsleiter befördert worden.
contrato *m.* **laboral** / **de trabajo**	**Arbeits-** / **Dienstvertrag**
violar los derechos	die Rechte **verletzen**
magistratura *f.* **del trabajo**	*(etwa)* **Arbeitsgericht**
abogado / **-a laboralista**	**Arbeitsrechtler(in); Rechtsanwalt / -anwältin für Arbeitsrecht**
reclamación *f.* / **queja** *f.* **de los trabajadores**	**Beschwerden / Klagen der Arbeiter**
un **procedimiento de arbitraje**	ein **Schlichtungsverfahren**

Kollektive Tarifverhandlungen zwischen Arbeitgeber- und Gewerkschaftsseite nennt man generell *negociaciones colectivas*. Dem deutschen Tarifvertrag entspricht die Bezeichnung *convenio colectivo.*

negociar con los sindicatos	mit den Gewerkschaften **verhandeln**
negociar un convenio colectivo	einen Tarifvertrag aushandeln
negociar una subida de salario	eine Lohnerhöhung aushandeln
negociar una mejora de las condiciones laborales	eine Verbesserung der Arbeitsbedingungen aushandeln
los **negociadores** sindicales	die **Verhandlungsführer** der Gewerkschaften
mediar en una disputa	in einem Streit **vermitteln**
mediador(a)	**Vermittler(in); Schlichter(in)**
arbitrar – **árbitro** *m.* / *f.*	**schlichten** – **Schlichter(in)**
arbitraje *m.*	**Schlichtung**
poner (– pongo – puse – puesto) **término a** / **zanjar** una disputa	einen Streit **beilegen**
No pudieron lograr ninguna de sus **exigencias**.	Sie konnten keine einzige **Forderung** durchsetzen.
volver (– vuelvo – volví – vuelto) **al trabajo**	**die Arbeit wieder aufnehmen**
despido *m.* **(transitorio)**	**(vorübergehende) Entlassung**
jornada *f.* **reducida**	**Kurzarbeit**
Tienen jornada reducida.	Sie machen Kurzarbeit.

Perder el trabajo **(= die Arbeit verlieren)**
despedir (= entlassen) • *echar del trabajo* (= feuern) • *echar a la calle* (rauswerfen) • *destituir* (= des Amtes entheben / entlassen / abberufen) • *ser separado del servicio* (= versetzt werden)

Anhang

- Spanische Kurzgrammatik
- Register Spanisch
- Register Deutsch

Spanische Kurzgrammatik

Con la lengua hebrea se conforma la castellana en no variar los casos, porque en el singular tienen todos ellos una sola terminación y en el plural otra.
(Juan de Valdés, escritor español, 1490–1541)

Artikel

		Mask.	Fem.
Der bestimmte Artikel	Sing.	**el** maestro	**la** maestra
	Pl.	**los** maestros	**las** maestras
Der bestimmte Artikel **el** verschmilzt mit den Präpositionen **a** und **de**:	el libro **del** maestro ir **al** colegio		**de + el = del** **a + el = al**

		Mask.	Fem.
Der unbestimmte Artikel	Sing.	**un** maestro	**una** maestra
Die **Pluralform** entspricht dem deutschen *einige / ein paar*, jedoch auch dem unbestimmten Plural ohne Artikel.	Pl.	**unos** maestros	**unas** maestras
	Tengo **unos** libros en casa que te pueden interesar. Sólo se queda **unos** días.		

Nomen: natürliches Geschlecht

	Mask.	Fem.
maskuline Form auf -o:	el niño	la niña
feminine Form auf -a:	el hijo	la hija
Femininumbildung durch **Anhängen von -a** an die auf Konsonant endende maskuline Form.	el doctor el español el alemán el profesor el león	la doctor**a** la español**a** la aleman**a** la profesor**a** la leon**a**
Nur eine Form für beide Geschlechter:	el estudiante el periodista el intérprete	la estudiante la periodista la intérprete

Viele **Tiernamen** haben nur eine **invariable Form**.	**la** serpiente (macho) **el** ratón (macho) **la** araña (macho)	**la** serpiente (hembra) **el** ratón (hembra) **la** araña (hembra)
Nomen mit **unterschiedlichen Wortstämmen**:	el **hombre** el **padre** el **toro** el **yerno**	la **mujer** la **madre** la **vaca** la **nuera**
Besonderheiten bei den Endungen einer begrenzten Anzahl von Wörtern:	el actor el emperador el alcalde el conde el rey el héroe	la act**riz** la empera**triz** la alcalde**sa** la conde**sa** la re**ina** la hero**ína**

Nomen: grammatikalisches Geschlecht

Feminin sind • die meisten **Nomen auf** -a:	**la** fiesta, **la** mesa, **la** blusa, **la** silla, **la** cama *Aber:* **el** idioma, **el** clima, **el** día, **el** problema, **el** mapa, **el** tema, **el** programa, **el** sofá, **el** sistema, **el** planeta
• Nomen auf -tad, -dad, -tud, -ie, -triz, -sión, -ción, -umbre:	**-tad** la libertad **-dad** la verdad **-tud** la esclavitud **-ie** la barbarie **-triz** la actriz **-sión** la pasión **-ción** la canción **-umbre** la servidumbre
• **Baumnamen, Ländernamen** und Städtenamen auf -a:	la higuera (La) Argentina la Sevilla del siglo XXI
• **Buchstaben**:	la eme, la jota, la hache, la ele
Achtung! Feminine Nomen, die mit **betontem** -a **beginnen**, haben im Singular den Artikel el, im Plural las.	el agua — las aguas el águila — las águilas el alma — las almas el ama de casa — las amas de casa el hacha — las hachas el hada — las hadas

GR

Maskulin sind	
• Die meisten Nomen **auf -o**:	**el** libro, **el** plato, **el** queso, **el** bolígrafo, **el** vaso *Aber:* **la** mano, **la** radio, **la** moto, **la** modelo, **la** foto
• Nomen auf **-or, -aje, -an, -ón, -ambre**:	**-or** el amor **-aje** el maquillaje **-an** el pan **-ón** el balcón **-ambre** el alambre
• Flüsse, Meere, Zeitungen, Zahlen, Himmelsrichtungen, Monate, Wochentage, Farben:	el Guadalquivir, el Mediterráneo El País, el siete el norte, el sur un agosto caluroso, el lunes el rojo, el naranja
Nomen **auf -e** sind **maskulin oder feminin.**	**el** coche, **el** chiste, **el** peine, **el** café, **el** puente **la** llave, **la** leche, **la** noche, **la** gripe, **la** gente
Unterschiedliche Bedeutung je nach Geschlecht:	**el cura** Pfarrer – **la cura** Kur **el frente** Front – **la frente** Stirn **el cólera** Cholera – **la cólera** Zorn

Nomen: Pluralbildung

Artikel im Plural + **Anhängen von -s an Vokal**:	el maestro la maestra	**los** maestro**s** **las** maestra**s**
Aber:	*Nomen **auf betontes -í** bilden den Plural mit **-es**:* el israelí	 **los** israelí**es**
Artikel im Plural + **Anhängen von -es an Konsonant oder -y**:	el millón la mujer el rey	**los** millon**es** **las** mujer**es** **los** rey**es**
Endung **auf -z** > Pluralform **auf -ces**:	la cruz la luz	**las** cru**ces** **las** lu**ces**
Auf der vorletzten oder drittletzten Silbe betonte Nomen **auf -s**: **gleiche Form** für Sg. u. Pl.:	el lunes el cumpleaños el paraguas la síntesis	**los** lunes **los** cumpleaños **los** paraguas **las** síntesis
Einige Nomen sind **immer im Plural**:	las tijeras, las gafas, las vacaciones	

Adjektiv

GR

Es richtet sich in **Geschlecht und Zahl** immer nach dem **Nomen** (auch bei **prädikativem Gebrauch**).	**el** libro car**o** **los** libro**s** caro**s** **El** libro es car**o**.	**la** casa car**a** **las** casa**s** cara**s** **La** casa es car**a**.
Adjektive, deren **maskuline Form auf -o** endet, bilden die **feminine Form auf -a**.	buen**o** alt**o**	buen**a** alt**a**
Die Endung **-a** wird an Adjektive auf **-án**, **-ín**, **-ón** und **-or** angefügt. Adjektive auf **-ete** und **-ote** bilden die feminine Form auf **-a**.	charlatán pequeñín dormilón adulador gordote	charlatan**a** pequeñin**a** dormilon**a** adulador**a** gordot**a**
Aber: Die **Komparative** auf **-or** bleiben in der femininen Form **unverändert**:	la hemana may**or**/men**or** la pe**or** enfermedad	
Die *gentilicios* (Volksnamen) **mit Konsonant am Ende** erhalten im Femininum die Endung **-a**.	español alemán barcelonés	español**a** aleman**a** barcelones**a**
Adjektive **auf einen anderen Vokal** oder **Konsonant** sind im Maskulinum und Femininum **gleich**.	el niño **optimista** un coche **verde** un hombre **belga** un hombre **feliz**	la niña **optimista** una planta **verde** una mujer **belga** una mujer **feliz**
Pluralbildung wie beim Nomen:	bueno trabajador marroquí feliz	bueno**s** trabajador**es** marroquí**es** feli**ces**
Komparativ:	Es **tan** caro **como** el otro. Es **más**/**menos** caro **que** el otro.	
Superlativ:	Es **el más** caro **de** todos. / Es car**ísimo**.	

unregelmäßige Formen (Komparativ/Superlativ):	bueno malo grande pequeño	mejor peor mayor menor	el mejor el peor el mayor el menor

Adverb

	Adjektiv		Adverb
Bildung:	Mask.	Fem.	unveränderlich
feminine Form des Adjektivs + **-mente**	lógico inteligente feliz	lógica inteligente feliz	lógica**mente** inteligente**mente** feliz**mente**
unregelmäßige Adverbformen	bueno malo rápido claro alto bajo caro barato duro	buena mala rápida clara alta baja cara barata dura	**bien** **mal** **rápido / rápidamente** **claro / claramente** (hablar) **alto** (hablar) **bajo** (vender) **caro** (comprar) **barato** (trabajar) **duro**

Personalpronomen

	Subjektpronomen		Direktes Objektpronomen		Indirektes Objektpronomen	
Als maskulines direktes Objekt der Person werden in einem großen Teil Spaniens **le** und **les** statt **lo** und **los** gebraucht.	yo	ich	me	mich	me	mir
	tú	du	te	dich	te	dir
	él	er	lo	ihn/es/Sie	le	ihm/ihr/Ihnen
	ella	sie	la	sie/es/Sie		
	usted	Sie				
	nosotros *(m.)*	wir	nos	uns	nos	uns
	nosotras *(f.)*	wir				
	vosotros *(m.)*	ihr	os	euch	os	euch
In Lateinamerika wird **ustedes** statt **vosotros/-as** benutzt.	vosotras *(f.)*	ihr				
	ellos *(m.)*	sie	los	sie/Sie	les	ihnen/Ihnen
	ellas *(f.)*	sie	las	sie/Sie		
	ustedes	Sie				
Die **Subjektpronomen** werden gewöhnlich **weggelassen.**	¿Quiere venir conmigo? Hoy vamos a comer fuera.					

	Singular	Plural
Reflexivpronomen können für ein direktes oder indirektes Objekt stehen.	me te **se**	nos os **se**
	Se lava. **Se** lava el pelo.	(Se *ist hier direktes Objekt.*) (Se *ist hier indirektes Objekt.*)

	Singular	Plural
Nach einer Präposition stehen die Formen der Subjektpronomen, außer in der ersten und zweiten Person Singular.	para **mí** para **ti** para él/ella para usted	para nosotros/-as para vosotros/-as para ellos/-as para ustedes
	Reflexivform: para **sí**	

Ausnahmen:	
• Nach **entre** und **según** → immer Subjektpronomen	**Entre tú y yo** no puede existir nada. **Según tú** todo el mundo es bueno.
• Nach **con** werden **mí**, **ti** und **sí** zu **conmigo**, **contigo** und **consigo**	¿Vienes **conmigo** al cine? Tengo que hablar **contigo**. No está contento **consigo** mismo.

Stellung der Objektpronomen

• **vor dem konjugierten Verb / vor dem Hilfsverb** bei zusammengesetzten Zeiten:	No **lo** sabe hacer. ¿**Te** gusta el libro? No **me lo** ha dicho todavía.
• **zwei Möglichkeiten** beim **konjugierten Verb + Infinitiv / Gerundium:** vor dem konjugierten Verb oder an den Infinitiv / das Gerundium angehängt.	**Te lo** quiero decir. / Quiero decír**telo**. **Me la** estoy leyendo. / Estoy leyéndo**mela**. **Me** voy a duchar. / Voy a duchar**me**.

• **angehängt** an den **allein stehenden Infinitiv** oder an das **allein stehende Gerundium**:	Nos esforzamos para consegui**rlo**. Pintándo**lo** quedará como nuevo.
• **angehängt** an den **bejahten Imperativ**:	¡Pón**te**lo!
Reihenfolge bei mehreren Objektpronomen: Person (indirektes Obj.) + Sache (direktes Obj.):	**Os los** compraré mañana. ¡Cóme**tela**! Tienes que dár**noslas**.
Vor **lo**, **los**, **la**, **las** werden **le**, **les** zu **se**.	**Se lo** diré al jefe. ¡Píde**sela**!

Demonstrativbegleiter und -pronomen

Demonstrativbegleiter

		Maskulinum	Femininum
este / esta / estos / estas → die Personen oder Sachen befinden sich räumlich / zeitlich in der Nähe des Sprechenden.	Singular	**este** libro	**esta** mesa
	Plural	**estos** libros	**estas** mesas
		Maskulinum	Femininum
ese / esa / esos / esas → die Personen oder Sachen befinden sich räumlich / zeitlich etwas weiter entfernt vom Sprechenden oder beim Gesprächspartner.	Singular	**ese** libro	**esa** mesa
	Plural	**esos** libros	**esas** mesas
		Maskulinum	Femininum
aquel / aquella / aquellos / aquellas → die Personen oder Sachen befinden sich räumlich / zeitlich weiter entfernt vom Sprechenden und Gesprächspartner.	Singular	**aquel** libro	**aquella** mesa
	Plural	**aquellos** libros	**aquellas** mesas

Demonstrativpronomen

	Maskulinum	Femininum	Neutrum
Sing.	**Éste** es interesante.	**Ésta** es interesante.	**Esto** es interesante.
Pl.	**Éstos** son interesantes.	**Éstas** son interesantes.	

	Maskulinum	Femininum	Neutrum
Sing.	**Ése** es interesante.	**Ésa** es interesante.	**Eso** es interesante.
Pl.	**Ésos** son interesantes.	**Ésas** son interesantes.	

	Maskulinum	Femininum	Neutrum
Sing.	**Aquél** es interesante.	**Aquélla** es interesante.	**Aquello** es interesante.
Pl.	**Aquéllos** son interesantes.	**Aquéllas** son interesantes.	

Este libro es mejor que **ése**.
No quiero **esa** blusa, sino **aquélla**.

Possessivbegleiter und -pronomen

Possessivbegleiter

	Mask./Fem. Sg.	Mask./Fem. Pl.
Sing.	**mi** hijo/hija **tu** hijo/hija **su** hijo/hija	**mis** hijos/hijas **tus** hijos/hijas **sus** hijos/hijas

	Mask. Sg.	Fem. Sg.	Mask. Pl.	Fem. Pl.
Plural	**nuestro** hijo	**nuestra** hija	**nuestros** hijos	**nuestras** hijas
	vuestro hijo	**vuestra** hija	**vuestros** hijos	**vuestras** hijas
	su hijo/hija		**sus** hijos/hijas	

Possessivpronomen

	Mask. Sg.	Fem. Sg.	Mask. Pl.	Fem. Pl.
Sing.	**el mío**	**la mía**	**los míos**	**las mías**
	el tuyo	**la tuya**	**los tuyos**	**las tuyas**
	el suyo	**la suya**	**los suyos**	**las suyas**
Pl.	**el nuestro**	**la nuestra**	**los nuestros**	**las nuestras**
	el vuestro	**la vuestra**	**los vuestros**	**las vuestras**
	el suyo	**la suya**	**los suyos**	**las suyas**

Nur in Aussagen oder Fragen mit **ser** kann der Artikel entfallen.	¿Es **tuyo** este libro? – Sí, es **mío**.
Stehen sie ohne Artikel **nach dem Substantiv**, so sind sie **Possessivbegleiter**.	un amigo **tuyo** ¡Dios **mío**! Son unos tíos **suyos** que viven en Madrid.

Interrogativbegleiter und -pronomen

Interrogativbegleiter

	Sg. / Pl. Mask.	Sg. / Pl. Fem.
Qué ist unveränderlich:	¿**Qué** coche quieres? ¿**Qué** días trabajas?	¿**Qué** casa quieres? ¿**Qué** tapas quiere?
Cuánto stimmt mit dem Substantiv in Geschlecht und Zahl überein.	¿**Cuánto** dinero quieres? ¿**Cuántos** dulces hay?	¿**Cuánta** gente había? ¿**Cuántas** hijas tienes?

Interrogativpronomen

Quién fragt nach einer **Person:**	Subjekt (wer?)	Objekt (wen?)	Objekt mit Präposition
	¿**Quién** viene?	¿**A quién** has visto?	¿**De quién** hablas?
Qué fragt nach einer **Sache:**	Subjekt (wer?)	Objekt (wen?)	Objekt mit Präposition
	¿**Qué** pasa?	¿**Qué** quieres?	¿**De qué** hablas?

Cuál fragt nach Personen oder Sachen **aus einer Gruppe.**		Maskulinum / Femininum	
	Sing.	¿**Cuál** prefieres de los dos? ¿**Cuál** prefieres de las dos?	
	Pl.	¿**Cuáles** son más bonitos? ¿**Cuáles** son más bonitas?	
Cuánto fragt nach der **Menge:**		Maskulinum	Femininum
	Sing.	¿**Cuánto** cuesta?	¿**Cuánta** has conseguido?
	Pl.	¿**Cuántos** has visto?	¿**Cuántas** has comprado?

Der Gebrauch der Präpositionen *por* und *para*

Por	
• Ursache oder Grund	**Por** eso estudio tanto.
• Mittel, Art und Weise	Llámame **por** teléfono.
• Zeitraum	**Por** la noche hace frío.
• Weg oder Richtung	He paseado **por** el parque.
• Ungefähre Orts- und Zeitangaben	Hay una tienda **por** aquí. Nos veríamos **por** abril.
• Preis	Lo he comprado **por** 20 euros.
• Austausch oder Vertretung	He dado la clase **por** él.
• Beim Urheber in Passivsätzen	Fue recibido **por** todo el pueblo.
• Mit der Bedeutung *sin*	Las camas están **por** hacer.
Para	
• Zweck und Bestimmung	Estudio **para** aprender. Las flores son **para** ti.
• Vergleich	Está muy alto **para** su edad.
• Richtung oder Ziel	¿Cuándo sale el avión **para** Sevilla?
• Meinung	**Para** mí ésa es la mejor solución.
• Termin und Frist	Hay que terminarlo **para** el lunes.
• Unmittelbar bevorstehende Handlung	El tren está **para** salir.
• Mit *estar* kann auch „Lust haben zu" oder „aufgelegt sein zu" bedeuten.	Estoy **para** acostarme. Hoy no estoy **para** bromas.

Verben: Einteilung in Gruppen

Einteilung nach **Infinitivendung**:	Infinitiv		Partizip	
	-ar	cant**ar**	**-ado**	cant**ado**
	-er	beb**er**	**-ido**	beb**ido**
	-ir	viv**ir**	**-ido**	viv**ido**

Presente de Indicativo

regelmäßige Verben auf -ar -er und -ir		cant**ar**	beb**er**	viv**ir**
	yo	cant**o**	beb**o**	viv**o**
	tú	cant**as**	beb**es**	viv**es**
	él / ella / usted	cant**a**	beb**e**	viv**e**
	nosotros / -as	cant**amos**	beb**emos**	viv**imos**
	vosotros / -as	cant**áis**	beb**éis**	viv**ís**
	ellos / -as / ustedes	cant**an**	beb**en**	viv**en**

Pretérito Perfecto de Indicativo

Hilfsverb **haber** im **Presente + Participio**	yo	**he**	cant**ado** / beb**ido** / viv**ido**
	tú	**has**	cant**ado** / beb**ido** / viv**ido**
	él / ella / usted	**ha**	cant**ado** / beb**ido** / viv**ido**
	nosotros / -as	**hemos**	cant**ado** / beb**ido** / viv**ido**
	vosotros / -as	**habéis**	cant**ado** / beb**ido** / viv**ido**
	ellos / -as / ustedes	**han**	cant**ado** / beb**ido** / viv**ido**
Das Partizip bleibt **unverändert.**	María ya ha comid**o**. Juan ya ha comid**o**.		Las niñas ya han comid**o**. Los niños ya han comid**o**.
Zw. Hilfsverb u. Partizip stehen keine Pronomen oder Partikel.	**La** he visto. **Ya lo** hemos acabado.		

Imperfecto y Pluscuamperfecto de Indicativo

Imperfecto: Die Endungen der Verben auf **-er** und **-ir** sind **gleich.**	yo	cant**aba**	beb**ía**	viv**ía**
	tú	cant**abas**	beb**ías**	viv**ías**
	él / ella / usted	cant**aba**	beb**ía**	viv**ía**
	nosotros / -as	cant**ábamos**	beb**íamos**	viv**íamos**
	vosotros / -as	cant**abais**	beb**íais**	viv**íais**
	ellos / -as / ustedes	cant**aban**	beb**ían**	viv**ían**
Pluscuamperfecto: Hilfsverb **haber** im **Imperfecto + Participio**	yo	**había**	cant**ado**/beb**ido**/viv**ido**	
	tú	**habías**	cant**ado**/beb**ido**/viv**ido**	
	él / ella / usted	**había**	cant**ado**/beb**ido**/viv**ido**	
	nosotros / -as	**habíamos**	cant**ado**/beb**ido**/viv**ido**	
	vosotros / -as	**habíais**	cant**ado**/beb**ido**/viv**ido**	
	ellos / -as / ustedes	**habían**	cant**ado**/beb**ido**/viv**ido**	

Pretérito Perfecto Simple (Indefinido) y Pretérito Anterior

Indefinido: Die Endungen der Verben auf **-er** und **-ir** sind **gleich**.	yo	canté	bebí	viví
	tú	cantaste	bebiste	viviste
	él / ella / usted	cantó	bebió	vivió
	nosotros / -as	cantamos	bebimos	vivimos
	vosotros / -as	cantasteis	bebisteis	vivisteis
	ellos / -as / ustedes	cantaron	bebieron	vivieron

Pretérito Anterior: Hilfsverb **haber** im **Indefinido** + **Participio**	yo	**hube**	cantado / bebido / vivido
	tú	**hubiste**	cantado / bebido / vivido
	él / ella / usted	**hubo**	cantado / bebido / vivido
	nosotros / -as	**hubimos**	cantado / bebido / vivido
	vosotros / -as	**hubisteis**	cantado / bebido / vivido
	ellos / -as / ustedes	**hubieron**	cantado / bebido / vivido

Futuro

Futuro Simple: Infinitiv + Endungen, die **für alle Verben gleich sind.**	yo	cantaré	beberé	viviré
	tú	cantarás	beberás	vivirás
	él / ella / usted	cantará	beberá	vivirá
	nosotros / -as	cantaremos	beberemos	viviremos
	vosotros / -as	cantaréis	beberéis	viviréis
	ellos / -as / ustedes	cantarán	beberán	vivirán

Futuro Compuesto: Hilfsverb **haber** im **Futuro** + **Participio**	yo	**habré**	cantado / bebido / vivido
	tú	**habrás**	cantado / bebido / vivido
	él / ella / usted	**habrá**	cantado / bebido / vivido
	nosotros / -as	**habremos**	cantado / bebido / vivido
	vosotros / -as	**habréis**	cantado / bebido / vivido
	ellos / -as / ustedes	**habrán**	cantado / bebido / vivido

Condicional

Condicional Simple: Infinitiv + Endungen, die **für alle Verben gleich sind.**	yo	cantaría	bebería	viviría
	tú	cantarías	beberías	vivirías
	él / ella / usted	cantaría	bebería	viviría
	nosotros / -as	cantaríamos	beberíamos	viviríamos
	vosotros / -as	cantaríais	beberíais	viviríais
	ellos / -as / ustedes	cantarían	beberían	vivirían

Condicional Compuesto: Hilfsverb **haber** im **Condicional** + **Participio**	yo	**habría**	cant**ado**/beb**ido**/viv**ido**
	tú	**habrías**	cant**ado**/beb**ido**/viv**ido**
	él / ella / usted	**habría**	cant**ado**/beb**ido**/viv**ido**
	nosotros / -as	**habríamos**	cant**ado**/beb**ido**/viv**ido**
	vosotros / -as	**habríais**	cant**ado**/beb**ido**/viv**ido**
	ellos / -as / ustedes	**habrían**	cant**ado**/beb**ido**/viv**ido**

Presente de Subjuntivo

Die Endungen der Verben auf **-er** und **-ir** sind **gleich**.	yo	cant**e**	beb**a**	viv**a**
	tú	cant**es**	beb**as**	viv**as**
	él / ella / usted	cant**e**	beb**a**	viv**a**
	nosotros / -as	cant**emos**	beb**amos**	viv**amos**
	vosotros / -as	cant**éis**	beb**áis**	viv**áis**
	ellos / -as / ustedes	cant**en**	beb**an**	viv**an**

Pretérito Perfecto de Subjuntivo

Hilfsverb **haber** im **Presente de Subjuntivo** + **Participio**	yo	**haya**	cant**ado**/beb**ido**/viv**ido**
	tú	**hayas**	cant**ado**/beb**ido**/viv**ido**
	él / ella / usted	**haya**	cant**ado**/beb**ido**/viv**ido**
	nosotros / -as	**hayamos**	cant**ado**/beb**ido**/viv**ido**
	vosotros / -as	**hayáis**	cant**ado**/beb**ido**/viv**ido**
	ellos / -as / ustedes	**hayan**	cant**ado**/beb**ido**/viv**ido**

Imperfecto y Pluscuamperfecto de Subjuntivo

Imperfecto de Subjuntivo wird immer von der 3. Person Plural des **Indefinido** abgeleitet. Die Formen auf **-ra** und **-se** sind austauschbar.	yo	cant**ara** / cant**ase**	bebi**era** / bebi**ese**	vivi**era** / vivi**ese**
	tú	cant**aras** / cant**ases**	bebi**eras** / bebi**eses**	vivi**eras** / vivi**eses**
	él / ella / usted	cant**ara** / cant**ase**	bebi**era** / bebi**ese**	vivi**era** / vivi**ese**
	nosotros / -as	cant**áramos** / cant**ásemos**	bebi**éramos** / bebi**ésemos**	vivi**éramos** / vivi**ésemos**
	vosotros / -as	cant**arais** / cant**aseis**	bebi**erais** / bebi**eseis**	vivi**erais** / vivi**eseis**
	ellos / -as / ustedes	cant**aran** / cant**asen**	bebi**eran** / bebi**esen**	vivi**eran** / vivi**esen**

Pluscuam-perfecto: Hilfsverb **haber** im **Imperfecto de Subjuntivo + Participio**	yo	**hubiera / hubiese**	cant**ado** / beb**ido** / viv**ido**
	tú	**hubieras / hubieses**	cant**ado** / beb**ido** / viv**ido**
	él / ella / usted	**hubiera / hubiese**	cant**ado** / beb**ido** / viv**ido**
	nosotros/-as	**hubiéramos / hubiésemos**	cant**ado** / beb**ido** / viv**ido**
	vosotros/-as	**hubierais / hubieseis**	cant**ado** / beb**ido** / viv**ido**
	ellos / -as / ustedes	**hubieran / hubiesen**	cant**ado** / beb**ido** / viv**ido**

Imperativ

Der **Imperativ** hat nur zwei eigene Formen: die **bejahte zweite Person Singular und Plural.**

Die anderen Formen werden mit dem **Presente de Subjuntivo** gebildet.

bejahte Form

	-ar	-er	-ir
(tú)	**¡Canta!**	**¡Bebe!**	**¡Vive!**
(usted)	¡Cante!	¡Beba!	¡Viva!
(nosotros)	¡Cantemos!	¡Bebamos!	¡Vivamos!
(vosotros)	**¡Cantad!**	**¡Bebed!**	**¡Vivid!**
(ustedes)	¡Canten!	¡Beban!	¡Vivan!

verneinte Form

(tú)	¡No cantes!	¡No bebas!	¡No vivas!
(usted)	¡No cante!	¡No beba!	¡No viva!
(nosotros)	¡No cantemos!	¡No bebamos!	¡No vivamos!
(vosotros)	¡No cantéis!	¡No bebáis!	¡No viváis!
(ustedes)	¡No canten!	¡No beban!	¡No vivan!

Beim reflexiven Verb entfällt das **-d** des **Imperativs der 2. Person Plural.**	¡Lavad! ¡Poned!	*aber* ¡Lavaos! *aber* ¡Poneos!
Das **Pronomen** steht angehängt an den bejahten Imperativ und vor dem verneinten Imperativ.	¡Cóme**tela**! ¡Bébase**lo**! ¡Escribíd**nosla**!	¡No **te la** comas! ¡No **se lo** beba! ¡No **nos la** escribáis!

Passiv

Hilfsverb **ser + Participio** (veränderlich!) Der Urheber wird durch **por** eingeführt.	La casa **fue pintada por** el pintor. Los niños **han sido castigados por** el maestro. No quiero que **seas visto** en mi compañía.
Umschreibung mit **se** oder mit der anonymen **3. Pers. Pl.** (der Urheber wird nicht erwähnt).	**Se pintó** la casa. **Pintaron** la casa.

Unregelmäßigkeiten bei einigen Verbgruppen

Diphthongierung im Wortstamm im *Presente* von *Indicativo* und *Subjuntivo*

• Das -e- oder das -i- des Stamms wird in den betonten Silben zu -ie-:	z. B. pensar			
	pienso	pensamos	piense	pensemos
	piensas	pensáis	pienses	penséis
	piensa	piensan	piense	piensen

Nach diesem Schema richten sich: acertar, adquirir, alentar, apretar, arrendar, ascender, atender, atravesar, calentar, cegar, cerrar, comenzar, concertar, confesar, defender, descender, despertar, desterrar, discernir, empedrar, empezar, encender, enmendar, entender, enterrar, errar, escarmentar, extender, fregar, gobernar, heder, helar, herrar, inquirir, manifestar, mentar, merendar, negar, nevar, perder, plegar, quebrar, querer, recomendar, regar, remendar, reventar, segar, sembrar, sentarse, serrar, sosegar, temblar, tender, tentar, trascender, tropezar, verter.

• Das -o- oder das -u- (nur bei jugar) des Stamms wird in den betonten Silben zu -ue-:	z. B. contar			
	cuento	contamos	cuente	contemos
	cuentas	contáis	cuentes	contéis
	cuenta	cuentan	cuente	cuenten

Nach diesem Schema richten sich: acordarse, acostarse, almorzar, apostar, aprobar, avergonzar, cocer, colarse, comprobar, conmover, consolar, costar, demostrar, desenvolver (Part. desenvuelto), desollar, devolver, (Part. devuelto), disolver (Part. disuelto), doler, encontrar, envolver (Part. envuelto), forzar, jugar, llover, moler, morder, mostrar, mover, oler, probar, recordar, remover, renovar, resolver (Part. resuelto), rodar, rogar, soler, soltar, sonar, soñar, torcer, tostar, tronar, volar, volcar, volver (Part. vuelto).

Vokaländerung in mehreren Zeiten

e > i	Pres. Ind.	pido, pides, pide, pedimos, pedís, piden
	Indef.	pedí, pediste, pidió, pedimos, pedisteis, pidieron
	Pres. Subj.	pida, pidas, pida, pidamos, pidáis, pidan
	Imp. Subj.	pidiera / pidiese, pidieras / pidieses, pidiera / pidiese, pidiéramos / pidiésemos, pidierais / pidieseis, pidieran / pidiesen
	Ger.	pidiendo

Nach diesem Schema richten sich: ceñir, competir, concebir, conseguir, corregir, derretir, despedir, elegir, embestir, freír (Part. frito), gemir, impedir, medir, perseguir, reír, regir, rendir, reñir, repetir, seguir, servir, teñir, vestir.

e > ie +	Pres. Ind.	miento, mientes, miente, mentimos, mentís, mienten
e > i	Indef.	mentí, mentiste, mintió, mentimos, mentisteis, mintieron
	Pres. Subj.	mienta, mientas, mienta, mintamos, mintáis, mientan
	Imp. Subj.	mintiera / mintiese, mintieras / mintieses, mintiera / mintiese, mintiéramos / mintiésemos, mintierais / mintieseis, mintieran / mintiesen
	Ger.	mintiendo

Nach diesem Schema richten sich: advertir, arrepentirse, conferir, convertir, digerir, divertirse, herir, hervir, inferir, invertir, pervertir, preferir, referir, requerir, sugerir, sentir.

Weitere orthographische Änderungen*

• Stamm endet auf c: c > z vor a und o	ejercer zurcir	→ ejerzo, ejerza → zurzo, zurza
• Stamm endet auf c: c > qu vor e	tocar	→ toque, toqué
• Stamm endet auf qu: qu > c vor a und o	delinquir	→ delinco → delinca

GR

• Stamm endet auf **z**: **z** > **c** vor **e**	cruzar	→ cru**c**e, cru**c**é
• Stamm endet auf **g**: **g** > **gu** vor **e**	pagar	→ pa**gu**e, pa**gu**é
• Stamm endet auf **g**: **g** > **j** vor **a** und **o**	coger exigir	→ co**j**o, co**j**a → exi**j**o, exi**j**a
• Stamm endet auf **gu**: **gu** > **g** vor **a** und **o**	distinguir	→ distin**go**, distin**ga**
• Verb endet auf **-acer**, **-ocer**, **-ucir** oder **-ecer**: **c** > **zc** vor **a** und **o**	nacer conocer traducir merecer	→ na**zc**o, na**zc**a → cono**zc**o, cono**zc**a → tradu**zc**o, tradu**zc**a → mere**zc**o, mere**zc**a
• Verb endet auf **-guar**: **gu** > **gü** vor **e**	averiguar	→ averi**gü**e, averi**gü**é
• Unbetontes **i** zwischen Vokalen > **y**	leer construir	→ leyó, leyera, leyendo → construya, construyó, construyera, construyendo

* Aus Platzgründen werden nicht alle Zeitformen aufgeführt, in denen diese ortographischen Änderungen vorkommen.

Unregelmäßige Verben

Infinitivo	Presente	Indefinido	Futuro simple Condicional	Presente de Subjuntivo	Imperfecto de Subjuntivo	*Anmerkungen*
andar *gehen*	(yo) ando (nosotros) andamos	(yo) **anduve**	(yo) andaré (yo) andaría	(yo) ande (nosotros) andemos	(yo) **anduviera** / **anduviese**	
caber *passen*	(yo) **quepo** (nosotros) cabemos	(yo) **cupe**	(yo) **cabré** (yo) **cabría**	(yo) **quepa** (nosotros) **quepamos**	(yo) **cupiera** / **cupiese**	
caer *fallen*	(yo) **caigo** (nosotros) caemos	(él) cayó (ellos) cayeron	(yo) caeré (yo) caería	(yo) **caiga** (nosotros) **caigamos**	(yo) cayera / cayese	Ger.: cayendo
dar *geben*	(yo) **doy** (nosotros) damos	(yo) **di**	(yo) daré (yo) daría	(yo) dé (nosotros) demos	(yo) **diera** / **diese**	
decir *sagen*	(yo) **digo** (tú) dices	(yo) **dije**	(yo) **diré** (yo) **diría**	(yo) **diga** (nosotros) **digamos**	(yo) **dijera** / **dijese**	Part.: **dicho** Ger.: diciendo
dormir *schlafen*	(yo) duermo (nosotros) dormimos	(yo) dormí (él) durmió	(yo) dormiré (yo) dormiría	(yo) duerma (nosotros) durmamos	(yo) durmiera / durmiese	Ger.: durmiendo
estar *sein*	(yo) **estoy** (nosotros) estamos	(yo) **estuve**	(yo) estaré (yo) estaría	(yo) esté (nosotros) estemos	(yo) **estuviera** / **estuviese**	
hacer *machen*	(yo) **hago** (nosotros) hacemos	(yo) **hice** (él) **hizo**	(yo) **haré** (yo) **haría**	(yo) **haga** (nosotros) **hagamos**	(yo) **hiciera** / **hiciese**	Part.: **hecho**

Infinitivo	Presente	Indefinido	Futuro simple Condicional	Presente de Subjuntivo	Imperfecto de Subjuntivo	*Anmerkungen*
ir *gehen, fahren*	(yo) **voy** (nosotros) **vamos**	(yo) **fui**	(yo) **iré** (yo) **iría**	(yo) **vaya** (nosotros) **vayamos**	(yo) **fuera** / **fuese**	Imp. Ind.: **iba** Ger.: yendo
morir *sterben*	(yo) muero (nosotros) morimos	(yo) morí (él) murió	(yo) moriré (yo) moriría	(yo) muera (nosotros) muramos	(yo) muriera / muriese	Part.: **muerto** Ger.: muriendo
oír *hören*	(yo) **oigo** (tú) oyes (nosotros) oímos	(él) oyó (ellos) oyeron	(yo) oiré (yo) oiría	(yo) **oiga** (nosotros) **oigamos**	(yo) oyera / oyese	Ger.: oyendo
oler *riechen*	(yo) **huelo** (nosotros) olemos	(yo) olí	(yo) oleré (yo) olería	(yo) **huela** (nosotros) olamos	(yo) oliera / oliese	
poder *können*	(yo) puedo (nosotros) podemos	(yo) **pude**	(yo) **podré** (yo) **podría**	(yo) pueda (nosotros) podamos	(yo) **pudiera** / **pudiese**	Ger.: pudiendo
poner *setzen, stellen, legen*	(yo) **pongo** (nosotros) ponemos	(yo) **puse**	(yo) **pondré** (yo) **pondría**	(yo) **ponga** (nosotros) **pongamos**	(yo) **pusiera** / **pusiese**	Part.: **puesto**
querer *lieben, wollen*	(yo) quiero (nosotros) queremos	(yo) **quise**	(yo) **querré** (yo) **querría**	(yo) quiera (nosotros) queramos	(yo) **quisiera** / **quisiese**	

saber *wissen, können*	(yo) **sé** (nosotros) sabemos	(yo) **supe**	(yo) **sabré** (yo) **sabría**	(yo) **sepa** (nosotros) **sepamos**	(yo) **supiera** / **supiese**	
salir *ausgehen*	(yo) **salgo** (nosotros) salimos	(yo) salí	(yo) **saldré** (yo) **saldría**	(yo) **salga** (nosotros) **salgamos**	(yo) saliera / saliese	
ser *sein*	(yo) **soy** (nosotros) **somos**	(yo) **fui**	(yo) seré (yo) sería	(yo) **sea** (nosotros) **seamos**	(yo) **fuera** / **fuese**	Imp. Ind.: **era**
tener *haben*	(yo) **tengo** (tú) **tie**nes (nosotros) tenemos	(yo) **tuve**	(yo) **tendré** (yo) **tendría**	(yo) **tenga** (nosotros) **tengamos**	(yo) **tuviera** / **tuviese**	
traducir *übersetzen*	(yo) traduzco (nosotros) traducimos	(yo) **traduje**	(yo) traduciré (yo) traduciría	(yo) traduzca (nosotros) traduzcamos	(yo) **tradujera** / **tradujese**	Ger.: trayendo
traer *bringen*	(yo) **traigo** (nosotros) traemos	(yo) **traje**	(yo) traeré (yo) traería	(yo) **traiga** (nosotros) **traigamos**	(yo) **trajera** / **trajese**	
valer *gelten, wert sein*	(yo) **valgo** (nosotros) valemos	(yo) valí	(yo) **valdré** (yo) **valdría**	(yo) **valga** (nosotros) **valgamos**	(yo) valiera / valiese	
venir *kommen*	(yo) **vengo** (tú) **vie**nes (nosotros) venimos	(yo) **vine**	(yo) **vendré** (yo) **vendría**	(yo) **venga** (nosotros) **vengamos**	(yo) **viniera** / **viniese**	Ger.: viniendo
ver *sehen*	(yo) **veo** (nosotros) vemos	(yo) vi	(yo) veré (yo) vería	(yo) **vea** (nosotros) **veamos**	(yo) viera / viese	Imp. Ind.: **veía** Part. **visto**

Hinweise zur Aussprache

Vokale

a, e, i	a, e und i werden ungefähr wie im Deutschen ausgesprochen: cama, cena, piso
o	wird normalerweise klar und voll gesprochen, wie das offene *o* in *Schloss*: solo
u	u lautet wie im Deutschen: luna. Nach q und in der Verbindung gue und gui wird es nur gesprochen, wenn es mit Umlaut geschrieben wird: cigüeña.

Vokalverbindungen

Zweisilbig	• Die Verbindung von tonstarken Vokalen (a, e, o) untereinander ergibt keinen Doppellaut (Diphthong): cae, europeo, héroe. Jeder Vokal wird getrennt ausgesprochen. • Auch die Verbindung von a, e, o mit betontem í oder ú wird getrennt gesprochen: maíz, caserío, acentúa.
Einsilbig	• Doppellaute (Diphthonge) entstehen durch die Verbindung von zwei schwachen Vokalen (i, u) oder von einem starken (a, e, o) mit einem schwachen Vokal: tenéis, cuento, camión. Die Diphthonge im Spanischen sind: ai, au, ei, eu, oi, ou, ia, ua, ie, ue, io, uo, iu, ui. • Gleichartige Vokale verschmelzen bei rascher und familiärer Aussprache zu einem einzigen Vokal, der dann etwas gedehnter gesprochen wird: zoología, la alameda, pelo oscuro.

Konsonanten und Verbindungen von Konsonanten und Vokalen

b, v	bezeichnen im Spanischen denselben Laut: boda, vida. Wenn b oder v nach m oder n bzw. im Anlaut stehen, klingen sie wie das deutsche *b* in *Biene*: también, tranvía, ¡Basta!, ¡Vamos! In sonstigen Fällen, besonders zwischen Vokalen, werden b und v mit nicht vollständigem Verschluss von Ober- und Unterlippe ausgesprochen: avión, caballero, cabe.

c	hat zwei verschiedene Laute auf Spanisch:
ca, co, cu cr, cl	Vor a, o und u, vor Konsonanten und im Auslaut klingt es wie das deutsche *k* (aber nicht behaucht/aspiriert): casa, cosa, curso, cromo, claro, acto, octavo.
ce, ci	Vor e und i lautet c ähnlich wie das englische *th* in ***th**ing*: cero, cinco. In Lateinamerika, in einigen Gebieten Andalusiens und auf den Kanarischen Inseln wird das c vor e oder i immer wie s gesprochen.
ch	wird ähnlich wie das deutsche *tsch* ausgesprochen: chico, choza, chatarra.
d	Am Anfang eines Wortes oder nach l und n wird d wie auf Deutsch ausgesprochen: ando, el duelo. In allen sonstigen Fällen klingt d fast wie das englische *th* in ***th**e*, ***th**ose*: puedo, cuerda. In einigen Provinzen Kastilliens wird d im Auslaut fast so hörbar wie c vor e und i: admirar, Valladolid.
f, l, m, n	werden wie im Deutschen ausgesprochen
g	hat wie c zwei verschiedene Laute auf Spanisch:
ga, go, gu, gr, gl	Es klingt vor a, o, u und Konsonant wie das deutsche *g*: gafas, luego, gracias.
gue, gui	Soll das g auch vor e und i wie das deutsche *g* ausgesprochen werden, wird ein stummes u eingeschoben: Guinea, guerra.
güe, güi	Soll dieses u gesprochen werden, stehen zwei Punkte (Trema) darüber: cigüeña, vergüenza.
ge, gi	Vor e und i wird g wie *ch* in *Macht* gesprochen: gente, gitano.
h	wird nicht ausgesprochen: hablar, hoy.
j	wird immer wie *ch* in *Macht* gesprochen: jaleo, cajón.
k	kommt nur in einigen Fremdwörtern vor und klingt wie das deutsche *k*. Man kann dieses k auch durch ein qu ersetzen: kilo/quilo, kiosco/quiosco.

GR

ll	ist ein Laut, und zwar eine Verschmelzung von l und j: calle, pollo. Daneben ist aber auch el yeísmo (die Aussprache des ll wie y) in Spanien und in Lateinamerika sehr verbreitet.
ñ	ist ein Laut, der dem Französischen *gn* in *Champagne* ähnelt: niño, pañuelo.
p, t	werden ähnlich wie die deutschen *p* und *t* ausgesprochen, jedoch ohne Behauchung (Aspiration)
que, qui	wird immer qu geschrieben und steht nur vor e oder i; qu klingt wie ein deutsches *k*, aber ohne Behauchung (Aspiration): queso, aquí.
r, rr	r klingt wie ein süddeutsches oder österreichisches rollendes *r*. Zwischen zwei Vokalen und im Silben- oder Wortauslaut wird r durch kurzen Schlag der Zungenspitze an die oberen Schneidezähne gesprochen: pero, caro, cantar. Am Anfang eines Wortes oder im Silbenanlaut nach n und l schreibt man immer r, es wird aber wie rr ausgesprochen: rato, Enrique. rr steht zwischen Vokalen und wird immer mit mehrmaligem Rollen der Zungenspitze gesprochen: perro, carro.
s	klingt ähnlich wie das deutsche stimmlose *s* in *Schloss* oder *messen*.
w	kommt lediglich in einigen Fremdwörtern vor und klingt entweder wie v – z. B. in wáter – oder wie das englische *w* in *Whisky*.
x	klingt wie ein deutsches *kß*. Es wird aber immer öfter als stimmloses s ausgesprochen: explicar, exacto.
y	entspricht vor Vokalen dem deutschen *j*: yo, yunque. Im Gebiet *Río de la Plata* wird y fast wie das französische *j* in *Jean* ausgesprochen.
z	wird wie das englische *th* in *thing* ausgesprochen: zapato, cazo. In Lateinamerika, in einigen Gebieten Andalusiens und auf den Kanarischen Inseln wird z immer wie s gesprochen.

Register Spanisch

Das alphabetische Register enthält alle blau gedruckten Einträge des thematischen Wortschatzes sowie alle wichtigen Begriffe der „Extras".

A

A

A

C

C

C

C

D

E

F

G

H

M

M

M

M

P

P

P

Q

Q

S

S

T

T

Register Deutsch

Das alphabetische Register enthält alle fett gedruckten Einträge des thematischen Wortschatzes. Um Platz zu sparen, ist bei Wörtern wie *Politiker(in), Rentner(in), Lehrer(in)* nur die männliche Form aufgeführt.

A

A

A

B

B

C

D

E

E

F

F

F

G

H

H

I

K

L

L

M

O

R

R

S

S

T

V

V

W

W

W

Y

Z

Z

Notizen

Notizen

Notizen